"一带一路"财经专题研究系列丛书

"一带一路"财经问题研究

厦门国家会计学院 "一带一路" 财经发展研究中心 ◎ 著

中国财经出版传媒集团
中国财政经济出版社

图书在版编目（CIP）数据

"一带一路"财经问题研究／厦门国家会计学院"一带一路"财经发展研究中心著. —北京：中国财政经济出版社，2018.9

（"一带一路"财经专题研究系列丛书）

ISBN 978-7-5095-8444-6

Ⅰ.①一… Ⅱ.①厦… Ⅲ.①财政政策-研究-世界 Ⅳ.①F811.0

中国版本图书馆 CIP 数据核字（2018）第 187528 号

责任编辑：王　丽　　　　　　责任校对：黄亚青

中国财政经济出版社 出版

URL：http://ckfz.cfeph.cn

E-mail：cfeph@cfeph.cn

（版权所有　翻印必究）

社址：北京市海淀区阜成路甲28号　邮政编码：100142
营销中心电话：010-88191537
天猫网店：中国财政经济出版社旗舰店
网址：https://zgczjjcbs.tmall.com
北京财经印刷厂印刷　各地新华书店经销
787×1092毫米　16开　18.75印张　430 000字
2018年10月第1版　2018年10月北京第1次印刷
定价：90.00元
ISBN 978-7-5095-8444-6
（图书出现印装问题，本社负责调换）
本社质量投诉电话：010-88190744
打击盗版举报热线：010-88191661　QQ：2242791300

为财经智库建设砥砺前行
让智慧之光闪耀"一带一路"

(代序)

2017年6月16日,"一带一路"国际合作高峰论坛的重要成果——"一带一路"财经发展研究中心落户厦门国家会计学院。这是财政部党组贯彻落实习近平总书记在高峰论坛开幕式主旨演讲中关于"成立'一带一路'财经发展研究中心"倡议的重要举措,也是学院贯彻落实财政部党组关于"加快财经智库建设,服务'一带一路'建设"要求的实际行动。一年来,在财政部党组的正确领导下,学院围绕"一带一路"建设中的会计准则趋同与等效、资金融通与金融合作、税收服务与风险管理等财经专题,积极开展课题研究,并取得了系列成果。展望未来,学院将从服务"一带一路"建设、服务财政中心工作、服务地方经济发展、服务学院办学目标以及建立长效发展机制等方面,扎实推进研究中心建设,为充分发挥决策咨询和启迪民智的智库功能,继续奉献我们的智慧和力量。

一、发挥智库独特作用,服务"一带一路"建设

2013年秋天,中国提出共建"丝绸之路经济带"和"21世纪海上丝绸之路"的重大倡议,对外发出了各方合力推动"一带一路"国际合作、携手构建人类命运共同体的积极信号,得到国际社会的广泛认同。四年来,全球100多个国家和国际组织积极支持和参与"一带一路"建设,联合国大会、联合国安理会等重要决议也相继纳入"一带一路"倡议内容。"一带一路"建设正在从理念转化为行动,从愿景转变为现实。在这一过程中,智库扮演了思想引领和智力支持的重要角色。

"一带一路"沿线国家众多,发展阶段不同,利益诉求多元,矛盾问题也复杂交错,政策沟通和对接面临艰巨任务。智库可以搭建起政策与智慧的桥梁,推动沿线国家增信释疑,凝聚政策合力和行动合力。智库有助于培养专门人才,促进人文交流,正确引导社会舆论,为"一带一路"建设夯实社会基础。

党中央高度重视智库建设。在2016年丝路国际论坛上,习近平总书记指出,推进"一带一路"建设,智力先行,要强化智库的支撑引领作用,加强对"一带一路"建设方案和实施路径的研究,在规划对接、政策协调、机制设计上做好政府的参谋和助手,在理念传播、政策解读、民意通达上做好桥梁和纽带。在2017年5月举行的"一带一路"国

际合作高峰论坛开幕式上，习近平总书记宣布中国将建立高峰论坛后续联络机制，成立"一带一路"财经发展研究中心等合作与交流平台，更好地促进沿线国家开展政策协调和对接。这表明，服务"一带一路"建设的智库将朝着机制化、精准化、国际化的方向发展。可以说，"一带一路"财经发展研究中心是满足时代发展要求和顺应历史发展潮流的必然产物。

二、聚焦财经能力建设，服务财政中心工作

四年来，财政部从政策和资金两个方面深度参与，稳步推进"一带一路"建设，取得了积极成效。在"一带一路"财经发展研究中心成立仪式上，时任财政部党组成员、部长助理赵鸣骥代表财政部党组发表重要讲话，他指出，财政部将紧紧围绕政策沟通、设施联通、贸易畅通、资金融通、民心相通这"五通"，更好地发挥职能作用，推动"一带一路"建设行稳致远。一是进一步加强政策沟通，充分利用所牵头的多双边财金对话平台和机制，努力寻找双边和多边政策沟通与合作的契合点、切入点，促进相关各方发展战略对接。二是进一步支持设施联通，着力推动陆上、海上、天上、网上四位一体的联通，使合作发展的基础更加稳固。三是进一步支持贸易畅通，继续加强国际税收协调与合作，落实自由贸易区政策，推动贸易和投资便利化。四是进一步推动资金融通，充分发挥市场在资源配置中的决定性作用和各类企业的主体作用，同时注重发挥好政府的作用，推动建立完善长期、稳定、可持续、风险可控的多元化融资体系。五是进一步促进民心相通，支持建立多层次人文合作机制，搭建更多合作平台，开辟更多合作渠道，加强与沿线国家的人文合作交流。

这些顶层设计在理念传播、政策对接、深入推进的过程中，需要借力财经智库，凝聚学术共识，完善相关政策，助推民众认知。同时，推进"一带一路"建设，必然伴随会计审计、税务咨询、资金融通、风险管理等大量的财经服务需求，沿线国家在会计与审计准则、财政与税收政策、金融与财务政策等领域深入开展国际交流与合作势在必行。这就需要财经智库切实为各方在规划对接、政策协调、机制设计上提供科学的决策咨询建议。

财政部党组决定将"一带一路"财经发展研究中心设在厦门国家会计学院，这是对学院过往砥砺前行的充分肯定，更是对学院未来开拓进取的殷切期望。赵鸣骥要求："一带一路"财经发展研究中心要深入贯彻习近平总书记的重要指示精神，加快建设步伐，努力打造成为研究"一带一路"沿线国家相关财经政策、法律法规、经济环境的一流科研机构，成为为沿线国家提供财经政策信息和开展学术沟通交流的一流平台，为深入推进"一带一路"建设提供有力的智力支持。

三、充分利用自身优势，服务地方经济发展

福建作为中央确定的21世纪海上丝绸之路建设核心区，具备天时、地利、人和的有利因素。"一带一路"财经发展研究中心设在厦门国家会计学院，有利于充分发挥福建省、厦门市独特的地缘优势和历史渊源，为服务国家"一带一路"建设和地方经济发展做出更

大贡献。在"一带一路"财经发展研究中心成立仪式上，厦门市委常委、厦门市政府常务副市长黄强代表厦门市委、市政府，希望与厦门国家会计学院共同携手，为办好中心、发展厦门经济做出最大的努力。

一是当好国家使命的探路者。近年来，厦门先后被赋予综改实验区、自贸实验区、自主创新示范区、海丝发展支点城市、国际性综合交通枢纽城市等改革先行城市，在"一带一路"建设中的地位和作用日益凸显。"一带一路"财经发展研究中心必将汇集各方智慧，通过相互学习、联合研究，将沿线国家共建"一带一路"的政策措施、合作模式、实施路径等做法加以总结和推广，为厦门的繁荣与发展贡献智慧源泉。

二是当好丝路发展的助推器。厦门与"一带一路"沿线国家经贸合作、文化交流和人员往来密切，"一带一路"建设为厦门市的发展带来新的历史机遇，亟待以全新的理念，积极思考，精心谋划，主动融入国家发展大局。"一带一路"财经发展研究中心可发挥立足厦门、放眼全球的优势，为厦门打造"一带一路"支点城市提供智力支持。

三是当好合作共赢的新纽带。当今世界挑战频发，贸易保护主义倾向抬头，逆全球化的思潮涌动，严峻挑战正摆在全人类的面前。习近平总书记提出的"世界怎么了，我们怎么办"这个颇具哲学意味的问题引人深思。"一带一路"倡议就是中国为破解当前世界局势提供的解决方案。"一带一路"财经发展研究中心可以为沿线国家合作共赢找寻路径、创造可能。

四、加快财经智库建设，服务学院办学目标

厦门国家会计学院是国务院批准成立的财政部直属事业单位，学院以"国际知名会计学院"为办学目标，以培养高层次财经人才、推动经济社会发展为重要使命，坚持高端培训、学位教育和智库建设"三位一体"的办学格局，构建以会计审计、财政税收、经济管理为主导的应用型学科体系，并努力打造成为国际知名的财经智库，服务国家"一带一路"倡议、财政中心工作和地方经济社会发展。

学院高水平和国际化师资为开展"一带一路"财经研究提供了重要的人才支撑。学院已组建起一支由专职教师和兼职教师组成的规模适度、结构合理、理论密切联系实际的高水平弹性师资队伍。多数老师具有在会计师事务所、金融机构和企业相关实务部门工作的实务经验，同时也有在境外获得学位、培训和工作的经历。学院还拥有一支由近 100 名专家学者、政策制定者和大型企业高级管理人员组成的具有深厚理论功底和丰富实践经验的兼职教师队伍。其中，有 34 人入选财政部会计标准战略委员会委员、企业内部控制标准委员会委员、企业会计准则咨询委员会咨询委员、政府会计准则委员会咨询专家。

学院成熟的办学模式和丰富的办学经验为开展"一带一路"相关培训奠定了坚实基础。学院长期致力于培养具有国际化视野、掌握最新财经实践、具有优秀职业精神的高级财经人才，目前已形成高级财税经管干部、国有大中型企业总会计师、全国会计领军（后备）人才、注册会计师与高级会计师等五大培训项目，每年培训各类高级财经人才 5 万余名。

学院一流的校园环境和软硬件设施为开展"一带一路"的研究、培训和论坛提供了理

想场所。学院位于厦门市环岛路南段，依山傍海，风景怡人，具有得天独厚的自然环境，占地面积 33.5 万平方米，建筑面积 7.88 万平方米。学院严格按照国际职业继续教育规范对校园进行设计，并广泛应用现代科技手段，建成了先进的教学、生活及配套设施，可以满足现代高层次教学、科研、国际交流的要求。

五、明确五大工作职责，建立长效发展机制

"一带一路"财经发展研究中心定位多功能智库，以"传承丝路精神，服务一带一路"为宗旨，以决策咨询和启迪民智为基本功能，既是研究"一带一路"沿线国家相关财经政策、法律法规、经济环境的科研机构，也是为"一带一路"沿线国家提供财经方面的政策、信息、学术的沟通交流平台，同时又是为中国实施"一带一路"建设提供智力支持的财经智库。中心将乘着"一带一路"倡议的东风，顺势而为，精进实干，大胆创新，在以下五个方面重点发力。

（一）前瞻性研究

针对沿线国家和地区的会计、审计、财政、税收、金融、贸易等财经问题进行前瞻性研究，定期发布研究报告，深入解读沿线国家财经政策的历史、现状和发展趋势，努力寻找政策沟通与合作的契合点、切入点，为中国及沿线国家政府建言献策，促进政策沟通和对接，推动各方将共商、共建、共享原则落到实处。

（二）专业化培训

开展国内官员专题培训。让各级领导干部系统认识和准确理解"一带一路"建设的积极意义、规划内容、目标任务，科学把握政策与市场机遇。

开展中国企业"走出去"专题培训。对走出去企业普遍关注的会计、金融、税务、法律等问题进行针对性培训，推动更多中国企业在"一带一路"建设中更好地走出去。

开展沿线国家和地区官员专题培训。系统阐述"一带一路"倡议，扩大利益契合点，实现互惠双赢。积极宣传 40 年来中国经济建设与改革发展的成就和经验，提升中国模式在国际上的影响力。

开展沿线国家和地区企业专题培训。总结我国企业在投融资管理、项目管理、风险管理、会计准则国际趋同、管理会计、内部控制等方面的成功经验，提升沿线国家和地区企业的经营管理水平。

（三）国际化论坛

定期举办"一带一路"高端财经论坛，广邀相关国家官员和学者，深入交流沿线国家和地区的热点财经问题，广泛传播业界最新实务经验，分享学界前沿研究成果，促进沿线国家和地区的学术交流和互动往来，扩大中国在国际财经领域的话语权。

（四）国际间合作

与国际会计准则理事会、亚洲开发银行、亚洲基础设施投资银行、中亚学院等国际组

织合作，选派优秀科研人员到上述组织进行业务交流，到沿线国家著名学府访学，深入研究沿线国家的财经政策。邀请沿线国家的财经智库到我国开展财经政策交流与学术研讨，夯实"一带一路"建设的民意基础。

（五）留学生教育

开展针对沿线国家的研究生教育。以会计、审计为核心，以税务和金融为两翼，整合教育资源，推进区域硕士项目建设，建立与沿线国家高等院校的联合培养机制，招收沿线国家的研究生，开创对外合作办学新局面。

"一带一路"财经发展研究中心将依托厦门国家会计学院雄厚的师资力量和成熟的办学经验，同时联合国内外高端智库，着力打造推进"一带一路"建设的财经智库联盟和合作网络，积极参与构建"一带一路"建设理论体系和话语体系，发挥决策咨询和启迪民智的作用。

习近平总书记曾说过："历史从不等待一切犹豫者、观望者、懈怠者、软弱者。只有与历史同步伐、与时代共命运的人，才能赢得光明的未来"。今天，厦门国家会计学院迈上了历史发展的新台阶，"操千曲而后晓声，观千剑而后识器。"未来，我们还有很长的路要走，任重道远，征程漫漫。同时，我们也坚信，"积力之所举，则无坚不可摧；众智之所为，则无往而不胜。"在财政部党组的正确领导下，在各方的大力支持下，"一带一路"财经发展研究中心一定会在前瞻性研究、专业化培训、国际化论坛、国际交流合作等方面取得骄人成绩，为推进"一带一路"建设的伟大实践增添新的助力，为实现"两个一百年"奋斗目标和中华民族伟大复兴的中国梦做出积极贡献。

厦门国家会计学院党委书记：刘光忠

目 录

第一篇 "一带一路"与会计审计

伊斯兰会计的特色及成因研究 ……………………………………………… （3）
我国与"一带一路"沿线国家企业会计准则趋同与等效研究 …………… （11）

第二篇 "一带一路"与税收管理

财税政策在"一带一路"建设中作用的思考 ……………………………… （61）
全球化商业模式下跨国公司的价值创造与BEPS问题研究——以苹果公司为例
 ………………………………………………………………………………… （64）
"一带一路"倡议下我国企业"走出去"的税收风险管理 ………………… （85）
从BEPS多边公约看我国对外发展"大国战略" ………………………… （93）
中国与"一带一路"沿线国家税收协定研究：建立公平和现代化的国际税收
　体系的视角 ………………………………………………………………… （98）
中国企业到"一带一路"沿线国家投资的税收风险与应对策略研究 …… （116）

第三篇 "一带一路"与资金融通

"一带一路"资金融通中的伊斯兰金融应用 ……………………………… （147）
"一带一路"倡议下的资金融通研究：以中国对非洲投资为例 ………… （176）
东南亚九国交易所对比分析以及对"一带一路"资金融通的启示 …… （208）

第四篇 "一带一路"与经济文化

"一带一路"背景下中国产业集群向沿线地区转移的机遇与挑战 ……… （243）
"一带一路"背景下构建中国现代产业体系 ……………………………… （251）
"一带一路"沿线国家并购的文化战略研究 ……………………………… （273）
"数字丝绸之路"赋能"一带一路"建设——基于我国互联网企业的视角 …… （278）

第一篇
"一带一路"与会计审计

伊斯兰会计的特色及成因研究

> **内容摘要：** 本文基于《伊斯兰金融机构财务报告概念框架》及据此制定的会计准则，从财务会计与财务报告目标、信息使用者识别、会计信息质量特征、财务报表要素、持续经营假设、计量属性、收益确定、收入确认、资本结构、信息披露等十个方面剖析利息禁令和天课制度对伊斯兰会计的渗透性影响，在一定程度上揭示了别具一格、颇具特色的伊斯兰会计的成因。
>
> **关键词：** 利息禁令　天课制度　伊斯兰会计　特色　成因

以政策沟通、设施联通、贸易畅通、资金融通、民心相通为主要合作内容的"一带一路"倡议，正在如火如荼地全面实施推进中，并取得了显著成效。作为历史的见证者和参与者，会计界理应在这一举世瞩目的伟大进程中彰显职能，积极作为。同时，也应清醒地认识到，"一带一路"沿线国家不仅经济发展程度有别，而且宗教文化习俗迥异。唯有正视宗教文化习俗的差异对会计理念和会计惯例的影响，会计人员才能在服务"一带一路"倡议中，与所在国会计同行和谐相处、携手共进。本文基于《伊斯兰金融机构财务报告概念框架》及据此制定的会计准则，从财务报表和财务报告目标、信息使用者识别、会计信息质量特征、财务报表要素、持续经营假设、计量属性、收益确定、收入确认、资本结构、信息披露等十个方面，剖析利息禁令和天课制度对伊斯兰会计体系的渗透性影响，在一定程度上揭示了伊斯兰会计的特色和成因。

一、利息禁令与天课制度

在"沙里亚法"众多的清规戒律中，与经济金融最为密切相关且对会计产生重大影响的规定，主要是利息（Riba）禁令和天课（Zakat）制度。

（一）利息禁令与伊斯兰金融

在经济学中，利息源自货币的时间价值，是让渡货币资金使用权的报酬，收取或支付利息天经地义，理所当然，但在宗教界，利息历来是一个十分敏感的话题。早期犹太教、基督教、天主教都对利息持非常负面的看法，伊斯兰教也始终认为利息必将导致不劳而获，有损社会公平正义。在伊斯兰术语中，Riba 具有增加、加计、扩大或增长的含义，但在"沙里亚法"中，Riba 指的就是利息。"与本金偿还期和数额有关的任何正向的、固定的、事先约定的利息都被视为 Riba"（马秀玉、祁学义，2009）。《古兰经》则将高利贷（Usury）和利息均视为 Riba。利息禁令是"沙里亚法"的重要戒律，因为《古兰经》在很多章节提及并明文禁止 Riba。

利息禁令是伊斯兰金融最重要的发展动因。所谓伊斯兰金融，是指为了遵循"沙里亚法"的利息禁令而设立的金融机构并严格按照伊斯兰教教规开展的金融业务的统称。20个世纪70年代以来，随着伊斯兰复兴运动的勃兴，加上中东国家汇集了越来越多的石油美元，如何把伊斯兰教教规与经济和金融活动有机融合，引起了高度关注和广泛探讨。在这种时代背景下，伊斯兰金融迎来了发展机遇。

禁止收取和支付利息，是伊斯兰金融刻意彰显的特色，其金融思想与伊斯兰教教义高度契合。《古兰经》准许买卖，但禁止利息。伊斯兰教认为，货币仅仅是交换的媒介，其本身不是能够用于买卖的商品，通过收取贷款利息，其实质是剥削穷人和其他需要帮助的人，有悖伊斯兰教的道德规范。按照伊斯兰教的理解，资本本身并不创造物质财富，利用资本赚取回报，而不付出劳动或承担风险，是典型的不劳而获，应明令禁止。更重要的是，收取贷款利息有违伊斯兰教所倡导的公正性原则。一是收取利息导致风险与回报不对称，在借贷双方产生不公正；二是收取利息导致贫富悬殊，在社会成员之间产生不公正。此外，伊斯兰教认为风险无所不在，每个人都应坦然面对风险，而不应以收取利息的方式将风险转嫁给他人。最后，伊斯兰教不接受西方经济学关于利息是货币的时间价值的理论，认为时间不能作为商品，没有价值可言。

利息禁令迫使伊斯兰世界创新金融运作方式，既要开展金融服务，服务经济发展，又要恪守"沙里亚法"，伊斯兰金融独特的运作方式统筹兼顾了这两种目标。常见的伊斯兰金融运作方式主要包括以下五种：一是以成本加价（Murabahah，穆拉巴哈）取代利息收付。客户向伊斯兰银行提出购买商品的资金需求，由后者直接（也可委托客户）向厂商购买所需商品，按购买成本加一定比例服务费的价格，以分期付款的方式出售给客户。穆拉巴哈将借贷关系转化为买卖关系，通过"加价"规避利息禁令，是伊斯兰银行发放流动资金贷款的最重要运作方式。二是以资产租赁（Ijarah，伊吉拉）取代利息收付。客户需要购买机器设备等固定资产时，由伊斯兰银行直接或通过其设立的特殊目的实体（SPV）购买固定资产，再以经营租赁或融资租赁的方式将固定资产的使用权让渡给客户，并由客户分期向银行支付租金。伊吉拉将借贷关系转化为租赁关系，将利息因素嵌入租金，得以规避利息禁令，是伊斯兰银行发放项目贷款的主要运作方式。三是以股本参与（Musharakah，穆沙拉卡）取代利息收付。金融机构和投资者（借款人）按约定比例共同出资，合伙投资于特定项目，并由投资方负责经营管理，投资项目产生的利润按合伙各方约定的比例共享，产生的损失按合伙方的股本比例分担。穆沙拉卡将借贷关系转化为合伙关系，通过分享损益规避利息禁令，是伊斯兰银行发放基础设施项目贷款的主要运作方式。四是以损益共担（Mudarabah，穆达拉巴）取代利息收付。出资人（储户）将资金存入伊斯兰银行，银行将汇集的资金委托专业的投资机构进行投资，投资产生的损益由出资人与银行按出资比例或其他约定比例进行分摊。穆达拉巴将存款关系转化为委托投资关系，通过分享投资利润或分担损失，规避利息禁令，是伊斯兰银行吸收存款的最重要运作方式。五是以伊斯兰债券（Sukuk，苏库克）取代利息收付。投资者（储户）购买伊斯兰银行控制的SPV以实物资产为基础发行的债券，SPV以这些资产的出租收益向债券持有人支付投资回报。苏库克将存款关系转化为投资关系，通过投资回报规避利息禁令，是伊斯兰银行吸收存款的另一种重要运作方式。

（二）天课制度与社会公正性

天课原意为"涤净"，即穆斯林通过缴纳救济金得以洗涤干净以不洁方式获取的财富。完纳天课是伊斯兰生活方式不可或缺的组成部分，不遵守"沙里亚法"关于天课的规定，相当于背叛伊斯兰教，将受到惩处。天课是对信仰伊斯兰教且其财富超过最低限额的穆斯林征收的，本质上是一种财富税。伊斯兰教认为完纳天课，象征着宗教与经济、精神世界与物质世界的内在统一。曼南在《伊斯兰经济学》中指出，天课制度涵盖了道德、社会和经济层面（Mannan，2009）。在道德层面上，天课制度涤荡了贪婪和占有欲望。在社会层面上，天课制度促使富人承担社会责任，消除贫困，促进社会和谐，维护公正性。在经济层面上，天课制度防止财富过度集中在少数人手里，有助于更加公平的财富分配。

按照"沙里亚法"的规定，只有个人具有完纳天课的义务，至于公司是否适用天课制度，在伊斯兰法学家中则存有争议。1985年的科威特会议解决了纷争，达成一致意见：如果公司作为独立的法人主体，则可将公司视为天课制度的适用对象。财富课征范围的确定和资产估值的方法，是履行天课义务的核心问题。与所得税不同，天课具有财富税的属性，是根据公司所拥有的财富征收的，而不论其是否盈利。在天课制度中，财富是基于"增值资本"（Growing Capital）的概念确定的。"增值资本"被界定为"固定资产和流动资产的已实现和未实现的利得"（Sulaiman，2003）。天课的课征范围包括货币资金、存货、应收账款和有价证券等流动资产减去与之相关的负债，净流动资产的已实现和未实现利得都必须交纳天课。大致而言，天课的课征范围就是净运营资本（Net Working Capital）。

"沙里亚法"只对天课课征对象的资产的估值方法做出原则性规定，导致伊斯兰法学家对具体估值方法见仁见智，莫衷一是。有主张按资产的出售价格估值的，也有主张按成本与市价孰低法估值的，还有主张按历史成本估值的，但大多数伊斯兰法学家倾向于以资产的售价作为资产现行价值的估值方法，因为现行价值更符合"增值资本"的观念。至于天课的税率，一般不低于净运营资本现行价值的2.5%，"沙里亚法"鼓励按高于2.5%的税率缴纳天课。

二、利息禁令和天课制度的会计影响

利息禁令和天课制度对伊斯兰教国家的会计理念和会计惯例产生潜移默化的影响，催生了自成体系并颇具特色的伊斯兰会计。所谓伊斯兰会计，是指按照伊斯兰教教规的要求，识别、计量和报告有助于做出决策、确定天课和伊斯兰投资经营活动真实利益的程序（Moharrampour et al.，2014）。1991年在巴林注册成立的伊斯兰金融机构会计与审计组织（AAOIFI）是伊斯兰会计的最重要推动者。AAOIFI旨在依照"沙利亚法"实现伊斯兰金融实践和财务报告的标准化和协调化,迄今为止,发布了《伊斯兰金融机构财务报告概念框架》和 27 个具体会计准则、7 个审计与治理准则以及 2 个伦理准则。通过分析 AAOIFI 发布的财务报告概念框架(AAOIFI,2010)和具体会计准则,可以看出利息禁令和天课制度对会计的影响烙印。概而言之,主要体现在以下十个方面。

(一)在财务会计与财务报告目标方面,遵循"沙里亚法"的规定成为至高无上的要求

AAOIFI 在《伊斯兰金融机构财务报告概念框架》中,分别列示了财务会计和财务报告的目标。在财务会计的四个目标中,第一和第三个目标均提及"沙里亚法"。目标 1:依照"沙里亚法"的原则及其公平、透明和恪守伦理价值的观念,确定各利益当事方的权利和义务,包括源自不完整交易和事项的权利和义务。目标 3:有助于提高主体的管理和生产能力,鼓励主体遵循其既定的目标和政策,最重要的是确保主体在所有交易和事项中遵循"沙里亚法"。在财务报告的五个目标中,第一和第三个目标也与"沙里亚法"有关。目标 1:财务报告应当提供主体遵循"沙里亚法"及如何确保这种遵循的信息;提供关于禁止性盈利和支出得以记录和处理的信息。目标 3:提供有助于确定天课的信息。可以看出,遵循"沙里亚法"成为财务报表和财务报告至高无上的目标。AAOIFI 在解释概念框架的权威地位时,明确提出了"沙里亚法"的统驭原则,即概念框架或据此制定的会计准则不得违背"沙里亚法"。

(二)在信息使用者识别方面,强调满足多元信息使用者特别是弱势群体的共同信息需求

与国际会计准则理事会(IASB)和美国财务会计准则委员(FASB)在概念框架中突出投资者和债权人的信息需求不同,AAOIFI 在制定概念框架时,强调财务报告应当均衡多元化的信息需求,既要满足能够直接从企业获取会计信息的主要使用者如投资者、债权人、投资账户持有人、政府部门等主要使用者的信息需求,也要满足不能直接从企业获取会计信息的次要使用者如宗教团体、消费者、雇员和社会大众的共同信息需求,包括有助于信息使用者评估主体的经营和财务活动是否遵循"沙里亚法"关于利息禁令、天课制度以及其他禁止性规定。这种均衡多元化信息需求的财务报告目标导向与伊斯兰教倡导的社会公正性高度契合,从另一个方面折射出"沙里亚法"对会计理念和惯例的影响。

(三)在会计信息质量特征方面,淡化实质重于形式原则,强调稳健原则的对称性

AAOIFI 的概念框架提出五大会计信息质量特征:高质量、相关性、可靠性、可比性、审慎性。这些质量特征与 FASB 和 IASB 概念框架的质量特征相比,在两个方面存在显著差别:一是淡化实质重于形式原则,主张实质与形式并重,即法律形式与经济实质同等重要。这里的法律形式,既包括世俗的法律法规,也包括"沙里亚法"等宗教律法。对于伊斯兰金融而言,实质与形式并重的原则十分必要,因而它们通过成本加价、资产租赁、股本参与、损益共担和伊斯兰债券等创新的金融运作方式收取或支付的回报,在经济实质上与利息并没有太大差别,都源自让渡货币资金的使用权所形成的货币时间价值和风险溢

价，但通过创新运作方式和变通回报的收付形式，便规避了利息禁令，得以遵循"沙里亚法"，可见形式的重要性一点都不逊色于实质。二是虽然主张在估计和判断过程中面临不确定性时，会计人员应当遵循稳健原则，避免高估资产和收入、低估负债和费用，但同时修改了稳健原则的内涵，强调也不得低估资产和收入、高估负债和费用。AAOIFI 之所以强调稳健原则的对称性[①]，目的是为了防止以稳健为借口，通过低估资产和高估负债少纳天课。

（四）在财务报表要素方面，增加了与伊斯兰金融相适应的三个独特要素

AAOIFI 的概念框架设置了九大财务报表要素，分别是资产、负债、投资账户持有者权益、业主权益、表外项目、收益、费用与损失、投资账户回报、净收益（净损失）。投资账户持有者权益、表外项目和投资账户回报是其他会计体系所没有的，完全是为了适应伊斯兰金融创新的运作方式而设置的。投资账户持有者权益，是指伊斯兰金融机构通过损益分享和股权参与等方式用于投资而募集的资金。AAOIFI 认为投资账户持有者权益不属于业主权益，因为投资账户持有者并不拥有所有者的权力和权利（如投票权），也不属于负债，而是介于负债与业主权益之间。表外项目指伊斯兰金融机构代为管理且具有信托责任的资金或资产项目以及承诺和或有负债项目，也包括投资账户持有者权益中伊斯兰金融机构无权使用和调配的资金。投资账户回报是指财务报表涵盖期间归属于投资账户持有者的投资损益。由于增加了独特的财务报表要素，资产负债表上的恒等式遂变为：资产 = 负债 + 投资账户持有者权益 + 业主权益；净利润的确定等式也变成：收入 – 成本费用 – 投资账户回报 = 净收益（净损失）。

（五）在持续经营假设方面，充分考虑了伊斯兰金融机构与投资账户持有者之间的临时性关系

尽管 AAOIFI 主张伊斯兰金融机构通常适用一般意义上的持续经营假设，但鉴于投资账户持有者投入伊斯兰金融机构的资金因合同约定了投资期限而具有临时性的性质，AAOIF 允许伊斯兰金融机构对即将到期的损益分享和股权参与合同，以现金等价值（相当于清算价值）而不是持续经营假设下的惯常的计量属性进行计量，以便确定拟在清算前赎回其投资的投资账户持有者的权益。

（六）在计量属性方面，推崇契合天课理念的现行价值

基于课征天课的需要，AAOIFI 在概念框架中要求采纳现行价值而不是历史成本计量属性，因为历史成本与天课制度中的"增值资本"观念相悖。需要说明的是，AAOIFI 所倡导的现行价值，与 IASB 提出的公允价值既有相同之处，也存在差异。资产的现行价值不是根据公司的特定因素确定的，而是按照市场的一般因素确定的，即假设公司在市场上

[①] 这一点与 IASB 在 2018 年 3 月发布的修订后的《财务报告概念框架》对稳健原则的修订完全一致。IASB 同样要求运用稳健原则时既不得高估资产和收入、低估负债和费用，也不得低估资产和收入、高估负债和费用，但 IASB 并非出于税收的考虑，而是出于如实反映（Faithful Representation）的考虑。

通过一系列交易参与这些资产的买卖预计可实现的平均价值。可见，AAOIFI 推崇的现行价值，相当于第 13 号国际财务报告准则（IFRS 13）第一层次的公允价值，但 IFRS 13 第二和第三层次的公允价值，则不适用于 AAOIFI 规范的现行价值，因为这两个层次的公允价值经常涉及具有货币时间价值色彩的以利率为基础的折现值。严格地说，国际财务报告准则中凡是涉及现金流量折现法的规定，因与"沙里亚法"相违背，不仅在天课资产的估值方面，而且在其他金融工具的计量方面，都是不适用的（AOSSG，2010）。

（七）在收益确定方面，资产负债观比收入费用观更受青睐

由于天课是根据"增值资本"，而非损益确定的，故伊斯兰会计在收益确定中，侧重分析交易活动和其他事项对资产、负债和业主权益的影响，收入实现和配比原则的重要性逊色于资产和负债的价值确定。换言之，资产负债观在收益确定中比收入费用观更受重视。相应地，资产负债表日益成为收益确定等相关会计信息的主要来源，损益表退居次要地位。

（八）在收入确认方面，不得确认客户延迟支付所隐含的利息收入

与第 15 号国际财务报告准则要求企业按公允价值将带有延迟支付性质的一揽子合同区分为产品销售、劳务提供和融资业务不同，AAOIFI 禁止这种做法，因为"沙里亚法"不承认货币时间价值，禁止利息收付。按照 AAOIFI 的规定，伊斯兰金融机构和其他主体均不得采用实际利息法确认带有延迟支付性质的买卖合同所隐含的融资（利息）收入，而只能将一揽子合同所包含的全部收益（包括利息收益）总括反映为正常的经营收入、租金收入或投资收益。

（九）在资本结构方面，股权融资优先于债务融资

由于利息禁令的约束，伊斯兰金融机构和企业在融资优先顺序方面，明显偏好于股权融资，这既包括传统意义上的股权融资，也包括性质上介于负债与业主权益之间的股本参与和损益共担等广义上的股权融资。债务融资在融资优先顺序中，处于次要的地位。伊斯兰金融机构和企业即使通过发行伊斯兰债券进行融资，也不能带有付息条款，而必须借助特殊目的实体将债务债权关系设计为投资关系。

（十）在信息披露方面，高度重视溢出效应和宗教律法遵循情况

一是强调在财务报告中披露社会责任的履行情况，包括天课缴纳和慈善捐赠情况；二是强调在财务报告中披露环境保护责任的履行情况，因为伊斯兰教认为个人、伊斯兰金融机构和企业都具有保护环境的义务和责任；三是强调在财务报告中披露是否涉及"沙里亚法"禁止的活动，包括利息收付、赌博、色情、饮酒和吸烟等活动。企业和金融机构不得参与这些禁止性活动，也不得与从事这些活动的其他企业和金融机构发生业务关系。必须指出的是，在伊斯兰会计中，"重要性"原则更加侧重于定性分析，任何违反"沙里亚法"的行为，即使金额再小，也属于重要事项，必须予以披露。

三、结论与启示

会计与宗教渊源久远，关系密切。财务报告目标中的受托责任，最早使用的 Stewardship 一词，就源自宗教，我国宗教界将其译为护佑责任。复式簿记从另一侧面说明了会计与宗教的关系。复式簿记就是由宗教人士发明的。卢卡·帕乔利（Luca Pacioli）的身份首先是方济各会修道士，其次才是数学家。宗教在道德和伦理方面具有教化功能，其对个体和群体的行为规范，往往会对会计理念和惯例产生直接和间接的影响。以上分析表明，伊斯兰教的利息禁令和天课制度造就了伊斯兰会计的独特性，形成了带有浓郁宗教色彩的会计思想和别具一格的会计体系。

本文论述的伊斯兰会计特色及成因，至少在以下三个方面具有现代意义上的启示。

首先，会计既有普适性，又有特殊性，必须统筹兼顾。会计既是"国际通用商业语言"，也是经济社会环境和宗教文化习俗的产物，前者决定了会计的普适性，后者决定了会计的特殊性。唯有统筹兼顾普适性和特殊性，会计人员才能在服务"一带一路"倡议中既遵循国际会计惯例，又充分尊重所在国的宗教信仰和文化习俗，真正做到求同存异、兼容并蓄，避免生搬硬套导致"水土不服"，甚至带来不必要的纷争。

其次，会计理念和会计惯例的优劣，必须从环境的角度评判。会计是环境的产物，其理念和惯例既受经济社会环境的影响，又被宗教文化习俗所左右。"一带一路"贯穿亚欧非大陆，覆盖 65 个国家。这些国家发展程度有别，宗教文化迥异。经济社会环境和宗教文化习俗的差异，导致"一带一路"沿线国家的会计理念和会计惯例各具特色，具有鲜明的地域和文化色彩。这些会计理念和会计惯例孰优孰劣，不应一概而论，而应从经济社会、宗教文化的历史和现状加以分析，理性评判。离开经济社会环境和宗教文化习俗，去研究"一带一路"沿线国家的金融、税收和会计，无异于缘木求鱼。

最后，坚持"实质趋同"，抵制"完全采纳"是伊斯兰国家的必然选择。在遵循国际财务报告准则方面，历来存在着"实质趋同"与"完全采纳"的路线之争。前者认为遵循国际财务报告准则的前提是不得违反所在国的法律法规和宗教禁忌，后者则主张全盘照搬国际财务报告准则，而无视其是否与所在国的经济社会环境和宗教文化习俗相抵触。在伊斯兰世界，"沙里亚法"具有至高无上的地位，任何违背"沙里亚法"的行为都将受到惩处。因此，不论是制定概念框架还是会计准则，AAOIFI 在决定是否采纳国际财务报告准则时，首先考虑的是其是否与"沙里亚法"相违背，对于违背"沙里亚法"的国际财务报告准则，坚决将其排除在外，只有与"沙里亚法"相一致的国际财务报告准则，方可采纳。

参考文献

[1] 马玉秀、祁学义："伊斯兰金融思想初探"，《北方民族大学学报》（哲学社会科学版），2009 年第 4 期。

[2] Mannan, M. A., Islamic Economics: Theory and Practice [M], Hodder and Stough-

ton, UK, 1986.

[3] Moharrampour M., Esfndiyari S., Asgarzadeh A., Islamic Accounting, Applied Mathematics in Engineering, Management and Technology, 2014 (3).

[4] Sulaiman, M., The Influence of Riba and Zakat on Islamic Accounting [J], Indonesia Management and Accounting Review, 2003 (2): 149 - 167.

[5] AAOIFI, Conceptual Framework for Financial Reporting by Islamic Financial Institutions [R], 2010: 1 - 26, www. aaoifi. com.

[6] AOSSG Working Group, Financial Reporting Issues Related to Islamic Finance [R], 2010: 10 - 13, www. aossg. org.

（厦门国家会计学院院长、教授、博士生导师：黄世忠）

我国与"一带一路"沿线国家企业会计准则趋同与等效研究

内容摘要：作为构建我国对外开放新格局的关键一环，"一带一路"倡议在为我国转型时期的发展提供重大历史机遇的同时，也带来了巨大风险和挑战。其中，沿线国家企业会计政策的差异不可忽视，由此导致财务数据的可比性不足，对于企业的"走出去"与"请进来"，都造成显著的负面影响，从而增加了国际贸易与产能资本流动的成本和风险。因此，为了解决我国企业在"一带一路"倡议指导下的国际贸易、产能资本流动及资金融通问题，重视企业会计准则在我国与"一带一路"沿线国家之间的协调非常有必要，争取与"一带一路"沿线国家之间实现企业会计准则等效必将有利于我国企业国际投融资与跨境贸易的长足发展。

根据欧盟证券监管委员会在《关于建立认可第三国证券发行者采用的会计准则等效的机制规则》中对企业会计准则等效概念的定义，等效指的是如果投资者根据以第三国会计准则为基础编制的财务报表和根据以国际财务报告准则（以下简称IFRS）为基础编制的财务报表对证券发行企业的财务状况和发展前景做出相似判断，并且很可能会做出相同的投资决定，那么就可以认为第三国会计准则与国际财务报告准则等效。对于我国而言，会计准则国际等效就是在我国会计准则与IFRS趋同后，使我国会计准则得到国际上主要国家和经济体的认可，使中国会计准则与IFRS具有同等效力。换句话说，会计准则等效就是指我国企业在那些实施IFRS的国家或地区上市，按照中国会计准则编制的财务报表不再进行调整，即使调整也只是对个别项目做出说明或者编制极少项目的调节表，无须再按IFRS进行全面转换。

由此定义可以看出，会计准则等效需要经历两个过程：首先是同国际会计准则趋同，然后根据各国的具体情况进行会计准则等效，前者是后者的基础。目前欧盟与美国、日本、加拿大、中国、韩国、印度等六个国家签署的等效协议，以及中国内地与香港特别行政区签署的等效协议均符合这一前提条件，即等效双边的会计准则至少与IFRS达到了实质性趋同。

但是，"一带一路"沿线国家采用的会计准则不尽相同。这些国家具体采用了怎样的会计准则，与IFRS的异同之处在哪里，哪些企业和机构要求按照IFRS编制财务报表，哪些实体仅允许按照IFRS进行报告，这些国家的会计准则与中国企业会计准则的异同比较，以及中国是否有可能在"求大同存小异"的基础上与这些国家达成等效共识，这些都是本课题有待解决的问题。

此外，如何推进双边等效协议的签署，从哪些国家开始及如何处理其与中国企业会计准则的不同之处，也是本课题亟待解决的问题。根据中华人民共和国商务部、中华人民共和国统计局、国家外汇管理局联合发布的《2015年度中国对外直接投资统计公报》显示，俄罗斯、新加坡、印度尼西亚、阿联酋、印度等国家是我国企业跨境投资的重要目的地，是我国并购金额、投资流量、投资存量的前十大国家，因此与其签署企业会计准则等效协议意义重大。在这些国家中，俄罗斯的领土面积最大，亦是中国原油第一大进口来源国。除此之外，中俄两国亦同时是G20和金砖五国的成员，在诸多领域有广泛的利益交集。鉴于中俄双方彼此重要的经贸关系，中蒙俄三国元首在2016年6月23日共同见证签署了《建设中蒙俄经济走廊规划纲要》。这是共建"一带一路"框架下的首个多边合作的规划纲要，也是开展会计研究的一条重要路径，已经进入了具体的实施阶段。在金融领域，中俄共同核准了《"一带一路"融资指导原则》，双边债券合作取得积极进展。对于跨国金融涉及的会计问题，中俄双方也正努力协调。综上所述，中俄会计准则趋同等效问题迫在眉睫。鉴于此，本课题组选择俄罗斯作为准则等效研究的起点国和突破口。

针对上述问题，本课题组采用规范研究和统计研究相结合的方法，首先从IFRS基金会网站与普华永道的报告中手工收集整理了"一带一路"沿线国家与IFRS的趋同实践情况（见附件一：IFRS采用情况统计表），对IFRS和会计师事务所如何看待"一带一路"沿线国家是否采用IFRS，以及在何种程度和范围内采用IFRS有了大体的认识。其次，本课题组翻译了《俄罗斯联邦法律"会计"》《俄罗斯联邦法律"合并财务报表"》《关于在俄罗斯联邦境内采用IFRS及IFRS解释的法规》《安永2014俄罗斯会计准则与美国GAAP比较》四份英文文件，组织翻译并校对了俄罗斯联邦财政部发布的24号会计准则全文及部分俄罗斯会计政策与内部会计译文，以上翻译字数总计超过11万字。在以上译文的基础上，本课题组详细逐条比对了俄罗斯24号会计准则与我国42号会计准则的异同之处，并做出详细说明。最后，课题组查阅了欧盟2007~2008年开展的会计准则等效机制的相关文件和法规，梳理出欧盟的等效定义、程序、模型与结果，以期为我国即将全面开展的"一带一路"沿线国家会计准则等效路径提供可以借鉴的实践经验。

在以上系统研究的基础上，结合我国现有的内地与香港特别行政区、中国与欧盟的等效联合声明，课题组有针对性地提出了适合中俄实现企业会计准则等效的建议。考虑到中国虽然已实现同IFRS的实质性趋同，但俄罗斯企业会计准则同IFRS差异很大，且受限于经济发展水平的制约，会计体系和监管的相对不完善，俄罗斯同IFRS趋同的需求低、动机不强烈，因此现有的会计准则等效方式或许并不符合中俄的短期共同利益。对于中俄，本课题组认为最好的办法就是进行对话协商，以发布政策性指令的方式替代欧盟所谓的IFRS趋同，其基本方法是通过比较中俄具体会计准则的差异，以投资者决策为导向，参照IFRS，中俄会计准则制定机构协商消除影响投资者做出相异投资决策的因素，在重大合作领域讨论研究发布政策性指令，再由中俄分别具体实施。这样在重大合作领域，投资者根据这些政策性指令也能做出相似的投资决策，实现中俄经济领域的会计准则等效，从而促进"一带一路"倡议下重点经济合作领域的快速发展，而这些重点经济领域的发展反过来又促进其他领域的会计准则等效，进而实现全方位的会计准则等效。

关键词："一带一路"　企业会计准则　趋同　等效　俄罗斯

第一部分　研究背景

一、历史有遗篇　复兴谱新曲

中华民族五千年文明史上，有两条闻名于世的对外交往路径："陆上丝绸之路"和"海上丝绸之路"。

陆上丝绸之路，是指起始于古代中国，连接亚洲、非洲和欧洲的古代陆上商业贸易路线。西汉时以首都长安（今西安）为起点，东汉时以都城洛阳（今河南洛阳）为起点，经凉州、酒泉、瓜州、敦煌、中亚国家、阿富汗、伊朗、伊拉克、叙利亚等而达地中海，以罗马为终点，全长 6 440 公里。这条路被认为是连结亚欧大陆的古代东西方文明的交汇之路，而丝绸则是最具代表性的货物。

海上丝绸之路，是指古代中国与世界其他地区进行经济文化交流交往的海上通道。古代海上丝绸之路以中国东南沿海为起点，经过中南半岛和南海诸国，穿过印度洋，进入红海，抵达东非和欧洲，成为中国与外国贸易往来和文化交流的海上大通道，并推动了沿线各国的共同发展。中国输往世界各地的主要货物，从丝绸到瓷器与茶叶，形成一股持续吹向全球的东方文明之风。其中，丝绸和瓷器正是中华文明的象征和载体。中国陆上和海上丝绸之路，向世界昭示着古代中国的强大，传播着中华文明。

2013 年 9 月和 10 月，中国国家主席习近平在出访中亚和东南亚国家期间，先后提出共建"丝绸之路经济带"和"21 世纪海上丝绸之路"的重大倡议。中国新的领导人在一系列出访中，多次与有关国家元首和政府首脑进行会晤，深入阐释"一带一路"的深刻内涵和积极意义，就共建"一带一路"达成广泛共识。

2015 年 3 月 28 日，国家发展改革委、外交部、商务部联合发布了《推动共建丝绸之路经济带和 21 世纪海上丝绸之路的愿景与行动》。中国"一带一路"倡议横空出世。

在 21 世纪的中国，新的"一带一路"倡议，与中国历史上那两条著名的贸易之路，草蛇灰线，遥相呼应。"一带一路"倡议的重新提出，旨在借用古代丝绸之路的历史符号，高举和平发展的旗帜，积极发展与沿线国家的经济合作伙伴关系。它以政策沟通、设施联通、贸易畅通、资金融通、民心相通为主要内容，将充分依靠中国与有关国家既有的双多边机制，借助既有的、行之有效的区域合作平台，共同打造政治互信、经济融合、文化包容的利益共同体、命运共同体和责任共同体。

30多年来，我国改革开放事业取得了巨大成就，但同时也存在着缺乏顶层设计、谋子不谋势以及不注重改善国际发展环境等问题，迫切需要加强各方面改革开放措施的系统集成，"一带一路"倡议的提出，是新时代中华复兴谱就的新曲。它积淀历史、又洋溢着生机。

二、"一带一路"倡议已硕果累累

"一带一路"倡议是一个完整的体系，它不是民间自发形成的，而是中国政府主动部署的。它立意高远、层次丰富、内容翔实；它层层推进、全面有序；它以专门的金融机构为依托，将"一带一路"沿线国家的基础设施联通作为突破口，进而促进商品贸易、跨国并购、直接投资、资金融通，逐步深入，高度融合。从习近平总书记提出"一带一路"倡议构想至今，已是硕果累累，成绩斐然。

（一）亚洲基础设施投资银行和丝路基金成立

2014年10月24日，包括中国、印度、新加坡等国在内的21个首批意向创始成员国财长和授权代表在北京签约，共同成立亚洲基础设施投资银行。

2014年11月8日，习近平总书记宣布，中国出资400亿美元成立丝路基金，为"一带一路"沿线国家基础设施、资源开发、产业合作和金融合作等与互联互通有关的项目提供投融资支持。

（二）基础设施建设全面铺开

"一带一路"倡议提出以来，展开了一系列重大工程，包括：

1. 2014年5月，中国和肯尼亚签署了关于蒙巴萨—内罗毕铁路相关合作协议，蒙—内铁路是肯尼亚百年来建设的首条新铁路，是东非铁路网的咽喉。

2. 2015年12月22日，中国建筑股份有限公司与巴基斯坦国家高速公路管理局正式签署巴基斯坦卡拉奇—拉合尔高速公路（苏库尔—木尔坦段）项目EPC总承包合同。卡拉奇—拉合尔高速公路项目为中巴经济走廊最大交通基础设施项目，全长约1 152公里。

3. 2016年1月10日，在距离巴基斯坦首都伊斯兰堡50多公里处的吉拉姆河畔，三峡集团承建的卡洛特水电站主体工程开工。

4. 2016年1月21日，印度尼西亚雅万高铁开工奠基仪式举行。这是印度尼西亚乃至东南亚地区的首条中国承建高铁。

5. 2016年2月6日，伊朗总统鲁哈尼出席了德黑兰—马什哈德铁路电气化改造项目的开工仪式，项目预计将在42个月后竣工，随后还有5年的维护期。该项目将由伊朗基础设施工程集团MAPNA和中国中机公司及苏电集团承建。

6. 2016年12月25日，中国至老挝铁路全线开工。根据规划，中老铁路将于2021年全线贯通，届时从中国边境到万象只需4个小时。

（三）中国与"一带一路"沿线国家的贸易结构升级

2016年，中国与"一带一路"沿线国家贸易总额为9 535.9亿美元，占中国与全球贸易额的比重为25.7%，较2015年的25.4%上升0.3个百分点。从出口来看，2016年中国向沿线国家出口5 874.8亿美元，占中国总出口额的27.8%，比2015年增加了0.9个百分点。2011年以来，出口额整体呈上升态势，2016年达到近年来的高位。从进口看，2016年中国自沿线国家进口3 661.1亿美元，占中国总进口额的比重为23.0%，比2015年下降了0.1个百分点，2011年以来这一比重整体呈持续下降的态势。从进出口结构看，2011~2015年，中国与沿线国家的贸易顺差逐渐扩大，2015年为2 262.4亿美元，较2014年增加47.2%，是2011年的16倍；2016年顺差额为2 213.7亿美元，较2015年减少48.7亿美元，为近年来首次下降。

（四）中国对"一带一路"沿线国家的并购和直接投资大幅增加

2015年中国企业对"一带一路"沿线国家的直接投资流量为189.3亿美元，同比增加38.6%，是对全球投资增幅的2倍，占当年流量总额的13%。流量位列前十的国家有新加坡、俄罗斯、印度尼西亚、阿联酋、印度、土耳其、越南、老挝、马来西亚、柬埔寨。

2016年，我国企业共对"一带一路"沿线的53个国家进行非金融类直接投资145.3亿美元，占同期总额的8.5%，主要流向新加坡、印度尼西亚、印度、泰国、马来西亚等国家和地区。

2015年末，中国企业对"一带一路"相关国家的直接投资存量为1 156.8亿美元，占中国对外直接投资存量的10.5%，存量位列前十的国家是：新加坡、俄罗斯、印度尼西亚、哈萨克斯坦、老挝、阿联酋、缅甸、巴基斯坦、印度、柬埔寨。

2016年末，中国对"一带一路"沿线国家的直接投资存量为1 294.1亿美元，占中国对外直接投资存量的9.5%。存量位列前十的国家是：新加坡、俄罗斯、印度尼西亚、老挝、哈萨克斯坦、越南、阿联酋、巴基斯坦、缅甸、泰国。

2015年，中国企业对"一带一路"相关国家的并购项目为101起，并购金额为92.3亿美元，占并购总额的17%。其中，以色列、哈萨克斯坦、新加坡、俄罗斯、老挝等国家吸引中国企业并购投资超过10亿美元。

2016年，中国企业对"一带一路"沿线国家并购项目为115起，并购金额为66.4亿美元，占并购总额的4.9%。其中，马来西亚、柬埔寨、捷克等国家吸引中国企业并购投资超过5亿美元。

可以看出，俄罗斯、新加坡、印度尼西亚、阿联酋、印度等国家是我国企业跨境投资与并购的重要目的地，在"一带一路"沿线国家中对我国的经济意义较为重要。

三、资本市场合作渐行渐近、会计趋同等效提上日程

自习近平主席首次提出"一带一路"倡议至今的四年间，"一带一路"建设从理念转

化为行动,从愿景转变为现实。2017年7月召开的第五次全国金融工作会议提出要推进"一带一路"建设金融创新,搞好相关制度设计,"一带一路"建设进入新的阶段。"一带一路"建设的顺利推进需要国际社会,尤其是沿线国家相关利益方的广泛参与,同时也需要在资金融通方面得到更多的支持。

为进一步深化资本市场服务"一带一路"建设的支持,2017年10月,上海证券交易所制定《上海证券交易所服务"一带一路"建设愿景和行动计划(2018—2020)》(以下简称《愿景和行动计划》),其总体目标是推动和组织"一带一路"沿线资本市场合作,拓宽"一带一路"建设直接融资渠道,动员境内、国际、沿线国家当地资金和境内外企业共同参与"一带一路"建设,构建"一带一路"资本市场的利益和命运共同体。同时,进一步推动境内资本市场双向开放,推进上海国际金融中心建设。《愿景和行动计划》坚持统筹规划、有序推进、合作共赢、可持续发展等原则,深化交易所合作机制,推进资本市场交流合作,提升投融资服务水平,强化信息与技术合作;探索开展"一带一路"股权融资,完善"一带一路"债券融资机制,与沿线交易所合作开展投融资服务,支持和服务会员单位与上市公司等参与"一带一路"建设。

2016年深圳证券交易所制定服务"一带一路"倡议工作计划,积极建设"一带一路"跨境资本服务平台。该平台以促进跨境资本形成为目标,以信息披露和展示为手段,以线上线下投融资对接平台为载体,为中小企业在"一带一路"沿线国家发展提供具有公信力的企业跨境双向投融资服务;推进跨境投融资工具开发;推动"一带一路"沿线企业在境内发行熊猫债、跨境资产证券化等产品,支持"一带一路"沿线国家和地区的基础设施建设。

中国金融期货交易所、上海证券交易所、深圳证券交易所联合收购巴基斯坦证券交易所40%的股份;上交所和深交所与莫斯科交易所签署战略合作协议,与哈萨克斯坦有关方面达成入股阿斯塔纳国际交易所的协议;俄罗斯铝业联合公司成功发行"一带一路"沿线国家企业发行的熊猫债券等,这些举措拉开了"一带一路"资本市场合作的序幕。

会计信息作为评估经济主体经营状况和确定经济主体之间的交易安排提供了必要的前提。资本市场的融合要求财务信息具有可比性,可以自由流动。"一带一路"沿线国家多达60多个,这些国家经济发展水平差异巨大,会计基础设施完备程度差异明显。这种差异以及与此密切相关的资本融通问题可能成为"一带一路"沿线国家之间经贸和资本合作的重要障碍之一。随着"一带一路"倡议在资本市场领域的深入开展,沿线国家会计准则的趋同等效也将提上日程。

第二部分 研究意义与研究问题

一、会计准则趋同等效是中国"一带一路"倡议合作的最后一公里

会计信息是对对外金融合作、境外投融资、经贸往来等方面进行规划、决策、控制和

评价的依据。政府可以根据会计报表的汇总信息进行有效的宏观调控，决定资源和利益的分配，使国家的经济健康、有序地发展。投资者可以据此了解企业和国家的财务状况，从而评估能否取得相应的投资回报。在现代社会中，经济越发展，对会计基础设施的要求越高。完善的会计基础设施对加速社会经济活动，促进国家间的经贸往来起着巨大的推动作用。

"一带一路"倡议为我国转型时期的发展提供了一个重大历史机遇，但也面临着风险与挑战。其中，沿线国家企业会计政策的差异不可忽视，由此导致财务数据的可比性不足，对于企业的"走出去"与"请进来"，都造成显著的负面影响，从而增加了国际贸易与产能资本流动的成本和风险。因此，为了解决我国企业在"一带一路"倡议指导下的国际贸易、产能资本流动及资金融通问题，重视会计准则在我国与"一带一路"沿线国家之间的协调非常有必要。

中国已经成为净资本输出国，境外投资规模和跨境并购交易连续数年创下纪录。"一带一路"倡议，为中国资本输出，尤其是对"一带一路"沿线国家的资本输出提供了全方位的支持和服务。会计作为国际通用商业语言，是设施联通、贸易畅通、资金融通的最后一公里。

二、会计准则趋同等效为实施"一带一路"倡议、推进资本市场合作提供基础信息

会计准则是一种规则、政策，受各国法律框架、税收制度、产权体制、企业管理体制、历史文化和语言习惯等的影响。同时，会计也是一种商业语言，如果能形成统一的会计标准，将有助于在"一带一路"倡议下"请进来"和"走出去"的投资者理解各国企业的经营成果和效率，使资本市场能高效获取更透明、可比的财务信息，促进资本的跨境流动。

资本的逐利本性和信息技术发展带来的交易成本的降低使得越来越多的投资者可以在国际范围内进行资源配置。国际化投资者要求增加财务报表的可比性、不愿意容忍多套不同的会计游戏规则，依据"本国特色"的会计准则编制的财务报告将可能不被投资者接受。按统一标准编制的财务报表不仅可以帮助投资者理解、比较、评价国外投资机会，也可以节约融资方的成本，增加资本市场对境外证券发行人的吸引力，实现资本、劳动、贸易的自由流动。

一套国际认可的高质量的会计准则是有效分配稀缺经济资源的重要标尺，提高财务信息的可比性可以帮助投资者更好地决策。高质量的公司财务报告是吸引和保护投资者的根本手段。同时，公司可以因自己能提供关于公司财务状况、业绩、风险管理等全面的、相关的、及时的高质量信息而获益。这类公司可以更容易从资本市场获得资金，降低其资本成本，使得经济资源配置更有效。

会计在资本市场上已经具有举足轻重的地位。会计通过对信息的收集、加工、总结，形成对经济决策和经济管理有效的信息系统，因此正确理解和解读"一带一路"沿线国家的会计准则显得尤为重要。

三、"一带一路"沿线国家适用的会计准则差异明显

"一带一路"沿线国家采用的会计准则不尽相同,国际财务报告准则基金会对全球 150 个司法管辖区采用 IFRS 的进展情况进行了描述,课题组据此对"一带一路"沿线国家采用 IFRS 的情况进行了统计(详见附件一:IFRS 采用情况统计表),结果显示在"一带一路"沿线 64 个国家中有 52 个国家要求国内上市公司采用 IFRS(占比 81%),有 1 个(东帝汶)允许国内上市公司采用 IFRS,有 44 个允许或要求外国上市公司采用 IFRS(占比 69%),另有 5 个国家(黎巴嫩、吉尔吉斯斯坦、塔吉克斯坦、土库曼斯坦、老挝)未包含在国际财务报告准则基金会所研究的 150 个司法管辖区内。

与此同时,德勤、普华永道等会计师事务所将"一带一路"沿线国家使用国际会计准则的策略划分为直接采用、实质性趋同、认可和趋同认可等模式。根据普华永道 2016 年发布的报告 *IFRS Adoption by Country*,沿线 64 个国家中有 46 个国家采用了 IFRS(占比 72%),有 9 个被视为实质性趋同(占比 14%),6 个认可 IFRS(占比 9%),其余几个国家未在普华报告的研究范围内。IFRS 基金会对于各国采用其准则的程度的表述过于笼统,与各国会计准则体系的具体适用范围并不完全一致。这就要求我们细致鉴别各国会计准则体系的具体内容及其适用范围,更重要的是这些国家的会计准则与中国企业会计准则的异同比较。

四、俄罗斯的特殊地位

俄罗斯是"一带一路"沿线领土面积最大的国家,中俄经贸关系是中俄全面战略协作伙伴关系当中的重要经济基础。当前两国务实合作在不断增强,基础越来越牢固,可以说前景十分广阔。在 2016 年全球经济增长乏力的大背景下,双边贸易逆势增长。2016 年中俄双边贸易额达到 695 亿美元,比 2015 年增长 2.2%,在我国前十位贸易伙伴当中率先实现了正增长。贸易结构不断优化,中俄机电产品和农产品贸易分别增长了 17% 和 11%,中国已经成为俄罗斯食品最大的进口国,投资合作蓬勃发展。中国对俄各类投资超过 25 亿美元。据俄方统计,截至目前中国对俄累计投资已经达到 420 亿美元,成为俄第四大投资来源国。跨境电商等新业态发展迅速。2016 年上半年,中俄跨境电商贸易额为 12 亿美元,呈现增速快、品类丰富、销售多元等特点,俄罗斯已经成为中国跨境电商出口的第二大目的国。能源合作取得突破,中国自俄进口原油 2016 年为 5 248 万吨,增长了 23.7%,俄罗斯成为中国原油第一大进口来源国。

鉴于中俄双方彼此重要的经贸关系,中蒙俄三国元首在 2016 年 6 月 23 日共同签署了《建设中蒙俄经济走廊规划纲要》,这是共建"一带一路"框架下的首个多边合作的规划纲要,也是开展会计研究的一条重要路径,现已进入了具体的实施阶段。除此之外,中俄两国同时也是 G20 和金砖五国的成员,在诸多领域有广泛的利益交集。在金融领域,中俄共同核准了《"一带一路"融资指导原则》,双边债券合作取得积极进展,跨国金融涉及会计问题,中俄双方正努力协调。中俄会计准则趋同等效问题迫在眉睫。

第三部分 俄罗斯会计指引与监管概况

根据 IASB 的网站公布的信息，俄罗斯联邦被划分为采用 IFRS 的国家（见附件一：IFRS 采用情况统计表）。具体而言，俄罗斯要求银行及上市公司的合并财务报表按照 IFRS 来编制，允许个别财务报表按照 IFRS 来编制，允许在俄罗斯上市的外国公司的财务报表按照 IFRS 来编制。根据普华永道的研究报告，俄罗斯联邦也是被划分为采用 IFRS 的国家（普华永道，2016）。但实际上，根据我们对俄罗斯会计指引与监管的研究，我们认为 IFRS 在俄罗斯的采用范围并不够大。俄罗斯认为合并财务报表重要性次于公司的个别法定财务报表，并且公司经常不编制合并财务报表（陈秧秧，2016）。大多数非上市公司以及众多上市公司的个别财务报表依然可以采用俄罗斯本土的会计准则来编制。因此，本课题组不仅关注 IFRS 在俄罗斯的采用，也关注俄罗斯本土会计准则与我国企业会计准则的异同。

苏联解体后，俄罗斯联邦作为一个独立主权国家登上国际政治舞台，其经济经历了一个由衰退到复苏、由计划经济到市场经济、由国有经济到私有经济的发展和转型过程。俄罗斯会计改革也经历着相应的改革与变迁，有学者认为其经历了自主发展阶段，或称改革探索阶段，然后是国际趋同阶段，或称引入国际会计准则/国际财务报告准则阶段（邵崇林，2016；金娜，2016）。经过 20 年的改革与发展，俄罗斯既建立了自己的会计指引监管体系，同时也积极推进着国际财务报告准则在本国的使用。

一、俄罗斯的会计指引与监管框架

目前俄罗斯的会计指引与监管框架可分为三个层次（陈秧秧，2016）。

第一层次包括有关会计核算的法律、法典以及股份公司法律等。例如，俄罗斯联邦政府于 2011 年 12 月 6 日颁布的第 402 号命令《俄罗斯联邦法律"会计"》（Federal Law on Accounting），于 2010 年 7 月 27 日颁布的第 208 号命令《俄罗斯联邦法律"合并财务报表"》（Federal Law on Consolidated Financial Statements）和于 2011 年 2 月 25 日颁布的第 107 号命令《关于在俄罗斯联邦境内采用国际财务报告准则及国际财务报告准则解释的法规》（Regulation on Endorsement of the International Financial Reporting Standards and Interpretations of the International Financial Reporting Standards for their Application in the Territory of the Russian Federation）均属于这一层次[1]，三者的全文译文参见附件二。

第二层次为俄罗斯会计准则（俄文为 Polozheniya po Bukhgalterskomu Uchetu，简称 PBU；英文为 Russian Accounting Standards，简称 RAS），由若干号具体会计准则组成。其中，中央银行负责制定适用于银行与其他信用机构的准则，而俄罗斯联邦财政部制定适用

---

[1] 俄罗斯联邦财政部网站的英文版只提供了上述三个与会计直接相关的法律法规，网址为 http：//old.minfin.ru/en/accandaudit/index.php。

于所有其他企业的会计标准（俄罗斯联邦法律"会计"，2011）。目前，由俄罗斯联邦财政部颁布的尚有效的会计准则共计 24 号准则，涵盖了会计核算中大部分重要的组成方面。该 24 号准则的全文译文参见附件三。

第三层次是特定公司在前两个层次基础上开发的会计政策与内部会计文件。这一层次的文件众多，鉴于语言障碍与获取渠道有限，本课题组未能获得这一层次的全面资料。附件四中的《俄联邦财政部 2012～2015 年关于在国际财务报告准则基础上发展俄联邦会计核算和报表的计划》《有关国际财务报告准则的确认进展情况及其在俄罗斯联邦境内使用的说明》《会计准则委员会人员名单》属于这一层次的会计文件。

二、《俄罗斯联邦法律"会计"》简介

俄罗斯联邦政府于 2011 年 12 月 6 日颁布的第 402 号命令《俄罗斯联邦法律"会计"》（Federal Law on Accounting），旨在对会计及财务报表做出统一要求，建立会计监管的法律机制。该法律共四章，分别为总则、会计基本要求、会计监督和最终条款。

从内容上看，这一部法律在一定程度上类似于我国的《中华人民共和国会计法》，例如，要求各单位发生的各项经济业务事项应当根据适当的会计政策，在依法设置的会计账簿上统一登记与核算，并对财务报表中使用记账本位币、年度财务报告期间等进行了规定。此外，这部法律也涉及了一些在我国《企业会计准则——基本准则》中的内容，例如会计要素，甚至涉及了一些在我国具体企业会计准则中才提及的内容，例如在何种情况下可以做会计政策变更，这在我国的《企业会计准则第 28 号——会计政策、会计估计变更和差错更正》中才有相应规定。

然而，《俄罗斯联邦法律"会计"》有着若干有别于国际财务报告准则，也有别于我国会计法和会计准则要求之处。例如，其规定会计要素包括七个方面，分别是经济活动事实（Facts of Economic Activity）、资产、负债、经济活动的财务资源（Financial Sources for Its Activity）、收入、费用和联邦准则规定的其他要素。年度财务报表仅包括资产负债表、经营成果表（Statements on Financial Result）和附注。俄联邦的国家会计监管机构是指俄罗斯财政部和中央银行二者。

三、俄罗斯会计准则简介

在本国的会计准则制定方面，俄罗斯财政部曾在 1992 年推出一项《会计制度改革计划》，该计划提出力争在 2000 年建立一个现代的、适应市场经济发展需要的新型会计核算体系。俄罗斯也曾于 1998 年通过了《根据国际会计准则进行会计核算改革大纲》，要求更多借鉴当时的国际会计准则推进会计核算制度改革（财政部会计司赴俄罗斯考察团，2006）。然而，从目前施行的 24 个会计准则的内容来看（见表 1），只是部分吸收了国际会计准则/国际财务报告准则的确认原则和计量基础，与 1992 年和 1998 年提出的改革计划及发展目标相比仍存在较大差距。

表 1　　　　　　　　由俄罗斯财政部发布的目前尚有效的会计准则列表

编号	名称	发布年份	最新修订年份
会计准则第 1 号	企业会计政策	2008 年	2012 年
会计准则第 2 号	建造合同	2008 年	2012 年
会计准则第 3 号	外币折算	2006 年	2010 年
会计准则第 4 号	会计报表	1999 年	2010 年
会计准则第 5 号	存货	2001 年	2010 年
会计准则第 6 号	固定资产	2001 年	2010 年
会计准则第 7 号	期后事项	1998 年	2007 年
会计准则第 8 号	预计负债、或有负债和或有资产	2010 年	2010 年
会计准则第 9 号	企业收入	1999 年	2010 年
会计准则第 10 号	企业费用	1999 年	2010 年
会计准则第 11 号	关联方信息	2008 年	2008 年
会计准则第 12 号	分部信息	2010 年	2010 年
会计准则第 13 号	国家补助	2000 年	2006 年
会计准则第 14 号	无形资产	2007 年	2010 年
会计准则第 15 号	借款和贷款费用	2008 年	2012 年
会计准则第 16 号	终止经营信息	2002 年	2010 年
会计准则第 17 号	科学研究、实验设计和工艺工作费用	2002 年	2006 年
会计准则第 18 号	企业所得税	2002 年	2010 年
会计准则第 19 号	投资核算	2002 年	2012 年
会计准则第 20 号	参与共同经营信息	2003 年	2006 年
会计准则第 21 号	会计估计变更	2008 年	2010 年
会计准则第 22 号	会计报表差错更正	2010 年	2010 年
会计准则第 23 号	现金流量表	2011 年	2011 年
会计准则第 24 号	开发自然资源的费用核算	2011 年	2011 年

本课题组对上述 24 个会计准则进行梳理和分析，有如下发现：

（一）会计准则制定机构

根据《俄罗斯联邦法律"会计"》，俄罗斯财政部在制定会计准则方面有如下权利：（1）根据本法建立的规则批准联邦准则发展项目；（2）批准联邦准则，在权限之内批准行业准则，并推广它们的应用操作；（3）组织专家草拟会计准则；（4）批准草拟的会计准则生效；（5）按照既定程序参与制定国际准则；（6）在举办会计和财务报表领域活动的国际组织中代表俄罗斯联邦；（7）执行本法和其他联邦法律规定的其他职能。俄联邦中央银行有如下的权利：（1）制定、批准行业准则，并推广其应用实践；（2）参与编制、协调联邦准则发展项目；（3）参与草拟联邦准则的专业研究；（4）按照既定程序，与财政部共同参与制定国际准则；（5）执行本法和其他联邦法律中规定的其他职能。

俄罗斯财政部为了进行联邦和行业准则草案的专业研究，设立了会计准则委员会（Accounting Standards Council）。该会计准则委员会由10名来自非国有会计监管机构和科学团体的代表、5名来自国有会计监管机构的代表组成，成员的名单须由财政部负责人批准。会计准则委员会的会议由主席召集，至少三个月召开一次会议。在专业研究时，关注以下方面：（1）遵守俄联邦会计法律；（2）顺应财务报表使用者的需求，以及会计科学和实务发展水平；（3）统一会计要求；（4）统一适用联邦和行业准则的条件。2017年10月，俄罗斯财政部公布了最新一届会计准则委员会名单，参见附件四。

（二）会计准则的适用范围

俄罗斯会计准则的适用范围为根据俄联邦法律成立的营利性法人单位（金融单位和预算单位除外）。外国企业在俄罗斯联邦境内的分支机构和代表处可以按照该准则或者根据所在国规定制定会计政策，但后者不得与国际财务报告准则相冲突。根据俄罗斯《会计准则第1号——企业会计政策》的第二章第6.1款，小型企业和社会非商业单位有权在核算政策中规定按照一般系统进行会计核算（不使用复式记账法）。

（三）会计准则的主要特点

1. 完整性不足。从会计准则的内容完整性来看，俄罗斯会计准则涵盖了经济活动和会计核算中大部分重要内容。既有对会计政策、会计估计变更、会计差错更正、报表格式、分部信息等综合信息的规范和要求，也有对大部分资产、负债、收入、费用的核算要求。

俄罗斯会计准则的一大明显特色为，重视对成本费用的核算，有专门的会计准则来对成本费用的账务处理进行指引，即《会计准则第10号——企业费用》。在我国企业会计准则体系中，并没有这样的准则。俄罗斯《会计准则第17号——科学研究、实验设计和工艺工作费用》的主要内容也是对于科学研究相关的成本费用的核算指引，具体内容涉及管理会计中的成本管理，这也是我国企业会计准则中所没有的。然而，相较于国际财务报告准则或者我国企业会计准则，俄罗斯会计准则体系的完整性不够，既缺乏对一些重要概念的厘清，也缺乏对一些重要的会计交易和事项的指引。

首先，俄罗斯会计准则缺乏类似于国际财务报告准则的财务会计概念框架，或者类似于我国《企业会计准则——基本准则》的准则。虽然有一些会计目标、会计假设、会计信息质量要求散落于俄罗斯会计法规或者具体会计准则中，但是缺少一个专门的、系统的会计概念框架，还是略显不足。

其次，俄罗斯会计准则缺乏与企业合并和合并财务报表相关的会计准则。对于集团公司而言，企业合并和合并财务报表的账务处理非常关键。在俄罗斯，母公司只有在符合联邦法律规定的要求时，才需编制合并财务报表。比如保险公司、银行、上市公司及其他规定的企业，它们需要遵守的法律是《俄罗斯联邦法律"合并财务报表"》。因此，在俄罗斯会计准则层面，并没有关于企业合并和合并财务报表的会计准则。

最后，俄罗斯会计准则缺乏对新型经济业务的会计处理规定，对租赁、衍生金融工具、套期、雇员福利、高通胀下的外币折算等问题没有相应规定。此外，俄罗斯会计准则还缺乏对生物资产、房地产等重要行业的相应准则。

那么，对这些会计准则的空白领域，会计实务应当如何寻求指导呢？对于某些会计账务处理问题，会计实务界可以寻求其他的法律法规。例如，对于租赁业务，虽然没有专门的会计准则，但可以参见 *Federal Law on Financial Lease No.* 164 和 *Guidance on Accounting of Leasing Transactions order No.* 15 这两部法律法规（Ernst & Young，2014）。基于租赁法律形式的不同，将根据租赁协议的条款在承租人或出租人资产负债表中确认固定资产，并据此将其折旧计入承租人或出租人的利润表中（上海国家会计学院、ACCA 和德勤中国，2017）。

更值得关注的是，俄罗斯《会计准则第 1 号——企业会计政策》的第二章第 7 款规定："制定企业会计政策时应根据企业具体情况从俄罗斯联邦法律和（或）会计核算标准法律文件允许的种类中选择一种，如果在标准法律文件中对某一具体问题的会计核算方法没有做出规定，则制定会计政策时可依据本准则或其他会计准则，包括国际财务报告准则进行制定。在这种情况下，其他会计准则可用于制定类似或者与其有联系的经营业务要素、资产、负债、收入和费用的定义、确认条件和计量方法。"由此可见，对于俄罗斯会计准则的空白领域，俄罗斯企业可以参考国际财务报告准则的要求，来进行账务处理。

2. 计量属性比较单一。由于俄罗斯会计准则体系中缺乏单独的类似于财务会计概念框架，或者我国《企业会计准则——基本准则》的准则，本课题组只能根据具体的会计准则来对俄罗斯会计的计量属性进行推断。在对具体会计准则进行研究后，我们发现俄罗斯会计计量基础比较单一，主要是历史成本，有时允许采用交易双方约定的价格，但不对这个价格是否公允做出相关说明。例如，俄罗斯《会计准则第 5 号——存货》第 8 条规定"作为注册资本（实收资本）投入的生产材料存货，如果俄罗斯联邦法律没有规定的，则其实际成本根据企业创立者（投资者）协商的金额确认。"

有研究者认为俄罗斯会计准则中没有类似公允价值的要求（例如：上海国家会计学院、ACCA 和德勤中国，2017），但我们通过对 24 号具体会计准则的研究，并不完全认可这样的观点。在某些会计准则的计量要求中，依然有公允价值计量的应用。例如，俄罗斯《会计准则第 5 号——存货》第 10 条规定"根据偿债协议收到的用于偿债的生产材料存货，其实际成本根据企业取得的或者应该取得的通常类似可比性资产价格确定。企业无法确定取得或者应该取得的资产的价值时，根据偿债协议取得的生产材料存货的价值根据可比情况下取得类似生产材料存货价值确定。"这一应用类似于我国公允价值计量的第二层次的应用。再如，俄罗斯《会计准则第 19 号——投资核算》第 20 条规定："按一定规定确定市场价格的投资，在报告年度末的会计报表中通过调整以前报告期的计价以现行市场价格反映。企业可以每月或者每季度进行该调整。报告日投资的现行市场价格和上期计价之间的调整差额计入营业性企业的经营成果（计入其他业务收入或者其他业务支出）或者计入非营利性机构投资对应账户的支出（2006 年 9 月 18 日俄罗斯联邦财政部第 116 号）。"因此，我们认为俄罗斯会计准则中也有公允价值计量属性的应用，只是对这一应用的范围、条件缺乏系统的规定。

3. 借鉴国际财务报告准则。根据 1998 年的《根据国际会计准则进行会计核算改革大纲》，俄罗斯会计准则在一定程度上借鉴了国际会计准则/国际财务报告准则的确认原则、计量与披露要求。近年，俄联邦财政部还出台了《俄联邦财政部 2012~2015 年关于在国际财务报告准则基础上发展俄联邦会计核算和报表的计划》，以及在国际财务报告准则的基础上，发布新的联邦会计准则（此文件全文译文参见附件四），以推进国际财务报告准则在俄罗斯联邦境内的采用。某些俄罗斯会计准则已与国际财务报告准则没有实质性区别，尤其是近年发布的会计准则，已极大地借鉴国际财务报告准则，例如《会计准则第 8 号——预计负债、或有负债和或有资产》。

四、《俄罗斯联邦法律"合并财务报表"》简介及国际财务报告准则在俄罗斯的采用

2002 年是俄罗斯采用国际会计准则/国际财务报告准则的标志性年度（金娜，2016；梁金龙，2010；邵崇林，2016）。2002 年 7 月 25 日，俄政府宣布在 2004 年 1 月 1 日所有公司和银行按照国际会计准则对财务报表进行编制。2003 年 1 月，俄罗斯宣布要求所有的上市公司从 2004 年开始按照国际财务报告准则编制合并财务报表，其子公司原则上可以继续按照俄罗斯原有的会计准则编制财务报表。

根据 2010 年颁布的最新的《俄罗斯联邦法律"合并财务报表"》（Federal Law on Consolidated Financial Statements）第三条，合并财务报表的编制应遵守国际财务报告准则，包括国际财务报告准则及其解释。该法律的第二条规定有八类公司须采用国际财务报告准则编制合并财务报表，它们分别是（1）信贷机构；（2）保险公司（除只提供强制医疗保险服务的医疗保险公司）；（3）非国有养老基金；（4）投资基金管理公司，投资单位信托和非国有养老基金；（5）清算机构；（6）需经俄联邦政府批准的联邦国家单一制企业（Federal State Unitary Enterprises）；（7）俄联邦持股且由联邦政府批准的股份制公司（Joint – Stock Companies）；（8）其他上市主体。此外，该法律第八条第 3 款指出，债券上市的主体应自 2014 年编制、报送和披露合并财务报表。

2011 年颁布的《关于在俄罗斯联邦领土范围内采用国际财务报告准则及国际财务报告准则解释的法规》（Regulation on Endorsement of the International Financial Reporting Standards and Interpretations of the International Financial Reporting Standards for their Application in the Territory of the Russian Federation）是另一部推进国际财务报告准则在俄罗斯采用的重要法规。该法规对采用国际财务报告准则的程序进行了规定，例如开展可行性的专业分析的程序、俄罗斯财政部提交议案的流程等。

2011 年颁布的《俄联邦财政部 2012~2015 年关于在国际财务报告准则基础上发展俄联邦会计核算和报表的计划》在时间安排上对采用国际财务报告准则做出了规划。2012 年公布的《有关国际财务报告准则的确认进展情况及其在俄罗斯联邦境内使用的说明》详细列示了俄罗斯跟进国际财务报告准则的进度条。这两部会计文件的全文译文，请参见附件四。

第四部分 俄罗斯会计准则与 CAS 的对比

在本章中,我们将对俄罗斯会计准则与我国企业会计准则进行详细对比。

一、总体对比

表 2 列示了 24 个由俄罗斯财政部颁布的会计准则与我国企业会计准则的对应关系。为方便表述,我们采用 RAS 表示俄罗斯会计准则,用 CAS 表示中国企业会计准则。

表 2　　　　　　俄罗斯会计准则与我国企业会计准则的对应关系

RAS	CAS
会计准则第 1 号——企业会计政策	企业会计准则——基本准则 企业会计准则第 1 号——企业会计政策 企业会计准则第 28 号——会计政策、会计估计变更和差错更正
会计准则第 2 号——建造合同	企业会计准则第 14 号——收入(2017)
会计准则第 3 号——外币折算	企业会计准则第 19 号——外币折算
会计准则第 4 号——会计报表	企业会计准则第 30 号——财务报表列报 中华人民共和国会计法
会计准则第 5 号——存货	企业会计准则第 1 号——存货 企业会计准则第 12 号——债务重组
会计准则第 6 号——固定资产	企业会计准则第 4 号——固定资产 企业会计准则第 5 号——生物资产 企业会计准则解释第 6 号
会计准则第 7 号——期后事项	企业会计准则第 29 号——资产负债表日后事项
会计准则第 8 号——预计负债、或有负债和或有资产	企业会计准则第 13 号——或有事项
会计准则第 9 号——企业收入	企业会计准则第 14 号——收入
会计准则第 10 号——企业费用	无专门会计准则
会计准则第 11 号——关联方信息	企业会计准则第 36 号——关联方
会计准则第 12 号——分部信息	企业会计准则第 12 号——分部信息
会计准则第 13 号——国家补助	企业会计准则第 16 号——政府补助
会计准则第 14 号——无形资产	企业会计准则第 6 号——无形资产 企业会计准则第 8 号——资产减值

续表

RAS	CAS
会计准则第 15 号——借款和贷款费用	企业会计准则第 17 号——借款费用
会计准则第 16 号——终止经营信息	企业会计准则第 42 号——持有待售的非流动资产、处置组和终止经营
会计准则第 17 号——科学研究、实验设计和工艺工作费用	企业会计准则第 6 号——无形资产
会计准则第 18 号——企业所得税	企业会计准则第 18 号——所得税
会计准则第 19 号——投资核算	企业会计准则第 22 号——金融工具确认和计量 企业会计准则第 23 号——金融资产转移 企业会计准则第 37 号——金融工具列报
会计准则第 20 号——参与共同经营信息	企业会计准则第 40 号——合营安排
会计准则第 21 号——会计估计变更	企业会计准则第 28 号——会计政策、会计估计变更和差错更正
会计准则第 22 号——会计报表差错更正	企业会计准则第 28 号——会计政策、会计估计变更和差错更正
会计准则第 23 号——现金流量表	企业会计准则第 31 号——现金流量表
会计准则第 24 号——开发自然资源的费用核算	企业会计准则第 27 号——石油天然气开采

二、具体对比

（一）《会计准则第 1 号——企业会计政策》

该号准则对企业会计政策进行了定义，对会计政策制定的责任人进行了明确，提出了制定会计政策时的假设，对会计政策的变更的条件和处理做出了说明，最后对会计政策变更的披露做出了规范。

与我国的企业会计准则对比，俄罗斯该号准则的范围比我国《企业会计准则第 1 号——企业会计政策》要广，涉及我国《企业会计准则——基本准则》和《企业会计准则第 28 号——会计政策、会计估计变更和差错更正》的内容。例如，该号准则提及会计假设，包括会计主体假设、持续经营假设、一贯性假设、权责发生制假设；提及会计信息要求，包括完整性、及时性、谨慎性、实质重于形式、一致性、合理性。该号准则的第三节对会计政策的变更进行了规范，其要求与我国《企业会计准则第 28 号——会计政策、会计估计变更和差错更正》类似。

该号准则还有如下方面与我国会计准则的规定有着显著不同（见表 3）。

表 3　　　　　　　　俄罗斯《会计准则第 1 号——企业会计政策》与
我国相应企业会计准则的重大差异

RAS	CAS	备注
第 7 条　制定企业会计政策时应根据企业具体情况从俄罗斯联邦法律和（或）会计核算标准法律文件允许的种类中选择一种，如果在标准法律文件中对某一具体问题的会计核算方法没有做出规定，则制定会计政策时可依据本准则或其他会计准则，包括国际财务报告标准进行制定	N/A	无
N/A	第八条　企业应当以货币计量	无
第 6.1 条　在建立核算政策时，小型企业和社会非商业单位有权在核算政策中规定按照一般系统进行会计核算（不使用复式记账法）	只能使用复式记账	无

（二）《会计准则第 2 号——建造合同》

该号准则对建造合同的适用范围进行了说明，对建造合同的收入和成本进行了界定，并介绍了完工百分比法的应用，最后对建造合同的披露做出了规范。

由于我国财政部于 2017 年 7 月发布《企业会计准则第 14 号——收入》，原《企业会计准则第 14 号——收入》和《企业会计准则第 15 号——建造合同》均不再执行。俄罗斯该号会计准则对应的是新的《企业会计准则第 14 号——收入》。

根据新的《企业会计准则第 14 号——收入》，我国收入确认模型是统一的确认模型，以控制权转移为标志，并且就"在一段时间内"还是"在某一时点"确认收入提供具体指引。《俄罗斯的会计准则第 2 号——建造合同》中的合同收入确认原则参见的是《会计准则第 9 号——企业收入》，其实质是以风险报酬转移为标志的。因此，我们认为在建造合同收入确认上，俄罗斯与我国的做法存在明显的差异。在对完工百分比法的介绍中，俄罗斯会计准则也不如我国的会计准则规定详尽。

（三）《会计准则第 3 号——外币折算》

该号准则对外币交易和外部报表折算进行了规范，并对相应的披露做出了规范。

与该号准则对应的是我国《企业会计准则第 19 号——外币折算》。两国会计准则在对境外经营的定义、折算汇率的选择、外币报表折算的方法、外币折算后的会计科目等方面有重大差异。具体参见表 4。

表 4　　俄罗斯《会计准则第 3 号——外币折算》与我国相应企业会计准则的重大差异

RAS	CAS	备注
第 3 条　本准则涉及的下列概念意义为：俄罗斯联邦境外业务——从事该业务的企业是按俄罗斯联邦法律成立的法人实体，其通过代表处、分支机构开展业务	第七条　境外经营，是指企业在境外的子公司、合营企业、联营企业、分支机构。在境内的子公司、合营企业、联营企业、分支机构，采用不同于企业记账本位币的，也视同境外经营	CAS 的境外经营比较的是记账本位币的异同，但 RAS 比较的是经营实体的地理位置
第 5 条　将外币资产或负债的价值折算为卢布时应采用俄罗斯联邦中央银行规定的外币对卢布的汇率	第十条　外币交易应当在初始确认时，采用交易发生日的即期汇率将外币金额折算为记账本位币金额；也可以采用按照系统合理的方法确定的、与交易发生日即期汇率近似的汇率折算。即期汇率一般指当日中国人民银行公布的人民币汇率的中间价。企业发生单纯的货币兑换交易或涉及货币兑换的交易时，仅用中间价不能反映货币买卖的损益，需要使用买入价或卖出价折算	RAS 未指明折算汇率
第 5 条　如果法律或合同规定了外币资产或负债折算为卢布的汇率，则折算时采用该汇率	N/A	CAS 不可由合同指定汇率
N/A	第四条　记账本位币，是指企业经营所处的主要经济环境中的货币。企业通常应选择人民币作为记账本位币。业务收支以人民币以外的货币为主的企业，可以按本准则第五条规定选定其中一种货币作为记账本位币。但是，编报的财务报表应当折算为人民币	RAS 中没有记账本位币（功能货币）和编报的财务报表货币的概念
第 9 条　编制会计报表时，非流动资产（固定资产、无形资产等），生产性物质存货，以及在本准则第 7 条未列明的其他资产，同样还有预收款和预付款、预支款、定金评估为卢布时采用业务发生日外币的汇率，评估后将指明的资产和负债进行会计核算	第十一条　企业在资产负债表日，应当按照下列规定对外币货币性项目和外币非货币性项目进行处理：（一）外币货币性项目，采用资产负债表日即期汇率折算。因资产负债表日即期汇率与初始确认时或者前一资产负债表日即期汇率不同而产生的汇兑差额，计入当期损益。（二）以历史成本计量的外币非货币性项目，仍采用交易发生日的即期汇率折算，不改变其记账本位币金额。货币性项目，是指企业持有的货币资金和将以固定或可确定的金额收取的资产或者偿付的负债。非货币性项目，是指货币性项目以外的项目	RAS 没有区分非货币性项目是否以公允价值计量
第 13 条　汇兑损益应作为其他业务收入或其他业务支出（本准则第 14 条或其他会计核算标准法律文件规定的情形除外）计入企业经营成果		CAS 汇兑损益计入财务费用

续表

RAS	CAS	备注
N/A	第十三条 企业对处于恶性通货膨胀经济中的境外经营的财务报表，应当按照下列规定进行折算：对资产负债表项目运用一般物价指数予以重述，对利润表项目运用一般物价指数变动予以重述，再按照最近资产负债表日的即期汇率进行折算。在境外经营不再处于恶性通货膨胀经济中时，应当停止重述，按照停止之日的价格水平重述的财务报表进行折算	
第14条 与投资者投入资本，包括企业注册资本（库藏股）有关的汇兑差异，应计入企业资本公积	N/A	
第16条 将本准则第7条列举的，以及俄罗斯联邦境外从事经营活动涉及的外币资产和负债折算成卢布时，应使用会计报告日俄罗斯联邦中央银行规定的外币对卢布的官方汇率 第17条 将本准则第9条列举的，以及俄罗斯联邦境外从事经营活动涉及的外币资产和负债折算成卢布时，应使用俄罗斯联邦中央银行规定的外币对卢布的官方汇率，汇率日期为该项外币业务执行完成、资产和负债都已纳入会计核算的日期	第十二条 企业对境外经营的财务报表进行折算时，应当遵循下列规定：（一）资产负债表中的资产和负债项目，采用资产负债表日的即期汇率折算，所有者权益项目除"未分配利润"项目外，其他项目采用发生时的即期汇率折算。（二）利润表中的收入和费用项目，采用交易发生日的即期汇率折算；也可以采用按照系统合理的方法确定的、与交易发生日即期汇率近似的汇率折算。按照上述（一）、（二）折算产生的外币财务报表折算差额，在资产负债表中所有者权益项目下单独列示。比较财务报表的折算比照上述规定处理	RAS采用时态法
第19条 俄联邦境外开展业务所运用的、以外币计算的单位资产和负债的价值折合卢布后所产生的差额，登记在编制单位会计报表的会计时期的会计核算下。上述差额应该计入单位的资本公积（俄罗斯财政部2010年12月24日第186号命令校勘）。单位停止俄联邦境外的业务（全部或部分）时，属于被停运业务，与汇率差相符的那部分资本公积，作为其他收入或其他费用计入单位的当期损益（俄罗斯财政部2010年12月24日第186号命令节选）		RAS计入资本公积，CAS计入其他综合收益
第20条 会计核算登记簿按照资产和负债账户记录，企业从事经营活动产生的外币资产和负债，不论是在俄罗斯境内还是境外，都以卢布形式反映	第四条 记账本位币，是指企业经营所处的主要经济环境中的货币。企业通常应选择人民币作为记账本位币	RAS的记账本位币只能是卢布

(四)《会计准则第 4 号——会计报表》

该号准则规定了俄罗斯企业的会计报表的内容和编制报表的基本要求,并列示了资产负债表和利润表的格式,以及附注的内容。该号准则还涉及了会计报表审计,财务报表披露的要求等。

与该号准则对应的是我国《企业会计准则第 30 号——财务报表列报》。最显著的差异,是俄罗斯与我国在财务报表的组成方面区别。该号俄罗斯会计准则的第 5 条规定:"会计报表由资产负债表、利润表、附注和说明书(资产负债表和利润表的附件以及说明书,以下简称资产负债表和利润表的说明)组成,如果按照联邦法律需要对企业报表进行审计,则还应包括确认企业报表可靠性的审计结论。"我国《企业会计准则第 30 号——财务报表列报》第二条规定:"财务报表是对企业财务状况、经营成果和现金流量的结构性表述。财务报表至少应当包括下列组成部分:(一)资产负债表;(二)利润表;(三)现金流量表;(四)所有者权益(或股东权益,下同)变动表;(五)附注。"因此,RAS 财务报表包括说明书,没有提及所有者权益变动表和现金流量表。

该号准则还涉及我国《中华人民共和国会计法》中的一些内容,例如,提及编制年度会计报表的报告年度是从 1 月 1 日至 12 月 31 日(包括 12 月 31 日)。

其他重大差异见表 5。

表 5　俄罗斯《会计准则第 4 号——会计报表》与我国相应企业会计准则的重大差异

RAS	CAS	备注
N/A	第二十二条　企业在资产负债表日或之前违反了长期借款协议,导致贷款人可随时要求清偿的负债,应当归类为流动负债	RAS 没有触发重分类的条款
N/A	第三十一条　企业在资产负债表日或之前违反了长期借款协议,导致贷款人可随时要求清偿的负债,应当归类为流动负债…… (十三)其他综合收益各项目分别扣除所得税影响后的净额 (十四)综合收益总额	RAS 没有综合收益
第 49 条　如果俄罗斯联邦法律和企业创立者(股东)没有另外规定,中期会计报表由资产负债表、利润表构成	第三条　中期财务报告至少应当包括资产负债表、利润表、现金流量表和附注	RAS 中期报告仅包含资产负债表与利润表

(五)《会计准则第 5 号——存货》

该号准则对俄罗斯企业的生产材料存货的会计核算作出规定,包括存货的确认范围,计量依据,存货发出的计量方法,以及相应的披露要求。

与该号准则对应的是我国《企业会计准则第 1 号——存货》。首先,在存货的确认范围上,俄罗斯会计准则与我国准则存在差异。俄罗斯会计准则第 4 条规定:"本准则不适用于性质属于未完工生产的资产"。我国《企业会计准则第 1 号——存货》第三条规定:"存货,是指企业在日常活动中持有以备出售的产成品或商品、处在生产过程中的在产品、在生产过程或提供劳务过程中耗用的材料和物料等。"因此,在俄罗斯,在产品不属于存货,而在我国,在产品属于存货。

另一个重大差异是公允价值的应用。俄罗斯会计准则里并没有明确提及公允价值计量属性,除此之外,对协议价格或者合同价格是否公允需要做出区别处理,也未有说明。有少量内容涉及我国《企业会计准则第 12 号——债务重组》。其他重大差异,具体见表 6。

表 6 俄罗斯《会计准则第 5 号——存货》与我国相应企业会计准则的重大差异

RAS	CAS	备注
第 8 条 作为注册资本(实收资本)投入的生产材料存货,如果俄罗斯联邦法律没有规定的,则其实际成本根据企业创立者(投资者)协商的金额确认	第十一条 投资者投入存货的成本,应当按照投资合同或协议约定的价值确定,但合同或协议约定价值不公允的除外	CAS 明确如果合同或协议约定的价值不公允则不采用合同价,但 RAS 只以协商金额入账
第 10 条 根据偿债协议收到的用于偿债的生产材料存货,其实际成本根据企业取得的或者应该取得的通常类似可比性资产价格确定。企业无法确定取得或者应该取得的资产的价值时,企业根据偿债协议取得的生产材料存货的价值根据可比情况下取得类似生产材料存货价值确定	第十条 以非现金资产清偿债务的,债权人应当对受让的非现金资产按其公允价值入账,重组债权的账面余额与受让的非现金资产的公允价值之间的差额,比照本准则第九条的规定处理	RAS 没有公允价值、非现金资产偿债价值的确定,类似 CAS 公允价值计量层次的第二层次的应用

(六)《会计准则第 6 号——固定资产》

该号准则对俄罗斯企业固定资产的会计核算做出了规定,包括固定资产的确认,初始计量,折旧的计提、修复、清理以及相应的披露要求。与该号准则对应的是我国《企业会计准则第 4 号——固定资产》。经过对比,我们发现两国在固定资产的确认范围、折旧计提、价格重估等方面存在重大差异。

首先,在该号俄罗斯会计准则的要求下,某些生物资产属于固定资产,而在我国,生物资产由专门的会计准则进行规范。该号俄罗斯会计准则第 5 条规定:"以下资产属于固定资产:楼房、建筑物、公务车和载重车、设备、测量校准仪器及装置、计算机、交通工具、器械、生产和日常用具及附件、役畜、肉畜、产畜、多年生林木、内用道路以及其他相应的客体"。在我国,《企业会计准则第 5 号——生物资产》第三条规定:"生物资产分为消耗性生物资产、生产性生物资产和公益性生物资产。消耗性生物资产,是指为出售而持有的,或在将来收获为农产品的生物资产,包括生长中的大田作物、蔬菜、用材林以及存栏待售的牲畜等。生产性生物资产,是指为产出农产品、提供劳务或出租等目的而持有的生物资产,包括经济林、薪炭林、产畜和役畜等。公益性生物资产,是指以防护、环境保护为主要目的的生物资产,包括防风固沙林、水土保持林和水源涵养林等"。

其次,另一个重大差异是公允价值的应用。该号俄罗斯会计准则里并没有明确提及公允价值计量属性,除此之外,对允许采用协议价格或者合同价格是否公允、是否需要做出区别处理,也未有说明。该号俄罗斯会计准则第 9 条规定:"作为注册资本(库存股)投入的固定资产,如果俄罗斯联邦法律没有其他规定,其实际成本为企业创立方(投资方)协议的金额"。我国《企业会计准则第 4 号——固定资产》第十一条规定:"投资者投入固定资产的成本,应当按照投资合同或协议约定的价值确定,但合同或协议约定价值不公允的除外"。

最后,俄罗斯会计准则允许对固定资产的重估值增值进行确认,这一点与我国企业会计准则的要求存在非常重大的差异。该号准则第 15 条规定:"商业企业可以在一年内(报告年度期初)不多于一次根据现行(重置)价值评估同种类别的固定资产(2005 年 12 月 12 日俄罗斯联邦财政部第 147 号第 12 条)。对此类固定资产进行评估时应该考虑到以后需要定期重新评估,以使固定资产在会计核算和会计报表中不脱离现行(重置)价值进行反映……固定资产评估增值计入企业资本公积。固定资产增值金额等于计入上期会计报表未分配利润(未弥补亏损)账户的减值部分,计入未分配利润(未弥补亏损)账户(2005 年 12 月 12 日俄罗斯联邦财政部第 147 号)。固定资产评估减值计入未分配利润(未弥补亏损)账户。如果上期固定资产评估增值计入了资本公积金,则本期评估减值部分应减少资本公积。减值部分超过上个报告期间计入资本公积的增值部分,本期计入未分配利润(未弥补亏损)账户。计入未分配利润(未弥补亏损)账户的金额应在企业会计报表中进行披露(2002 年 5 月 18 日第 45 号)。固定资产清理时评估增值部分应从企业资本公积中转出,计入企业未分配利润。"

此外,在固定资产的折旧计提方面,俄罗斯与我国的要求也有重大差异。该号俄罗斯会计准则第 18 条与第 19 条规定:在决定折旧额度时不考虑残值问题。我国《企业会计准则第 4 号——固定资产》第十四条规定:"应计折旧额,是指应当计提折旧的固定资产的原价扣除其预计净残值后的金额。已计提减值准备的固定资产,还应当扣除已计提的固定资产减值准备累计金额。预计净残值,是指假定固定资产预计使用寿命已满并处于使用寿命终了时的预期状态,企业目前从该项资产处置中获得的扣除预计处置费用后的金额。"其他重大差异见表7。

表7　俄罗斯《会计准则第6号——固定资产》与我国相应企业会计准则的重大差异

RAS	CAS	备注
第6条　如果一个对象包括多个部分时，不同部分的有效使用期限差异很大，每一个这样的部分都作为一个独立的财产清册客体	企业会计准则第4号——固定资产，第五条固定资产的各组成部分具有不同使用寿命或者以不同方式为企业提供经济利益，适用不同折旧率或折旧方法的，应当分别将各组成部分确认为单项固定资产	无
第5条　符合本准则第4条和企业会计政策规定限额内的资产，但其单位价值不超过40 000卢布的，可以在会计核算和会计报表中作为生产材料存货进行反映	无金额要求	无
N/A	企业会计准则解释第6号——对于特殊行业的特殊固定资产，确定其初始入账成本时，还应考虑弃置费用。弃置费用通常是指根据国家法律和行政法规、国际公约等规定，企业承担的环境保护和生态恢复等义务所确定的支出，如油气资产、核电站设施等的弃置和恢复环境义务。弃置费用的金额与其现值比较，通常相差较大，需要考虑货币时间价值，对于这些特殊行业的特定固定资产，企业应当按照现值计算确定应计入固定成本的金额和相应的预计负债	无
第27条　修复固定资产发生的支出在所属的报告期间内进行会计核算。如果固定资产革新和改造增加（提高）了固定资产最初的标准功能性指标（有效使用期限、功率、使用质量等），则固定资产革新和改造完毕发生的支出需要增加相应资产的实际成本	固定资产的后续支出是指固定资产使用过程中发生的更新改造支出、修理费用等。后续支出的处理原则为：符合固定资产确认条件的，应当计入固定资产成本，同时将被替换部分的账面价值扣除；不符合固定资产确认条件的，应当计入当期损益	无
第31条　固定资产转销产生的收入和支出在进行会计核算时应作为其他业务收入和其他业务支出计入企业利润和亏损	固定资产清理完成后的净损失，借记"营业外支出"，贷记"固定资产清理"；固定资产清理完成后的净收益，借记"固定资产清理"科目，贷记"营业外收入"	无

（七）《会计准则第7号——期后事项》

该号准则对俄罗斯企业在会计报表中反映报告日后事项作了规定，包括期后事项的定义、在报表中的反映及相应的披露要求。该号准则还列示了可以被认定为期后事项的经营业务示范性清单。与该号准则对应的是我国《企业会计准则第29号——资产负债表日后事项》。我们认为，除术语外，俄罗斯会计准则与我国企业会计准则无实质性差异。

(八)《会计准则第 8 号——预计负债、或有负债和或有资产》

该号准则规定了俄罗斯企业对预计负债、或有负债和或有资产的核算，包括对预计负债、或有负债和或有资产的定义，对预计负债的计量，以及相应的披露要求。与该号准则对应的是我国《企业会计准则第 13 号——或有事项》。我们认为，除术语外，俄罗斯会计准则与我国企业会计准则无实质性差异。

(九)《会计准则第 9 号——企业收入》

该号准则对收入的确认、计量、分类与披露做出了规定。由于我国财政部于 2017 年 7 月发布《企业会计准则第 14 号——收入》，原《企业会计准则第 14 号——收入》和《企业会计准则第 15 号——建造合同》均不再执行。俄罗斯该号会计准则对应的是新的《企业会计准则第 14 号——收入》。

首先，俄罗斯会计准则在收入确认的条件上与我国企业会计准则存在重大差异。《俄罗斯会计准则第 9 号——企业收入》中的合同收入确认原则实质是以风险报酬转移为标志的，准则规定："同时满足以下条件时确认收入：（a）主体有权收到源于合同安排或其他途径支撑的收入；（b）收入能够可靠计量；（c）作为交易结果的经济利益很有可能流入主体。当主体收到资产作为债务清偿或该资产的收取不存在不确定性时，经济利益很有可能增加；（d）产品（商品）的法律权利（所有权、使用权和处置权）自主体转移至购买方或工作（已提供的服务）已被购买方接受；（e）已发生的成本或涉及交易将发生的成本能够可靠计量。以上如有一个条件不满足，主体应对收到的现金或其他资产确认应付款而非收入。"根据新的《企业会计准则第 14 号——收入》，我国收入确认模型是统一的确认模型，以控制权转移为标志，其中第四条规定："企业应当在履行了合同中的履约义务，即在客户取得相关商品控制权时确认收入。取得相关商品控制权，是指能够主导该商品的使用并从中获得几乎全部的经济利益。"第五条规定："当企业与客户之间的合同同时满足下列条件时，企业应当在客户取得相关商品控制权时确认收入：（一）合同各方已批准该合同并承诺将履行各自义务；（二）该合同明确了合同各方与所转让商品或提供劳务（以下简称"转让商品"）相关的权利和义务；（三）该合同有明确的与所转让商品相关的支付条款；（四）该合同具有商业实质，即履行该合同将改变企业未来现金流量的风险、时间分布或金额；（五）企业因向客户转让商品而有权取得的对价很可能收回。在合同开始日即满足前款条件的合同，企业在后续期间无须对其进行重新评估，除非有迹象表明相关事实和情况发生重大变化。合同开始日通常是指合同生效日。"

其次，俄罗斯会计准则区分销售商品、提供劳务和建造合同收入，而我国的《企业会计准则第 14 号——收入》不按业务类别区分收入确认方法。

最后，俄罗斯会计准则要求企业收入按其性质、收款条件和企业经营活动方向分为日常活动业务收入和其他业务收入。我国的《企业会计准则第 14 号——收入》并没有提及类似的收入分类方法。其他重大差异，具体见表 8。

表 8　俄罗斯《会计准则第 9 号——企业收入》与我国相应企业会计准则的重大差异

RAS	CAS	备注
N/A	第二十条　合同中包含两项或多项履约义务的，企业应当在合同开始日，按照各单项履约义务所承诺商品的单独售价的相对比例，将交易价格分摊至各单项履约义务。企业不得因合同开始日之后单独售价的变动而重新分摊交易价格	无
6.2 在以延期付款和分期付款的商业贷款条件下，销售产品和商品、完成工作、提供劳务，会计核算时，收入为取得的应收账款的全部金额（不考虑货币时间价值）	第十七条　合同中存在重大融资成分的，企业应当按照假定客户在取得商品控制权时即以现金支付的应付金额确定交易价格。该交易价格与合同对价之间的差额，应当在合同期间内采用实际利率法摊销。合同开始日，企业预计客户取得商品控制权与客户支付价款间隔不超过一年的，可以不考虑合同中存在的重大融资成分	无
N/A	收入准则对于某些特定交易（或事项）的收入确认和计量给出了明确规定。例如，区分总额和净额确认收入、附有质量保证条款的销售、附有客户额外购买选择权的销售、向客户授予知识产权许可、售后回购、无须退还的初始费，这些规定将有助于更好的指导实务操作，从而提高会计信息的可比性	无

（十）《会计准则第 10 号——企业费用》

该号准则对费用①的确认、计量、分类与披露做出了规定。根据费用的性质、单位进行经营活动的条件和方向，企业费用分为日常活动业务费用和其他费用。我国未有单独的企业会计准则来规范如何确认、计量和披露费用。

（十一）《会计准则第 11 号——关联方信息》

该号准则规定了俄罗斯企业对关联方以及关联方交易的认定，以及相应的披露要求。与该号准则对应的是我国《企业会计准则第 36 号——关联方》。两国准则在关联方的认定范围、关联方交易的类型等方面存在重大差异。具体见表 9。

（十二）《会计准则第 12 号——分部信息》

该号准则规定了俄罗斯企业编制和披露分部信息。与该号准则对应的是我国《企业会计准则第 12 号——分部信息》。两国会计准则在披露分部信息的主体范围上存在差异。该号俄罗斯准则只要求公众公司披露分部报告，其第 2 条规定："企业——公开发行有价证券的发行机构应该根据本准则规定在会计报表附带说明中公布分部信息。其他企业根据本准则规定决定是否在会计报表内公布分部信息。"我国《企业会计准则第 12 号——分部信息》第三条规定："企业应当以对外提供的财务报表为基础披露分部信息。"其他重大差异见表 10。

---

① 也可以将"费用"二字翻译为"支出"。

表9 俄罗斯《会计准则第11号——关联方信息》与我国相应企业会计准则的重大差异

RAS	CAS	备注
第4条 能够影响编制报表企业的经营活动的法人和（或者）自然人，或者编制报表企业能够影响到法人和（或者）自然人的经营活动的（关联方）：1）法人和（或）自然人与编制会计报表的企业按俄罗斯联邦法律规定属于合并方。2）作为个体企业登记的法人和（或）自然人与编制会计报表的企业参与联合经营。3）编制会计报表的企业与为企业员工或者其他系编制报表企业关联方的企业利益运营的非国有退休基金	第四条 下列各方构成企业的关联方：（一）该企业的母公司；（二）该企业的子公司；（三）与该企业受同一母公司控制的其他企业；（四）对该企业实施共同控制的投资方；（五）对该企业施加重大影响的投资方；（六）该企业的合营企业；（七）企业的联营企业；（八）该企业的主要投资者个人及与其关系密切的家庭成员。主要投资者个人，是指能够控制、共同控制一个企业或者对一个企业施加重大影响的个人投资者；（九）该企业或其母公司的关键管理人员及与其关系密切的家庭成员。关键管理人员，是指有权力并负责计划、指挥和控制企业活动的人员。与主要投资者个人或关键管理人员关系密切的家庭成员，是指在处理与企业的交易时可能影响该个人或受该个人影响的家庭成员；（十）该企业主要投资者个人、关键管理人员或与其关系密切的家庭成员控制、共同控制或施加重大影响的其他企业	CAS的关联方认定范围更大，还包括高管、家庭成员及其控制或施加重大影响的企业
第5条 编制报表的企业与关联方之间的任何一项关于资产转移（流入）、提供（使用）劳务或者发生（终止）负债（与收到付款或者其他对价支付无关）都属于关联方业务。与关联方业务可以是：购买和销售商品、工作、劳务；购买和销售固定资产和其他资产；租入财产和租出财产；融资业务，包括提供借款；投入注册资本（库藏股）；提供和取得债务履行保证；其他业务	第八条 关联方交易的类型通常包括下列各项：（一）购买或销售商品；（二）购买或销售商品以外的其他资产；（三）提供或接受劳务；（四）担保；（五）提供资金（贷款或股权投资）；（六）租赁；（七）代理；（八）研究与开发项目的转移；（九）许可协议；（十）代表企业或由企业代表另一方进行债务结算；（十一）关键管理人员薪酬	CAS的关联方交易更加明确
N/A	第六条 仅仅同受国家控制而不存在其他关联方关系的企业，不构成关联方	
第12条 编制会计报表的企业披露的关联方信息应包括企业支付给主要管理人员的报酬总额信息和以下信息：报告日后12个月内应支付的短期报酬（报表期为主要管理人员支付的工资及相应的税收，支付给预算和非预算基金的必要费用，报销期按年支付的休假补贴，企业支付的医疗费，住房费用等）；长期报酬——报告日后12个月后应支付的金额；退休后的报酬（根据编制会计报表企业与保险公司（非国有退休基金）签订的受益人为主要管理人员的自愿医疗保险合同（非国家退休保障合同）发生的	第八条 关联方交易的类型通常包括下列各项：（十一）关键管理人员薪酬	RAS的规定更为明细

续表

RAS	CAS	备注
支付额（费用），其他为主要管理人员退休后支付退休金和其他社会保障发生的费用；以认股权、股票、份额、出资份额（库藏股）形式存在的报酬和基于前述工具发生的支出；其他长期报酬		

表10 俄罗斯《会计准则第12号——分部信息》与我国相应企业会计准则的重大差异

RAS	CAS	备注
第6条 依据企业的组织和管理机构及其内部报表系统，划分分部的依据可以包括：1）生产的产品、购买的商品、完成的工作、提供的服务；2）产品、商品、劳动、服务的主要客户（订购人）；3）营业所在地域；4）企业的分支机构	第十三条 企业应当区分主要报告形式和次要报告形式披露分部信息。 第十四条 对于主要报告形式，企业应当在附注中披露分部收入、分部费用、分部利润（亏损）、分部资产总额和分部负债总额等。 第十七条 分部信息的主要报告形式是业务分部的，应当就次要报告形式披露下列信息：（一）对外交易收入占企业对外交易收入总额10%或者以上的地区分部，以外部客户所在地为基础披露对外交易收入；（二）分部资产占所有地区分部资产总额10%或者以上的地区分部，以资产所在地为基础披露分部资产总额。 第十八条 分部信息的主要报告形式是地区分部的，应当就次要报告形式披露下列信息：（一）对外交易收入占企业对外交易收入总额10%或者以上的业务分部，应当披露对外交易收入；（二）分部资产占所有业务分部资产总额10%或者以上的业务分部，应当披露分部资产总额	RAS在披露上没有层级要求，没有要求必须同时披露业务和地区分部信息

（十三）《会计准则第13号——国家补助》

该号准则规定了俄罗斯企业确认、计量与披露由国家提供的、会导致企业经济利益增加的补助。该号会计准则中使用到的术语有预算资金和预算贷款，需要进一步了解俄罗斯政府补助的国情才能更好理解这些术语的涵义。与该号准则对应的是我国《企业会计准则第16号——政府补助》。两国会计准则在对政府补助的范围认定、计量方法和账务处理上有所不同。具体参见表11。

（十四）《会计准则第14号——无形资产》

该号准则规定了俄罗斯企业确认、计量与披露无形资产。与该号准则对应的是我国《企业会计准则第6号——无形资产》，同时涉及《企业会计准则第8号——资产减值》。

首先，两国会计准则在对自创商誉是否属于无形资产的问题上存在差异。该号俄罗斯会计准则第4条规定："满足本准则第3条规定的条件时属于无形资产，例如：生产秘密

表 11　俄罗斯《会计准则第 13 号——国家补助》与我国相应企业会计准则的重大差异

RAS	CAS	备注
N/A	第五条　下列各项适用其他相关会计准则：（一）企业从政府取得的经济资源，如果与企业销售商品或提供服务等活动密切相关，且是企业商品或服务的对价或者是对价的组成部分，适用《企业会计准则第 14 号——收入》等相关会计准则；（二）所得税减免，适用《企业会计准则第 18 号——所得税》。政府以投资者身份向企业投入资本，享有相应的所有者权益，不适用本准则	范围不同，RAS 从政府取得的经济资源，如果与企业销售商品或提供服务等活动密切相关，且是企业商品或服务的对价或者是对价的组成部分属于政府补助；但 CAS 不属于政府补助，适用收入准则
第 9 条　在下列基础上将预算资金从专项拨款账户转出：用于资本性支出拨款的预算资金数额在应执行现行折旧规定的非流动资产使用年限内，或者在与履行将预算资金用于采购不执行现行折旧规定的非流动资产的条件的有关的支出确认期限内。这时专项拨款在非流动资产投入运营时计入递延收入，在非流动资产使用年限内已计提的折旧作为其他业务支出计入财务经营成果	第八条　与资产相关的政府补助，应当冲减相关资产的账面价值或确认为递延收益。与资产相关的政府补助确认为递延收益的，应当在相关资产使用寿命内按照合理、系统的方法分期计入损益。按照名义金额计量的政府补助，直接计入当期损益。相关资产在使用寿命结束前被出售、转让、报废或发生毁损的，应当将尚未分配的相关递延收益余额转入资产处置当期的损益	CAS 允许采用净额法，RAS 只能采用总额法
第 6 条　如果国家补助以非货币资产形式（地块、自然资源和其他资产）提供给企业，进行会计核算时该资源金额等于收到或应收到的资产价值。企业根据通常可比情况下该类资产或者类似资产的价格确定收到或应收到的资产价值	第七条　政府补助为货币性资产的，应当按照收到或应收的金额计量；政府补助为非货币性资产的，应当按照公允价值计量，公允价值不能可靠取得的，按照名义金额计量	
第 18 条　企业取得的不能进行可靠计量的经济利益（提供无偿咨询服务、担保、无息借款或者低利率借款等），以及不能与企业正常经营活动分开的（如国家采购），在会计报表中作为其他国家补助形式进行信息披露	第十二条　企业取得政策性优惠贷款贴息的，应当区分财政将贴息资金拨付给贷款银行和财政将贴息资金直接拨付给企业两种情况，分别按照本准则第十三条和第十四条进行会计处理。第十三条　财政将贴息资金拨付给贷款银行，由贷款银行以政策性优惠利率向企业提供贷款的，企业可以选择下列方法之一进行会计处理：（一）以实际收到的借款金额作为借款的入账价值，按照借款本金和该政策性优惠利率计算相关借款费用；（二）以借款的公允价值作为借款的入账价值并按照实际利率法计算借款费用，实际收到的金额与借款公允价值之间的差额确	CAS 对贴息贷款有详细的计量规定，RAS 无

续表

RAS	CAS	备注
	认为递延收益。递延收益在借款存续期内采用实际利率法摊销，冲减相关借款费用。企业选择了上述两种方法之一后，应当一致地运用，不得随意变更。 第十四条　财政将贴息资金直接拨付给企业，企业应当将对应的贴息冲减相关借款费用	
N/A	第十一条　与企业日常活动相关的政府补助，应当按照经济业务实质，计入其他收益或冲减相关成本费用；与企业日常活动无关的政府补助，应当计入营业外收支	

（Know How）；商标和服务品牌。"第3条列示了作为无形资产进行会计核算必须同时满足七大条件。鉴于篇幅原因，我们不在此具体列示，请参见附件三。我国《企业会计准则第6号——无形资产》第十一条规定："企业自创商誉以及内部产生的品牌、报刊名等，不应确认为无形资产。"总体来说，俄罗斯会计准则对于自创商誉确认为无形资产的条件较为宽松，而中国企业会计准则不允许确认自创商誉等。

其次，两国会计准则在对无形资产减值转回的规定上存在差异。俄罗斯会计准则第21条规定："由于重新评估致使无形资产增值时，增值额计入单位的追加资本（资本公积）。无形资产增值的额度相当于以前会计年度的减值额度，资产减值被作为其他费用转入当期损益处理，而增值作为其他收入计入当期损益（俄罗斯财政部2010年12月24日第186号命令修订）。当重新评估致使无形资产减值时，减值额度作为其他费用属于当期损益。无形资产减值属于依靠以前会计年度所进行的该资产增值所组成的单位追加资本（资本公积）减少。无形资产减值超过以前会计年度因重新评估被计入单位追加资本（资本公积）的该资产增值部分时，该资产减值作为其他费用属于当期损益（俄罗斯财政部2010年12月24日第186号命令修订）。无形资产报废时，它的增值部分从单位的追加资本（资本公积）转入单位已获盈余（没被抵补的亏损）核算账下。截至会计年度末，无形资产重新评估结果应该单独计入会计核算（俄罗斯财政部2010年12月24日第186号命令修订）。"我国《企业会计准则第8号——资产减值》第十七条规定："资产减值损失一经确认，在以后会计期间不得转回。无形资产，无论是否存在减值迹象，每年都应当进行减值测试。"换句话说，俄罗斯会计准则允许无形资产减值转回，而中国企业会计准则不允许无形资产减值转回。

最后，两国会计准则在对商誉的后续计量上存在差异。俄罗斯会计准则第44条规定："商誉折旧期限为20年（但不得长于企业经营活动期限），正商誉根据本准则第29条规定的直线法计提折旧。"《企业会计准则第8号——资产减值》第四条规定："企业应当在资产负债表日判断资产是否存在可能发生减值的迹象。因企业合并所形成的商誉和使用寿命不确定的无形资产，无论是否存在减值迹象，每年都应当进行减值测试。"俄罗斯会计准则要求对商誉进行摊销，中国企业会计准则不允许对商誉进行摊销，只进行减值测试。

其他重大差异见表12。

表12　俄罗斯《会计准则第14号——无形资产》与我国相应企业会计准则的重大差异

RAS	CAS	备注
第8条　购买无形资产的支出为：按照智力活动或者特性工具的特许权出让合同支付给权利持有人（卖方）的金额；海关税费；与购买无形资产有关的非返还性税收、国家专利和其他费用；向中介组织和通过其购买无形资产的中间方支付的佣金；支付的与购买无形资产有关的信息服务费和咨询费；其他与购买无形资产和用一定条件保障资产用于计划用途直接有关的支出。第9条　除了上述第8条规定外，创立无形资产的支出还包括：根据订单、承包合同、版权订单或者完成科学研究、试验设计和技术工作合同支付给居间方的金额；支付的与直接创建无形资产或者完成科学研究、试验设计和技术工作的员工工资；社会保障支出（包括统一社会税）；科学研究设备、装置和建筑、其他固定资产和财产的维护运营费用，直接用于创建无形资产的固定资产、无形资产折旧，无形资产的实际成本（原始价值）；其他与创建无形资产和用一定条件保障资产用于计划用途直接相关的支出	第七条　企业内部研究开发项目的支出，应当区分研究阶段支出与开发阶段支出。研究是指为获取并理解新的科学或技术知识而进行的独创性的有计划调查。开发是指在进行商业性生产或使用前，将研究成果或其他知识应用于某项计划或设计，以生产出新的或具有实质性的材料、装置、产品等。第八条　企业内部研究开发项目研究阶段的支出，应当于发生时计入当期损益。第九条　企业内部研究开发项目开发阶段的支出，同时满足下列条件的，才能确认为无形资产：（一）完成该无形资产以使其能够使用或出售在技术上具有可行性；（二）具有完成该无形资产并使用或出售的意图；（三）无形资产产生经济利益的方式，包括能够证明运用该无形资产生产的产品存在市场或无形资产自身存在市场，无形资产将在内部使用的，应当证明其有用性；（四）有足够的技术、财务资源和其他资源支持，以完成该无形资产的开发，并有能力使用或出售该无形资产；（五）归属于该无形资产开发阶段的支出能够可靠地计量	RAS无形资产的确认标准和范围更加宽松，未区分研究和开发阶段
第11条　作为注册资本（库藏股）（其中包括以国家或者市政财产投入到公开股份公司注册资本）、股份、合股投入的无形资产实际成本（原始价值）为投资各方（参与方）协商的货币金额，俄罗斯联邦法律另有规定的除外	第十四条　投资者投入无形资产的成本，应当按照投资合同或协议约定的价值确定，但合同或协议约定价值不公允的除外	CAS特别强调成本按照合同约定的价值确定，但约定价值不公允的除外；RAS只按照合同约定价值
第3条　作为无形资产进行会计核算必须同时满足下列条件：……4）客体能预期长时间内使用，也就是说使用时间超过12个月或者当经营周期超过12个月时使用时间超过一个经营周期；5）企业不计划在12个月内，或者当经营周期超过12个月，不计划在一个经营周期内出售该项客体	N/A	CAS的确认条件中没有对无形资产的持有时限和转售有规定

续表

RAS	CAS	备注
第31条 无形资产计提摊销开始时间为从该资产纳入会计核算的下个月一号，直到无形资产价值完全清零或者该资产从会计核算中注销。在无形资产使用期限内，摊销计提不得暂停。"第32条"无形资产从价值清零或者从会计核算中注销的下一个月一号起停止计提摊销	第十七条 企业摊销无形资产，应当自无形资产可供使用时起，至不再作为无形资产确认时止	RAS从下个月开始摊销，CAS当月摊销
第35条 无形资产转销时的收入和支出在所属的报告期间进行会计核算。清理无形资产的收入和支出作为其他收支计入企业经营成果。会计核算标准法律文件另有规定的除外	企业出售无形资产时，应将所取得的价款与该无形资产账面的差额作为资产处置利得或损失（营业外收入或营业外支出），与固定资产处置性质相同，计入当期损益	计入的会计科目不同

（十五）《会计准则第15号——借款和贷款费用》

该号准则规定了俄罗斯企业确认、计量与披露借款和贷款费用。其中，对计入投资性资产成本的借款和贷款费用的情形进行了规范。

与该号准则对应的是我国《企业会计准则第17号——借款费用》。两国会计准则在借款存在折价或者溢价时，对利息的计算方面存在差异。该号俄罗斯会计准则第16条规定："企业债券应支付的利息和（或者）贴息作为贷方债务以票面价值单独进行反映。对企业债券计提的利息和（或者）贴息作为其他业务支出在所属的报告期间内进行反映，或者在借款合同有效期内平均反映。"我国《企业会计准则第17号——借款费用》第七条规定："借款存在折价或者溢价的，应当按照实际利率法确定每一会计期间应摊销的折价或者溢价金额，调整每期利息金额。"可见，俄罗斯会计准则要求使用平均利率法，而我国企业会计准则要求采用实际利率法。其他重大差异见表13。

表13 俄罗斯《会计准则第15号——借款和贷款费用》与我国相应企业会计准则的重大差异

RAS	CAS	备注
第3条 与履行借款（贷款）债务有关的费用支出（以下简称借款费用）是指：应支付给贷款方（债权人）的利息；贷款补充费用。贷款补充费用是指：支付用于信息、咨询服务的费用；用于鉴定借款（贷款合同）合同的费用；其他与取得借款（贷款）直接相关的费用	第二条 借款费用，是指企业因借款而发生的利息及其他相关成本。借款费用包括借款利息、折价或者溢价的摊销、辅助费用以及因外币借款而发生的汇兑差额等	CAS特别说明借款费用包括折价溢价的摊销，及外币汇兑差额

续表

RAS	CAS	备注
第7条 借款费用属于其他业务支出	作为财务费用	RAS费用类项目只分为两大类：主营业务支出与其他业务支出（包括财务费用、管理费用、销售费用）
第11条 当购买、建筑和（或）制造投资性资产发生中止，中止时间较长（超过3个月），则应支付给贷款人（债权人）的利息应从购买、建筑和（或）制造该资产中止时的下一个月一号起停止计入投资性资产的成本	第十一条 符合资本化条件的资产在购建或者生产过程中发生非正常中断，且中断时间连续超过3个月的，应当暂停借款费用的资本化。在中断期间发生的借款费用应当确认为费用，计入当期损益，直至资产的购建或者生产活动重新开始。如果中断是所购建或者生产的符合资本化条件的资产达到预定可使用或者可销售状态必要的程序，借款费用的资本化应当继续进行	CAS特别说明暂停借款费用资本化的前提必须是非正常中断；若正常中断，相关费用仍可资本化

（十六）《会计准则第16号——终止经营信息》

该号准则规定了俄罗斯企业对终止经营信息的列示和披露，并在该号准则附注中举例展示了终止经营信息在利润表和现金流量表中的列示。与该号准则对应的是我国《企业会计准则第42号——持有待售的非流动资产、处置组和终止经营》。两国会计准则的重大差异在于我国企业会计准则将终止经营分类为持有待售的非流动资产或处置组，而俄罗斯会计准则不要求在财务报表中单独分类。

（十七）《会计准则第17号——科学研究、实验设计和工艺工作费用》

该号准则规定了俄罗斯企业核算和列示科学研究、实验设计和工艺工作相关的费用信息。例如，该准则规定了科学研究、实验设计和工艺工作的支出的组成部分，计入非流动资产投入的条件。该号准则还规定了科学研究、实验设计和工艺工作的支出的结转方法，这些内容属于成本会计的范畴。

首先，我国并没有单独制定类似的企业会计准则。然而，《会计准则第17号——科学研究、实验设计和工艺工作费用》中涉及的科学研究、实验设计和工艺工作的费用作为非流动资产投入，还是作为其他业务支出，类似于我国《企业会计准则第6号——无形资产》中对研究开发费用的资本化或费用化规定。该号俄罗斯会计准则第7条规定："科学研究、实验设计和工艺工作的费用在满足下列条件时在会计核算中进行确认：支出金额可以确定和确认；有完成工作（完成工作交接证明）的文件证明；使用生产和（或）管理所需工作的目的是为了获取将来的经济利益（收入）；使用科学研究、实验设计和工艺工作的成果可以验证。如果不符合与完成科学研究、实验设计和工艺工作有关的支出上述条件中的一个，则确认为当期其他业务支出。"我国《企业会计准则第 6 号——无形资产》将企业内部研究开发项目的支出区分为研究阶段支出与开发阶段支出，研究阶段的支出，应当于发生时计入当期损益，开发阶段的支出，满足五大条件才能确认为无形资产。因此，两国会计准则在研究开发费用的确认、计量上存在重大差异。

（十八）《会计准则第 18 号——企业所得税》

该号准则规定了俄罗斯企业对企业所得税的确认、计量和披露，并在该号准则附注中举例展示了所得税在利润表中的列示。与该号准则对应的是我国《企业会计准则第 18 号——所得税》。两国会计准则在所得税费用核算原理上有重大差异。该号俄罗斯会计准则第 3 条规定："报告期间内存在会计利润（亏损）和应纳利润（亏损）的差异，是由于会计核算标准法律文件和俄罗斯联邦税费法律规定对不同的收入、支出确认方法的规定存在差异的，该差异由永久性差异和暂时性差异构成。"我国《企业会计准则第 18 号——所得税》第四条规定："企业在取得资产、负债时，应当确定其计税基础。资产、负债的账面价值与其计税基础存在差异的，应当按照本准则规定确认所产生的递延所得税资产或递延所得税负债。"由此可见，俄罗斯会计准则在进行所得税费用核算时采用的是损益表债务法原理，而我国企业会计准则采用的是资产负债表债务法原理。其他重大差异见表 14。

表 14 俄罗斯《会计准则第 18 号——企业所得税》与我国相应企业会计准则的重大差异

RAS	CAS	备注
没有对计税基础进行定义	第二章对计税基础进行了定义	无
集团公司间资产转移不确认递延所得税资产或负债	第十二条 企业对与子公司、联营企业及合营企业投资相关的应纳税暂时性差异，应当确认相应的递延所得税负债。但是，同时满足下列条件的除外：（一）投资企业能够控制暂时性差异转回的时间；（二）该暂时性差异在可预见的未来很可能不会转回	无
N/A	只有当暂时性差异有很大可能不可转回时，方可确认投资子公司或合营联营企业产生的递延所得税负债	无

（十九）《会计准则第 19 号——投资核算》

该号准则规定了俄罗斯企业对投资的确认、计量和披露。与该号准则对应的是我国《企业会计准则第 22 号——金融工具确认和计量》《企业会计准则第 23 号——金融资产转移》和《企业会计准则第 37 号——金融工具列报》。

两国的会计准则在投资核算的范围、确认条件、计量方法和披露上存在着重大差异。

首先，我国的企业会计准则体系中与金融工具和衍生金融工具有关的会计准则包括《企业会计准则第 22 号——金融工具确认和计量》《企业会计准则第 23 号——金融资产转移》《企业会计准则第 24 号——套期保值》《企业会计准则第 37 号——金融工具列报》，体系相对完善。俄罗斯《会计准则第 19 号——投资核算》没有涉及衍生金融工具与套期。

其次，俄罗斯会计准则没有明确提出公允价值计量属性，但在对投资核算时，有公允价值计量属性的应用。例如，第 19 条规定："投资的后续计量分为两类：可按本准则规定确定市场价格的投资和市场价格不能确定的投资。"第 20 条规定："按一定规定确定市场价格的投资，在报告年度末的会计报表中通过调整以前报告期的计价，以现行市场价格反映。企业可以每月或者每季度进行该调整。报告日投资的现行市场价格和上期计价之间的调整差额计入营业性企业的经营成果（计入其他业务收入或者其他业务支出）或者计入非营利性机构投资对应账户的支出（2006 年 9 月 18 日俄罗斯联邦财政部第 116 号）。"第 37 条规定："不能确定市场价格的投资，当其价值出现稳定的实质性减少，低于企业在通常经营条件下预期从该投资获取的经济利益时，为投资减值。这时投资的账面价值等于在会计核算中反映的价值与该减值之间的差额，通过计算进行确认。"其他重大差异见表 15。

表 15　俄罗斯《会计准则第 19 号——投资核算》与我国相应企业会计准则的重大差异

RAS	CAS	备注
终止确认只在所有权转移时	《企业会计准则第 23 号——金融资产转移》有详尽规定	
第 26 条　处置以投资形式进行会计核算，不能确定现行市场价格的资产时，价值根据下列方法之一进行计量。根据投资和投资的每项会计核算单位的原始价值；根据平均原始价值；根据最先取得投资的原始价值（先进先出法）。根据投资的类别（种类）运用上述方法是建立在会计核算持续经营的假设基础之上	N/A	
第 38 条　当发生导致投资减值的情况时，企业应该检查投资价值是否存在稳定减值的条件。对本准则第 37 条规定的所有投资应进行检查，观察其减值迹象。如果减值检查证明投资的价值发生稳定的实质性减值，则企业应该对减值的投资计提准备金，金额为该投资的账面价值与结算价值之间的差额。营业性企业应该将准备金计入企业经营成果（计入其他业务支出），非营利性机构增加支出（2006 年 9 月 18 日俄罗斯联邦财政部第 116 号）		记账科目不一样

（二十）《会计准则第 20 号——参与共同经营信息》

该号准则规定了俄罗斯企业对参与共同经营信息的确认、计量与披露，包括定义共同经营业务，规定共同使用资产等。与该号准则对应的是我国《企业会计准则第 40 号——合营安排》中有关共同经营的内容。两国会计准则的重大差异见表 16。

表 16　俄罗斯《会计准则第 20 号——参与共同经营信息》与我国相应企业会计准则的重大差异

RAS	CAS	备注
第 3 条　本准则的共同经营信息是指，企业为从其他企业或者个体企业获取经济利益或者收入，通过非创立法人企业的形式参与共同经营的企业活动（报告分部）信息	第二条　合营安排，是指一项由两个或两个以上的参与方共同控制的安排。合营安排具有下列特征：（一）各参与方均受到该安排的约束；（二）两个或两个以上的参与方对该安排实施共同控制。任何一个参与方都不能够单独控制该安排，对该安排具有共同控制的任何一个参与方均能够阻止其他参与方或参与方组合单独控制该安排	范围不同：CAS 的合营安排包括合营企业与共同经营，RAS 仅涵盖共同经营 共同经营的定义不同：RAS 的共同经营指的是非法人企业的形式；CAS 有 4 条判定是否共同经营的标准，分别为单独主体、合营安排的法律形式、合同条款及其他相关事实和情况

（二十一）《会计准则第 21 号——会计估计变更》

该号准则规定了俄罗斯企业对会计估计变更的确认、计量和披露。

与该号准则对应的是我国《企业会计准则第 28 号——会计政策、会计估计变更和差错更正》。

两国会计准则在会计估计变更的披露上，有重大差异。该号俄罗斯会计准则第 6 条规定："在会计报表附注中，企业应该披露下列会计估计变更信息：影响所属期间会计报表的估计变更内容"。我国《企业会计准则第 28 号——会计政策、会计估计变更和差错更正》第十六条规定："企业应当在附注中披露与会计估计变更有关的下列信息：（一）会计估计变更的内容和原因。（二）会计估计变更对当期和未来期间的影响数。（三）会计估计变更的影响数不能确定的，披露这一事实和原因。"由此可见，俄罗斯会计准则未要求披露估计变更原因，而我国的会计准则的披露要求更为详尽。

（二十二）《会计准则第 22 号——会计报表差错更正》

该号准则规定了俄罗斯企业对会计差错的核算和披露。与该号准则对应的是我国《企业会计准则第 28 号——会计政策、会计估计变更和差错更正》。具体重大差异见表 17。

表 17　俄罗斯《会计准则第 22 号——会计报表差错更正》与我国相应企业会计准则的重大差异

RAS	CAS	备注
第 5 条　年度结束之前发现的报告年度内的差错，在该报告年度发现差错的那个月对相应的会计核算账户进行更正		CAS 的差错更正只指前期，不包括当期

续表

RAS	CAS	备注
第6条 年度结束之后、但在该年度会计报表签署日之前发现的报告年度内的差错，在报告年度的12月份对相应的会计核算账户进行更正（编制年度会计报表的那个年度）。 第7条 本年会计报表签署日之后，但在提交报表至股份公司的股东、有限责任公司的投资人、国家权力机关、地方自治机关或者其他被授权行使所有者权利的机关等之前发现的上一报告年度的重要性差错，按照本准则第6条规定的办法进行更正。如果该会计报表已经提交给其他使用者，则应将报表替换为已更新错误的报表（重新修改的会计报表）。 第8条 提交会计报表至股份公司的股东、有限责任公司的投资人、国家权力机关、地方自治机关或者其他被授权行使所有者权利的机关等之后，但在按俄罗斯联邦法律规定的办法批准该报表之前发现的上一报告年度的重要性差错，按照本准则第6条规定的办法进行更正。这时在重新修改的会计报表里应披露这些信息：该会计报表替换了起初提交的会计报表，编制重新修订的会计报表的依据。重新修改的会计报表应提交给之前已提交原先会计报表的所有地址		除了报告日外，RAS还有批准日和签署日的差异，这些日期之间的差错也须更正
第14条 当年会计报表签署日后发现的以前报告期间的差错显得不重要的，在发现差错的报告年度的所属期间对相应的会计核算账户进行更正。差错更正产生的利润或者亏损作为其他业务收入或者其他业务支出在当期进行反映		CAS对于不重要的前期差错，企业应调整发现当期与前期相同的相关项目。属于影响损益的，应直接计入本期与上期相同的净损益项目；属于不影响损益的，应调整本期与前期相同的相关项目
第10条 对会计报表批准日之后发现的以前报告期间的重要性错误进行更正时，已批准的以前报告期间的会计报告不应调整、替换、向报表使用者重复提交		

（二十三）《会计准则第23号——现金流量表》

该号准则规定了俄罗斯企业对现金流量表的编制规则。与该号准则对应的是我国《企业会计准则第31号——现金流量表》。两国会计准则对现金流量的分类是一致的，但在对如何编制现金流量表的方法上有一定差异。该号俄罗斯会计准则没有说明如何将净利润调节为经营活动现金流量的信息，而我国《企业会计准则第31号——现金流量表》做出相关规定。我国《企业会计准则第31号——现金流量表》第十六条规定："企业应当在附注中披露将净利润调节为经营活动现金流量的信息。至少应当单独披露对净利润进行调节的下列项目：（一）资产减值准备；（二）固定资产折旧；（三）无形资产摊销；（四）长期待摊费用摊销；（五）待摊费用；（六）预提费用；（七）处置固定资产、无形资产和其他长期资产的损益；（八）固定资产报废损失；（九）公允价值变动损益；（十）财务费用；（十一）投资损益；（十二）递延所得税资产和递延所得税负债；（十三）存货；（十四）经营性应收项目；（十五）经营性应付项目。"俄罗斯会计准则没有说明如何将净利润调节为经营活动现金流量的信息。其他重大差异见表18。

表18　俄罗斯《会计准则第23号——现金流量表》与我国相应企业会计准则的重大差异

RAS	CAS	备注
第10条　投资活动现金流量例证如下：根据会计核算准则15/2008规定，支付计入投资资产价值的债务利息……	第十五条　筹资活动产生的现金流量至少应当单独列示反映下列信息的项目：（四）偿还债务支付的现金	CAS将偿还债务支付的现金列入筹资活动；RAS将为购买长期资产借贷债务支付的利息列入投资活动
第19条　由于企业以外币计值的现金流量、现金余额以及现金等价物按照不同日期的汇率进行折算所产生的差额与企业的经营活动现金流量、投资活动现金流量和融资活动现金流量分开，作为影响外币对卢布的汇率变化，列报在现金流量表内	第七条　外币现金流量以及境外子公司的现金流量，应当采用现金流量发生日的即期汇率或按照系统合理的方法确定的、与现金流量发生日即期汇率近似的汇率折算。汇率变动对现金的影响额应当作调节项目，在现金流量表中单独列报	RAS没有明确汇率变动的差额的来源
第24条　企业公布报告日之前吸纳补充现金的可能性，包括：1）企业已公开但没被利用的贷款额度，以及利用这些贷款资源的所有限制规定，包括负债最小（最低）余额；2）在透支的条件下，企业可以获得的现金额；3）报告日之前没被利用的企业获得的第三人所提供的贷款委托，以及企业由此可以吸纳到的现金额；4）根据借款合同（贷款合同），报告日之前没有收到的借款（贷款）额，以及没收到的原因	第十八条　企业应当在附注中披露不涉及当期现金收支，但影响企业财务状况或在未来可能影响企业现金流量的重大投资和筹资活动	CAS规定的披露范围更大

（二十四）《会计准则第24号——开发自然资源的费用核算》

该号准则规定了俄罗斯企业对开发自然资源的费用核算。与该号准则对应的是我国《企业会计准则第27号——石油天然气开采》。但是，该号俄罗斯会计准则的涵盖范围更广，针对采掘业勘探和评价支出如何资本化问题，其中不仅包括石油天然气行业，也包括其他不可再生资源勘探开采行业。我国的《企业会计准则第27号——石油天然气开采》只是针对石油天然气企业开采活动，并不适用于其他采掘活动。在这一点上，俄罗斯的做法与IFRS类似，认为采掘业是开采不可再生资源的，企业石油天然气行业与其他采掘业没有区别，重点也在于勘探与评价支出的确认和计量，并没有单独考虑石油天然气企业生产的特殊性。中国则认为矿藏行业与石油天然气行业存在很大差异，矿藏经营涉及实质上较低的勘探及取得成本和实质上较高的开发及生产成本，而石油天然气行业是以高发现成本和高比例不成功搜寻活动为特征的。因此，俄罗斯与我国会计准则在适用范围上有重大差异。其他重大差异见表19。

表19　俄罗斯《会计准则第24号——开发自然资源的费用核算》与我国相应企业会计准则的重大差异

RAS	CAS	备注
第15条　在获得授权进行勘察和评估矿产地工作的许可证之前单位所亏耗的费用，只有当这些费用直接与获得许可证有关时，才属于获得该许可证的实际费用	第五条　为取得矿区权益而发生的成本应当在发生时予以资本化。企业取得的矿区权益，应当按照取得时的成本进行初始计量：（一）申请取得矿区权益的成本包括探矿权使用费、采矿权使用费、土地或海域使用权支出、中介费以及可直接归属于矿区权益的其他取得支出。（二）购买取得矿区权益的成本包括购买价款、中介费以及可直接归属于矿区权益的其他购买支出。矿区权益取得后发生的探矿权使用费、采矿权使用费和租金等维持矿区权益的支出，应当计入当期损益	RAS明确界定了勘探评价支出界定的时点，即在取得特定区域的法定勘探权之后，开采矿产资源的技术可行性和经济价值得以证明之前的支出，适用该准则。它剔除了取得矿区财产前所发生的相关支出。取得开采权之前的勘探和评估支出应在发生时确认为费用。我国则不同，为取得矿区权益发生的成本在发生时予以资本额化，取得后为维持矿权权益发生的支出则费用化
N/A	第七条　企业对于矿区权益的减值，应当分不同情况确认减值损失：（一）探明矿区权益的减值，按照《企业会计准则第8号——资产减值》处理。（二）对于未探明矿区权益，应当至少每年进行一次减值测试。单个矿区取得成本较大的，应当以单个矿区为基础进行减值测试，并确定未探明矿区权益减值金额。单个矿区取得成本较小且与其他相邻矿区具有相同或类似地质构造特征或储层条件的，可按照若干具有相同或类似地质构造特征或储层条件的相邻矿区所组成的矿区组进行减值测试。未探明矿区权益公允价值低于账面价值的差额，应当确认为减值损失，计入当期损益。未探明矿区权益减值损失一经确认，不得转回	

第五部分　欧盟会计准则等效经验与启示

一、欧盟会计准则等效措施

1999年，欧盟委员会（European Commission，EC）制定了"金融服务行动计划"，打算通过该计划尽快消除欧盟各成员国之间不同会计模式的差异，以此提高会计国际竞争力。此项计划的发布与实施极大地推动了欧盟会计准则的国际趋同进程。2000 年 7 月，EC 发布"关于运用国际会计准则的条例"（Regulation 1606/2002/EC），决定采用 IFRS，以解决欧盟内部企业对同一会计准则的需求问题。2002 年，欧盟理事会通过了 EC 提交的要求所有已在欧盟资本市场上市的公司在 2005 年前按照 IFRS 编制合并财务报表的规章草案。同年，欧洲议会和 EC 讨论通过了"关于运用国际会计准则的第 1606 号（2002）决议"，要求欧盟所有上市公司在 2005 年 1 月 1 日开始采用 IFRS 编制合并报表。

随着经济全球化的进程，特别是欧盟与美国、中国等经济体中跨国上市公司的存在，使得欧盟对会计信息的等效需求不仅仅局限于内部的统一。为提升欧盟内资本市场金融服务的竞争力，欧盟致力于推动内部会计准则与外部的等效。该词最早出现在欧洲议会 2003 年 11 月通过的"股票公开发行或上市交易时发布的招股说明书"（Directive 71/2003/EC）中。该指令要求欧盟内证券市场的公开发行者每年公布财务信息。

（一）等效定义

2007 年 4 月和 6 月，EC 命令欧盟证券监管委员会（CESR）发布"关于第三国公认会计原则等效决定机制的建议"。在建议中，CESR 首次给出了"等效"的定义，并提供了一套等效评估机制。2007 年 12 月，欧盟议会投票通过了"关于第三国公认会计原则等效认定的条例"（Regulation 1569/2007/EC），正式对会计准则等效（Equivalence）做出了定义，即如果投资者根据以第三国会计准则为基础编制的财务报表和根据以国际财务报告准则为基础编制的财务报表对证券发行企业的财务状况和发展前景做出相似判断，并且很可能会做出相同的投资决定，那么就可以认为第三国会计准则与国际财务报告准则等效。从这个定义可以看出，如果两套不同的会计准则等效的话，那么同一家企业无论按照哪一套会计准则编制财务报表（即便财务报表有差异），都不会影响到投资者的投资决策。因此，会计准则等效更强调会计准则经济后果的等效，这就是会计准则等效的经济含义，即等效意味着相同的"经济效果"。会计准则等效的政策含义则表明会计准则等效决定具有"法律效力"，等效的认定一般由会计准则制定机构或者相关监管机构负责。在欧盟的会计准则等效认定机制中，最终的结论由 EC 做出并以法令的形式发布生效，因此最终的决定具有法律效力，而具有法律效力的会计准则等效决定对减少跨国公司的财务报告编制成本和国际贸易中的反倾销摩擦都有着积极的意义。

此外，CESR 明确指出：会计准则等效并不等于会计准则趋同，而会计准则等效的认定机制应该与会计准则趋同度和是否采纳国际财务报告准则（IFRS）这两个标准相互独立，不能说只有"与 IFRS 趋同"或者"采纳 IFRS"才是等效的。CESR 的这个观点表明，欧盟在会计准则等效的认定上持有的是一种"实质重于形式"的态度，虽然会计准则形式的趋同对等效的认定有影响，但欧盟的等效决策并不以会计准则趋同作为唯一的判断标准。

（二）等效条件

欧盟委员会认定等效的首要条件之一就是第三国 GAAP 与其执行的 IAS/IFRS "实质"趋同；其次认定会计准则等效的国家均与欧盟有重要的经济和政治合作关系。因而，会计准则等效不仅仅是在会计准则全球趋同的基础上进行谈判的问题,更是国家地区间的经济和政治合作的问题。

(三) 等效认定程序

基于等效的定义,1569/2007 号文件给出整个等效认定程序的实施框架。欧盟用四个步骤进行等效认定:首先,EC 要求 CESR 从技术层面评估第三国 GAAP 是否符合等效标准;其次,CESR 做一些技术层面上的调研,并根据证券持有者的建议出具一份意见书提交给 EC,然后 EC 依据 CESR 的建议和其他公开信息以及四个会计信息质量特征做出等效决定;最后,由欧洲议会(European Parliament)和欧盟理事会(Council)按照修订后的专家委员会机制程序(Revised Comitology Procedure)形成决议。

所以,CESR 的技术认定是整个过程的关键。对 CESR 的任命来自于 EC 2004 年 6 月 25 日的一份任命书。任命书中要求 CESR 作为 EC 的下设机构,以独立咨询团体的角色为 EC 起草等效的实施草案。这份草案中需要包括对第三国 GAAP 与 IFRS 等效情况的评估和对第三国 GAAP 执行机制的描绘。由 71/2003 号公司章程指令和 809/2004 号公司章程规章以及 109/2004 号公司信息透明化指令和 891/2006 号决议对第三国证券发行者的信息披露要求引致产生的对准则的等效认定要求,使得证券委员会需要从章程要求和信息透明化两方面去认定第三国 GAAP 与 IFRS 的技术性等效。CESR 在技术评估过程中很注重市场参与者的意见。这体现在以下几个方面:1. 等效申请阶段:正如其在 2007 年 6 月向 EC 提交的"关于第三国 GAAP 与 IFRS 等效认定的技术建议书"中所言,当第三国会计准则制定者无法或不愿提交等效申请时,CESR 会积极听取市场参与者的等效需求,甚至可以由这些市场参与者在公共团体的支持下提出等效申请。也是从市场参与者的角度考虑,等效认定的第一批国家为美国、日本、加拿大,即在欧盟内证券市场中上市公司数量最多的三个国家。2. 重大差异的修正阶段:CESR 认为,即使国家层面的 GAAP 与 IFRS 在确认和计量或者披露和列报方面存在重大差异,但只要这种差异能在公司层面通过简单的附加披露消除,则也可被认定等效。其中的简单附加披露以可理解性为原则,并且准则间的差异应是暂时的。CESR 意见书的核心还是在于对第三国 GAAP 与 IFRS 的等效评估上,评估的重点在于公司层面差异调整的附加披露的合理性。

(四) 等效认定模型

考虑到第三国家会计准则国际趋同进程的差异,CESR 准备了两套等效认定模型。第一套是 CESR 对第三国 GAAP 等效认定的一般过程,其中包括国家和公司两个层面,即双重过滤机制。国家层面的认定主要以 IFRS 的计量和确认以及披露要求为认定标准。

首先,CESR 依照 EC 任命书中提到的四个会计信息质量特征确立了等效评估的一般原则。然后,按照一般原则比较第三国 GAAP 与 IFRS 的各项披露要求。在相同的项目上,第三国 GAAP 应该具有与 IAS/IFRS 相同的标准与原则,即使第三国 GAAP 不包括 IAS/IFRS 所规定的所有项目,在国家层面不被认定等效,我们仍可以在公司层面考虑这种差异是否也会对投资者造成重大影响。在第三国 GAAP 提供了 IAS/IFRS 没有覆盖到的准则或原则时(如特殊行业),在公司层面至少应遵守 IAS 概念框架及 IAS1 号准则,而且不能与欧盟已认可 IAS/IFRS 相矛盾。如果第三国 GAAP 与 IAS/IFRS 的财务报表编制目标不一致，则不能认为第三国 GAAP 与 IAS/IFRS 等效。如果第三国 GAAP 追求的是其他目标（如税收目的），并且遵循相关性、可理解性、可靠性和可比性标准，该目标对资本市场上的投资者理解以 GAAP 为基础编制的财务报表所提供信息有重要影响，那么也被认定为不等效。

从投资者的角度出发，CESR 认为，即使第三国 GAAP 与 IFRS 在确认计量原则或者披露呈报方面存在重大差异，第三国证券发行者也可以提供等效的信息，只要发行者能将这些差异通过简明的修正进行披露。此处的简明修正披露应符合私人投资者对证券发行者会计信息的"可理解性"要求。所以，在向欧盟委员会提供技术意见之前，CESR 会有一个公开征求意见的过程。当然，CESR 对于这种"让步"也是有限的，存在重大差异的第三国准则制定机构必须有明确的趋同安排。按照第 8 号指令的要求，任何附加的简明披露都需要通过审计，如果是第三国审计机构，还必须先在欧盟成员国注册。

第二套是简化版本，适用于第三国会计准则制定机构已有明确趋同或直接采用计划的情况。这里等效认定的关键在于该国的准则国际趋同计划是否已经开始执行，以及是否按照明确的趋同时间表实施。考虑到第三国的准则国际趋同计划正在实施，CESR 在等效认定时给予一个有效期，即视第三国的计划执行情况，对其进行重新认定。

（五）等效认定结果

按照以上程序和模型，CESR 接受欧盟委员会的委托，对美国、日本、加拿大三国的会计准则是否与国际财务报告准则等效进行技术评估，随后又增加了中国、韩国和印度。CESR 于 2008 年 3 月、5 月、11 月对美国、日本、中国、加拿大、韩国、印度的会计准则与欧盟采纳的国际财务报告准则是否等效发表技术意见，其主要结论和建议如表 20 所示。

表 20　　　　　　　　2008 年 CESR 对六国会计准则等效认定的结论和建议

国家	结论	建议
美国	（1）自 2005 年 IASB 和 FASB 制定了详细的会计准则趋同计划后，美国公认会计原则与 IFRS 进一步趋同 （2）2008 年 1 月，SEC 提出在美国上市的外国公司可以根据 IFRS 编制财务报表而不需要依美国公认会计原则做出调整	可以认定美国公认会计原则和 IFRS 等效
日本	（1）根据日本会计准则委员会与 IASB 于 2007 年 8 月签署的协定，日本的公认会计准则在 2008 年 12 月 31 日前实现和 IFRS 的趋同 （2）在日本上市的欧盟成员国的企业按照 IFRS 编制的财务报表也无须按日本公认会计准则做出调整	可以认定日本公认会计准则和 IFRS 等效

续表

国家	结论	建议
中国	（1）中国新颁布的企业会计准则和 IFRS 达到实质性趋同 （2）对中国企业会计准则与 IFRS 等效的认定还需要结合中国企业会计准则的执行情况、公司治理效果以及审计质量等方面的信息才能最后得出结论	建议给予暂时性的等效认定，允许在欧盟成员国上市的中国企业在 2008～2011 年根据中国的会计准则编制财务报表
加拿大、韩国、印度	（1）这三国的会计准则和 IFRS 的趋同计划还在实施之中，但有望在 2011 年底前完成该计划 （2）目前还没有充分的事实或政策依据表明这三国的准则和 IFRS 等效	出于对这三国会计准则趋同计划的支持和认可，建议给予暂时性的等效认定，允许在欧盟成员国上市的这三国企业 2008～2011 年根据本国的会计准则编制财务报表

2008 年 12 月，欧盟委员会基本认可了 CESR 的技术建议，并将这些建议反映在欧盟涉及对第三国上市公司财务报告要求的官方法律文件中，最后的结果可总结如下：

第一，自 2009 年 1 月 1 日起，在欧盟成员国上市的第三国（非欧盟成员国）公司，可按照以下 4 种会计准则中的一种披露其历史财务信息：①按照《1606/2002 号条例》实施的 IFRS（称为"欧盟采纳的 IFRS"）；②国际会计准则委员会发布的 IFRS，前提是在经审计的财务报表的附注中，根据《国际会计准则第 1 号——财务报表列报》的要求清楚、无保留地声明呈报的财务报表遵循 IFRS；③日本公认会计准则；④美国公认会计准则。

第二，对于中国、加拿大、韩国和印度的会计准则，给予暂时性等效的地位，即仅限于 2008～2011 年具有等效地位。言外之意，欧盟将给这四个国家三年的考察期，在考察期内暂时认定这四国的会计准则和欧盟采纳的 IFRS 等效，期满之后再决定是否继续给予等效的地位。

二、对我国的启示与借鉴

第一，欧盟的会计准则等效体现了"求大同、存小异"的务实态度，会计准则等效在会计准则趋同的基础上认可会计准则国家差异的客观存在。

第二，欧盟给予中国会计准则暂时性等效地位的一个主要原因就是其对中国执行会计准则的效力和效果持保留态度。在欧盟看来，会计准则等效不仅仅是会计准则形式上的一致，还要求具备健全的准则实施与保障机制、良好的市场环境、健全的投资者保护制度。因此，对中国的会计协调而言，会计准则趋同是第一步，而相关的制度建设、市场建设也非常关键，亟待完善。

第三，会计准则等效认定能达成一个双边的、对等的协议。欧盟对美国、日本的会计准则给予无条件等效的认定决定，其中一个重要原因就是这两国在一定程度上也认可国际财务报告准则的效力，这正体现了国际政治中的对等原则。

第六部分 我国已推进的会计准则趋同等效

一、中国企业会计准则与 IFRS 趋同

2007 年 1 月 1 日,我国首先在上市公司中推行新的企业会计准则,并鼓励其他企业实行。这标志着与 IFRS 趋同的企业会计准则体系的正式建立。目前 CAS 仅在极少数的几个地方与 IFRS 存在重大差异(见表 21)。

表 21　　　　　　　　　我国企业会计准则与 IFRS 的重大差异

项目	CAS	IFRS
资产减值的转回	第 8 号资产减值准则规定,资产减值损失一经确认,在以后的会计期间不得转回	IAS36 号资产减值准则中分别对"单个资产减值损失的转回""现金产出单元减值损失的转回"和"商誉减值损失的转回"分别作了具体的规定
关联方	第 36 号关联方披露准则中的"关联方"判断标准为:一方控制、共同控制另一方或对另一方施加重大影响,以及两方或多方以上同受一方控制、共同控制或重大影响,构成关联方	IAS24 号关联方披露准则中给出的"关联方"定义为:在财务和经营决策中,如果一方有能力控制另一方,或是对另一方施加重大影响的,则被视为关联方。列举中包含同受共同控制或同受重大影响的企业
同一控制企业合并		无

自我国颁布的新会计准则与 IFRS 实现了基本趋同后,财政部就启动了与世界上其他国家和地区的等效程序,目前已取得了一些进展。

二、中国内地与香港特区的会计准则等效

2007 年以来,内地与香港特区财务报告准则制定机构先后召开若干次会议,就内地和香港特区财务报告准则逐项进行比较,历经一年时间,最终确认了两地仅存在关联方认定和长期资产减值转回两项差异,这与中国会计准则和国际财务报告准则现存的差异是一致的。在此基础上,双方于 2007 年 12 月 6 日签订了两地会计准则等效联合声明,确认了内地企业会计准则与香港特区财务报告准则具有同等效力,为两地会计师事务所按各自会计审计准则开展审计的结果获得监管机构的认可奠定了较为扎实的基础。

三、中国与欧盟的会计准则等效

中欧会计准则等效是中欧财金对话框架下的重要合作领域。欧盟是世界主要经济体之一,实现中欧会计准则等效至关重要。自欧盟 2005 年开始实施国际财务报告准则以来,双方开展了密切的会计合作,中国与欧盟实现会计准则等效已有共同的制度基础。2005 年 11 月,中国与欧盟签署了会计准则国际趋同及双边合作联合声明。2006~2007 年,双方成立了联合工作组,与 EC 拟将中国会计准则列为第三国等效准则的安排问题进行多次谈判。2007 年 7 月第三次中欧财金对话会议,双方确认 EC 将在 2008 年底前作出中欧会计准则等效的决定。2008 年 4 月,EC 发布建议公告,拟在 2011 年底前,允许中国企业进入欧盟按照中国准则编制财务报告,不再按照国际准则调整报表。2008 年 11 月 14 日,由 EC 代表组成的欧盟证券委员会(ESC)就第三国会计准则等效问题进行投票,决定自 2009 年至 2011 年底前的过渡期内,欧盟将允许中国证券发行者在进入欧洲市场时使用中国会计准则,不需要根据欧盟境内市场采用的国际财务报告准则调整财务报表。2011 年确认永久性等效。

四、中国与美国的会计准则等效项目

美国作为世界上最发达的市场经济国家,近年来与中国的经济合作日益密切,双方建立了联合经济委员会和双边对话机制。美国证券交易委员会已于 2007 年宣布允许赴美上市的外国企业按照国际财务报告准则编报财务报告,为中美会计准则等效创造了条件。截至目前,中美会计准则等效问题虽尚未确定时间表,但是中美会计准则等效已纳入中美经济联合委员会对话的议题。2008 年 4 月 18 日,财政部会计司司长刘玉廷率团访美,与美国财务会计准则委员会进行了深入讨论,签署了中美会计合作备忘录,就加强中美两国会计交流与合作问题达成了三点共识:(1)两国会计准则制定机构应当加强交流,增进了解,在会计技术层面形成更多的共识,为两国经济交往提供便利;(2)双方同意采用多种形式,交流两国会计准则建设、实施及其国际趋同的经验,并加强相互访问;(3)双方同意建立交流信息和观点的工作机制。

五、中国与日本、韩国会计准则等效项目

从 2002 年开始,中、日、韩三国在会计领域建立了定期对话机制,如每年开一次三国会计准则会议,沟通三国会计准则的进展,并就会计国际趋同问题进行磋商。2005 年,在我国西安召开的中、日、韩三国会计准则制定机构会议上,三方签署了会计合作备忘录。2007 年 3 月 15 日,韩国正式宣布了全面实施财务报告准则路线图;日本也正在进行会计准则与国际财务报告准则的趋同工作。以上进展为中、日、韩会计准则实现等效创造了条件。

第七部分 中国与俄罗斯企业会计准则等效路径

一、适合中国的等效定义与等效实现方式

通过前述两章对欧盟及我国现有会计准则等效经验的分析,我们有以下两个重要发现:

(一)对会计准则国际等效的认识

等效就是具有同等效力,简单来说,就是让投资者能够依据财务报告做出相同的投资决策。因此,会计准则等效强调国家之间的相互协作和相互妥协,允许和承认不同会计准则之间的差异,只要这些差异不影响投资者的决策。同时,会计准则等效需要一些法律法规或政策性的指令。

从我国的角度来说,会计准则国际等效就是在我国会计准则与 IFRS 趋同后,应当使我国会计准则得到国际上主要国家和经济体的认可,使中国会计准则与 IFRS 具有同等效力。换句话说,会计准则等效就是指我国企业在那些实施 IFRS 的国家或地区上市,按照中国会计准则编制的财务报表不再进行调整,即使调整也只是对个别项目做出说明或者编制极少项目的调节表,无须再按 IFRS 进行全面转换。

(二)会计准则国际等效的实现方式

目前会计准则等效主要有四种实现方式:第一种,完全采用 IFRS,即原封不动,照抄照搬。第二种,根据本国法律要求对 IFRS 做出适当修改,并使之成为本国会计准则。第三种,与 IFRS 趋同,即以 IFRS 为标准,结合本国法律、制度规定予以适度调整,同时保留本国特有的准则项目。第四种,允许本国和 IFRS 同时存在,可以选择使用,但两者合二为一,实现会计准则等效将是最终结果。如果是按照第一种实现方式,即原封不动地采用 IFRS,做起来就简单多了,但这一方式一般仅限于刚一开始就使用 IFRS 的国家。中国香港特区采用会计准则时就属于这种情况,逐字逐句地采用 IFRS 条文作为该地区的会计准则。第二种方式较第一种方式过渡时间会稍微长一些。因为这种方式需要结合本国的法律进行转换。澳大利亚会计准则委员会认为其属于第二种情况。根据澳大利亚法律规定,所有会计准则须经议会讨论通过后才具有法律效力。这就意味着,IFRS 本身在澳大利亚并没有法律效力,要想把 IFRS 变为澳大利亚本国会计准则,必须履行法律程序。为此,澳大利亚采用"换汤不换药"的方式予以解决,即将 IFRS 第 x 号相应更换为澳大利亚会计准则第 x 号,并明确该准则从 2005 年 1 月 1 日起施行。第三种实现方式被大多数国家所采用,各国在以 IFRS 为标杆的同时,考虑本国的现状,进行有所为、有所不为的选择性取舍。最显著的例子就是过去几年,中国会计准则委员会与 IASB 积极合作,意在达成会计准则的大幅接轨。2006 年 2 月,中国依照 IFRS 发展出一套新的会计准则,除少数

例外，其主要规定大致与 IFRS 相同。第四种会计准则实现等效的方式，即允许本国和 IFRS 同时存在，可以选择使用，但两者通过转换合二为一，实现会计准则等效将是最终结果。这一方式还有很漫长的一段路要走，最突出的例子就是美国会计准则与 IFRS 实现趋同等效的过程。

第五部分、第六部分对欧盟和我国已有等效路径的研究发现现有的会计准则等效主要经历两个过程：首先同国际会计准则趋同，然后根据各国的具体情况进行会计准则等效，前者是后者的基础，当前所说的会计准则等效机制是在同国际财务报告准则趋同的基础上建立的。我国目前已经具备了等效的技术基础。

二、适应中国与俄罗斯的等效机制

2005 年，财政部派出代表团访问了俄罗斯财政部和会计准则理事会，双方都表示了加强中俄会计合作的愿望。2017 年，会计司与金砖国家起草了会计准则制定机构联合声明，中俄会计准则等效正式提上议事日程。

（一）短期内实现中俄会计准则等效难度大

如前文所述，会计准则等效面临一个重要前提：中国和俄罗斯都同 IFRS 趋同。但是，因为 IFRS 制定所依据的背景主要是资本市场比较发达、监管比较完善的国家，所以 IFRS 并不一定适用于资本市场薄弱和监管不完善的国家和地区，尤其是对于那些经济欠发达地区，趋同并不一定带来更多的利益。一个国家是否应该同 IFRS 趋同既取决于趋同的需要程度，也取决于趋同的利是否大于弊。中国已基本实现同国际会计准则的趋同，但俄罗斯经济发展水平相对落后、经济结构比较单一、资本市场不发达、国际经济活动参与度也较低，因此同国际会计准则趋同的需求低、动机不强烈，即使在付出巨大成本实现同国际会计准则趋同后，也可能因为国际贸易规模小和资本市场不完善，导致所获得的收益也相对较低。另外，当前会计准则等效主要运用于经济较发达和会计体系比较完善的地区和国家，如欧盟，而俄罗斯由于经济发展水平的制约，会计体系和监管相对不完善，现有的会计准则等效方式或许并不符合中俄的短期共同利益。突变式的会计准则等效成本高且收益小，短期内实现中俄会计准则等效并不现实，而"一带一路"倡议的发展迫在眉睫，因此，必须提出一种适合当前"一带一路"倡议发展的创新的中俄会计准则协调方式。

（二）新会计准则等效方式的提出

根据前文所述的欧盟提出的会计准则等效的定义，会计准则等效的关键不是同哪个标准趋同，而是投资者能否根据两套不同的会计准则对相同业务的会计处理做出相似的决策。如果两套会计准则差别很大，投资者不可能做出相似的投资决策，那如何解决两套不同会计准则差别过大的问题呢？对于中俄，我们认为最好的办法就是进行对话协商，以发布政策性指令的方式替代欧盟所谓的同 IFRS 趋同。其基本方法是通过比较中俄具体会计准则的差异，以投资者决策为导向，参照 IFRS，由中俄会计准则制定机构协商消除影响投资者做出相似投资决策的因素，然后讨论研究发布政策性指令，再由中俄分别具体实施。这个会计准则等效方式与欧盟的会计准则等效方式的根本区别就在于不要求俄罗斯会计准则同 IFRS 趋同，而是参照 IFRS 针对每一类经济活动所对应的相关会计准则进行对话协商、发布政策指令，确保不影响投资决策。这样在重大合作领域，投资者根据这些政策性指令也能做出相似的投资决策，使得中俄在部分经济领域的会计准则等效，从而促进"一带一路"倡议下重点经济合作领域的快速发展，而这些重点经济领域的发展反过来又促进其他领域的会计准则等效，进而实现全方位的会计准则等效。

综上，我们认为中俄会计准则等效是一个动态的过程，会随着中俄贸易额的不断增加、经济金融合作的全面深入、资本市场的不断发展而渐变。不同的发展阶段对会计准则等效程度的要求是不一样的。中俄可以推进从重点领域到全方位的会计准则等效，新的会计准则等效方式应是一个相对开放的、渐进的系统。

参考文献

［1］陈秧秧："金砖国家财务报告比较研究"，《新会计》，2016 年第 12 期。

［2］财政部会计司赴俄罗斯考察团："俄罗斯会计改革与国际协调的有关情况"，《会计研究》，2006 年第 4 期。

［3］金娜："中俄会计准则比较研究"，哈尔滨工业大学硕士学位论文，2016 年。

［4］李洁慧："欧盟会计国际化进程及其对我国的启示"，《经济管理》，2007 年第 22 期。

［5］李泱："澳大利亚会计国际化进程及其启示"，《第六届会计与财务问题国际研讨会——会计准则发展》，2006 年第 7 期。

［6］梁金龙："中俄会计准则之比较研究"，东北财经大学硕士学位论文，2010 年。

［7］刘玉廷："2007 年中国企业会计准则体系：架构、趋同与等效"，《会计研究》，2007 年第 3 期。

［8］邵崇林："俄罗斯会计准则发展历程研究"，《绿色财会》，2016 年第 6 期。

［9］夏文贤、冷冰："会计国际趋同及国外相关组织近期动态"，《会计研究》，2008 年第 12 期。

［10］《中国会计准则委员会与香港会计师公会关于内地企业会计准则与香港财务报告准则等效的联合声明》，2007 年 12 月 6 日。

［11］黄燕飞："中国会计准则国际趋同策略研究"，财政部财政科学研究所博士学位论文，2012 年。

［12］国家信息中心、"一带一路"大数据中心、大连东北亚大数据中心、一带一路大数据技术有限公司、大连瀚闻资讯有限公司：《"一带一路"贸易合作大数据报告 2017》。

［13］中国商务部、中国统计局、国家外汇管理局：《2016 年度中国对外直接投资统计公报》。

［14］中国商务部、中国统计局、国家外汇管理局：《2015 年度中国对外直接投资统

计公报》。

[15] Commission Implementing Decision of 11 April 2012 amending.

[16] Decision 2008/961/EC on the Use by Third Countries' Issuers of Securities of Certain Third Country's National Accounting Standards and International Financial Reporting Standards to Prepare their Consolidated Financial statements, 2012. 4. 13, Official Journal of the European Union.

[17] Ernst & Young, IFRS, US GAAP and RAP Comparison and basics, 2014.

[18] IFRS Group website: http://www.ifr.org/Use+around+the+world/IFRS+translations/Available+translations.html.

[19] Mueller G. G., Accounting Principles Generally Accepted in the United States Versus Those Generally Accepted Elsewhere. *International Journal of Accounting Education and Research*, 1986, 3 (2): 92-93.

（厦门国家会计学院"一带一路"财经发展研究中心副教授：李诗；厦门国家会计学院"一带一路"财经发展研究中心博士：蒋艳虹；厦门国家会计学院教研中心副主任、副教授：寒薇；厦门国家会计学院教研中心副教授：陈朝琳）

第二篇
"一带一路"与税收管理

财税政策在"一带一路"建设中作用的思考

> **内容摘要：**"一带一路"建设是新时代我国"推动形成全面开放新格局"的重要抓手，财政与税收作为国家治理的基础和重要支柱，需要考虑如何更好地服务于"一带一路"建设，以形成对本国有利的世界经济格局。本文结合新时代我国财税政策的新定位和对外经济活动的双重特征，提出了财税政策在"一带一路"建设中应该发挥的作用，以及"一带一路"建设中需要坚持的原则。
>
> **关键词：**一带一路 财税政策 政策作用

中国特色社会主义进入了新时代，我们对中国特色社会主义财税研究也应该有新思考。党的十八大以来，在习近平新时代中国特色社会主义思想的指导下，中国财税在实践运作与理论创新方面都取得了许多成绩。党的十九大提出了新时代、新思想、新战略，这将激励我们把握新要求、奔向新目标。党的十九大报告明确提出"1+3"的现代财政整体布局，即未来我国财政工作要紧紧围绕"加快建立现代财政制度"这个总体目标，并且在中央和地方财政关系、预算制度与税收制度改革三个方面进行重点攻坚。这既是"加快完善社会主义市场经济体制"的具体要求，也是"贯彻新发展理念，建设现代化经济体系"的重要内容，更是新时代中国特色社会主义财政发展的根本方向。同时，不能仅限于"围绕财税研究财税"，还应该"跳出财税论财税"，要站在对新时代统筹内外两个大局新内涵的把握上看待财税站位，要研究"推动形成全面开放新格局"的财税政策运用，更要将国内发展大局与中国财税在"构建人类命运共同体"中的作用统筹考虑。

"一带一路"建设是新时代我国区域协调发展的重要举措，是"推动形成全面开放新格局"的重要抓手，是中国加快走到世界舞台中央的重要举措。当今世界正处于大发展大变革大调整时期，全球经济格局由本轮金融危机前以美国等发达国家为中心同外围国家交换的体系向新兴市场逐渐崛起的世界市场逐渐转变。这种新型的经济地理发展路径其方向是不可逆的，但其过程却受包括财税政策在内的多种因素的影响。从中国对外发展来看，改革开放40年以来，中国对外经济由小到大，成为当前拉动世界经济增长的主要引擎。新时代，中国对外投资达到拐点，资本流出量超过流入量，中国加快走到世界经济舞台中央。在世界经济大变革时代，中国对外经济走进新时代，我们必须清楚地看到中国对外经济活动有别于其他国家的典型特征。在过去，以西方发达国家为主导的世界经济格局中，跨国公司，特别是大型跨国公司是对外投资和经济活动的主体，其带来的商品、服务的流通,资本、劳动和技术要素的流动,成为经济全球化的主要动力。需要看到的是,在这一过程中深层次矛盾凸显,价值分配格局不合理、基础设施等发展约束凸显、国家治理能力欠缺等多重因素必然会导致全球供给和需求的错配。可以说,在这一背景下,全球性经济危机不可避免。随着以中国为代表的新兴经济体的崛起,这些矛盾也存在缓解乃至解决的可能通道。目前,中国对外经济活动存在明显的双重特征:一是以企业为主体,特别是以私有企业为代表的市场主体,其遵循已有世界经济规律,以要素禀赋为依据,开展相关的对外活动,这是我国对外经济中的共性;二是以国家为依托,以国有企业为经营主体,其对外所依据的是我国自身比较优势,其活动不仅包括市场目的还带有国家战略,这是我国对外经济中的特性。这种对外经济活动的双重特征一方面符合世界经济的主要规律,另一方面也带有中国特色,有利于缓解当前世界经济的矛盾。

财政是国家治理的基础和重要支柱,税收在国家治理中起基础性、支柱性、保障性作用。如前所述,目前世界经济正在形成发达国家和新兴市场经济体双轮驱动的"双中心"格局,其路径受到多重因素的影响。在此过程中,如何运用财税等手段,形成符合对本国有利的世界经济格局,成为当前各国的重要战略考量。从中国自身出发,"一带一路"朋友圈的形成有利于建设一个以中国等新兴经济体为中心同外围国家进行交换的新体系。之所以称之为"新体系",就在于中国对外经济活动的特性。当前,中国利用其比较优势,特别是以基础设施投资为代表的对外经济活动,能够有效缓解发展中国家普遍存在的硬件约束,也降低了其经济起飞阶段所要求的国家治理要求,更有利于缓解世界经济的矛盾。在此过程中,财税政策应至少在以下三个方面起到重要作用。

一是降低对外经济活动约束,促进对外经济发展。目前我国对外经济活动面临国内国外两个市场的约束。对内看,过去五年我国经济社会进入新常态,当前经济处于"转向、攻关期、跨越关口"的关键时期,我国经济将经历由高速增长阶段转向高质量发展阶段。在这一大背景下,企业在"走出去"过程中会遇到结构转型、金融错配等一系列国内压力。对外看,必须看到和平赤字、发展赤字、治理赤字依然是人类的严峻挑战。中国对外经济活动还面临着经济风险、政治风险等一系列国际压力。财税政策恰恰能够有效缓解上述约束,促进中国经济在"一带一路"沿线国家落地生根。例如,支持"一带一路"投资的财政补贴可以有效弥补企业"走出去"带来的风险贴水,纠正国内和国际市场扭曲带来的作用。

二是加强各国间合作,提出中国方案。在协调各国政策应对本轮金融危机中,G20召开领导人峰会,其后包括货币、财政和税收等促进政策同步、有效地提振了世界经济。其后,G20并未因经济复苏而削弱,反而在宏观经济政策协调中进一步发挥着重要作用。"一带一路"建设以和平合作、开放包容、互学互鉴、互利共赢为核心,同样需要围绕财税等宏观政策与沿线国家加强合作。一方面,"一带一路"建设需要借助已有国际平台和国际规则推动对外经济发展。例如,"一带一路"建设势必带来中国在区域内的经济地理集聚效应,税收政策协调将极大影响我国对外经济的产业布局,我国可以借助近年来建立的BEPS协议服务我国对外经济发展。另一方面,"一带一路"建设也需要建立自己的平台助力对外战略落地。在传统国际平台上,由于历史秩序形成有其必然局限性,需要亚洲基础设施投资银行、丝路基金等中国主导的平台凝聚国际力量,进而为解决人类问题贡献中国智慧和中国方案。

三是加强理论研究，构建中国特色社会财税研究体系。笔者认为应该对现有财税根植中国大地的适用性与创新性有充分自信，其展现的是"国家性、公共性、发展性、改革性与统筹性"五位一体的统一。财税政策在"一带一路"建设中的运用既是财税统筹内外的重要方面，也要放在"五位一体"中国特色财税框架中理解。中国已有对外财税运用实践和经验由此很有必要进行归纳、总结和提升，形成中国特色社会主义财税理论、框架和体系，为未来我国财税在"一带一路"建设提供指引。笔者近年来提出了构建大国财政应该要体现"两特两统筹"的观点，提出了大国税收要注重三个层面的看法，得到了许多学者的支持。随着新时代"推动形成全面开放新格局"和"推动构建人类命运共同体"的提出，这些理论依然还有与时俱进、深入研究的空间。

最后，笔者还需要指出的是，在"一带一路"建设中还应该坚持三个原则。一是坚持国家核心利益不动摇，财税政策是国家经济主权的体现，在"一带一路"建设中，难免要让渡部分经济利益进而实现战略目的，但必须坚持的对外经济原则是本国核心利益最大化。二是"一带一路"建设有的时候要"跳出财税看财税"，不要仅仅盯着"经济账"不放，有的时候要算"大账"，要算"政治账"、算"战略账"，"不谋全局者，不足谋一域"。三是坚持国际财税辩证观，就是要把握财税政策在"一带一路"建设中的"度"，既要坚持大国财政、大国税收理念，也要"量力而行"，财税政策运用不应过度超出自身财力、经济发展程度所能承受的程度。（原文发表于《财政与国家治理：决策参考》）

参考文献

[1] 习近平："决胜全面建成小康社会，夺取新时代中国特色社会主义伟大胜利——在中国共产党第十九次全国代表大会上的报告"，新华网，http://www.xinhuanet.com/2017-10/27/c_1121867529.htm。

[2] 邓力平、曾聪："浅议'大国财政'构建"，《财政研究》，2014年第6期。

[3] 邓力平、王智烜："树立大国税收理念，推动国际税收合作"，《税收经济研究》，2015年第8期。

[4] 刘鹤：《两次全球大危机的比较研究》，中国经济出版社2013年版。

（厦门大学/厦门国家会计学院教授、博士生导师：邓力平；厦门国家会计学院"一带一路"财经发展研究中心副教授：王智烜）

全球化商业模式下跨国公司的价值创造与 BEPS 问题研究

——以苹果公司为例

> **内容摘要**：跨国公司是经济全球化的主要载体，也是导致 BEPS 问题的始作俑者。本文通过全球十大高科技公司的对比分析和苹果公司的案例研究，揭示了无形资产对跨国公司价值创造的贡献被高估、成本节约的实际贡献被掩盖的事实。文章分析了全球化商业模式在苹果公司价值创造和 BEPS 中的独特作用，揭示了以无形资产和独立交易原则为主轴的转让定价规则存在一些容易导致 BEPS 的结构性问题，提出了以单一实体原则为补充来应对跨国公司 BEPS 的政策建议。
>
> **关键词**：商业模式　价值创造　BEPS　苹果公司　单一实体原则

一、引言

（一）BEPS 问题的诱因

BEPS（Base Erosion and Profit Shifting），即税基侵蚀与利润转移，主要指跨国公司利用不同税收管辖区的税制差异和规则错配进行税务筹划的策略，其目的是人为造成应税利润"消失"或将利润转移到没有或几乎没有实质经济活动的低税负国家（地区），从而达到不交或少交企业所得税的目的。根据经济合作与发展组织（OECD）的不完全统计，BEPS 导致的全球企业所得税流失可能占到全球企业所得税总额的 4%～10%，每年达到 1 000 亿～2 400 亿美元（OECD，2015）。

BEPS 问题与全球化相伴而生，由来已久，它根植于经济发展全球化和税收管理国别化之间的矛盾：全球化促进了各国国内经济的发展，同时也极大冲击了各国的企业所得税体系。20 世纪 90 年代以来，发达国家主导下的新自由主义全球化①进一步加剧了这一矛

---

① 新自由主义主张自由化、私有化、市场化和全球"一体化"，其本质是适应国家垄断资本向国际垄断资本转变要求的理论思潮、思想体系和政策主张（中国社会科学院课题组，2004）。本文认为，各国税制差异与规则错配是 BEPS 问题的直接诱因，而新自由主义下的经济全球化与税收管理国别化之间的矛盾才是 BEPS 问题的根源。

盾。资本大量流向低成本和低税负地区，导致实质经济活动的发生地与应税利润的申报地分离，并诱发跨国公司实施利润转移等激进的税务筹划，导致税收与价值创造不匹配。数字经济快速发展，跨国公司商业模式不断创新，国际税收规则改革滞后，税收协定复杂多样，各国税制和税收征管千差万别以及有害税收竞争等，诸多因素为跨国公司提供了BEPS 的机会。

（二）落实 BEPS 行动计划的难点

BEPS 行动计划是由 G20 发起并委托 OECD 推动的一揽子国际税收改革计划。该计划的核心理念是按照"税收与实质经济活动和价值创造相匹配"原则重塑国际税收规则，通过协调各国企业所得税税制、修订现行税收协定与转让定价国际规则、提高税收透明度与确定性、开发多边工具等综合措施，压缩跨国公司规避税收的空间，确保利润在实质经济活动发生地和价值创造地征税。2015 年 10 月，OECD 发布 15 项 BEPS 行动计划并由 G20 各国领导人背书，标志着国际税收改革开始进入成果转化与实施的后 BEPS 时代。

尽管国际社会对"税收与实质经济活动和价值创造相匹配"原则已达成广泛共识，但如何落实这一原则，存在着两种截然不同的价值创造观和税收分配观。发达国家认为无形资产是价值创造的主要源泉，发展中国家则强调选址节约①、市场溢价②等地域特殊优势（Location Specific Advantage, LSA），对价值创造有独特贡献。在征税权分配上，发达国家主张基于独立交易原则的方法，发展中国家则坚持基于要素贡献的方法。在落实 BEPS 行动计划上，G20 的 BEPS 项目提供了一个包含最低标准、强化标准和最佳实践在内的包容性框架，希望吸引更多的国家参与，但发展中国家现阶段只愿意履行最低标准甚至不加入BEPS 行动计划。

分歧的存在反映了不同国家在全球价值链上的位置差异和对国际税收规则的需求偏好。发达国家长期占领全球价值链的高端领域，其政策主张有利于巩固自身在无形资产方面的竞争优势，分得更多税基，而处在全球价值链中低端领域的发展中国家则倾向于凭借其地域特殊优势来捍卫自身的税收主权。

弥合上述分歧，离不开国际合作，更需要平衡各方利益，对每一个国家而言，政策权衡将难以避免。中国经过 40 年的改革开放，已经发展成为全球第二大经济体、第一大出口贸易国、第二大利用外资国和第三大对外投资国，虽然整体上还属于发展中国家，但已经具备了发达国家的部分特征。中国落实 BEPS 行动计划，既要维护我国作为应税利润来源国的税收权益，又要避免对我国境外投资产生不利影响，政策权衡的难度更大，有必要深入研究。

（三）全球化商业模式研究角度的目的

跨国公司是经济全球化的主要载体，也是导致 BEPS 问题的始作俑者。研究经济全球

---

① 选址节约（Location Saving），是指跨国公司在低成本管辖区开展经营活动所取得的净成本节约，一般通过原材料、人工、租金、运输和基础设施等项目上的支出较低来实现。

② 市场溢价（Market Premium）是指跨国公司在具有独特性质的管辖区开展经营活动，这些独特性质影响着服务或产品的销售和需求，因而使跨国公司取得超额利润。

化如何影响跨国公司的商业模式进而影响其税务管理，是洞悉 BEPS 的形成机理的一个重要逻辑切入点。本文以苹果公司为案例，从全球化商业模式①的角度研究 BEPS 问题，旨在将跨国公司视为一个整体，系统观察跨国公司如何围绕全球价值链进行价值创造和价值分配，从中识别跨国公司 BEPS 的关键因素和国际税收规则，尤其是独立实体原则和独立交易原则中存在的一些容易导致 BEPS 的结构性问题，为我国应对跨国公司 BEPS 提供决策参考。

BEPS 行动计划定位全球反避税，聚焦如何将跨国公司囤积在避税港的应税利润"挤出"以及如何分配这一税基上，对跨国公司价值创造和 BEPS 的关键，即全球化商业模式本身着墨不多，仅有的关注也局限在数字经济领域并且以强调无形资产的重要性为主轴，这对数字经济尚不发达甚至尚未发展起数字经济的发展中国家明显不利。对后者而言，应对来自传统经济领域 BEPS 的挑战更为迫切。从全球化商业模式角度研究 BEPS 问题，有助于客观评价发展中国家在跨国公司价值创造中的实际贡献，合理维护发展中国家的税收权益。

本文并不打算针对 OECD 的 15 项 BEPS 行动计划的所有内容进行讨论，而是围绕"税收与实质经济活动和价值创造相匹配"这一主线，在转让定价层面探讨应对跨国公司 BEPS 的基本方略。

二、全球化商业模式与跨国公司价值创造

在 OECD（2013）发布的《税基侵蚀与利润转移问题的全面解析》报告里，研究者依据价值链理论，提出了一个结论性观点：产品和服务的大部分价值产生于上游活动（如产品设计、研发和核心组件生产）或产生于下游活动（如市场营销和品牌宣传）。照此逻辑，上述活动的结果通常表现为无形资产，因此无形资产是跨国公司价值创造的主要来源。然而，针对全球十大高科技公司②的对比分析表明，价值链理论夸大了无形资产的作用，掩盖了成本节约对跨国公司价值创造的真实贡献。

（一）无形资产对跨国公司价值创造的贡献被高估

跨国公司全球化商业模式是当今全球化经济的主要特征。在全球化商业模式下，跨国公司的价值链分散在不同国家，无形资产的重要性日益突出，尤其是以品牌和技术为代表的无形资产，不仅攸关产品的外观、性能、质量和总体吸引力，并且与跨国公司决定在何处定位不同的功能、与谁合作，以及如何管理价值链等密切相关。然而，关于无形资产对跨国公司价值创造的实际贡献究竟有多少以及如何实现，很少有这方面的成果。

2008~2017 年，苹果公司共实现营业利润 4 216.73 亿美元（如图 1 所示），占同期十大高科技公司营业利润总和的 28.23%，相当于其他九大高科技公司营业利润总和的

---

① 全球化商业模式的突出特点是跨国公司利用其全球价值链上的合作伙伴关系，建立商业生态，共同致力于成本节约、价值创造和风险管控。

② 十大高科技公司在这里指苹果、微软、谷歌、英特尔、思科、IBM、亚马逊、惠普、黑莓和三星电子。

39.33%，表现出超强的获利能力。然而，相关数据显示，品牌和技术并非苹果公司超强获利能力的主要来源。

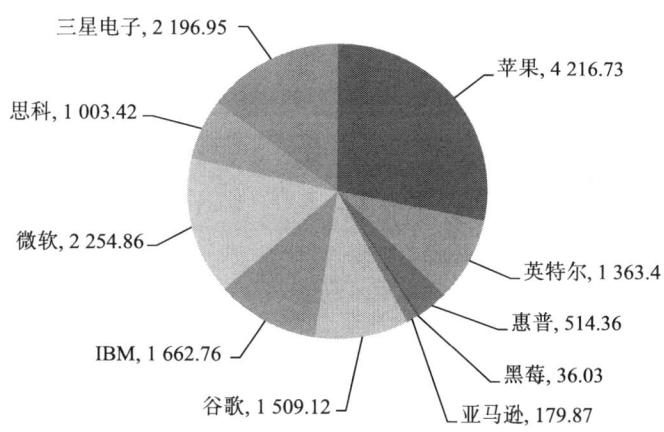

图1　十大高科技公司2008～2017年营业利润总额（亿美元）

资料来源：根据十大高科技公司的年度财务报告整理。

从市场竞争力来看。2017年度，苹果公司在全球智能手机市场的占有率为14.7%，距离直接竞争对手三星电子的21.6%有较大差距（如图2所示）。同年，思科在全球交换机市场的占有率为56.1%，英特尔在全球PC微处理器市场的占有率为79.3%，微软在全球PC操作系统市场的占有率为88.9%，谷歌在全球搜索市场的占有率为92.3%。

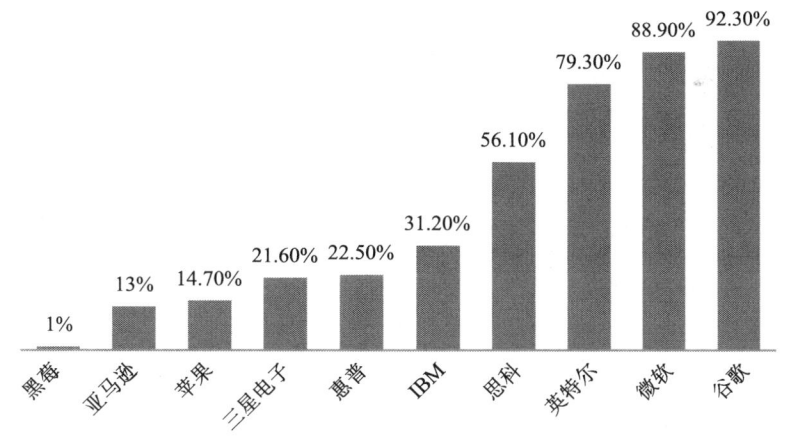

图2　十大高科技公司2017年的市场占有率（%）

资料来源：根据相关市场调查公司公布的数据整理。

从产品获利能力来看。2008～2017年，苹果公司的平均销售毛利率为39.30%，略高于三星电子的36.10%，在十大高科技公司中排名倒数第四（如图3所示）。同期，思科、英特尔、谷歌、微软的平均销售毛利率均在60%以上。

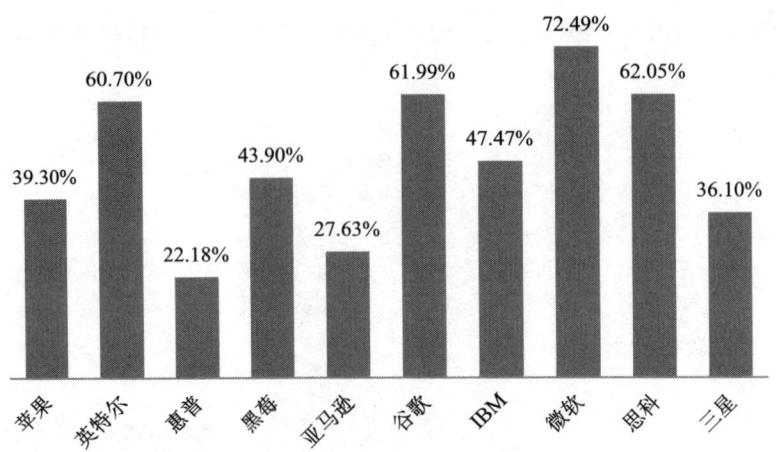

图 3　十大高科技公司 2008~2017 年平均销售毛利率

资料来源：根据十大高科技公司的年度财务报告整理。

从研发投入水平来看。2008~2017 年，苹果公司的平均研发支出占营业收入比为 3.23%，不到三星电子 6.62% 的一半，也远低于十大高科技公司 9.71% 的平均水平，在十大高科技公司中排名倒数第二（如图 4 所示）。

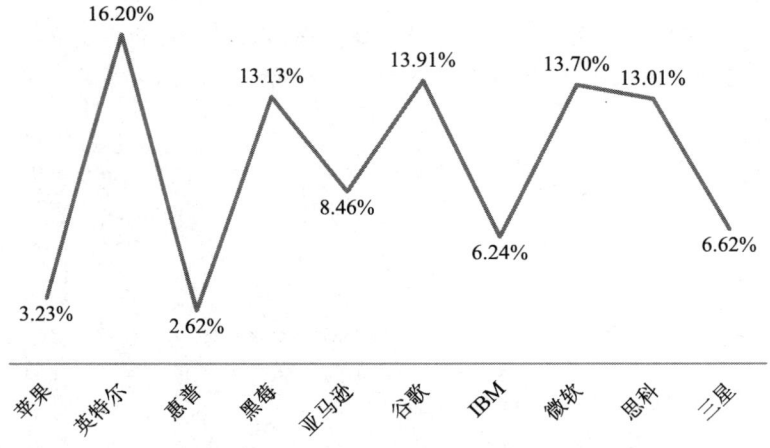

图 4　十大高科技公司 2008~2017 年平均研发支出占营业收入的比重

资料来源：根据十大高科技公司的年度财务报告整理。

不难看出，无论是市场竞争力、产品获利能力，还是研发投入水平，都不足以支撑苹果公司超强的获利能力。换言之，苹果公司超强的获利能力并非来源于品牌、技术方面的竞争优势，无形资产的作用明显被高估。

（二）成本节约对跨国公司价值创造的实际贡献被掩盖

成本节约并不意味着单纯强调削减开支。现代企业重视结构性成本管理，将客户价值与企业成本之间的矛盾和对立关系转化为统一和协调关系。结构性成本管理主要通过组织结构设计、产品方案设计和业务流程设计等商业模式创新，使企业的成本结构和战略保持一致，并不断优化战略的实施方法，以建立和维持长期可持续的竞争优势。有些最为成功的现代企业，如亚马逊、戴尔、沃尔玛、西南航空、Tesco、Zara 等，提供的是传统的产品和服务，但其所采用的商业模式的成本结构与其竞争对手存在显著不同（Shannon W.，2009）。

成本节约对苹果公司价值创造的贡献突出表现在营业费用①（期间费用）上。如图5所示，2008~2017年，苹果公司的营业费用占营业收入之比平均为10.61%，远低于三星电子的23.63%和十大高科技公司的30.52%的平均水平。这代表巨大的利润差距，因为营业费用的节省会全数转化为营业利润。以微软公司为例，2008~2017年，微软公司的平均销售毛利率为72.9%，位居十大高科技公司之首，远高于苹果公司的39.30%。由于微软公司的营业费用占营业收入之比平均高达41.21%，较苹果公司的10.61%高出30多个百分点，最终导致微软公司10年间的营业利润总额仅相当于苹果公司的53.47%，足见营业费用对高科技公司营业利润的巨大影响。根据分年度财务报告的相关数据测算，相对于三星电子，苹果公司在2008~2017年的10年间多节省了2 018.45亿美元的营业费用，占到同期苹果公司营业利润总和的47.87%。可见，苹果公司超强的获利能力主要来源于营业费用方面的成本节约而不是品牌、技术方面的竞争优势。

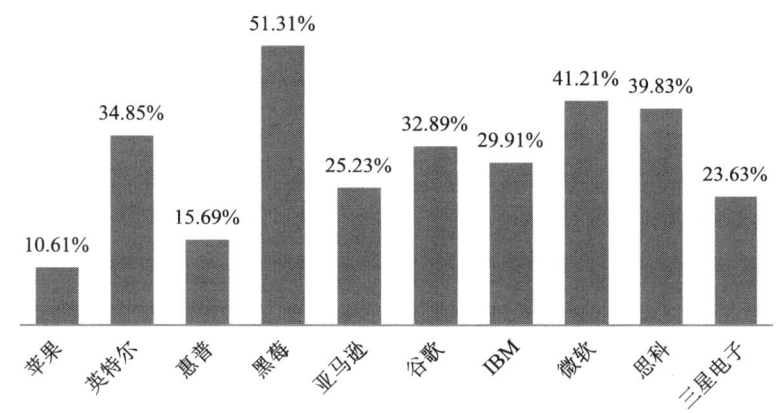

图5　十大高科技公司2008~2017年平均营业费用占营业收入的比重

资料来源：根据十大高科技公司的年度财务报告整理。

按照国际会计惯例，营业费用支出需要从当期的营业收入中扣除，但从价值创造的角度来看，营业费用支出所涉及的经营与管理活动，如研发与设计、市场营销、售后服务、人才培养等，可以给企业带来长期的经济利益流入，如增加市场份额、提升品牌知名度与顾客忠诚度、增强产品竞争力、提高员工素质、改善经营效率等。与其他高科技公司相比，苹果公司过低的营业费用投入，尤其是在新产品研发与设计领域的投资严重落后于主要竞争对手三星电子，势必对其长期价值创造能力带来不利影响。那么，苹果公司的这一做法是基于

---

① 在美国上市公司年报中，营业费用（Operating Expenses）包括销售、管理及行政费用（Selling, General and Administrative，SGA）和研发费用（Research and Development，R&D），在我国会计准则中通常称之为期间费用。

深思熟虑的商业策略还是跟其激进的税务筹划有关，文章的后面将讨论这一问题。

（三）全球化商业模式扮演关键角色

随着经济全球化和信息化的深入发展，跨国公司竞争优势的主要来源已经从品牌、技术、资本、劳动力、自然资源等单一生产要素转移到商业模式。表面上，苹果公司通过成本节约来增加营业利润的做法可能会损害客户价值并最终伤及自身，但得益于全球化商业模式，苹果公司通过非核心业务外包和全球价值链治理，有效化解了这一矛盾。

1. OEM（Original Equipment Manufacturer），又称代加工。苹果公司只保留核心业务，如 IOS 操作系统的研发和产品的整体式设计，零部件加工与制造则外包给全球 200 多家工业链企业，最后由中国第三方合约制造商完成产品组装。通过 OEM，苹果公司得以减少在土地、厂房、机器设备和人工方面的巨大投资，成为一家投入少、收益高的轻资产公司。2015 年，苹果公司的资产总额为 2 903 亿美元，其中固定资产仅占 7.74%，而现金性资产占比高达 71%。投资资本回报率为 31.32%，远高于三星电子的 9.93%。

2. OPM（Other People's Money），又称代采购。根据代加工协议，富士康等中国第三方合约制造商不仅负责苹果公司产品的组装，还承担了产品零部件的采购。这意味着与采购业务密切相关的应付账款和存货不会出现在苹果公司的账面上，它们"跑到"了富士康的报表上。通过 OPM，苹果公司将占用在存货的资金及其资金成本转嫁给中国第三方制造商。2015 年，苹果公司的存货占比仅为 0.81%，远低于三星电子的 7.77%。

3. ODM（Original Design Manufacturer），又称代研发。作为一家消费电子产品的供应商，苹果公司除了从差异化产品获得巨额利润外，还通过提供各种软件和数字媒体服务获取源源不断的重复性利润，如 ITUNES 所提供的音乐服务和 APPLESTORE 所提供的第三方软件，但苹果公司并不投资开发这些音乐和软件，而是凭借平台化产品的巨大销量吸引供应商合作，借此来降低消费电子产品研发的复杂性和研发投入规模，同时又保持着出色的核心研发能力。

4. 收购中小科技企业也能产生类似 ODM 的效果。根据美国会计准则的规定，企业研发投入需要全部费用化，除非是符合测试条件的计算机软件。如果苹果公司投资 100 亿美元用于研发，就会增加 100 亿美元的研发费用，但如果苹果公司将这 100 亿美元用于收购中小科技企业，增加的是 100 亿美元的资产，收购中小科技企业的财务效应显而易见。来自维基百科的资料显示，2008 年至今，苹果公司总计实施了 60 多次收购，其中较具代表性的并购案有：2008 年收购超低功耗处理器设计公司 P. A. Semi；2009 年收购地图软件制造商 Place base；2010 年收购语音数字个人助理服务商 Siri；2013 年收购语音识别公司 Novauris Technologies；2014 年收购在线流媒体音乐服商 Beats；2015 年收购动作捕捉与识别的公司 Face shift；2016 年收购人类面部表情识别的公司 Emotient。这些收购不仅帮助苹果公司获取消费电子领域的前沿技术与服务，弥补了自身研发投入的不足，还节省了巨额的研发费用。

（四）简要的结论

"利润 = 收入 − 费用"这一经典的会计等式揭示了企业价值创造来源于两个方面：为客户创造价值和厉行成本节约，两者不可偏废。苹果公司在商业上的巨大成功并非单纯依靠提升客户价值或节约成本，而是充分利用全球价值链上的合作伙伴关系，共同节约成本，创造价值。在客户价值创造方面，苹果公司首创了"手机＋相机＋音乐播放器＋掌上电脑＋移动互联网"的智能手机商业模式，为消费者提供了差异化的价值主张，其产品销售毛利率领先行业主要竞争对手。在成本节约方面，苹果公司追求成本结构最优化而不是成本水平最小化，通过非核心业务外包和全球价值链治理，节省了大量的营业费用。比较分析表明，苹果公司与三星电子在营业利润上的巨大差异，主要不是品牌、技术等无形资产因素所致，而是苹果公司全球化商业模式与三星电子本土化商业模式在成本结构上的差异使然。

三、全球化商业模式与跨国公司 BEPS

全球化商业模式不仅在价值创造方面扮演关键角色，在 BEPS 问题上也有异曲同工之处。跨国公司一方面利用各国资源禀赋差异布局全球价值链，追求集团价值极大化，另一方面又利用各国税制和征管上的差异，进行税务筹划，追求集团税负极小化。透过对全球价值链上的资产、功能、风险进行分拆和重新组合，将两种不同目的的商业模式融合，规避国际税收规则。

跨国公司通常选择在低税率国家或地区设立"主体公司"，承担其在全球价值链上的主要功能和风险，获得超额利润，而在高税率国家或地区设立非"主体公司"，给予常规的利润回报。建立这种以"主体公司"为核心的集中型商业模式，需要对传统以国别为基础的分散型商业模式进行再造。基本策略包括：将承担全面风险、履行完全职能的生产商转变为有限功能、有限风险的进料加工生产商或来料加工生产商；将承担全面风险、履行完全职能的分销商转变为有限功能、有限风险的分销商或佣金型代理商；将承担全面风险、履行完全职能的研发机构转变为有限功能、有限风险的合约研发机构。通过上述整合，跨国公司把高风险、高回报的业务集中到"主体公司"，低风险、低回报的业务则留在非"主体公司"，在此基础上开展关联交易，实现集团经营目标，同时达成 BEPS 目的。

如果"主体公司"真正承担起了跨国公司在全球价值链上的主要功能和风险，并配置以相应的资产，那么这种混合了经济与税收双重目的的商业模式能够满足"经济实质""独立交易"等国际税收规则的要求。但在实践中，跨国公司往往更为激进，税收成为其商业模式设计和优化的唯一或主要目的。2013 年 5 月，美国国会参议院就苹果公司海外避税案举行听证会，美国参议院常设调查委员会发布的调查报告（以下简称调查报告）显示，苹果公司将高附加值的知识产权连同利润一并转移到避税天堂，累计囤积了超过 1 000 亿美元的离岸现金①。本文根据美国国会参议院的调查报告、听证报告和其他公开发

---

① 苹果公司 1976 年在美国加州成立。1980 年，为扩大在欧洲的业务，苹果公司成立了几个爱尔兰子公司。在 20 世纪 80 年代和 20 世纪 90 年代期间，苹果公司的大部分研发在美国进行，产品则在加州和爱尔兰的科克郡（Cork）生产。20 世纪 90 年代末，苹果公司遭遇严重的财务困难，在经历 1996 年和 1997 年连续两年遭受数十亿美元的损失后，苹果公司开始大幅调整业务框架，将大部分制造业务外包出去，利用第三方合约制造商生产其在加州工厂开发的产品零部件，同时将几乎所有成品的组装都外包给了中国的第三方合约制造商。苹果随后还取消了超过 150 个外国分支机构的银行账户，将其整合到爱尔兰的分支机构。截至 2013 年 4 月 23 日，苹果公司拥有约 1 450 亿美元的现金、现金等价物和有价证券，其中有 1 020 亿美元在海外。

表的相关研究文献,分析全球化商业模式在苹果公司 BEPS 中的独特作用。

(一) 设立离岸实体,规避居民纳税人身份

苹果公司主要通过设立在爱尔兰的离岸子公司网络(Network of Offshore Affiliates)开展海外业务(如图6所示),由这些"主体公司"承担苹果公司在全球价值链上的主要功能和风险,并获取苹果公司在全球的大部分销售收入和利润。其主要意图有三:第一,爱尔兰的企业所得税税率只有12.5%,是典型的国际避税港,也是全球 FDI(外国直接投资)指数最高的国家之一,是设立"主体公司"的理想选择。第二,爱尔兰的税法依据实际控制地认定居民身份,而美国的税法依据公司注册地认定居民身份。在爱尔兰注册成立的子公司,如果其核心的管理和控制活动发生在美国,那么这家公司就不是这两个国家中任何一个国家的居民纳税人,只需要就其来源于爱尔兰境内的所得纳税,其来源于境外的所得则可以实现双重不征税。第三,爱尔兰是欧盟成员国,设立在爱尔兰的子公司可以利用欧盟法律,规避它们在成员国开展经营活动的企业所得税和增值税。

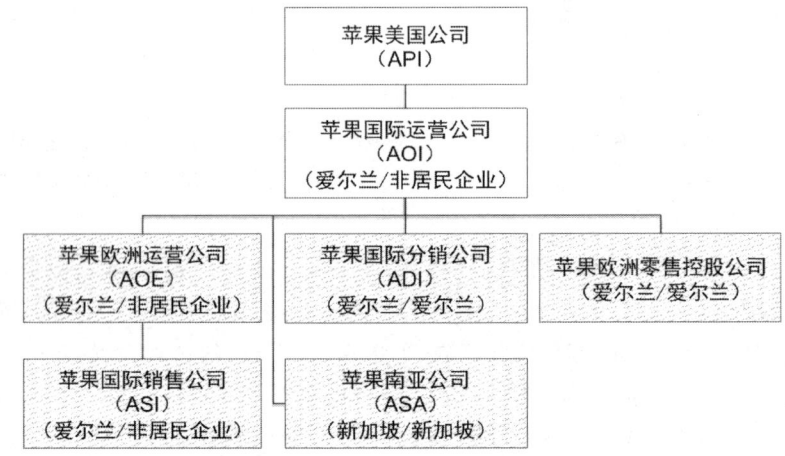

图6 苹果公司的海外组织架构

资料来源:Offshore Profit Shifting and the U. S. Tax code Part2(Apple Inc.)May 21, 2013。

1. 苹果国际运营公司(Apple Operations International,AOI)。苹果公司在海外的第一层分支机构是 AOI,苹果美国公司(Apple Inc,API)持有其100%的股权①。AOI 定位海外控股公司,持有苹果公司离岸子公司网络第二层关键实体的股权,包括苹果运营欧洲(Apple Operations Europe,AOE)、苹果国际分销公司(Apple Distribution International,ADI)、苹果南亚有限公司(Apple South Asia Pte Ltd., ASA)和苹果零售欧洲控股公司(Apple Retail Holding Europe)。除了持有它们的股份之外,AOI 还为二线实体和其他大部

---

① API 直接持有 AOI 97%的股份,其余股份由苹果公司设在维尔京群岛的鲍德温(Baldwin)控股有限公司以 API 的名义持有。在美国国会的听证会上,苹果公司声称鲍德温控股公司是 AOI 和其他爱尔兰实体的提名股东,因为爱尔兰的公司法要求 AOI 在欧盟以外的地方拥有第二个股东。鲍德温控股公司没有任何运营功能,美国媒体(包括国内一些文献)披露苹果公司通过 Baldwin 将海外利润转移到维尔京群岛,但美国参议院常设调查委员会在调查报告中没有提及这一点。

分的离岸子公司提供现金整合功能，并从这些子公司获得股息。

然而，如此重要的苹果海外控股公司，居然在爱尔兰没有真实的物理存在。调查报告显示，AOI 与 AOE、ADI、ASI 共享在爱尔兰 Cork 市的一个公司注册地址，没有办公室，也没有一名雇员，只有三个自然人作为董事，其中两位还是 API 员工，居住在美国加州，另外一位是 ADI 员工，居住在爱尔兰。从 2006 年 5 月到 2012 年底，AOI 总共举行了 33 次董事会会议，其中 32 次在位于旧金山 Cupertino 市的 API 举行。AOI 的资产（主要是现金）存放在其在纽约开设的银行账户，由 API 位于内华达州的一家资产管理公司负责管理。AOI 的会计账簿由 API 位于德州的财务共享服务中心负责管理。此外，AOI 在爱尔兰没有开设任何银行账户，AOI 的金融活动也完全由 API 完成。苹果公司这些不寻常的举措和安排，似乎只是为了向爱尔兰的税务机关证明 AOI 的核心管理和控制地[①]不在爱尔兰，因此不是爱尔兰的居民纳税人。2009~2012 年，AOI 从其下属的关联公司收到的股息总计 299.1 亿美元，相当于这一时期苹果公司全球净利润的 34%（如表 1 所示），AOI 没有就此向任何国家纳税。

表 1　　　　　　　　AOI 利润占苹果公司全球利润总额的百分比

年份	AOI 利润（亿美元）	苹果公司全球利润（亿美元）
2009	1.1	60
2010	81	140
2011	63	260
2012	154	420
合计	299.1	880
AOI 利润占苹果公司全球利润总额的百分比（%）		34

资料来源：Offshore Profit Shifting and the U.S. Tax code Part2（Apple Inc.）May 21, 2013。

2. 苹果国际销售公司（Apple Sales International，ASI）。ASI 是 AOE 的子公司，后者是 AOI 的子公司，AOE 和 AOI 的定位相类似。ASI 负责与苹果公司在中国的第三方制造商签约，组装苹果产品，并作为这些成品的最初购买者销往欧洲和亚太地区。2012 年之前，ASI 在爱尔兰没有任何雇员，主要通过 AOE 开展海外业务。ASI 的大多数董事由 API 居住在加州的员工担任。2006 年 5 月~2012 年 3 月，ASI 共举行了 33 次董事会会议，全部在 API 举行。2012 年，苹果公司重组其在爱尔兰的海外子公司网络，AOE 向 ASI 调配了 250 名雇员，并为 AOE 工作。尽管获得了这些新员工，ASI 仍坚持其核心管理和控制活动发生在爱尔兰之外，并声称自己在爱尔兰和美国都不是居民纳税人。

---

① 根据爱尔兰的法律，证明一家公司的管理和控制地在爱尔兰，需要满足以下条件：（1）所有董事会会议都应在爱尔兰举行。（2）大多数董事应该住在爱尔兰。（3）所有重大决定都应由董事会会议或股东会议做出。董事们必须能够对投资市场营销、采购等做出实质性的决定。（4）参加董事会会议爱尔兰本地董事人数须达到法定要求。（5）主要合同在爱尔兰进行谈判。（6）所有重要的政策问题都应该在爱尔兰决定。（7）如果可能的话，所有股东会议应该在爱尔兰举行。（8）该公司的主要会计记录应该保存在爱尔兰。（9）基本账簿应在爱尔兰录入。（10）公司会议的记录簿应该保存在爱尔兰。（11）公司的印章应该保存在爱尔兰。（12）股东名册应保留在爱尔兰。（13）股息应该在爱尔兰宣布。（14）该公司应该在爱尔兰拥有银行账户。

2009~2012年，ASI实现税前利润740亿美元，占苹果公司全球利润总额的63%，但仅仅就其来源于爱尔兰境内的所得进行纳税申报。ASI全球所得的实际税率平均只有0.08%（如表2所示）。从某种意义上来讲，这笔款项更像是ASI对爱尔兰政府的"捐赠"而非税收。

表2 2009~2012年ASI全球所得税缴纳情况

年份	2009	2010	2011	2012	合计
税前利润（亿美元）	40	120	220	360	740
全球所得税（亿美元）	0.04	0.07	0.1	0.4	0.61
所得税率（%）	0.1	0.06	0.05	0.1	0.08

资料来源：Offshore Profit Shifting and the U. S. Tax code Part2（Apple Inc.）May 21, 2013。

3. 苹果受控外国公司（Controlled Foreign Corporation, CFC）。美国CFC制度规定，对于美国公司的海外子公司从关联方购入产品直接销售给非关联方或者从非关联方购入产品直接销售给关联方所获得的利润都要视同汇回美国，缴纳企业所得税。对于设立在低税区子公司获得的被动所得也要视同汇回美国纳税。CFC制度旨在把跨国公司通过内部关联交易转移到低税区子公司的利润纳入征税范围，这一制度的实施需要以独立实体原则为前提，即每个海外子公司都被视为单独的纳税人。根据这个制度，ASI从中国第三方合约制造商购入产品销售给关联分销公司所获得的利润，以及AOI和AOE获得的股息都要缴纳美国企业所得税。然而，苹果公司利用美国税法中的"勾选"（Check - the - Box）规则规避了CFC制度。在这一规则下，美国公司的海外各子公司可以选择作为独立公司或者"穿透实体"（A Pass - Through Entity）。苹果公司选择把AOI旗下所有的子公司作为穿透实体（见图6中的阴影部分），视为AOI的一部分。这样，美国政府就只看到AOI从中国第三方合约制造商购买产品，然后再销售给全球消费者，苹果公司集团内部的关联交易则被当作没有发生。并且在ASI支付股息给AOE和AOE支付股息给AOI时，将其视为同一个企业的内部交易，不需要缴税，从而规避了美国税收。调查报告显示，仅在2011年和2012年，苹果公司就通过"勾选"，成功避税达125亿美元。

（二）人为将离岸实体定义为承担主要功能和风险的主体公司

如果分布在爱尔兰的"主体公司"实质承担了苹果公司全球价值链上的主要功能和风险，并配置了相应的资产，获得了与资产、功能及风险相匹配的回报，那么在遵循国际税收规则上是没有争议的。然而，实际情况并非如此，针对苹果公司海外运营架构（如图7所示）的功能与风险分析表明，这些"主体公司"并没有真正承担起主要功能与风险，也没有配置与其功能相匹配的资产。

1. 研发功能与风险分析。如表3所示，2010~2014年，苹果公司美国员工占全球员工的64.78%，美国研发人员占全球研发人员的91.52%。苹果公司开展研发活动的重要资产90%以上位于API，苹果公司全球研发支出超过95%也发生在API。此外，苹果公司全球研发的规划与决策由API做出，研发规划的实施、研发活动的开展、研发成果的评估

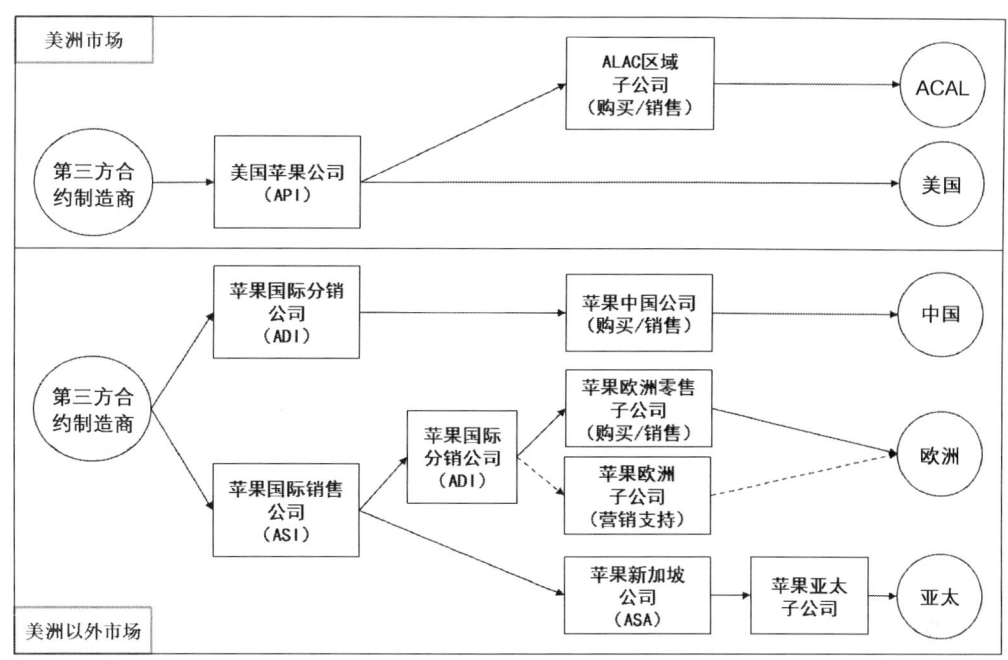

图 7　苹果公司的海外运营架构

资料来源：Offshore Profit Shifting and the U. S. Tax code Part2（Apple Inc.）May 21, 2013。

与专利申报也都由 API 完成。这说明，苹果公司的研发活动主要在美国本土进行，研发的功能与风险主要由 API 承担，而设立在爱尔兰的"主体公司"既没有配置任何研发所需的重要资产，也没有实施任何实质性的研发活动，仅仅为 API 的研发活动承担了部分研发费用就依据成本分摊协议分享研发成果，即知识产权的经济权利，并凭借该经济权利获得苹果公司全球价值链中的大部分利益。

表 3　苹果公司全球研发人员分布及占比情况

	2010 年	2011 年	2012 年	2013 年	2014 年
美国员工占全球员工比例（%）	72.1	68.2	61.1	63.3	59.2
全球研发人员占全球员工比例（%）	28.1	30.2	26.4	24.4	21.6
美国研发人员占美国员工比例（%）	36.0	39.7	40.2	34.7	33.3
美国研发人员占全球研发人员比例（%）	92.3	89.6	93.3	90.1	91.3

资料来源：励贺林：《基于价值贡献的无形资产转让定价收益归属研究》，天津财经大学博士学位论文，2016 年。

2. 生产功能与风险分析。苹果公司只提供产品的整体设计，产品零部件的加工与制造全部外包给全球超过 200 家的供应链企业，最后由中国第三方制造商完成产品组装。根据苹果公司发布的《2016 年供应商责任进展报告》，苹果公司在全球范围内共有 18 家组装工厂，其中 14 家位于中国，包括富士康（7 个工厂）、华硕科技（2 个工厂）、广达电脑（3 个工厂）、纬创集团（1 个工厂）、英华达（1 个工厂）和仁宝电脑（1 个工厂）。同样，苹果公司设在爱尔兰的"主体公司"没有承担任何与产品加工、制造有关的功能和风险，仅仅凭着其与中国第三方制造商的合约加工服务协议就获得产品的大部分价值。

3. 营销功能与风险分析。苹果产品的海外销售主要由 ASI 和 ADI 组织，但与中国第三方制造商谈判并签署合约加工服务协议的代表来自 API 而不是 ASI 和 ADI，甚至 ASI 和 ADI 在爱尔兰没有实际占有货物，只是经 API 授权从中国第三方制造商购买产品并直接转卖到世界各地。其中，中国区的销售由 ADI 组织并转卖给中国的分销商和零售商；亚太地区的销售由 ASI 组织，经由苹果新加坡公司（ASA）转卖给亚太地区的分销商和零售商；欧洲地区的销售也由 ASI 组织，经由 ADI 转卖给欧洲地区的分销商和零售商；美洲地区的销售则由 API 直接组织销往美国本土和其他美洲地区（ACAL）。值得注意的是，在苹果产品最终卖给世界各地消费者之前，上述营销流程均发生在苹果公司的关联方之间，并且没有常规的物流存在，中国第三方制造商根据合约加工服务协议直接将货物发往消费市场所在地。尽管 ASI 和 ADI 是苹果公司在爱尔兰注册的实体，也是苹果产品的最初购买者，但只有一小部分的苹果产品进入爱尔兰。

上述已经曝光的事实证明，苹果公司实质经济活动的发生地与应税利润的申报地相分离。苹果公司设立在爱尔兰的"主体公司"，执行的并不是研发、设计、生产、销售的功能，恰恰相反，主要是为了将利润集中在避税港。

（三）实施以无形资产为核心的转让定价

苹果公司 BEPS 的关键环节在于无形资产转让定价，通过成本分摊协议①和合约加工服务协议等方式，苹果公司将全球价值链上的大部分利润转移到爱尔兰。

1. 基于研发成本分摊协议的转让定价。调查报告显示，API 与 AOE、ASI 达成一项研发成本分摊协议（如图 8 所示），共同资助与产品相关的研发活动，共同承担研发风险，共同分享研发成果，即知识产权的经济权利。根据该协议，API 拥有在美洲地区生产、销售和分销苹果产品的经济权利，AOE 和 ASI 拥有知识产权在美洲地区以外的上述经济权利，而知识产权的法律所有权则全部归属 API。在研发费用分摊方面，由 API 和 ASI 依据各自负责的区域市场的销售收入来分摊苹果公司的全球研发支出。因为知识产权的经济权利分列，ASI 无须再向 API 支付任何与知识产权有关的特许权使用费。

参与研发成本分摊协议的 ASI 和 API 属于关联方，关联方共同研发行为应当符合经济实质、独立交易等国际税收原则。首先，关联交易的合同形式应当与关联交易的经济实质相一致，即协议双方应实质性参与研发活动，使用研发资产，执行研发功能，承担研发风险。如果一方没有对知识产权的价值创造做出实质性的贡献，就不能分享知识产权所带来的经济权利。其次，参与方承担的研发费用应当与享有的经济权利相配比，也就是说，关联方承担的研发费用应与非关联方在可比条件下为获得上述权利而支付的研发费用相一致。

---

① 成本分摊协议是一种特殊的合同安排，是合同各参与方约定共同研发、生产或受让无形资产、有形资产和服务时各自应做出的贡献和需承担的风险，并预期上述无形资产、有形资产或服务会为各参与方创造收益。若成本分摊协议未对各参与方的贡献和预期收益进行合理的评估，将会导致开展经济活动而创造价值的当事方的相应利润被转移（OECD，2015）。

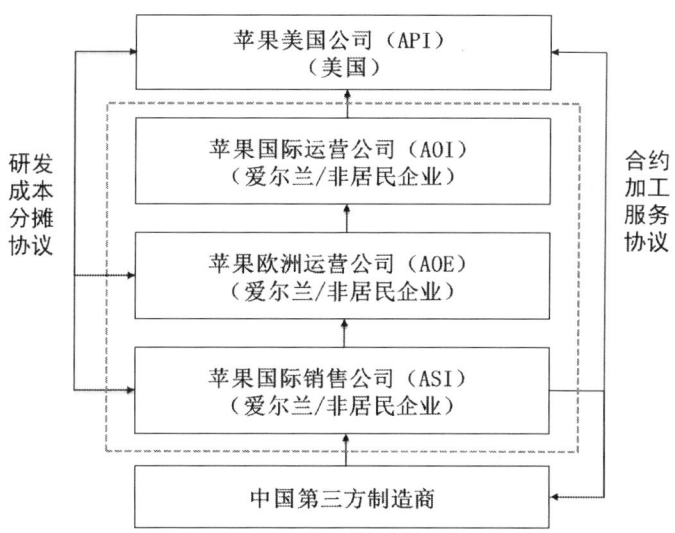

图 8　苹果公司关联方成本分摊协议和加工合约服务协议

资料来源：Offshore Profit Shifting and the U. S. Tax code Part2（Apple Inc.）May 21, 2013。

从研发成本分摊协议的经济实质来看。第一，创造知识产权价值的研发活动主要在 API 进行，ASI 只是根据协议分摊了部分研发费用，并未实质参与到研发过程，也没有配置相应的研发资产，执行相应的研发功能，更不拥有研发成果的法律所有权。对 API 而言，与 ASI 签订成本分摊协议，似乎只是为了获得经济补偿而不是与 ASI 共同开展研发活动。第二，苹果公司将知识产权的所有权切割为法律所有权和经济权利，其中知识产权的法律所有权和知识产权在美洲地区的经济权利留在了 API，而知识产权在美洲地区以外的经济权利让渡给了 ASI，但两者销售的产品完全一样，站在集团的角度看，这种协议安排对苹果公司的商业行为没有任何影响。第三，协议没有将任何与研发活动有关的成本、风险和收益分配给苹果公司以外的第三方。因此，无论如何在 API 和 ASI 之间分配研发费用都是在苹果公司内部进行的，没有改变苹果公司的风险与收益，只是改变了苹果公司应税利润的纳税申报地点①，即苹果公司的应税利润因该协议而从美国转移到了爱尔兰。就结果而言，研发成本分摊协议只有税收后果却没有经济后果。最后，该协议的经济后果和税收后果在协议签订之前是可以预见的，协议按预先的安排实施，最终也收到了预定的效果，说明该协议系故意而为之，以避税为主要目的，不具有经济实质。

从研发成本分摊协议的独立交易属性来看，如表 4 所示，在 2009 年至 2012 年的四年期间，ASI 总共向 API 支付了约 49 亿美元的研发费用，同期，该公司的税前利润为 740 亿美元，利润与成本的比率比超过 15∶1。相比之下，在这四年里，API 根据成本分摊协议支付了 40 亿美元的研发费用，实现了 387 亿美元的税前利润，利润与成本的比率不到 10∶1。

---

① 根据《美国收入法典》第 367 条（Internal Revenue Code Section367）的规定，美国公司将无形资产转让给海外子公司，如果海外子公司不对该无形资产进行开发而直接销售，那么无论该销售收入有无汇回美国，都要并入美国公司企业所得征税。但是，如果海外子公司对美国公司授权的无形资产进行进一步的开发再对外销售，则该销售收入不再直接并入美国公司企业所得进行纳税，而是通过"成本分摊协议"进行费用共担、收益共享。海外子公司只需支付少部分的"加入支付"（"Buy in" Payments）。

显而易见,研发费用在协议双方的分配比例严重失衡。令人匪夷所思的是,API 居然为了获得 ASI 49 亿美元的研发费用而放弃了 740 亿美元的利润!无法想象,如果 ASI 不是 API 的关联方,双方会签订如此"不平等"的成本分摊协议!这表明 API 与 ASI 的成本分摊协议在没有税收影响的情况下几乎没有经济意义。其次,苹果公司在世界各地都有业务,但它并没有将知识产权的经济权利转让给在其他国家或地区开展相同业务的关联方。相反,经济权利的转移仅限于爱尔兰。在那里,由于 ASI 的非税居民纳税人身份,它的企业所得税税率不到 2%。换言之,成本分摊协议其实是为苹果公司提供了一种法律机制,使其得以将知识产权产生的海外利润转移至低税率国家或地区。

表 4　　　　　　　ASI 与 API 承担的研发费用分摊和税前利润　　　　（单位:亿美元)

年份	研发成本分摊		税前利润	
	ASI	API	ASI	API
2009	6	7	40	34
2010	9	9	120	53
2011	14	10	220	110
2012	20	14	360	190
合计	49	40	740	387

资料来源:Offshore Profit Shifting and the U. S. Tax code Part2 (Apple Inc.) May 21, 2013。

2. 基于合约加工服务协议的转让定价。在美国国会常设调查委员会发布的调查报告中,只字未提苹果公司与中国第三方制造商之间的转让定价问题,《合约加工服务协议》在苹果公司 BEPS 中所扮演的角色也完全被忽略。虽然中国第三方制造商是独立企业,与苹果公司之间也不是传统意义上的关联关系,但依据我国《特别纳税调查调整及相互协商程序管理办法》(国家税务总局公告 2017 年第 6 号)关于关联关系的判断标准之"一方的购买、销售、接受劳务、提供劳务等经营活动由另一方控制""上述控制是指一方有权决定另一方的财务和经营政策,并能据以从另一方的经营活动中获取利益",以及"双方在实质上具有其他共同利益",苹果公司对中国第三方制造商的生产经营、交易构成实质控制,双方之间的关系符合我国税法对关联关系的定义。因此,苹果公司与中国第三方制造商之间签订的《合约加工服务协议》属于关联交易范畴,应纳入转让定价规制。

在苹果公司的离岸子公司网络中,ASI 和 ADI 被定义为功能和风险的主要承担者,而以富士康为代表的中国供应商则被定义为功能单一、有限风险的合约制造商,依据与 ASI 和 ADI 签订的《合约加工服务协议》,为苹果公司提供零部件采购和产品装配服务,并获得微薄的回报。2013~2017 年,苹果公司的平均营业利润率为 28.5%,同期,富士康的平均营业利润率仅为 3.5%,不到苹果公司的 1/8(如图 9 所示)。

ASI 和 ADI 既不占有富士康的生产设施,也不承担与苹果产品生产有关的主要功能和风险,却以成本加成的方式低价从富士康获得产品,经由各级经销商、分销商层层加价,最后高价转让给全球消费者。在这一过程中,ASI 和 ADI 甚至没有实质性地承担起销售的功能与风险,产品直接由富士康发往 ASI 和 ADI 指定的消费市场。苹果产品的价值看起来不仅仅在流通中实现,而且在流通中增值,苹果公司在中国的唯一利润源于其在中国的产

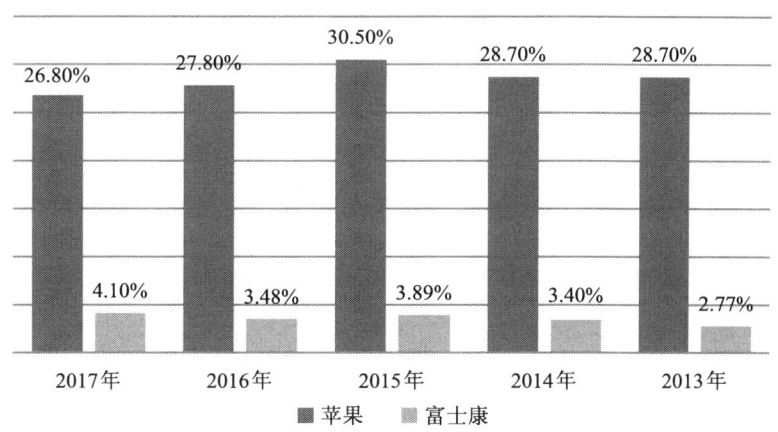

图 9　苹果公司与富士康的营业利润率对比

资料来源：根据苹果公司和富士康的年度财务报告整理。

品销售。在苹果公司的全球销售收入中，中国第三方合约制造商的利润加上近 200 万工人的工资，仅占 4% 的份额（WIPO，2017）。

（四）简要的结论

全球化促使跨国公司采用以主体公司为核心的集中化商业模式取代先前的以国别为基础的分散化商业模式。通过对全球价值链上的资产、功能及风险的分拆和组合，跨国公司将高风险、高回报的业务集中在低税区，将低风险、低回报的业务集中在高税区，并利用关联方转让定价，在实现整体经营目标的同时达成 BEPS 目的。这种集中化商业模式的最大特点是将 BEPS 融入商业模式的设计和优化当中，BEPS 更为隐蔽，也更具有欺骗性。在未来设计反 BEPS 制度时，判断这种兼有经济与税收双重目标的商业模式是否符合经济实质与独立交易原则的国际税收规则，将面临巨大的挑战。

所谓无形资产决定论不过是发达国家用来巩固自身竞争优势、分得更多税基的幌子。案例研究表明，苹果公司有意夸大了无形资产的作用，富士康雇用工作时间长、劳动强度大、工资水平低的工人从事生产，为苹果公司的超额利润做出了巨大贡献。但是，"依照西方主流的经济学理论，富士康以及其他为数众多的代工工厂所雇用的工人，只是在为苹果公司生产廉价的消费品，他们对苹果公司的利润没有丝毫的贡献。正是这种扭曲把价值掠夺（Value Captured）误认为是价值增值（Value Added）"①。可以说，BEPS 反映了发达国家与发展中国家在分享税基过程中存在的不公。长期以来，发达国家凭借其规则制定的主导地位、无形资产的优势，在和中国的税源竞争中，获取了跨国公司的多数利益，而中国以庞大的市场、廉价劳动力、能源消耗和环境损害为代价，却分得很少的利润。

四、以单一实体原则应对跨国公司 BEPS

全球化商业模式在跨国公司的价值创造和 BEPS 中扮演关键角色，警示以无形资产和

---

① John Smith, The GDP Illusion: Value Added versus Value Capture, Jul 01, 2012.

独立交易原则为主轴的转让定价规则已经落后于技术进步和商业模式创新的步伐，建立基于单一实体原则的转让定价规则作为补充，能够更加有效地应对跨国公司愈演愈烈的BEPS。

(一) 跨国企业集团本质上是一个整体

在全球化商业模式下，跨国公司的价值链分散在多个国家（税收管辖区），价值链节点上的各关联企业，其经营和管理呈现出专业化、功能化的特征，不同的功能（如研发、设计、生产、组装、营销、配送等）日趋分散，关联企业之间较少发生重复，同时又高度协同，整个集团实际上成为一个单一企业。正如苹果公司的高管在美国国会听证会上所作的声明："苹果公司在海外的各个子公司，都是贯彻执行苹果公司统筹制订的全球经营计划，作为全球范围内完整的一个企业展开经营活动"[①]。

独立交易原则将同一母公司控制下的关联企业视为独立企业，而不是单一实体不可分割的部分，通过参照独立企业间在可比交易和可比情形下（即在可比非受控交易中）可能存在的条件，对关联企业的利润进行调整，这就人为割裂了跨国公司价值链内在的有机联系。鉴于独立交易原则建立在一系列假设基础之上，可能会因此助长跨国公司的BEPS行为。

第一，假设与本地独立企业相比，跨国公司没有任何竞争优势，这就否定了跨国公司利用选址节约、市场溢价等地域特殊优势来获得超额利润的真实存在，从而诱导跨国公司人为地将特定的资产、功能和风险归属给拥有上述优势的关联企业。例如，跨国公司人为地将中国的关联企业定义为单一功能、承担有限风险的合约制造商（或合约分销商、合约研发机构），给予常规的利润回报，独立交易价格未能涵盖的利润（超额利润），则按照剩余利润分割法，被分配给了无形资产的所有者。这样，中国关联企业对整个集团价值创造所做的重大贡献则被抹杀了。

第二，假设关联企业中的一方所发挥的功能、提供的资产或承担的风险越多，则其预期报酬越高，反之亦然。这就否定了全球化商业模式下关联企业的资产、功能和风险只有在跨国企业集团内部有机整合才能有效发挥作用的事实，从而诱导跨国公司人为地将重大的资产、功能、风险分拆，并从高税区转移至低税区。尽管有形资产及其功能的转移较难实现，但无形资产和风险却易于转移，跨国公司BEPS的一个重要途径就是将重大风险以及难以估价的无形资产转移至低税区。该假设甚至还会诱导各国政府竞相出台税收优惠政策，以吸引跨国公司在其税收管辖区内从事"高附加值"功能，从而加剧有害的国际税收竞争，助长跨国公司的BEPS。

第三，假设独立交易原则可以真实反映公开市场，并以公开市场正常运作下的法律架构为准绳，忽略了跨国公司的成员企业受母公司的统一控制，在实际运作上是一个有机整体，可以很方便地实施人为的操纵。同时，独立交易原则下转让定价方法的应用，常常因无法找到合适的可比较对象（尤其是无形资产）而受到极大的限制，这会诱导跨国公司设

---

① T. Cook. Testimony of Apple Inc. Before the Permanent Subcommittee on Investigations, US Senate. Delivered on May 21, 2013, http://www.apple.com/pr/pdf/Apple_Testimony_to_PSI.pdf.

计出合法却并无经济实质的法律架构，并从中得到税收上的好处，尤其是当税收目的和商业目的的法律框架交错融合时，跨国公司的 BEPS 行为更为隐蔽，也更具欺骗性，反 BEPS 更加依赖于技术专长，这对发展中国家的税收征管能力提出了更为严峻的挑战。

在单一实体原则下，处在同一母公司相同控制下的跨国企业集团被视为一个独立实体，在产品和服务售出跨国企业集团之前，相关的主要风险与报酬并没有发生实质性的转移。据此，税务机关可以否定跨国企业集团内部的关联交易，对关联交易转移出去的利润征税，或者拒绝成员企业税前扣除与其取得应税收入没有直接关联的利息、特许权使用费、管理费等支出。相较于独立交易原则，采用单一实体原则的转让定价方法更符合跨国公司当前的实际，也能更为有效应对跨国公司的 BEPS。

（二）国际转让定价规则中存在支持单一实体原则的积极因素

尽管独立交易原则存在诸多缺陷，BEPS 行动计划仍坚持《OECD 转让定价指南》的传统立场。这一点可以从 BEPS 行动计划的以下描述中可见一斑："独立交易原则是一项实用且公平的准则，纳税人和税务机关可以根据独立交易原则评估关联企业间的转让价格以避免双重征税"[①]。同时，BEPS 行动计划报告也承认，独立交易原则容易被不当应用，可能需要引入不同于独立交易原则的特别措施，这说明 BEPS 行动计划并没有完全排斥单一实体原则。从以下三个方面看，根据 BEPS 第 8～10 项行动计划修订的新版《OECD 转让定价指南》包含了支持单一实体原则的积极因素。

一是承认跨国公司存在集团协同效益的竞争优势。全球化商业模式使得跨国公司能够充分利用国家之间的资源禀赋差异，通过生产经营和管理上的协同，从全球价值链中获取超额利润，这是独立企业或本土集团企业所无法企及的。因此，跨国公司集团内部关联企业间的交易价格不可能等同于独立企业之间或本土集团企业内部关联企业之间的交易价格。新版《OECD 转让定价指南》指出："跨国企业集团的协同效益可能会带来可比性问题，并可能需要进行可比性调整。某些情况下，跨国企业集团及其下属关联企业可能从集团成员企业的内在联系或协同效益中获益，而在独立企业间几乎不存在类似的内在联系或协同效益，如集中购买力或经济规模效益、整合计算机和通信系统、整合管理功能、消除重复劳动、提升借款能力以及众多其他相似的因素"。承认跨国公司存在集团协同效益的竞争优势，本质上是承认跨国公司超额利润的存在，苹果公司就是典型例证。并且，集团协调效益所创造的利润应归属于集团整体，而不是其中任何一个特定部分，传统转让定价国际规则将这一超额利润归属给无形资产的拥有者，是对为此做出巨大贡献的其他集团成员的不公。

二是承认发展中国家存在地域特殊优势。BEPS 行动计划确认的地域特殊优势包括选址节约和其他本地市场特征[②]。新版《OECD 转让定价指南》指出："即使是交易相同的资产或服务，不同市场上独立交易价格也可能不同。因此，为了满足可比性的要求，独

[①] G20 税基侵蚀和利润转移（BEPS）项目 2015 年成果之八到十：确保转让定价结果与价值创造相匹配。
[②] BEPS 行动计划确认的其他本地市场特征与我国提出的市场溢价基本一致，BEPS 行动计划报告对前者的讨论更为详尽，也更为系统。

企业所在的市场与关联企业所在的市场之间不应存在会对交易价格产生重大影响的差异，或者这种差异可以进行合理的调整"。与决定市场可比性相关的经济环境包括地理位置、市场规模、市场竞争程度、买卖双方的相对竞争地位、市场整体或特定区域内的供求水平、消费者购买力、政府制定市场规则的性质和程度、生产成本（包括土地成本、劳动力成本、资金成本）、运输成本等。以上说明 BEPS 行动计划承认企业经营所在的地域市场的特征会影响可比性分析和价格调整。例如，苹果公司将生产设置在中国，看中的是中国在生产制造上的低成本和庞大并快速成长的市场。同时，苹果产品在中国市场的销售价格高于在美国市场，看中的是中国消费者对于苹果产品技术和品牌的认可和偏爱。因此，苹果公司转让定价时应该考虑中国在选址节约和市场溢价等地域特殊优势对于其价值创造的贡献。

三是凸显"集团"概念在可比性分析及价格调整中的重要性。现行的《OECD 转让定价指南》过于强调跨国企业集团的法律结构而非在经营和管理上一体化的事实，助长了 BEPS。新版《OECD 转让定价指南》要求针对关联企业的可比性分析和价格调整应建立在对特定跨国企业集团的整体了解基础之上，包括集团采取的经营策略、所处市场、产品、集团供应链以及执行的关键功能、使用的主要资产和承担的主要风险等相关因素。例如，协同效益通常对集团有益，可以提高集团成员获得的合并利润总额，但要取决于预计的成本节约或效益提升是否能够实现。协同效益的性质、来源、数额等问题，只有通过完整的功能与可比性分析才能得出。为此，新版《OECD 转让定价指南》规范了转让定价文档的三层结构：第一，主体文档，由跨国公司的全球组织架构、业务描述、无形资产情况、集团内融资活动以及财务和税务情况五个部分构成，税务机关据此可以掌握跨国公司的全球运营信息和整体转让定价政策；第二，本地文档，内容包括具体交易的相关财务信息、可比性分析以及最合适的转让定价方法的选择与应用，税务机关据此可以进行转让定价评估；第三，分国别报告，要求跨国公司披露其在有商业运营的每一税收管辖区内的收入分配、所得税前利润、已纳所得税、计提所得税等信息，并且按税收管辖区申报其全部雇员、资本、未分配利润、有形资产等信息，税务机关据此可以确认在其税收管辖区内进行商业活动的集团所有成员实体以及这些成员实体所从事商业活动的性质。

（三）我国在单一实体原则税收立法上迈出了实质性步伐

2009 年 1 月，国家税务总局发布的《特别纳税调整实施办法（试行）》明确规定，企业之间发生的关联交易必须遵循独立交易原则，选用合理的转让定价方法，这表明我国转让定价调整长期适用的是独立交易原则。2016 年 7 月 13 日，国家税务总局发布《国家税务总局关于完善关联申报和同期资料管理有关事项的公告》（国家税务总局公告 2016 年第 42 号，以下简称"42 号公告"）和 2017 年 3 月，国家税务总局发布《特别纳税调查调整及相互协商程序管理办法》（国家税务总局公告 2017 年第 6 号，以下简称 6 号公告），将 BEPS 行动计划中转让定价的最新成果，特别是有关无形资产和单一实体原则的内容转化为税收法规。

1. 关于集团协同效应。6 号公告第 15 条将协同效应认定为一项可比性分析因素。
2. 关于地域特殊优势。6 号公告第 27 条规定，税务机关分析评估被调查企业关联交易是否符合独立交易原则时,选取的可比企业与被调查企业处于不同经济环境的,应当分析成本节约、市场溢价等地域特殊因素,并选择合理的转让定价方法确定地域特殊因素对利润的贡献。

3. 关于无形资产转让定价。6 号公告第 32 条要求,判定企业及其关联方对无形资产价值的贡献程度及相应的收益分配时,应当全面分析企业所属企业集团的全球营运流程,充分考虑各方在无形资产开发、价值提升、维护、保护、应用和推广中的价值贡献,无形资产价值的实现方式,无形资产与集团内其他业务的功能、风险和资产的相互作用。企业仅拥有无形资产所有权而未对无形资产价值做出贡献的,不应当参与无形资产收益分配。在无形资产形成和使用过程中,仅提供资金而未实际执行相关功能并承担相应风险的,应当仅获得合理的资金成本回报。

4. 关于向"无实质性经营活动"境外关联企业的对外支付。6 号公告规定,企业向未执行功能、承担风险、无实质性经营活动的境外关联方支付费用,不符合独立交易原则的,税务机关可以按照已税前扣除的金额全额实施纳税调整。

5. 关于信息透明度。42 号公告对中国同期资料准备和关联业务往来披露提出了新的合规要求,主要体现在引入了 BEPS 第 13 项行动计划关于转让定价三层结构文档的要求。

综上所述,有关转让定价的国际法和我国国内法都更多地接纳了单一实体原则,同时又不打破现行以无形资产和独立交易原则为主轴的格局,这种渐进式改革有利于保持政策的连续性,同时也意味着转让定价的相关法规依然是一个矛盾体,即在分析关联企业交易的经济实质时采纳单一实体原则,而在关联交易价格调整时沿用独立交易原则,缺乏逻辑上的一致性。然而,完全采纳单一实体原则来替代独立交易原则,需要重新考虑征税权在来源国与居民国之间的分配问题,这显然超出了 BEPS 行动计划反避税的目标定位。OECD(2013)甚至直截了当地提出"BEPS 行动计划致力于解决 BEPS 问题,但这些行动的目的并不是直接改变现行的跨境收入税权分配的国际准则"。可以预见,单一实体原则短期内不会替代独立交易原则,而是作为后者的有益补充。

参考文献

[1] 经济合作与发展组织:《税基侵蚀与利润转移——解析与应对》,中国税务出版社 2015 年版。

[2] 经济合作与发展组织:《OECD/G20 税基侵蚀与利润转移(BEPS)项目 2015 年成果最终报告》,中国税务出版社 2016 年版。

[3] 姜跃生:"BEPS 的价值创造论与中国全球价值分配的合理化",《国际税收》,2014 年第 12 期。

[4] 伦纳德·瓦格纳:"OECD 税基侵蚀和利润转移(BEPS)行动计划对发展中国家的影响(上)",《国际税收》,2015 年第 7 期。

[5] 伦纳德·瓦格纳:"OECD 税基侵蚀和利润转移(BEPS)行动计划对发展中国家的影响(下)",《国际税收》,2015 年第 8 期。

[6] 丁家辉:"iTax——苹果公司的国际避税结构和双重不征税问题(上)",《国际税

收》,2015 年第 2 期。

［7］丁家辉:"iTax—苹果公司的国际避税结构和双重不征税问题(中)",《国际税收》,2015 年第 3 期。

［8］丁家辉:"iTax—苹果公司的国际避税结构和双重不征税问题(下)",《国际税收》,2015 年第 4 期。

［9］励贺林:《基于价值贡献的无形资产转让定价收益归属研究》,天津财经大学博士学位论文,2016 年。

［10］索尔·皮西托:"国际税收与经济实质(上)",《国际税收》,2017 年第 2 期。

［11］索尔·皮西托:"国际税收与经济实质(下)",《国际税收》,2017 年第 3 期。

［12］李金艳:"中国与 BEPS——从规则接受者到规则撼动者(上)",《国际税收》,2016 年第 1 期。

［13］李金艳:"中国与 BEPS——从规则接受者到规则撼动者(中)",《国际税收》,2016 年第 2 期。

［14］李金艳:"中国与 BEPS——从规则接受者到规则撼动者(下)",《国际税收》,2016 年第 3 期。

［15］United States Senate, Offshore Profit Shifting and the U. S. Tax code Part2 (Apple Inc.), May 21, 2013.

［16］US Senate Permanent Subcommittee on Investigations Follow Up Questions Dated, February 11, 2013.

［17］World Intellectual Property Report 2017: Intangible Capital in Global Value Chains.

［18］John Smith, The GDP Illusion: Value Added versus Value Capture, Jul 01, 2012. http://monthlyreview.org/2012/07/01/the-gdp-illusion.

［19］T. Cook. Testimony of Apple Inc. Before the Permanent Subcommittee on Investigations, US Senate. Delivered on May 21, 2013, http://www.apple.com/pr/pdf/Apple_Testimony_to_PSI.pdf.

(厦门国家会计学院"一带一路"财经发展研究中心主任、教授:蔡剑辉)

"一带一路"倡议下我国企业"走出去"的税收风险管理

内容摘要： 随着"一带一路"倡议的提出，越来越多的中国企业开始"走出去"参与对外投资经营活动。由于"一带一路"沿线各国在税收管辖权、税收制度、转让定价、税收征管、国际税收协定等方面存在很大的差异，"走出去"企业面临着不可忽视的税收风险，如何规避税收风险就成为"走出去"企业面临的一个巨大挑战。本文结合国际和国内税法分析了"走出去"企业所面临的主要税收风险，并为"走出去"企业加强税收风险管理提出了几点建议。

关键词： 一带一路　走出去　税收风险

"一带一路"倡议提出三年来，越来越多的中国企业开始"走出去"到沿线国家开展投资经营活动。然而，在企业"走出去"的过程中，需要应对复杂多变的国际国内税收环境和严格的税收征管，充满了很大的税收风险。因此，如何规避税收风险就成为"走出去"企业面临的一个巨大挑战。"走出去"企业需要从战略视角对税收风险进行认真审视，制定合理的风险防范措施，才能使企业在激烈的国际竞争中立于不败之地。

一、"走出去"企业面临的主要税收风险解析

在"一带一路"倡议的指引下，大量的中国企业开始"走出去"。商务部统计数据显示，2016年我国对"一带一路"沿线国家直接投资145.3亿美元；对外承包工程新签合同额为1 260.3亿美元，占同期中国对外承包工程新签合同额的51.6%。2017年前三季度，中国企业对沿线国家直接投资96亿美元，在沿线国家新签承包工程合同额967.2亿美元，同比增长29.7%。"一带一路"倡议虽然给中国企业"走出去"提供了巨大的机遇，但是我们也应看到，由于"一带一路"沿线国家的税收制度、税收征管和税收环境方面存在巨大的差异，"走出去"企业在经营过程中面临着很大的税收风险，主要表现为以下六个方面。

（一）税收管辖权重叠风险

税收管辖权主要有居民（公民）税收管辖权和收入来源管辖权。由于各国都有权自行

决定采用何种税收管辖权,当两种不同的税收管辖权分别为母国、东道国同时使用时,就必然发生对同一笔跨国收入交叉征税,形成双重征税,加重跨国纳税人的纳税负担。目前,"一带一路"沿线大多数国家和地区都实行收入来源管辖权和居民(公民)管辖权相结合的双重管辖权标准,单一行使收入来源地管辖权的国家和地区很少,目前仅有卡塔尔、黎巴嫩、马来西亚、文莱、科威特、沙特阿拉伯、新加坡、约旦、巴林等国。和世界上大多数国家一样,我国选择了收入来源管辖权和居民管辖权相结合的双重管辖权标准,因此,"走出去"企业来源于境外的所得经常要面临东道国和母国税收管辖权重叠所带来的重复征税。

对于采取居民管辖权原则的国家,由于判定居民管辖权的标准的差异,也会带来由于两个国家采取不同的判定标准所产生的重复征税问题。目前"一带一路"沿线国家的居民管辖权判定标准有四种:注册地标准、管理控制地标准、实际经营地标准、总机构标准。为了维护国家的税收主权,"一带一路"沿线各国通常会采用两种或两种以上的认定标准来判断居民纳税人(见表1)。"走出去"企业有可能因为相关国家采用的居民判定标准不同而被两个或两个以上国家的税务当局同时判定为本国居民纳税人。在这种情况下,可能造成该纳税人同时负担两个以上国家的全面纳税义务,其税收负担过重。

表1　　　　　　　　"一带一路"沿线国家公司居民纳税人判定标准

判定标准	国家
注册地标准	阿塞拜疆、爱沙尼亚、白俄罗斯、保加利亚、波黑、俄罗斯、菲律宾、格鲁吉亚、柬埔寨、拉脱维亚、黎巴嫩、立陶宛、蒙古、沙特阿拉伯、泰国、乌克兰、乌兹别克斯坦、印度尼西亚、约旦、越南
实际经营地标准	科威特
管理控制地标准	马来西亚、塞浦路斯、文莱、新加坡、叙利亚
注册地标准或总机构标准	埃及
管理控制地标准或总机构标准	斯里兰卡、斯洛文尼亚
注册地标准或管理控制地标准	阿尔巴尼亚、巴基斯坦、巴勒斯坦、波兰、黑山、吉尔吉斯斯坦、捷克、卡塔尔、克罗地亚、罗马尼亚、马其顿、孟加拉国、缅甸、塞尔维亚、斯洛伐克、土耳其、土库曼斯坦、匈牙利、伊拉克、以色列、印度
注册地标准或管理控制地标准、实际经营地标准	哈萨克斯坦、也门

资料来源:根据德勤中国网站资料整理而得。

(二) 税制差异风险

"一带一路"沿线国家由于国情不同，税制设计也千差万别。"走出去"企业如果对东道国税制了解不够充分，在投资决策之前未能进行合理的税收筹划，就会产生很大的税收风险。一般来说，公司所得税和预提所得税是"走出去"企业在税收方面需要重点考虑的因素。从公司所得税税率来看，"一带一路"沿线国家的公司所得税税率大部分都采用比例税率，名义标准税率一般不超过20%，只有菲律宾、印度、巴基斯坦、孟加拉国、斯里兰卡、以色列、希腊、日本8个国家的公司所得税名义税率高于我国（见表2）。按照我国"分国不分项"的限额抵免制度的规定，我国企业从高税率国家取得的所得已纳税收只能按我国的抵免限额抵免，而从低税率国家取得的所得需要在我国按税率差补税，这样一来，"走出去"企业的实际税负始终重于境内企业。从各国公司所得税对不同所得的税务处理来看，"一带一路"沿线国家对公司经营所得和其他所得一般都按照正常规定征税，但是对投资所得和资本利得是否纳税的处理方式有很大的差异。就股息所得而言，"一带一路"沿线国家大多倾向于不将其纳入应税所得，就资本利得而言，各国一般都将其视作普通所得，与经营所得适用相同的税率（见表3）。从费用扣除规定来看，各国的规定也不尽相同，如对于固定资产折旧、存货的计价、职工福利费、损失结转等规定不同。从税收优惠来看，沿线国家的税收优惠政策种类繁多、形式各异。从预提所得税税率来看，"一带一路"沿线国家对股息、利息、特许权使用费征收的预提所得税率通常为10%~20%，绝大多数与我国签订了双边税收协定的国家，协定税率通常为5%~10%，但是协定一般对持股比例有要求，如果"走出去"企业对境外企业的持股比例达不到协定的要求，就无法享受到股息的协定优惠税率（见表4）。各国税制的差异使"走出去"企业在不同国家的税收负担差别很大。

表2 "一带一路"沿线国家公司所得税税率

税率形式	国家
比例税率	黑山9%；保加利亚、吉尔吉斯斯坦、马其顿10%；塞浦路斯12.5%；罗马尼亚16%；格鲁吉亚、科威特、拉脱维亚、塞尔维亚15%；新加坡17%；白俄罗斯、乌克兰18%；波兰、捷克19%；阿塞拜疆、俄罗斯、哈萨克斯坦、克罗地亚、土耳其20%；爱沙尼亚21%；斯洛伐克22%；印度尼西亚25%；希腊26%；巴基斯坦33%；印度30%；日本25.5%；波黑10%；立陶宛15%；马来西亚24%；阿尔巴尼亚15%；泰国20%；越南22%；卡塔尔10%；阿拉伯联合酋长国20%；阿曼20%；乌兹别克斯坦8%；文莱20%；孟加拉国35%；斯里兰卡28%；埃及25%；菲律宾30%；以色列26.5%；斯洛文尼亚17%；沙特阿拉伯20%
累进税率	蒙古15%、25%；匈牙利10%、19%；韩国10%、20%、22%；叙利亚10%~28%五档超额累进

资料来源：根据德勤中国网站资料整理而得。

表3 "一带一路"沿线国家对股息所得和资本利得的征税方法

所得类别	征税方法	国家
股息所得	不征税	阿曼、阿塞拜疆、埃及、波黑、波兰、菲律宾、格鲁吉亚、哈萨克斯坦、吉尔吉斯斯坦、卡塔尔、拉脱维亚、马来西亚、马其顿、缅甸、塞尔维亚、塞浦路斯、沙特阿拉伯、斯里兰卡、斯洛伐克、斯洛文尼亚、泰国、土耳其、文莱、乌克兰、乌兹别克斯坦、新加坡、匈牙利、叙利亚、也门、伊拉克、以色列、约旦、越南
	按正常所得征税	阿尔巴尼亚、阿富汗、爱沙尼亚、黑山、科威特、立陶宛、罗马尼亚、蒙古
	区别征税	巴基斯坦、巴勒斯坦、白俄罗斯、保加利亚、俄罗斯、柬埔寨、捷克、克罗地亚、老挝、黎巴嫩、孟加拉国、摩尔多瓦、土库曼斯坦、亚美尼亚、印度、印度尼西亚
资本利得	不征税	老挝、斯里兰卡、文莱、新加坡、约旦
	按正常所得征税	阿尔巴尼亚、阿富汗、阿曼、阿塞拜疆、埃及、爱沙尼亚、巴勒斯坦、白俄罗斯、保加利亚、波黑、波兰、俄罗斯、格鲁吉亚、哈萨克斯坦、黑山、吉尔吉斯斯坦、柬埔寨、捷克、卡塔尔、科威特、克罗地亚、拉脱维亚、立陶宛、罗马尼亚、马其顿、塞尔维亚、沙特阿拉伯、斯洛伐克、斯洛文尼亚、泰国、土耳其、土库曼斯坦、乌克兰、乌兹别克斯坦、匈牙利、亚美尼亚、也门、伊拉克、以色列、印度尼西亚、越南
	区别征税	巴基斯坦、菲律宾、黎巴嫩、马来西亚、孟加拉国、缅甸、摩尔多瓦、塞浦路斯、叙利亚、印度

资料来源：根据德勤中国网站资料整理而得。

表4 "一带一路"沿线国家与中国协定的股息预提所得税税率表

有持股要求的协定国	持股要求	股息预提所得税	无持股要求的协定国	股息预提所得税
爱沙尼亚、俄罗斯、捷克、拉脱维亚、立陶宛、土库曼斯坦、乌克兰、塔吉克斯坦、韩国、新加坡、叙利亚、希腊	持股25%以上	5%	阿塞拜疆、白俄罗斯、保加利亚、波兰、哈萨克斯坦、吉尔吉斯斯坦、罗马尼亚、斯洛伐克、乌兹别克斯坦、匈牙利、阿尔巴尼亚、巴基斯坦、卡塔尔、马来西亚、孟加拉国、日本、斯里兰卡、土耳其、印度、印度尼西亚、以色列、越南、塞浦路斯、波黑	10%
	持股25%以下	10%		
格鲁吉亚	持股10%以上	5%		
	持股10%以下	10%		
菲律宾	持股10%以上	10%	科威特、蒙古、阿曼、巴林、克罗地亚、马其顿、沙特阿拉伯、斯洛文尼亚、文莱、塞尔维亚、黑山	5%
	持股10%以下	15%		
泰国	持股25%以上	15%	阿拉伯联合酋长国	7%
	持股25以下	20%	埃及	7.5%

资料来源：根据国家税务总局网站资料整理而得。

（三）组织架构风险

中国企业在"走出去"时，需要认真考虑海外投资架构及方式。在目标国是设立分公司，还是设立子公司，如果是设立子公司，是采取直接投资方式设立，还是通过中间控股方式间接投资设立，这些问题都需要从税收角度仔细衡量。

不同组织形式各有利弊。分公司不是独立法人，是国际税收上所称的"常设机构"。境外分公司将税后利润汇回总公司，通常无须缴纳预提所得税，而境外分公司取得的税后利润，仍需在国内缴纳企业所得税。已经在境外缴纳的所得税可以在一定限额内抵免，分公司一般不能享受到东道国给予其居民公司的税收优惠待遇。子公司属于法人，子公司将税后利润作为股息汇回母公司时，通常需要缴纳预提所得税。根据中国与子公司所在国签订的税收协定，股息汇出的预提所得税通常会获得一定的减免。同样，中国母公司取得境外子公司分配的股息，仍需缴纳企业所得税，已经在境外缴纳的所得税可以在一定限额内抵免。子公司可以享受东道国给其居民公司的税收优惠待遇。

在投资方式的选择上，"走出去"企业需要考虑目标国对股息、利息征收多少预提所得税，如果目标国征收的预提所得税比较高，企业往往会考虑采取间接投资方式，通过在与最终投资国签有税收协定的低税负国家（地区）设立中间控股公司，间接持有目标公司的股权，从而降低整体税负。但是，"走出去"企业在低税负国家（地区）设立中间控股公司时，还要考虑到我国税法中的相关反避税规定。譬如，《中华人民共和国企业所得税法》第四十五条提出"由居民企业，或者由居民企业和中国居民控制的设立在实际税负明显低于企业所得税25%税率的国家（地区）的企业，并非由于合理的经营需要而对利润不作分配或者减少分配的，上述利润中应归属于该居民企业的部分，应当计入该居民企业的当期收入。"这一反避税条款是为防范企业在低税率国家或避税地设立受控外国公司，通过各种不合理商业安排，将经营利润保留在受控外国公司不分配或进行少量分配，从而逃避在国内的纳税义务而制定的。因此，今后企业在避税地设立中间控股公司，如果不能够提供充分的证据证明中间控股公司设立的主要目的不是通过从我国转移利润而获取税收减免，那么该中间控股公司的所得将受到受控外国公司规则的约束。

（四）转让定价风险

在经济全球化的背景下，利用转让定价避税几乎是跨国公司的通行做法，但是也应看到，为了维护国家税收权益，许多国家都已经和正在采取各种措施加强对转让定价避税的审查和管理。反避税行动使"走出去"企业运用转让定价避税变得越来越富有挑战性，"走出去"企业要充分预期到各国对转让定价审查和调整的范围和力度。

"一带一路"沿线许多国家设立了转让定价税制（见表5），这些国家大都针对纳税人滥用转让定价的行为规定了较为严苛的处罚措施。如果跨国公司内部交易作价不遵循独立交易原则而减少某国税收利益，则该国税务当局有权进行转让定价调查调整，被调查企业将面临较高的补税甚至罚款风险。除此之外，绝大多数建立转让定价税制的国家都要求纳税人在年度所得税纳税申报时披露其与境外公司之间的关联交易情况，按年度准备和保存转让定价同期资料，并在税务当局规定的时间内提供，如果纳税人不提供资料或提供了不真实的资料,将面临较为严厉的处罚。因此,随着各国转让定价法规逐步完善和监管力度不断加大,"走出去"企业所面临的转让定价合规性要求和同期资料准备任务日益增多。

表5　　　　　　　　　　　"一带一路"沿线国家转让定价规定

规则	各国规定
基于OECD转让定价指南	俄罗斯、吉尔吉斯斯坦、拉脱维亚、立陶宛、罗马尼亚、斯洛伐克、乌克兰、以色列、越南、土耳其、孟加拉国、克罗地亚
无转让定价指南,但有公平交易	爱沙尼亚、波兰、格鲁吉亚、乌兹别克斯坦、蒙古、阿尔巴尼亚、菲律宾、韩国、卡塔尔、马其顿、日本、沙特阿拉伯、斯里兰卡、新加坡、希腊、塞浦路斯、波黑、黑山
无转让定价指南,但有相应的规定的	科威特、印度尼西亚、巴基斯坦、白俄罗斯、阿塞拜疆、保加利亚、斯洛文尼亚、土库曼斯坦
对转让定价无要求	阿联酋、巴林、文莱、叙利亚

资料来源:根据国家税务总局网站资料整理而得。

(五) 融资方式风险

企业的融资方式主要有两种:债权融资和股权融资。从税收角度看,债权性融资可以获得利息扣除,减少应纳税额。但是,如果企业加大债权性融资,减少股权性融资,将面临投资东道国的资本弱化税制的限制。20世纪70年代以来,许多国家都建立起了资本弱化税制,对公司的股权融资和债权融资比例进行限制。大多数国家的资本弱化税制都规定如果公司债务对股本的比例超出税法规定的固定比例(安全港比率),对超出部分债务所支付的利息不允许在税前扣除。"一带一路"沿线各国的"安全港比率"不尽相同,比如,印度尼西亚、哈萨克斯坦、埃及、拉脱维亚、捷克、阿尔巴尼亚、斯洛文尼亚、克罗地亚的比例是4∶1;巴基斯坦、俄罗斯、肯尼亚、格鲁吉亚、土耳其、马其顿、日本、保加利亚、波兰、蒙古、匈牙利的比例是3∶1。按照我国财政部、国家税务总局发布的《关于企业关联方利息支出税前扣除标准有关税收政策问题的通知》,除文件规定的特殊事项外,关联方债权性投资与权益性投资比例主要有两种:金融企业为5∶1;其他企业为2∶1。

(六) 税收协定风险

"走出去"企业一般会享受到东道国为吸引外资而制定的各种税收优惠政策,但在利用税收优惠政策时,还应考虑东道国对企业利润汇出有无限制。一些发展中国家一方面以税收减免来吸引外资,另一方面又对外资企业利润汇出实行限制,借此促使外资企业进行再投资。此外,企业在利用税收优惠政策时,还要考虑国际重复征税问题,在投资前要注意东道国与中国是否签订了避免双重征税的双边税收协定,税收协定中是否安排了税收饶让。所谓税收饶让,是指居住国政府对其居民在非居住国得到税收优惠免予征收的那部分所得税,视同已纳税额而给予抵免,不再按本国税法规定补征。如果我国和东道国没有签订税收饶让协议,那么"走出去"企业在东道国就不能真正享受到东道国提供的各项税收优惠。目前,我国已经与"一带一路"沿线54个国家签订了税收协定,但仍有10个国家尚未签署（我国与柬埔寨签署的协议尚未生效），分别为波黑、缅甸、东帝汶、阿富汗、马尔代夫、不丹、伊拉克、约旦、黎巴嫩、也门。在已签订的54个税收协定中，规定适用双边税收饶让条款的国家有：泰国、马来西亚、越南、文莱、印度、巴基斯坦、斯里兰卡、阿曼、科威特、斯洛伐克、保加利亚、塞尔维亚、马其顿、波黑、黑山、柬埔寨16国，给予我国单边税收饶让的国家有新加坡、阿拉伯联合酋长国、波兰、叙利亚、匈牙利5国。

二、"走出去"企业加强税收风险管理的几点建议

税收风险已经成为"走出去"企业面临的最大障碍，如何建立有效的税收风险管理体系，合理地控制税收风险，是"走出去"企业当前亟待解决的问题。针对"走出去"企业可能面临的税收风险，本文为"走出去"企业加强税收风险管理提出以下五点建议。

（一）树立税收风险意识

企业的决策者和财务人员要充分认识到企业在跨境交易中所可能面临的各种税收风险。针对企业可能出现的税收风险，在遵循国际税收规则和相关国家税收法规的前提下，建立一套包括税收风险识别和评估、风险应对策略和内部控制的税收风险防范机制，提高税收风险防范效益。在投资评估阶段，企业应对可能面临的税收风险进行识别与评估，分析税收风险产生的原因，以及税收风险的严重性和对企业总体税负的影响，为制定防范税收风险措施打下基础。在制定防范税收风险的方案时，要在不影响企业国际经营战略的前提下，合法地谋求税收利益最大化。

（二）掌握东道国税法

这是一项基础工作，也是影响企业能否"走出去"的重要因素。当前世界各国税制差别很大，税收管辖权、税种、税基、税率、计税方法、税收优惠政策也不相同，而且经常处于变动中。因此，企业在"走出去"之前需要做好"功课"，深入研究并精通目标国税法及相关投资政策，特别是税制的差异。在此基础上，再决定投资行为和生产经营活动模式。获取目标国的税收信息的方法包括：一是目标国的政府网站上正式公布的法规及政策；二是国际比较知名的信息提供商，如荷兰财政文献局信息产品；三是借助经验丰富的专业机构来进行，聘请国际知名会计师事务所、税务师事务所、律师事务所等中介机构进行跨国税收战略的设计。

（三）利用税收协定规避税收风险

"走出去"企业要特别重视税收协定。一方面，可以利用税收协定避免双重征税，由于企业业务范围涉及多个国家的税收管辖，为了避免不同税收管辖权重叠造成重复征税，"走出去"企业应掌握我国与目标投资国签订的税收协定的内容，尽可能争取享受到协定中的优惠条款。另一方面，企业可以利用税收协定申请启动相互协商程序，以解决涉税争议，维护自己的合法权益。当企业因跨境交易受到相关国家税务当局调查调整，并进而可

能引发双重征税或受到其他税收歧视待遇时，可依据中国与有关国家达成的税收协定，提出启动相互协商程序的要求，尽可能减少税收风险。协商程序为跨国纳税人提供了一个通过双方税务主管当局协商解决争端的机制。根据该机制，"走出去"企业可以将目标国税务当局不符合税收协定规定的行为反映到国家税务总局，国家税务总局将视情况向对方税务当局启动相互协商程序。

（四）履行好举证和资料准备的义务

各国反避税法规中几乎都要求企业进行关联交易申报和同期资料准备。对企业而言，准备同期资料为企业搭建起了一个"安全平台"，企业提供的证明其跨境关联交易作价符合独立交易原则的资料越具体，就越能维护自身权益，面临被税务机关进行反避税调查的风险就越小。一般来说，要求提供企业的同期资料涉及组织结构、生产经营情况、关联交易情况、可比性分析、转让定价方法的选择和使用等内容。如果"走出去"企业被确定为反避税调查对象，应积极配合有关国家税务当局的调查，根据要求提供相应资料，合理举证和抗辩，以最大限度争取税务机关对公司交易行为的认可，尽可能降低税收风险。

（五）采用预约定价方式来降低和控制转让定价风险

预约定价是目前避免国际重复征税、防范税收风险的一种比较先进的做法。"走出去"企业可以向两个或两个以上国家提出预约定价申请，经过两国或多国税务主管当局相互磋商程序并取得共识，可以有效解决国际重复征税问题。企业在采取预约定价措施时，首先，要在全面了解我国和投资目标国转让定价法规的基础上，对企业跨境交易行为的定价政策进行审核和风险评估，对不符合经营常规，存在避税嫌疑，以减少应纳税所得为主要目的的经营安排应进行修正或停止执行。其次，企业在"走出去"前应根据所掌握的市场和经营信息，对企业集团关联交易方案进行合理筹划，在尽可能在满足独立交易原则的基础上，确定关联交易的价格，并争取全球转让定价方案的一致性。

参考文献

［1］邓力平：《国际税收学》，清华大学出版社2005年版。
［2］陈斌："'走出去'企业的税收风险管理"，《财会通讯》，2010年第6期。
［3］王素荣、王雪飞、付博："'一带一路'沿线国家预提所得税政策与纳税筹划"，《财务与会计》，2016年第16期。
［4］刘鹏："'一带一路'沿线国家的公司税制比较"，《上海经济研究》，2016年第1期。
［5］王素荣、付博："'一带一路'沿线国家公司所得税政策及税务筹划"，《财经问题研究》，2017年第1期。

（厦门国家会计学院教研中心副教授、财政与税收研究所副所长：陈斌）

从 BEPS 多边公约看我国对外发展"大国战略"

内容摘要： 2017 年 6 月，包括中国在内的 67 个国家和地区的政府代表共同签署《实施税收协定相关措施以防止税基侵蚀和利润转移（BEPS）的多边公约》（以下简称《公约》）。该《公约》是首个在全球范围内就跨境所得税收政策进行多边协调的法律文件，其签署最终标志着 G20 国际税收改革项目 BEPS 所有行动计划完成。我国如何将 BEPS 多边公约嵌入部署大国战略的格局中，助力中国对外经济发展，以解决区域发展乃至全球化困境问题，是我国国际税收领域亟待解决的问题。

关键词： BEPS　多边公约　战略

2015 年 10 月 5 日，经济合作与发展组织（OECD）发布"税基侵蚀和利润转移"（BEPS）15 项行动计划最终报告，在转让定价、防止协定滥用、弥合国内法漏洞、应对数字经济挑战等一系列基本税收规则和管理制度方面，为国际税收领域通过多边合作应对共同挑战提供了良好范例。报告成果和一揽子措施的出台，标志着百年来国际税收体系的第一次根本性变革取得了重大成功。

自行动计划公布以来，在二十国集团（G20）的推动下，特别是以中国为代表的发展中国家的支持下，BEPS 行动计划落实进程成果斐然。两年中，我国出台了一般反避税管理办法、非居民企业间接转让财产管理办法等 4 个强化反避税管理的规章和规范性文件，并在 2015 年我国与智利新签署的避免双重征税协定中加入了反协定滥用条款。2017 年 3 月 28 日，国家税务总局发布了新版的《特别纳税调查调整及相互协商程序管理办法》（国家税务总局公告 2017 年第 6 号），将（BEPS）行动计划中的工作成果，特别是有关无形资产的内容引入中国的税务法规，同时整合了过往关于自行调整和对外支付的法规，并对转让定价调查中的一些常见惯例进行了明确，堪称我国全面借鉴 BEPS，并结合我国实际的最新转化成果。

2017 年 6 月，包括中国在内的 67 个国家和地区的政府代表共同签署《实施税收协定相关措施以防止税基侵蚀和利润转移（BEPS）的多边公约》（以下简称《公约》），该《公约》是首个在全球范围内就跨境所得税收政策进行多边协调的法律文件，开创了全球范围内投资领域税收实体法多边协调的先河，是世界经济进入高水平全球化阶段和高级别国际税收协调与合作的又一重要里程碑，其签署最终标志着 G20 国际税收改革项目 BEPS

所有行动计划完成（廖体中，2017）。

一、当前国际经济政治形势是 BEPS 行动计划得以强力推进的根本动力

BEPS 行动计划设想始于 2013 年 9 月。为了堵塞国际税收规则漏洞，打击跨国公司逃避税，维护税基安全，二十国集团（G20）领导人于当时发布了圣彼得堡峰会公报，并委托 OECD 牵头推进该项工作，包括所有 G20 成员、OECD 国家和 19 个其他国家在内的 62 个国家共同参与了 BEPS 项目。短短两年时间过去了，BEPS 项目的 15 项行动计划成果报告已于 2015 年 10 月正式发布，并于当年 11 月举行的 G20 安塔利亚峰会上得到 G20 领导人的批准。为尽快落实 BEPS 成果，OECD 财政事务委员会于 2015 年 11 月牵头成立了《公约》特别工作组，共同研究起草了《公约》文本。经过一年的艰苦谈判和集体磋商，《公约》于 2016 年 11 月 24 日正式获得通过，并开放给全世界签署。2017 年 6 月 7 日是首批集体签约，已有 67 个国家和辖区签署，包括 16 个 G20 国家，33 个 OECD 国家，28 个其他国家和辖区，预计将修改全球 1 100 多个双边税收协定，从而纳入 BEPS 成果建议。9 个国家有意向将来签署公约，已递交意向书或在签字仪式现场签署了意向书。另外还有 2 个国家，虽然尚未签署公约或递交意向书，但已提交立场文件，即已在技术层面做好了签署准备。预计将来会有更多国家和辖区，特别是加入包容性框架的国家和辖区，通过签署多边公约快速实施 BEPS 有关税收协定的成果建议（韩霖和高阳，2017）。短短四年，BEPS 计划从无到有，到最后签约落地，其迅猛发展从根本上源于当前国际经济政治形势的迫切需要。

其一，国际税收合作是国际经济进一步发展融合的必然结果。长期以来，在国际经济发展的舞台中，国与国之间经济的不断碰撞与融合，迫使各国在合作共赢的条件下，不断让渡着部分经济主权，有的形成协议条款，有的达成议事规则。伴随着这一趋势，大量的国际贸易、国际投资、国际金融规则都呈现出一定程度的协同效应，尤其在用于规范微观主体经济行为的会计准则领域，各国呈现出显著趋同的态势。这种现象的出现一方面是因为这些领域距离国家核心权力相对较远，在国际合作协调之中相对比较容易让渡；另一方面，也是由于长期以来，金融、贸易、会计等国际规则的制定大部分都由发达国家主导，其中起决定性作用的主要是发达国家经济实力的相对强盛和具有雄厚资本实力的微观主体（跨国企业）的客观需求等因素。相比而言，与国家本质联系更为密切的财税层次的国际协调一直处于比较薄弱的环节。因为财权税权的让渡往往更加挑战一国的政治体制和核心利益。欧盟就是典型例证，作为协同性最高，联系最紧密的经济共同体，爆发欧债危机的根源，很大程度上可以归结于各国财政政策的不一致性与区域货币等经贸政策的高度统一性的矛盾。由此可见，自 20 世纪 20 年代以来，国际税收规则百年未动也是情理之中的事情。直到在当前的世界经济形势下，在已有的经贸、投资、货币领域的国际协同合作已经不能适应全球化进程的新形势下，各国一方面努力调整经贸等国际秩序，另一方面也特别意识到建立国际财税秩序的紧迫性，希望能以 ANTI – BEPS 作为突破口来谋求建立新的税收体系。

其二，长期持续低迷的国际经济激化了各国间的税源争夺。国际金融危机的影响还未

完全消除，全球经济必须进入结构性调整已经成为共识。面对经济下行压力，贸易保护主义必然盛行。各国为维护自身利益，也进一步加强了对税源的争夺，国际税收竞争日趋激化。在科学进步尚无重大突破性进展的现实中，世界经济又处在经济长周期的下行期中，各国对经济发展的严峻性有了深刻的认识。在这种相对寒冷的冬天中，财政收入日趋紧张，刚性支出不断增加，已经成为常态。基于此，跨国资本通过利润转移等手段带来的对主权国家税基的侵蚀就是一个必须由各国共同面对的急迫任务，是一个比以往任何时候都更必须共同处置的问题。

其三，国际政治关系的发展现状在当前各国推动BEPS行动计划中起到了重要作用。各国都认识到，在一个相互依存的世界地球村中，一方面，各国间的利益与所致矛盾必然存在，但另一方面，各国又需要在特定领域中寻求一些政治比较可行、各方能较易达成共识的合作方案。相比其他更为敏感、棘手的领域而言，各国联手打击流动性资本的国际逃税避税行为、在原有基础上加强合作、寻求制约跨国逃税行为的国际税收新规则，就不失为一个可行的政治性选择。与此同时，我们也要看到，既然各国的政治意愿在近年来的BEPS多边公约的签订过程中发挥了重要作用，在一定的条件下，如果国际政治格局中的国家间关系一旦发生变化，各国对BEPS行动计划的推动也必然受到影响。近年来，俄罗斯对BEPS行动计划从积极推动到相对收敛就是明显例证，当俄罗斯与美国等西方国家在世界地缘政治中出现冲突时，牺牲的就是俄罗斯对BEPS的这种经济税收合作进展的热情。

二、将推进大国战略具体实践与践行BEPS多边公约有机结合

推进具有中国特色的大国战略，税务部门必须发挥自己的独特作用，这既表现在已经将大国战略落实于大国税收的理念之中，还表现为在大国战略之具体实践、实施步骤中发挥好税收的独特作用，而这两方面的结合可以与我国践行BEPS多边公约有机地结合起来。

总体上说，党的十八大以来，中国特色大国战略在内政外交方面都有了各种新的实施手段，有了很多重要的突破。党的十九大报告再次重申"必须统筹国内国际两个大局"，并赋予了新内涵。对外就是要在"坚持和平发展道路，推动构建人类命运共同体"的时代呼唤下，努力探寻中国税收在国际政治经济舞台上的新定位（邓力平，2017）。面对新的国际经济政治形势，党中央明确指出："必须顺应我国经济深度融入世界经济的趋势，奉行互利共赢的开放战略，发展更高层次的开放型经济，积极参与全球经济治理和公共产品供给，提高我国在全球经济治理中的制度性话语权，构建广泛的利益共同体。"① 我们要"提高边境经济合作区、跨境经济合作区发展水平"，明确提出在新一轮对外开放过程中要"推进'一带一路'建设""加快实施自由贸易区战略"。据此可以看出，目前我国大国战略涉外方面有着依次递进的四个主要实践载体，即自由贸易试验区、双边自由贸易协定、"一带一路"倡议、全球财税经济新秩序。中国践行BEPS多边公约应当与这四个方面的实践紧密联系。

---

① 新华网：中国共产党第十八届中央委员会第五次全体会议公报［EB/OL］.（2015-10-29）. http://news.xinhuanet.com/politics/2015-10/29/c_1116983078.htm.

其一，自由贸易试验区（简称自贸试验区）、自由贸易港是我国新一轮对外开放的试验田。从最早起源于上海、再拓展到广东、福建、天津，现在又新增陕西、辽宁等七个地区，自贸试验区战略已经在我国总体对外开放的格局中逐步推广、迅速深化。党的十九大提出的"自由贸易港"是当前我国对外开放的最新探索，亟待全盘规划和设计。利用这些试验田，我们可以在这里进行各种涉外税收政策的改革试验，例如将 BEPS 行动计划更高要求的落地，将该行动计划与国内税收政策的衔接等。这有利于进一步做好本国涉外税制与国际税收规则的协调，对打造区内公平的竞争环境具有重大意义。其次，自贸试验区"制度高地"的政策定位能够更好地处理政府与市场的关系，为推广税制改革经验提供现实条件。自贸试验区的政策定位从成立伊始就不是"政策洼地"，而是旨在通过简政放权，提高行政效率，做好"放、管、服"，总结一批可复制、可推广的管理经验，为深化改革提供方向。2016 年，上海自贸试验区的成功经验在全国迅速推广，前后多批试验地区的迅速扩围更是充分印证了这一观点。虽然自由贸易港目前尚处论证阶段，但笔者相信，它与自贸试验区一样也可为我国逐步深入践行 BEPS 多边公约提供一种压力测试机制和迅速转化渠道。此外，从全球多边贸易进程的角度来看，WTO 世界多边贸易进程目前基本上处于事实上的停滞阶段，而美国主导的 TPP、TTIP 等小多边合作协议也随着特朗普的上台而偃旗息鼓。在全球经济下行的现实中，双边、多边、区域、次区域的合作是一个必然趋势，我们把自贸试验区发展与 BEPS 多边公约相结合，可以为我们应对各种小多边、次区域合作所带来的影响提供一种缓冲机制和化解手段。

其二，近几年来中国的双边贸易协定在不断推进，谈判进度明显加快，签署的成果也更加务实。目前，已有 20 多个国家和地区与我国签订了双边贸易协定。中国东盟、中瑞、中韩、中澳等自由贸易协定在降低关税、拆除非关税贸易壁垒等问题上都有重大突破。经过一定过渡期后，中韩、中澳两个自由贸易协定项下绝大多数货物最终都将实现零关税，极大限度地促进了双边经贸往来。但是，笔者在这里要特别强调指出，在双边自由贸易区中起作用的不仅仅是边境税（例如关税和预提增值税），还有可能是境内税（如增值税和企业所得税）。因此，BEPS 行动计划中针对企业所得税（例如关于税收管辖权的认定标准）和针对增值税（例如基于消费者所在国征税的原则）的诸多原则对这方面的实践具有借鉴意义。BEPS 中"利润将在经营活动发生地和价值创造地留存"的原则也能为双边公平贸易提供参考。税收信息共享、数字经济挑战等都能为双边协议提供有益借鉴。

其三，"一带一路"倡议不仅对我国经济发展具有深远的意义，而且还是沿线国家地区优势互补、互利共赢、共同发展的重要机遇和合作平台。一带一路不是自己的私家小路，而是人类共同发展的阳关大道。国家税务总局对这一倡议的税收服务与管理做出了专门安排：一方面，切实执行双边协定，为"一带一路"沿线企业走进我国国门，合法经营提供税收政策支持；另一方面，也维护了我国企业"走出去"的切身利益，避免国内企业在"一带一路"沿线国家被双重征税，关注企业在"一带一路"沿线国家的涉税诉求和税收争议。要做好这两方面的服务，我们可以借鉴 BEPS 多边公约中被国际普遍认可的框架原则和争端解决机制，更加公平公正地解决问题，在保护国家核心利益的同时，推动中国与沿线国家的经贸融合，树立良好的国际形象。

其四，在全球范围内推动建立国际财税新秩序新规则，这是我国对外战略的重要任务之一，无疑也是 BEPS 的基本目标之一。在国际局势错综复杂，地区发展不平衡加剧的今天，我们要谋求互利共赢的和平崛起之路，就必须勇敢地走到国际舞台中央，承担发展中大国所应有的责任，在国际财税新秩序、国际经济新秩序的建立过程中，充分表达发展中国家的利益与诉求。正如《深化国税、地税征管体制改革方案》中所指出：协同落实好 G20 税制改革成果，广泛参加全球税收征管论坛、联合国国际税收合作专家委员会等国际税收组织活动，做国际税收规则制定的参与者、引领者，增强我国在国际税收领域的影响力和话语权。中国应该充分利用 G20 平台，把这个原来仅为应对国际金融危机而设立的短期平台变为一种长期的能够让我们发挥重要作用且又被各方所普遍接受的国际新舞台。我们还应当利用 BEPS 平台，在金融监管、税收合作、反腐败合作等领域，以主动、自信、负责的良好形象积极参与全球税收共治，让自己成为构建国际经济新秩序的强大力量，为人类命运共同体的和平发展做出我们应有的贡献。

参考文献

[1] 廖体忠："国际税收协调的又一里程碑"，《国际税收》，2017 年第 6 期。

[2] 韩霖、高阳："国际视野下税收协定的最新发展与展望——专访国家税务总局国际税务司副司长蒙玉英"，《国际税收》，2017 年第 6 期。

[3] 邓力平："对新时代中国税收新站位的思考"，《国际税收》，2017 年第 12 期。

[4] 邓力平、邓秋云："对我国参与 BEPS 行动计划的三点看法"，《国际税收》，2016 年第 12 期。

（厦门国家会计学院教研中心副教授：邓秋云）

中国与"一带一路"沿线国家税收协定研究：建立公平和现代化的国际税收体系的视角

> **内容摘要**：本文以 2010 年以来我国与"一带一路"沿线国家和 OECD 国家首次签署或修订的税收协定为样本，对比分析了各协定在税收权益分配及税收行政合作的差异和问题，最后结合构建新的国际税收体系，为我国与"一带一路"沿线国家在税收协定的谈签和修订提供政策启示。
>
> **关键词**：一带一路　税收协定　国际税收体系

一、研究背景

双边税收协定旨在消除双重征税问题，通过缔约国之间税收权益分配与税收行政合作尽可能减少双边贸易的扭曲和排除经济稳定发展的阻碍。随着"一带一路"建设的不断深入，深化税收合作的需求越发迫切，建立"一带一路"沿线国家（以下简称"沿线国家"）和地区税务合作的长效机制是持续高效推进沿线经贸畅通的务实之举[①]。虽然我国已与 54 个沿线国家和地区签订了双边税收协定，但经济全球化和数字经济对国际税收规则和税收管理模式带来的新挑战，不同于国内税法的修订和完善，税收协定的时隔久远等因素都可能导致双边税收协定存在诸多问题。从"一带一路"建设实践看，我国"走出去"企业的税务风险仍然层出不穷，诸如重复征税、未充分享受税收协定待遇、因转让定价和反避税问题导致的风险以及税收歧视等风险时有发生。因此，我国与沿线国家之间的税收协定需要进一步修订和完善。

一直以来，我国积极参与建设一个全球税收合作和税收公平的国际税收体系。2013 年 9 月，G20 圣彼得堡峰会启动以防止税基侵蚀和利润转移（BEPS）为主的国际税制改革，开启了近百年来国际税收体系的第一次根本性变革。国家主席习近平多次在 G20 峰会上提出关于加强全球税收合作的重要主张，为完善全球税收治理、构建国际税收新秩序指明方向。在 2014 年布里斯班 G20 峰会上习近平总书记提出"加强全球税收合作，打击国际逃避税，帮助发展中国家和低收入国家提高税收征管能力"的重要主张。2016 年 9 月杭州

[①] 国家税务总局办公厅："王军访问哈萨克斯坦国家收入委员会双方就推动建立'一带一路'多边税务合作机制达成共识"[N]，2017 年 9 月 26 日。

G20 峰会公报强调：将继续支持国际税收合作，建立一个全球公平和现代化的国际税收体系并促进增长，包括推进正开展的税基侵蚀和利润转移合作、税收情报交换、发展中国家税收能力建设和税收政策等，以促进增长提高税收确定性。2017 年 6 月，我国正式签署《实施税收协定相关措施以防止税基侵蚀和利润转移（BEPS）多边公约》。2017 年 7 月金砖国家税务局长会议，金砖国家承诺推动落实 G20 税制改革成果，共同推进构建公平和现代化的国际税收体系。因此，在建设新的国际税收体系和党的十九大明确提出"深化税收制度改革"的背景下，研究我国与沿线国家双边税收协定具有重要的政策和实践意义。

从政策和实践意义上分析，从党的十八届三中全会明确提出"构建开放型经济新体制"到党的十九大报告明确要求"贯彻新发展理念，建设现代化经济体系"，我国经济已由高速增长阶段转向高质量发展阶段。作为"建设现代化经济体系"重要组成部分的"推动形成全面开放新格局"，代表着对我国经济发展的开放程度、范围提出了新要求。以"一带一路"建设为重点的新格局中，我国经济在沿线国家的国际贸易、利用外资、对外投资、国际合作等方面均呈现出新的开放特征。

1. 从国际贸易看，2017 年 1～10 月，我国货物进口额为 18 209.90 亿美元，同比增长 6.9%；货物进口额为 14 862.20 亿美元，同比增长 17.2%；贸易顺差 381.70 亿美元①。这些数据显示，我国国际贸易顺差逐渐缩小，呈现平衡性贸易的发展趋势；同时，我国出口贸易也已经形成货物贸易和服务贸易并重的局面。

2017 年前三季度中国对沿线国家进出口增长 20.1%，高出进出口整体增速 3.5 个百分点。其中，对东盟进出口增长 19.2%，对印度进出口增长 25.9%，对俄罗斯、中亚进出口分别增长 27.7% 和 23.6%②。

2. 从吸引外商投资看，2017 年 1～10 月，我国实际使用外资金额为 1 011.20 亿美元，同比下降 2.7%。我国已经从资本净输入转向资本输入与输出并重。

3. 从对外投资看，我国对外投资降幅收窄，行业结构持续优化，与"一带一路"沿线国家投资合作稳步推进。

（1）从对外投资的情况看，2017 年 1～11 月，经商务部和省级商务主管部门备案核准的境外投资企业 5 528 家，其中备案 5 480 家，核准 48 家。截至 2017 年 12 月 22 日，商务主管部门备案设立境外企业（机构）共 48 936 个，核准设立境外企业（机构）492 个。

（2）从对外投资增量看，2017 年 1～11 月，我国境内投资者共对全球 174 个国家和地区的 5796 家境外企业新增非金融类直接投资，累计实现投资 1 075.5 亿美元，同比下降 33.5%。1～11 月，我国企业对"一带一路"沿线的 59 个国家有新增投资，合计 123.7 亿美元，占同期总额的 11.5%，比去年同期增加 3.2%。主要流向新加坡、马来西亚、老挝、印度尼西亚、巴基斯坦、俄罗斯和缅甸等国家地区③。

（3）从投资行业看，我国对外投资主要流向租赁和商务服务业、批发和零售业、制造业以及信息传输、软件和信息技术服务业，占比分别为 28.4%、21.5%、14.5% 和

---

① 《货物进出口月度统计》，http：//data.mofcom.gov.cn/hwmy/imexmonth.shtml，商务部公共商务信息服务。
② "中国对外贸易形势报告（2017 年秋季）"，《中国一带一路网》，2017 年 11 月 7 日。
③ 《2017 年 1～11 月我对"一带一路"沿线国家投资合作情况》。

9.2%。房地产业、体育和娱乐业对外投资没有新增项目。

（4）对外承包工程完成营业额1 344亿美元，同比增长1.6%；新签合同额2 099.2亿美元，同比增长9.1%。在"一带一路"沿线的61个国家新签对外承包工程合同额1 135.2亿美元，占同期总额的54.1%，同比增长13.1%；完成营业额653.9亿美元，占同期总额的48.7%，同比增长6.1%。

4. 从国际合作看，区域经济合作进程不断加快。截至2017年12月底，我国已分别与马尔代夫、澳大利亚、瑞士、哥斯达黎加、新加坡、智利、东盟、格鲁吉亚、韩国、冰岛、秘鲁、新西兰、巴基斯坦签订了13个自贸协定，还有中国大陆与香港和澳门签订了更紧密经贸关系安排，并完成了中国—东盟（"10＋1"）、中国—智利自贸协定的升级以及亚太贸易协定。此外，还有11个正在谈判的自贸区和11个正在研究的自贸区。

因此，以"一带一路"建设为重点的"推动形成全面开放新格局"，需要创新现有的国际税收协调与合作，既有利于贸易的畅通，也有利于降低"走出去"企业的税收风险，提高"走出去"企业税收遵从的稳定性。

现有文献从不同视角对我国税收协定政策进行了研究。任宛立和熊伟（2017）从全球化角度认为未来中国税收协定在税收管辖权的政策上可分为两类，即当缔约国国际地位与经济水平较高时，我国应侧重于保护所得来源国的利益，当缔约国为发展中国家或经济转型国家时，我国应维护居民国的税收管辖权[①]。王文静和赖泓宇（2016）比较分析了沿线国家在经济社会、双边税收协定、公司所得税等方面的情况和差异，并为我国如何助力"一带一路"倡议实施的国际税收提出了建议。李勇彬和汪昊（2017）对比分析了我国与沿线国家税收协定签订时间、税种范围、常设机构规定、消极所得税收优惠、非独立个人劳务涉税以及税收饶让政策及其对"走出去"企业税务风险的影响[②]。然而，现有文献还未能在建立全球公平和现代化的国际税收体系的背景下，对我国与沿线国家的税收协定内容的创新和修订展开研究。

因此，本研究首先回顾了我国现有国际税收协定现状，同时采用文献研究法总结了我国"走出去"企业事关税收协定的税务风险因素，然后比较分析了2010年以来我国与沿线国家、OECD国家首次签订或重签税收协定的特点和差异，最后结合建设新的国际税收体系的背景，为未来我国与沿线国家税收协定的创新和修订提供建议。

二、我国与沿线国家税收协定网络现状："走出去"企业税务风险因素

（一）我国与沿线国家税收协定网络现状

截至2017年8月，我国共签署106个税收协定，其中与54个沿线国家和地区签署了双边税收协定，覆盖了我国主要对沿线国家的投资目的地（见表1）。从与沿线国家签署时间看，有7个是20世纪80年代签署的，24个是20世纪90年代签署的，19个是21世

---

① 任宛立、熊伟："全球化视野下中国税收条约政策的调适"，《国际税收》，2017年第6期。
② 李勇彬："我国与一带一路沿线国家避免双重征税协定对比"，《税务研究》，2017年第2期。

纪00年代签署的，另有4个是21世纪10年代签署的。总之，多数税收协定签署时隔久远。

表1　　我国与沿线国家双边税收协定签署情况

签署时间	数量	沿线国家
20世纪80年代	7	马来西亚、泰国、巴基斯坦、斯洛伐克、波兰、保加利亚、科威特
20世纪90年代	24	蒙古、阿联酋、印度、以色列、越南、土耳其、亚美尼亚、乌兹别克斯坦、孟加拉国、老挝、菲律宾、塞浦路斯、匈牙利、克罗地亚、白俄罗斯、斯洛文尼亚、乌克兰、立陶宛、拉脱维亚、塞尔维亚、黑山、马其顿、爱沙尼亚、埃及
21世纪00年代	19	卡塔尔、尼泊尔、哈萨克斯坦、印度尼西亚、阿曼、伊朗、巴林、吉尔吉斯斯坦、斯里兰卡、文莱、阿塞拜疆、格鲁吉亚、沙特阿拉伯、塔吉克斯坦、土库曼斯坦、摩尔多瓦、阿尔巴尼亚、捷克、新加坡*
21世纪10年代	4	叙利亚、柬埔寨、罗马尼亚*、俄罗斯*

说明：①资料来源于国家税务总局网站；
　　　②中国—柬埔寨税收协定尚未生效；
　　　③*表示我国与其重新签署税收协定（新加坡、罗马尼亚、俄罗斯）。

（二）"走出去"企业税收风险因素

1. 案例来源。本文采用文献研究法，收集在沿线国家投资的中国企业的税务风险案例。案例文献选自于国家税务总局税收服务"一带一路"专栏自2015年1月1日~2018年1月3日期间的新闻和通讯，这些文献集中报道了我国"走出去"企业的税务风险案例和各级税务机关的应对策略。本文从200篇专栏文章中得到了52篇有关"走出去"企业税务风险的文章，共提取了83个企业税务风险案例（见表2）。

表2　　"走出去"企业税务风险案例库来源表

案例来源	文献数量	税务风险文献	案例
"一带一路"工作动态	108	17	24
"一带一路"相关案例	11	8	16
"一带一路"媒体资讯	81	27	43
总数	200	52	83

说明：案例来源均来自国家税务总局税收服务"一带一路"。

2. "走出去"企业税务风险因素。这些因素主要包括重复征税、未充分享受税收协定待遇、因转让定价和反避税问题导致的风险、税收歧视和海外并购标的企业的历史税收问题等风险。其中，未充分享受税收协定待遇的风险发生数量最高，共44次；涉及重复征税的案例为20次；因转让定价和反避税问题导致的风险各发生3次和7次；税收歧视案例5次；海外并购标的企业的历史税收问题风险1次（见表3）。由此看出，提升"一带一路"税收协定的执行水平和多边税收合作能够大幅降低企业税务风险和重复征税问题。

表3　"走出去"企业税收风险类型

风险类型	案例数量	案例数量占比
税收协定风险	44	58.7%
重复征税风险	20	26.7%
关联交易转让定价风险	3	4.0%
一般反避税	7	9.3%
被收购企业潜在税务风险	1	1.3%
东道国税法变更	4	5.3%
总计	75	100.0%

数据来源：本文"走出去"企业税务风险案例库统计。

3. 来源于双边税收协定的企业税务风险。

表4　源于税收协定的税收风险因素

序号	风险类型	案例数量	序号	风险类型	案例数量
1	中国税收居民身份	5	6	利息	4
2	常设机构	6	7	特许权使用费	4
3	营业利润	9	8	税收歧视	5
4	国际运输	1	9	税收协定过老	3
5	股息	4	10	未签税收协定	2

数据来源：本文"走出去"企业税务风险案例库统计。

如表4所示，由税收协定引起的税务风险的原因包括：被投资国未能享受税收协定给予的税收优惠，常设机构的认定以及对企业营业利润的征税引起的税务风险最为普遍，对企业消极所得的股息、利息和特许权使用费的税务风险次之；部分税收协定由于签署时间过长，导致相关约定条款不适应现在的经营条件，尤其体现在给企业融资的金融机构的扩围导致部分企业面临缴纳利息税；另外，税收歧视现象也不容忽视，其中包括国籍、常设机构、扣除和资本等方面的歧视。

三、"走出去"企业税务风险案例

本部分按照表3和表4对"走出去"企业税务风险类型和因素进行简要描述和案例列举，所列举案例均注明其文献来源，并对文献的文字和结构进行适当调整。

（一）"走出去"企业税收风险案例——税收协定

1.《中国税收居民身份证明》。《中国税收居民身份证明》是我国居民企业和个人在境外投资、经营和提供劳务等活动中享受我国政府对外签署的税收协定各项待遇的核心文件。只要符合税法以及税收协定的相关标准，并在与我国政府已签订税收协定的缔约国发生相应应税行为，再向主管税务部门提出申请，经审批通过后即可获得身份证明，进而享受相关税收协定，符合条件的外国企业或个人亦可申请办理。我国企业在"走出去"过程中，应有意识地利用《中国税收居民身份证明》来享受税收协定待遇。

案例1：山东电力建设第一工程公司在哈萨克斯坦承建热电厂项目，该国国内税法规定，外国公司分支机构在缴纳企业所得税后，还须对税后净利润缴纳15%的净利润税。如果按照这个规定，该公司需要在哈萨克斯坦多缴相当于200多万元人民币的税款。山东省济南市历城区国税局立即帮助企业开具身份证明，并提交办理"双认证"。在拿到经过我国公证机关和哈萨克斯坦驻华大使馆"双认证"的《中国税收居民身份证明》后，该公司在境外缴纳的净利润所得税税率从15%降至5%，减免了209万元税款①。

2. 常设机构构成与营业利润所得。常设机构条款主要用来确定企业是否在某国具有纳税义务，从而使该国能对归属于常设机构的所得进行征税。它主要与营业利润条款结合，组成对缔约一方所取得营业利润的征税规则，以限制所得来源国的征税权，避免双重征税。我国对外签订的税收协定通常分为固定营业场所、承包工程、提供劳务构成常设机构以及代理型常设机构四类，同部分国家的签署的税收协定还增加了有关保险业务构成常设机构。

案例2：一企业为C国的公司安装设备，整个项目持续7个多月，包括中间因天气等原因而暂停的时间。C国税务局判定该公司在C国构成常设机构，并对其利润征税。按照我国与C国的税收协定，建筑安装工程构成常设机构的门槛为12个月。因此，该企业按照税收协定并未在C国构成常设机构。我国据此向对方提起相互协商，对方最终同意退税。

3. 国际运输。我国签订的大多数税收协定对国际运输所得采取居民国独占征税权原则和总机构或实际管理机构所在国独占征税权原则，即两国对从事国际运输的对方国家企业从本国取得的所得互免所得税。此外，部分税收协定还规定互免间接税。

案例3：2014年6月27日，菲律宾税务机关对南航设立在菲律宾马尼拉的办事处实施稽查补税行为，要求南航马尼拉办事处就运输收入补缴税款，加上滞纳金及罚款共计约人民币600万元。南航认为，菲律宾税务机关违反《中菲协定》，对南航马尼拉办事处的稽查补税行为属于重复征税。目前，国家税务总局已就上述事项向菲律宾税务局发出函件要求开展相互协商，截至目前，菲方虽未回函或撤回稽查补税通知书，但已不再向当地南航办事处实施催缴行为，办事处目前的各项涉税业务事项能够正常开展②。

4. 股息、利息和特许权使用费收入。我国已签署的税收协定明确规定，我国和来源国对我国企业到东道国投资从被投资企业取得的股息收入、从东道国取得的利息以及特许权使用费收入有征税权。一般而言，来源国会根据其国内税法要求我国企业缴纳消极所得预提所得税，而且来源国还需依据税收协定实行限制性税率，但前提是需要判断我国企业是不是该收入的受益所有人。

案例4：广东东莞华坚集团较早在埃塞俄比亚投资设厂。埃塞税务部门拟按10%税率

---

① 国家税务总局办公厅："税收协定惠当前，互利共赢促长远—中国税务构建全球协定网络助力'一带一路'建设"[N]，2017年5月22日。
② 本刊编辑部："'一带一路'投资中的税务风险"，《中国总会计师》，2017年第5期。

对其在埃塞企业汇回国内集团公司的股息征所得税,东莞市国税局立即协助华坚集团向埃塞财政部门递交申诉信。"根据中埃税收协定,应按5%的税率征收股息所得税。"经多番沟通,最终埃塞财政部回函承认中埃协定的有效性,为华坚集团减免税款30万美元①。

案例5:2012年12月,亚湾公司从国家开发银行取得了为期7年的7 800万美元贷款,2013年支付利息394万美元,已依据A国国内法按12%的税率缴纳所得税47万美元,2014年支付利息445万美元,还未缴纳所得税。按照我国与A国税收协定,该项利息可以享受免税待遇。亚湾公司多次与A国税务局沟通,希望按照税收协定,免征2014年利息所得税并退还2013年已缴税款,该国税务局没有同意,并催促亚湾公司缴纳2014年支付利息预提税款53万美元,否则将予以处罚。国家税务总局启动两国税收协定项下的相互协商程序,经中国驻该国大使馆等多方努力和沟通协调,A国税务局确认收到信函,最终同意按税收协定的规定办理免税②。

案例6:烟台杰瑞石油服务集团股份有限公司(杰瑞公司)于2010年在哈萨克斯坦(哈国)投资注册子公司,母公司以租赁的方式将设备交给子公司经营。按照哈国税法规定,对子公司向境外支付的租金要按照20%的税率代扣代缴所得税。根据我国与哈国税收协定第十二条规定,对于我国对哈国投资取得的租金收入,应按特许权使用费执行10%的税率。国家税务总局启动与哈国相互协商程序。经过多轮艰苦的谈判,哈国最终退回了多征的150万元税款③。

5. 税收歧视。为了协调国与国之间的税收权利和财政利益,避免税收歧视,我国与来源国签署的税收协定中通常明确约定非歧视待遇,它一般包括:国籍非歧视、常设机构非歧视、扣除非歧视、资本非歧视四个方面的定义解释和保留条款。

案例7:截至今年6月底,海螺水泥在东南亚某国共设立9家企业,累计投资50亿元人民币,但该国税务部门在税收管理上对海螺实施了歧视做法。比如,增值税税款抵扣方面,经常以"开票方未缴税,收票方已抵扣"为由拒绝海螺增值税进项税抵扣。根据中国和某国签订的税收协定,该国税务当局应当公正地对待我国企业,没有理由对我方企业进行税收歧视,应当在增值税抵扣、合并纳税、享受税收优惠上给予居民税收待遇。最终,海螺水泥依据税收协定,在去年避免重复缴税1 200多万元的基础上,今年前5个月又避免重复缴税446万元④。

6. 还未签订双边税收协定或税收协定还未生效。虽然我国已签署105个税收协定,并与57个"一带一路"沿线国家签署了税收协定,但我国境内企业共对全球174个国家进行了投资,在还未签订双边税收协定的国家或者已签订的税收协定但还未生效的国家,我国"走出去"企业仍面临极不稳定的税收确定性,面临较大的税收风险。

案例8:由红豆集团等中柬企业联合开发建设的柬埔寨西哈努克港经济特区,自2008年奠基开建,到2016年迎来了第九个年头。按照柬埔寨相关税收规定,外国投资企业在

---

① 国家税务总局办公厅:"税收协定惠当前,互利共赢促长远—中国税务构建全球协定网络助力'一带一路'建设"[N],2017年5月22日。
② "湖北企业境外维权 税务尽心相助"[N],《中国税务报》,2015年6月29日。
③ "山东5家企业现身说法'走出去'企业如何破解三大税收难题"[N],《中国税务报》,2015年6月29日。
④ "税务护航皖企提速'走出去'"[N],《安徽日报》,2017年7月11日。

束投资的主体税种——企业所得税，从有第一笔收入或者开始盈利可享受6~9年免税期。包括红豆集团在内，最早一批进驻特区企业的企业所得税减免期进入倒计时。通过税企共同努力，2016年10月份，国家主席习近平出访柬埔寨期间，双方签订了税收协定框架。2016年10月13日，中国和柬埔寨签订了税收协定，为中国企业投资解决了"后顾之忧"①。

在税收协定所引发的争议中，最常用的解决办法是根据《国家税务总局关于发布〈税收协定相互协商程序实施办法〉的公告》（国家税务总局公告2013年第56号）规定，企业遇到以下情形可以找税务局：(1) 对居民身份的认定存有异议，特别是相关税收协定规定双重居民身份情况下需要通过相互协商程序进行最终确认的；(2) 对常设机构的判定，或者常设机构的利润归属和费用扣除存有异议的；(3) 对各项所得或财产的征免税或适用税率存有异议的；(4) 违反税收协定非歧视待遇（无差别待遇）条款的规定，可能或已经形成税收歧视的；(5) 对税收协定其他条款的理解和适用出现争议而不能自行解决的；(6) 其他可能或已经形成不同税收管辖权之间重复征税的。

（二）"走出去"企业税务风险案例解析——税收政策

为确保"走出去"企业在国际市场中具有较强的竞争力，我国在税收政策给予了一定程度的优惠，主要包括出口货物劳务退（免）税政策、跨境应税服务零税率或免税政策、居民企业境外所得涉及税收政策和所得税优惠政策。其中，居民企业境外所得涉及税收政策主要以消除双重征税为目的的境外所得的抵免政策和判断境外子公司在我国是否负有全球纳税义务的境外注册中资控股居民企业管理政策。见表5。

表5　　　　　　　　　　"走出去"企业税收风险因素——税收政策

	风险类型	案例数量
1	出口货物劳务退（免）税	7
2	跨境应税服务零税率或免税政策	6
3	税收抵免与饶让	7

数据来源：本文"走出去"企业税务风险案例库统计。

1. 出口货物劳务退（免）税。我国现行税收政策对于出口企业出口货物（包括对外援助、对外承包、境外投资的出口货物等）、对外提供加工修理修配劳务，实行免征和退还增值税政策；对于出口货物属于消费税应税消费品的，如果出口货物适用增值税退（免）税政策，免征消费税；如果属于购进出口的货物，退还前一环节对其已征的消费税。另外，对融资租赁出口也有具体的退（免）税政策。

（1）对外承包援助项目自带国内采购物资出口可以退税

案例9：山东外经集团主要以对外承包工程、出口物资以及对外经济援助为主，相关境外投资建设的基础设施项目遍及五大洲106个国家和地区。在2012年，企业就援助项目的出口业务向济南市槐荫国税局申请出口退税。该国税局认为山东外经集团具备申请援

---

① "106份双边税收协定助力中企投资'一带一路'沿线" [N]，《21世纪经济报道》，2017年5月9日。

助项目出口退税的条件,并将该公司评定为出口退税一类管理企业和为公司开设了办理退税的"绿色通道",在两个工作日之内即可办理完毕退税手续。自2012年来,国税局已累计为该公司办理出口退税近3 000万元。该公司同时享受到境外所得税抵免达4 000余万元①。

(2) 对外承包工程项目的出口货物可以退税

案例10:中国石化胜利石油工程公司财务总经理吴方健说,东营市国税局及时将公司对外承包工程项目国内采购的钻具套管、钻机配件以及钻机等自带设备所产生的增值税给予退还。企业办理出口退税按照国家税务总局《出口货物劳务增值税和消费税管理办法》(2012年第24公告)的规定,用于对外承包工程项目的出口货物,可以享受增值税的退税优惠②。

(3) 出口贸易退税

案例11:安徽省铜陵有色铜冠矿建公司,在厄瓜多尔、赞比亚、刚果(金)等国注册了近十家公司。该公司也面临税收政策如何适用、财务核算如何准确等国际税收问题。该公司取得进出口贸易自营权之前,工程设备出口均通过其他外贸公司办理,手续非常繁杂,也享受不到退税实惠。"税务部门为我们'走出去'企业提供了'绿色直通车'平台,帮助我们准确适用政策,作用非常明显。"铜陵有色金属集团控股有限公司财务部部长解硕荣说,公司于2015年底取得进出口贸易自营权后,截至今年6月底,共办理退税626万余元③。

2. 跨境应税服务零税率或免税政策。我国现行税收政策对于我国境内单位提供跨境应税服务实行零税率或免税政策,跨境应税服务包括:国际运输服务、航天运输服务以及向境外单位提供的完全在境外消费的研发服务、合同能源管理服务、设计服务、广播影视节目(作品)的制作和发行服务、软件服务、电路设计及测试服务、信息系统服务、业务流程管理服务、离岸服务外包业务、转让技术以及财政部和国家税务总局规定的其他服务。

案例12:2015年,紫金集团下属的紫金矿冶设计研究院向俄罗斯龙兴有限责任公司提供设计服务,但在税率选择上感到无所适从,不知该公司适用增值税零税率(跨境应税行为零税率)还是选择免征增值税(技术转让服务免征增值税)。税务部门建议其在减负效果相同的情况下,选择适用备案流程更为简便的免税政策。得益于此,该企业于2015年6~10月申请享受免税销售额115万元④。

3. 居民企业境外投资企业所得涉及税收抵免与饶让。

(1) 我国企业所得税法规定企业对外投资后,按分国不分项进行汇算,实行税收抵免政策,即允许企业用境外已缴税款抵免其境内外所得应纳税总额。抵免类型包括直接抵免、间接抵免和饶让抵免,特殊情形下企业还可适用简易办法计算抵免。另外,我国税法对石油企业适用的税收抵免政策给予特殊安排。

案例13:青海省国税局在税收抵免、简化境外所得税收抵免备案手续、减少备案的报

---

① "山东5家企业现身说法'走出去'企业如何破解三大税收难题"[N],《中国税务报》,2015年6月29日。
② 同上。
③ "税务护航皖企提速'走出去'"[N],《安徽日报》,2017年7月11日。
④ 中国经济网,福建省国地税联合举办全省境外投资服务座谈会[N],2017年9月5日。

表资料等方面，第一时间为中国水利水电第四工程局开通了"绿色通道"。经统计，该公司已累计享受抵免税款近 8 000 万元，境外应税所得抵减境内亏损近亿元①。

（2）境外分支机构的亏损如何弥补。《国家税务总局关于发布〈企业境外所得税收抵免操作指南〉的公告》（国家税务总局公告 2010 年第 1 号）第三条规定，在汇总计算境外应纳税所得额时，企业在境外同一国家（地区）设立不具有独立纳税地位的分支机构，按照企业所得税法及实施条例的有关规定计算的亏损，不得抵减其境内或他国（地区）的应纳税所得额，但可以用同一国家（地区）其他项目或以后年度的所得按规定弥补。企业在同一纳税年度的境内外所得加总为正数的，其境外分支机构发生的亏损，由于上述结转弥补的限制而发生的未予弥补的部分，今后在该分支机构的结转弥补期限不受 5 年期限制。

案例 14： 中石化石油工程设计有限公司取得阿尔及利亚、肯尼亚、印度尼西亚境外收入 2 289 万元，相关支出 3 044 万元，亏损 755 万元，境外收入、成本与境内账务一并核算，冲抵了境内的利润，违反了税法有关规定，在东营市国税局有针对性地开展税收协定、所得税法中有关境外所得核算、税收抵免等政策辅导下，帮助企业规范境外所得会计核算和纳税申报，帮助企业将境外机构亏损抵减境内盈利的 755 万元在申报期内及时进行了调整，有效规避了日后的税收风险。

（3）税收饶让抵免政策。目前该政策适用于有明确规定的税收协定中，从缔约国或地区取得所得的居民企业，按照所得其税收法律享受了免税或减税待遇，该免税或减税数额可作为企业实际缴纳的境外所得税额用于办理税收饶让抵免，计算依据为：①税收协定规定定率饶让抵免的，饶让抵免税额为按该定率计算的应纳境外所得税额超过实际缴纳的境外所得税额的数额；②税收协定规定列举一国税收优惠额给予饶让抵免的，饶让抵免税额为按所得来源国（地区）税收法律规定税率计算的应纳所得税额超过实际缴纳税额的数额，即实际税收优惠额。

案例 15： 广垦橡胶集团已经在泰国、马来西亚、印度尼西亚和非洲贝宁等地相继建立了天然橡胶、木薯酒精等热带作物生产经营项目。根据中国与泰国在 1986 年就签订了双边税收协定，企业境外所得可以同时享受中泰税收协定的税收饶让政策，即企业从泰国返回利润享受泰国税收优惠减按 3% 缴纳企业所得税，减免了 900 余万元税款②。

（三）"走出去"企业税务风险案例解析——转让定价与双边预约定价

"走出去"企业与跨境关联方在销售商品、提供劳务、转让财产、提供财产所有权或资金借贷等交易中的定价行为需要符合独立交易原则，以免引起税务机关对企业实施特别纳税调整等风险。

案例 16： 2011 年初，挪威税务机关对我国一家大型企业进行转让定价调查，认为其子公司在 2006~2007 年之间，向新加坡关联企业低价转让资产，减少了在该国的税收，初步调整补税加罚息约 9 亿挪威克朗。企业多次与挪威税务机关交涉未果后，分别向中挪

---

① "税务支持：让格桑花绽放在'一带一路'舞台"[N]，《青海新闻网》，2017 年 5 月 2 日。
② "税收减免推动粤企'下南洋'去年对'一带一路'沿线投资增 65.3%"[N]，《经济日报》，2017 年 4 月 18 日。

两国税务主管部门提请双边磋商。经过三轮艰苦谈判,中、挪双方2013年就约定的磋商内容达成一致,最终帮助该企业减少税收损失9亿多元,并免除了由此带来的罚款和利息①。

(四)"走出去"企业税务风险案例解析——被收购企业潜在税务风险

案例17:某国企2008年"走出去"收购了当地一家企业,而被收购企业在2006年、2007年有资产转让行为,当时没有缴税。后来当地税务局来要求该国企补缴被收购企业税款,多达10多亿元,后来经过谈判补缴了1亿元税款。所以收购企业一定要做好尽职调查工作。②

四、我国与沿线国家税收协定的对比分析

本文选取了2010年以来我国与沿线国家、OECD成员国首次签署和重签的双边税收协定为样本,对比分析我国最新双边税收协定对税收管辖权规则和税收行政合作的特征。这些税收协定在一定程度上反映了OECD税收协定范本的最新修改和新的国际税收体系的初期成果。样本一包括5个税收协定,其中2个为首次签署、3个为重新签署③;样本二包括10个与OECD成员国签署的税收协定,首次签署税收协定的年份集中在1984年至1993年间,再次签署的时间则集中在2010~2016年(见表6)④。

表6　　　　　　　　2010年以来我国重新签署或首次签署税收协定

OECD成员国(10个)	法国	1984.5.30		马耳他	1993.2.2
		2013.11.26			2010.10.18
	英国	1984.7.26		荷兰	1987.5.13
		2011.06.27			2013.05.31
	比利时	1985.4.18		瑞士	1990.7.6
		2009.10.7			2013.9.25
	德国	1985.6.10	"一带一路"沿线国家(5个)	叙利亚	2010.10.31
		2014.3.28		柬埔寨*	2016.10.13
	丹麦	1986.3.26		罗马尼亚	1991.1.16
		2012.6.16		柬埔寨*	2016.7.4
	芬兰	1986.5.12		俄罗斯	1994.5.27
		2010.5.25			2014.10.13
	智利	2015.5.25			

说明:*指税收协定尚未生效的国家。

---

① "企业境外吃了'哑巴亏''走出去'税务风险咋应对"[N],《人民日报》,2015年1月12日。
② "'走出去'企业遇到诸多涉税难题"[N],《中国税务报》,2015年5月29日。
③ 样本一国家包括:新加坡、罗马尼亚、俄罗斯、叙利亚和柬埔寨。
④ 样本二国家包括:法国、英国、比利时、德国、丹麦、芬兰、荷兰、瑞士、马耳他。

（一）税收权益分配的变化特点

为对比样本税收协定关于税收权益分配的特点，本文选取以下指标进行分析，包括常设机构的认定标准、消极所得限制税率、金融机构认定、税收饶让以及消除双重征税方法。

1. 常设机构的认定时间。如表7所示，从样本一新旧协定对"建筑安装工程"类常设机构的时间规定上，中国—俄罗斯、中国—罗马尼亚、中国—新加坡协定均维持不变，分别为18个月、12个月和6个月；首次签署的中国—柬埔寨、中国—叙利亚协定的认定时间均为9个月；中国—柬埔寨协定将为勘探或开采自然资源而使用的大型设备也认定为常设机构，认定时间超过90天。相比较而言，样本二除中国—芬兰、中国—智利协定为6个月外，与其他八国的新协定都将认定时间从6个月延长至12个月，中国—丹麦协定将对为勘探或开采自然资源所使用的装置、钻井机或船只的认定时间由3个月延长至12个月。

样本一和二新旧协定对于"劳务型"常设机构的认定时间差异不大，仅体现在语言的表述上（见表8）。中国—芬兰、中国—新加坡协定维持在任何12个月中连续或累计超过六个月的为限。其他协定的认定时间均表述为在相关纳税年度开始或结束的任何12个月中连续或累计超过183天的为限。而中国—柬埔寨、中国—叙利亚协定并没有针对劳务型常设机构的认定时间的具体规定。

总之，样本二与10个OECD国家的最新协定对常设机构的认定趋同，而样本一与沿线国家的最新协定差异较大。对建筑工程类常设机构认定时间的延长，表明所得来源国对其营业利润课税的概率减小，税收权益受到一定程度的限制。

表7　　　关于"建筑安装工程"类常设机构的时间认定标准

认定标准	旧协定	新协定
连续6个月以上为限	法国、英国、比利时、德国、丹麦、芬兰、荷兰、瑞士、新加坡	芬兰、智利*、新加坡
连续8个月以上为限	马耳他	
连续9个月以上为限		柬埔寨*、叙利亚
连续12个月以上为限	罗马尼亚	法国、英国、比利时、德国、丹麦、荷兰、瑞士、罗马尼亚、马耳他
连续18个月以上为限	俄罗斯	俄罗斯

说明：①*表示2010年以来首次签订的国家；②资料来源于国家税务总局网站。

表8　　　关于"雇员或雇佣人员劳务"类常设机构的时间认定标准

认定标准	旧协定	新协定
任何8个月中连续或累计超过6个月的为限	马耳他	
在任何12个月中连续或累计超过6个月的为限	法国、比利时、德国、丹麦、芬兰、荷兰、瑞士、新加坡	芬兰、新加坡

续表

认定标准	旧协定	新协定
在相关纳税年度开始或结束的任何 12 个月中连续或累计超过 183 天的为限		法国、英国、比利时、德国、丹麦、芬兰、荷兰、瑞士、俄罗斯、罗马尼亚、马耳他、智利*
以连续或累计超过 18 个月的为限	俄罗斯	

说明：①*表示 2010 年以来首次签订的国家；②资料来源于国家税务总局网站。

2. 消极所得在来源国适用的限制税率。相比旧协定，样本一新协定就消极所得的限制税率有所降低，样本二新旧协定差异不大且趋同性强。从股息上看（见表9），对股息的限制税率方式增加了"母公司（合伙企业除外）直接拥有支付股息的公司至少 25% 资本，限制税率为 5%"，样本一中国—俄罗斯和中国—新加坡协定按此规定；样本二除中国—智利协定外，其他九国均有此规定，此外，中国—英国和中国—德国协定还规定"当所支付的股息来自于不动产收益，并且该不动产收益根据协定第六条免税时，来源国按照 15% 的税率征税"。另外，中国—罗马尼亚协定对股息的限制税率只有 3%，除中国—英国和中国德国协定外，与中国—俄罗斯、中国—新加坡协定和样本二其他协定中均维持"在其他情况下，不应超过股息总额的 10%"。相比旧协定，中国—新加坡新协定降低了股息限制税率。

表9　　　　　　　关于股息的限制税率

股息	旧协定	新协定
在受益所有人是公司，并直接拥有支付股息的公司至少 25% 资本情况下，不应超过股息总额的 5%	新加坡（7%）	法国、俄罗斯、马耳他、英国、比利时、德国、丹麦、芬兰、荷兰、瑞士、新加坡、叙利亚
不应超过股息总额的 15%		英国、德国
不应超过股息总额的 3%		罗马尼亚
不应超过股息总额的 10%	法国、英国、德国、丹麦、芬兰、荷兰、瑞士、俄罗斯、罗马尼亚、马耳他、（新加坡 12%）	法国、英国、德国、丹麦、芬兰、荷兰、瑞士、俄罗斯、马耳他、柬埔寨*、智利*、新加坡

说明：①*表示 2010 年以来首次签订的国家；②资料来源于国家税务总局网站。

就利息的限制税率而言（见表10），中国—俄罗斯协定由 10% 降低为 5%，中国—马耳他和中国—罗马尼亚协定由 10% 降低为 3%，与其他国家的协定都为 10%。另外，中国—智利协定还将银行、保险公司和其他金融机构提供的贷款而取得的利息的限制税率定为 4%，而中国—新加坡协定规定不超过 7%，中国—叙利亚、中国—俄罗斯协定则免税。

表 10　　　　　　　　　　关于利息的限制税率

利息	旧协定	新协定
不应超过利息总额的 3%		罗马尼亚、马耳他
不应超过因银行、保险公司和其他金融机构提供的贷款而取得的利息总额的 4%		智利*
不应超过利息总额的 5%		俄罗斯
不应超过利息总额的 10%	法国、英国、比利时、丹麦、芬兰、荷兰、瑞士、俄罗斯、罗马尼亚、马耳他	法国、英国、比利时、德国、丹麦、芬兰、荷兰、柬埔寨*、智利*、叙利亚、新加坡

说明：①*表示2010年以来首次签订的国家；②资料来源于国家税务总局网站。

在特许权使用费方面（见表11），中国—比利时协定由10%降为7%，中国—罗马尼亚协定由7%降为3%，中国—马耳他协定由10%降为3%，中国—俄罗斯协定由10%降为6%。其他协定维持不变。

表 11　　　　　　　　　关于特许权使用费的限制税率

消极所得	旧协定	新协定
不应超过特许权使用费总额的 3%		罗马尼亚、马耳他
不应超过特许权使用费总额的 6%		俄罗斯
不应超过特许权使用费总额的 7%	罗马尼亚	比利时
不应超过特许权使用费总额的 10%	法国、英国、比利时、丹麦、芬兰、荷兰、瑞士、俄罗斯、马耳他、新加坡	法国、英国、比利时、德国、丹麦、芬兰、荷兰、瑞士、马耳他、柬埔寨*、智利*、新加坡

说明：①*表示2010年以来首次签订的国家；②资料来源于国家税务总局网站。

因此，总体上说，样本一对于消极所得适用的限制税率存在一定差异，相比样本二相对低，这对于我国"走出去"企业在所得来源国所享受的消极所得的税收优惠更大。

3. 金融机构认定范围。对于支付给居民国金融机构的利息所得，样本新协定均认定居民国拥有征税权，来源国予以免税。中国与比利时、丹麦、俄罗斯、芬兰、柬埔寨、马耳他、瑞士、英国等协定中均约定"发生于缔约国一方而支付给缔约国另一方的政府、其行政区、地方当局、中央银行或者任何完全由政府拥有的金融机构的利息，或金融机构担保或保险的贷款而支付的利息，应在首先提及的缔约国一方免税"。而中国与德国、法国、荷兰、新加坡的税收协定中对具体金融机构有了明确的规定，在数量上有了一定的扩围。因此，金融机构认定的范围扩围以及兜底条款的采用，有利于解决我国"走出去"企业的融资需求，降低融资成本。

4. 税收饶让条款。从样本一来看，新加坡、叙利亚给予我国单方税收饶让；样本二协定中则无税收饶让条款。从我国整体税收协定网络看，与我国约定税收饶让的国家主要来自沿线国家。其中，与我国有双方税收饶让的有15个国家，分别是泰国、马来西亚、越南、文莱、印度、巴基斯坦、斯里兰卡、阿曼、科威特、斯洛伐克、保加利亚、塞尔维亚、马其顿、波黑、黑山。另外,新加坡、叙利亚、阿联酋、波兰、匈牙利给予我国单方税收饶让。

5. 消除双重征税方法趋同。我国主要采取抵免法来消除双重征税,在税收协定中通常规定,中国居民从所得来源国的所得在来源国缴纳的税额,允许在对该居民征收的中国税收中抵免,但抵免额不应超过对该项所得按照中国税法和规章计算的中国税收数额。但样本协定在是否考虑支付该股息公司在其所得缴纳的来源国税收的前提中,该中国居民公司拥有支付股息公司股份的份额要求不同,例如样本一的中国—罗马尼亚、中国—俄罗斯协定,样本二的中国与法国、比利时、丹麦、德国、芬兰、荷兰、马耳他、瑞士、智利的协定要求至少20%,但样本一的中国与新加坡、柬埔寨、叙利亚协定要求不少于10%。

总之,从税收权益角度看,我国与样本二中的税收协定呈现趋同性,与样本一的税收协定在呈现多元化趋势的同时,更加注重维护居民国的税收管辖权的政策。例如与俄罗斯、罗马尼亚沿线国家重新签署的税收协定中,无论从常设机构的认定标准,还是消极所得的限制税率上,都给予了我国享受更大的税收管辖权,也使得我国在为"走出去"企业尽力消除国际双重征税的障碍,为企业在沿线国家争取更多的税收优惠。

(二)税收行政合作的变化特点

1. 防止滥用税收协定的优惠待遇。为了防止滥用税收协定的现象,样本二大多数协定增加了其他规则的条款,如中国—法国协定规定如果进行某些交易或安排的主要目的是为了获得更优惠的税收待遇,而在这些情况下获得该优惠待遇违背了本协定相关规定的目标和目的,则本协定规定的任何减少或免除税收的待遇均不适用。与此类似,中国与罗马尼亚、新加坡、比利时、丹麦、芬兰、荷兰、马耳他协定规定,本协定并不妨碍缔约国一方行使其关于防止规避税收(不论是否称为规避税收)的国内法律及措施的权利,但以不导致税收与本协定冲突为限。然而,中国与俄罗斯、柬埔寨、叙利亚、德国、瑞士协定则无其他规则规定。

2. 税收征收协助的使用。依据OECD税收协定范本第27条双边税收征收协助的相关要求,样本二中国与法国、德国、马耳他、荷兰的新协定中增加了该条款,即约定缔约国双方应努力相互协助征收税款,缔约国双方主管当局应通过相互协商确定本条规定的实施方式。样本二其他协定和样本一协定并无此项政策。

3. 其他税收行政征管合作。我国与各样本国家的税收协定中均约定了无差别待遇、信息交换、相互协商程序条款。两个样本中的税收协定通常按照《OECD税收协定范本》第24条提出了非歧视要求,禁止协定伙伴国在适用两国之间税收协定条款时,差别性对待其本国国民和企业与另一国国民和企业。同时,各协定也依据《OECD税收协定范本》第26条内容明确了各缔约国税务机关能够交换关于纳税人的信息的义务和限制。此外,各协定参照OECD税收协定范本第25条明确了相互协商程序条款的内容。

因此,从税收行政合作方面看,各样本协定约定了无差别待遇、信息交换和相互协商程序条款,但部分协定并没有约定BEPS行动计划六防止滥用税收协定优惠待遇,同时,只有中国与法国、德国、马耳他和荷兰协定中约定了双边税收征收协助的相关要求。

五、我国与沿线国家税收协定修订的若干建议

在建立全球公平和现代化的国际税收体系下,深化我国与沿线国家的税收协调和合作,可以借鉴 BEPS 行动计划中被国际普遍认可的框架原则和争端解决机制,在维护国家核心利益的同时,推动中国与沿线国家的经贸畅通①。具体而言可以从税收权益分配和税收行政合作两方面对我国与沿线国家税收协定进行修订和升级。

1. 与沿线国家在税收权益分配的立场上,应注重维护作为居民国的税收权益,允许有多样化的税收协定条款。随着我国对沿线国家的直接投资的逐渐增加,一方面需要尽量延长建筑工程类常设机构的认定时间;另一方面降低股息和利息适用的限制税率,对特许权使用费的限制税率也需更加关注居民国权利。此外,需要扩大金融机构认定的范围和兜底条款的明晰化,并且针对税收饶让条款,应尽力扩大相互饶让或单边饶让的协定范围。

2. 加快与沿线国家的税收协定的谈签和修订。目前只有 54 个沿线国家与我国签署双边税收协定,而且多数协定时隔久远。因此协定数量的扩围和条款的更新才能保障"走出去"企业和"引进来"企业的税负公平。另外,协定条款的表述应尽可能一致且清楚。最近,国家税务总局就税收协定股息、利息、特许权使用费条款中"受益所有人"身份判定有关问题进行了详细说明②,并且对税收协定中常设机构、海运和空运、演艺人员和运动员条款,以及合伙企业适用税收协定等有关事项进行了解读,例如关于劳务活动构成常设机构的表述为"在任何十二个月中连续或累计超过六个月"的,按照"在任何十二个月中连续或累计超过 183 天"的表述执行③。

3. 适时转化 BEPS 包容性框架和《OECD 税收协定范本》的最新成果。BEPS 包容性框架得到了全球众多发达国家和发展中国家的普遍认可,截至 2017 年 12 月 14 日,平等参与 BEPS 包容性框架的国家和地区达到了 110 个。BEPS 包容性框架包含了与税收协定相关的措施,例如应对混合错配安排、防止协定滥用、解决认为规避常设机构构成问题并改进解决机制等四项行动计划。而 OECD 理事会发布的《OECD 税收协定范本》2017 年的更新内容,也主要反映了对 OECD 和 G20 实施这四项行动计划中涉及税收协定相关政策的整合。因此,这些成果的转化,将是我国与沿线国家进行税收协定谈判和修订的未来趋势。例如,在防止协定滥用的打击择协避税上,中国—美国和中国墨西哥税收协定中已经采用"选择法"中的利益限制条款法,未来对于"表明法"或者"选择法"中的主要目的测试法的采用还可以权衡使用。此外,有必要确保与沿线国家税收协定中的其他 BEPS 相关措施能够在多边框架下迅速、协调、一致实施。

4. 借助 BEPS 多边公约和 BEPS 第 15 项行动计划报告《制定用于修订双边税收协定的多边工具》来更新我国与沿线国家的税收协定网络,进一步降低跨国企业避税的可能性。2018 年 1 月 24 日,BEPS 多边公约成员总数达到 78 个。作为新国际税收体系的第一个公

---

① 邓力平、邓秋云:"对我国参与 BEPS 行动计划的三点看法",《国际税收》,2016 年第 12 期。
② 国家税务总局公告 2018 年第 9 号《关于税收协定中"受益所有人"有关问题的公告》,2018 年 2 月 3 日。
③ 国家税务总局公告 2018 年第 11 号《关于税收协定执行若干问题的公告》,2018 年 2 月 3 日。

约，BEPS 多边公约允许各方将 OECD/G20 平台上达成的有关成果与现有双边税收协议相结合，签署国可以调整有关税收协定滥用和冲突解决的 BEPS 最低标准。并借助 BEPS 行动计划第 14 项来更加有效地解决双边争议，这些工具包括利用商定的最低标准打击条约滥用和改善争议，以及强制性条款和约束性仲裁。另外，在未来税收协定的谈签中，还需要考虑增加仲裁条款，以拓宽和增强解决跨国税务争端的法律基础。

5. 加强与沿线国家的税收行政合作，促进税务信息交换和反避税。新时期的国际税收征管理念是"打击企业逃避行为，坚持合理税负，避免双重征税"，其核心就是税务信息交换和反避税。加强与沿线国家的税收征管合作，建立和完善相互协商程序，完善税务信息交换制度，推进实施金融账户涉税信息自动交换标准，建立区域性的多边税收情报交换网络，共同构建反避税国际协作体系，加大反避税调查力度。目前我国采取了一系列行动，包括：我国于 2013 年 8 月 27 日签署《多边税收征管互助公约》；我国承诺作为第二批实施 CRS 的国家；我国于 2018 年 9 月完成首次金融账户涉税信息自动交换工作；我国已先后与十个避税地签署《税收情报交换协定》。

6. 加强"一带一路"多边税务合作，进一步简化税收协定执行程序，提高协定执行水平，提升沿线国家税务能力。习近平总书记在 2014 年澳大利亚召开的 G20 领导人峰会上指出："加强全球税收合作，打击国际逃避税，帮助发展中国家和低收入国家提高税收征管能力"。另外，共同提升沿线国家税收文明程度①，有效降低跨境投资者税收不确定性。因此，需要与沿线国家加强努力构建"一带一路"税收合作长效机制和顶层沟通平台②。

参考文献

［1］国家税务总局办公厅，王军访问哈萨克斯坦国家收入委员会双方就推动建立"一带一路"多边税务合作机制达成共识［N］，2017 年 9 月 26 日。

［2］任宛立、熊伟："全球化视野下中国税收条约政策的调适"，《国际税收》，2017年第 6 期。

［3］李勇彬、汪昊："我国与一带一路沿线国家避免双重征税协定对比"，《税务研究》，2017 年第 2 期。

［4］国家税务总局办公厅："税收协定惠当前，互利共赢促长远—中国税务构建全球协定网络助力'一带一路'建设［N］"，2017 年 5 月 22 日。

［5］本刊编辑部："'一带一路'投资中的税务风险"，《中国总会计师》，2017 第 5 期。

［6］中国税务报："湖北企业境外维权，税务尽心相助［N］"，2015 年 6 月 29 日。

［7］中国税务报："山东 5 家企业现身说法'走出去'企业如何破解三大税收难题

---

① 张景华、叶莉娜："论税收文明的国际化—以包容性国际税收合作框架的构建为视角"，《税务研究》，2017 第 12 期。

② 国家税务总局办公厅："王军参加'一带一路'国际合作高峰论坛平行主题会议并发言"［N］，2017 年 5 月。

[N]",2015年6月29日。

[8] 安徽日报:"税务护航皖企提速'走出去'[N]",2017年7月11日。

[9] 21世纪经济报道:"106份双边税收协定助力中企投资'一带一路'沿线[N]",2017年5月9日。

[10] 中国经济网:"福建省国地税联合举办全省境外投资服务座谈会[N]",2017年9月5日。

[11] 青海新闻网:"税务支持:让格桑花绽放在'一带一路'舞台[N]",2017年5月2日。

[12] 经济日报:"税收减免推动粤企'下南洋'去年对'一带一路'沿线投资增65.3%[N]",2017年4月18日。

[13] 人民日报:"企业境外吃了'哑巴亏''走出去'税务风险咋应对[N]",2015年1月12日。

[14] 中国税务报:"'走出去'企业遇到诸多涉税难题[N]",2015年5月29日。

[15] 国家税务总局:"国家税务总局公告2018年第9号《关于税收协定中'受益所有人'有关问题的公告》",2018年2月3日。

[16] 国家税务总局:"国家税务总局公告2018年第11号《关于税收协定执行若干问题的公告》",2018年2月11日。

[17] 邓力平、邓秋云:"对我国参与BEPS行动计划的三点看法",《国际税收》2016年第12期。

[18] 张景华、叶莉娜:"论税收文明的国际化——以包容性国际税收合作框架的构建为视角",《税务研究》,2017第12期。

(厦门国家会计学院"一带一路"财经发展研究中心博士:张小三)

中国企业到"一带一路"沿线国家投资的税收风险与应对策略研究

内容摘要： 税收是任何一个企业都无法规避的事项，税收的影响因素又是多维的，比如政治体制、经济制度乃至人文习俗等营商环境，其中，税收制度、税收征管和政府腐败是影响企业税收风险的3个重要因素。在中国政府"一带一路"倡议下，越来越多的中国企业进入沿线国家投资创业，面对全新的税收制度和征管环境，跨境企业面临的税收风险将更加具有不确定性，企业承担的税收成本也将发生巨大变化。对"一带一路"沿线国家的税收制度和征管以及沿线国家"政府腐败"程度对企业税收影响进行描述性研究后发现，在税制结构上，绝大多数国家都开征了公司所得税和资本利得税，税率设置也各不相同，并且有一部分国家开征了流转税、财产税、资源税和不动产税以及博彩税等若干税种。在税收征管制度上，税务机关征管效率和企业纳税难易程度与该国的经济制度和税收体制存在着密切联系。同样，沿线国家的税收制度体系和征管制度差异也导致企业的实际税收负担千差万别。本研究还发现，经济发展水平相对落后的国家其腐败程度也相对严重；沿线国家的腐败程度控制程度越低，其税收征管效率越低，导致企业隐性税收成本相对越高，并进一步导致企业税收负担相对较重、企业纳税成本较高等。本文通过这些研究，为跨入"一带一路"沿线国家投资创业企业的税收风险防范提供了经验借鉴与理论参考。

关键词： 一带一路　税收风险　税收腐败　企业税收负担

第一部分　研究框架及研究内容

一、研究逻辑与研究框架

从2013年"一带一路"倡议框架提出后，对中国企业进入"一带一路"沿线国家进行投资的风险问题研究是多角度的、多方面的，比如从政治风险、金融风险、并购风险和税收风险等角度。而对于税收风险的研究角度，大多都是从单一宏观角度的某一个层面进行分析研究，比如税收协定执行问题所带来的税收风险。

不同于以往的税务风险问题研究，本研究报告框架主要是从宏观和微观两个层面进行框架搭建和研究拓展，对中国企业进入"一带一路"沿线国家投资的税收问题，以理论和实践两个层面作为研究的切合点，进行税务风险分析并针对这些税务风险给出相应的应对策略。需要说明的是，在本研究报告中，宏观层面和微观层面的税收风险研究是两个紧密结合且不可分割的有机研究整体。在宏观层面，对"一带一路"沿线国家的税收制度差异、税收政策协调、税收征管制度、企业营商环境以及企业投资方式等五个方面进行框架性和系统性地研究，以期梳理出企业税收风险问题的根源所在和宏观制度层面中可能存在的制度性问题；在微观层面，进一步结合中国"走出去"企业进入"一带一路"沿线国家在这五方面所遭遇的具体税收问题，进行全面和详细的税收风险分析，并给出相应的对策研究。本报告研究框架，具体如图1所示。

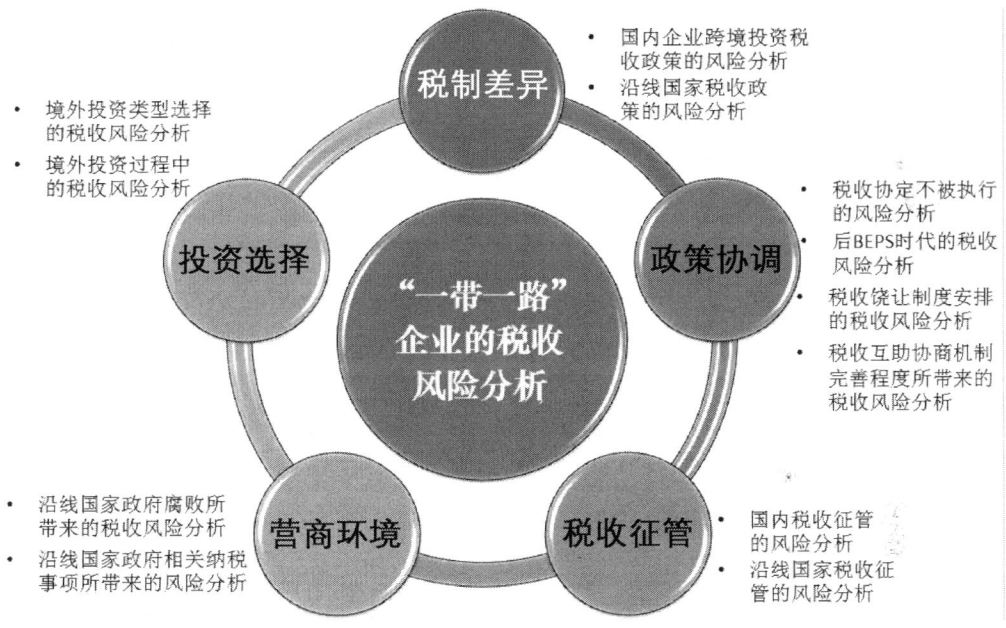

图1 "一带一路"企业税收风险分析研究框架图

二、研究内容及其可行性分析

在确定上述研究框架的前提下，针对每一部分相关话题将通过制度描述与比较、数据描述以及数据分析与对比（实证研究）等研究形式、方法，对投资于"一带一路"沿线国家企业的税收问题（风险）进行细分式研究。在本部分研究中，将分别对各部分框架下的相关研究内容给出介绍和说明。

一是在税收制度差异框架研究部分中，其研究内容主要是我国对"走出去"企业的税收政策规定是否完善及存在问题的原因，国内税政策体系与重复征税问题的解决机制，以及我国目前的税收制度对跨境投资企业税收风险的影响。同时，本研究也将逐一比对我国税收制度与"一带一路"沿线国家税收制度的差异性，并结合具体实务案例详细分析

"走出去"企业所遭遇的税收危机与风险问题。

二是在国内外税收政策协调框架研究部分中,其研究内容主要以我国政府与"一带一路"沿线国家谈签的税收协定为切入点,我们的研究内容包括但不限于以下方面。第一个方面是税收协定不被东道国税务机关执行的风险及其原因分析,第二个方面是进入"后BEPS"时代后国际税收规则的变化对企业税收产生的风险问题及应对策略,第三个方面是国家之间关于税收饶让制度的安排对跨境投资企业税收负担的影响问题及解决机制或途径,第四个方面是对跨境投资企业在东道国遭遇税收问题如何解决的问题。与此同时,本部分研究框架中还将对比分析我国与这些沿线国家签订的税收协定在纳税人定义、征税范围、征收税率与消极所得等各方面上的异同点,并分析其导致差异出现的可能原因以及对跨境投资企业的税收影响。

三是在税收征管制度框架研究部分中,其研究内容主要将"一带一路"沿线各个国家税收征管体制对比作为研究的出发点,针对国内外有关税收征管政策对企业产生的税收风险因素进行具体分析。主要包括东道国重复征税、强行征税等研究内容和具体原因。

四是在企业营商环境框架研究部分中,其研究内容的侧重点主要是"一带一路"沿线国家的政府清廉程度对企业税收负担和税务风险的影响。在具体研究中,预期借助"走出去"企业的实务案例和权威数据库的相关数据指标测算,揭示出政府腐败程度对企业税收成本,尤其是隐性税收成本,将会产生何种影响,并具体分析其背后的动因。

五是在企业境外投资选择框架研究部分中,其研究内容主要从企业跨境投资方式的选择、投资身份的选择、投资形式的选择与投资地点的选择等方面对境外中资企业的税收风险进行研究。本部分将对跨境企业海外投资周期的税务问题进行风险对策研究,并结合具体实务案例详细分析这些税务风险产生的系统性原因。

第二部分 企业税收风险总体分析

一、引言与研究动机

自 2013 年以来,在国家"一带一路"发展倡议的逐步推进下,越来越多的境内企业开始走向海外进行投资创业,但其一路并非坦途,"一带一路"沿线国家的政治、经济、法律和文化等诸多不确定性风险接踵而来,这些企业疲于应对。

即便如此,中国企业并未因此而放缓迈向海外的投资步伐。根据中国商务部网站发表的《中国对外投资合作发展报告》(2014~2016 年),有关中国跨境企业对外投资的统计数据显示,截至 2016 年末,中国境外投资企业超过 3.08 万家,对外投资流量位居全球第二位,其当年投资流量高达 1 701.1 亿美元。其中,对"一带一路"沿线 53 个国家进行非金融类直接投资额合计达 145.3 亿美元,占同期总额 8.5%。尤其在 2015 年,其投资总额达到历史最高点 189.3 亿美元,占当年海外投资总额 13%。如表 1 所示。

同时,在中国企业对外新签订承包工程合同方面,中国与"一带一路"沿线国家的新签订合同金额总量增长率和投资占比表现为逐年攀高趋势,尤其是在海外新签订对外工程承包合同总金额中所占比重超过一半以上。总体来说,中国企业跨境进入"一带一路"沿线国家直接投资,过去三年达到前所未有的态势,特别是 2017 年"一带一路"国际合作高峰论坛的成功举办,进一步推动中国企业到"海外"进行创业和投资的积极性,其创业数量和投资流量也势必"节节攀高"。

表 1 2014～2016 年中国企业在"一带一路"沿线国家对外投资情况

年份	对外投资总额	其中:"一带一路"国家		中国企业同"一带一路"国家新签订对外承包工程合同		
		投资总额	占总投资比重	合同金额	同比增长	占新签对外承包合同总额比重
2014	1 230.63 亿美元	136.6 亿美元	11.10%	826.6 亿美元		
2015	1 456.70 亿美元	189.3 亿美元	13.00%	926.4 亿美元	7.40%	44.10%
2016	1 701.10 亿美元	145.3 亿美元	8.54%	1 260.3 亿美元	36.00%	51.60%

但是,中国企业源源不断地涌向海外创业、参与国际市场竞争的同时,原来在国内未曾碰见过的一些创业难题也不可避免地纷沓而至,并在东道国遭遇各式各样的外部阻力和经营风险,比如投资国政局突变、贸易壁垒问题、企业营商环境动荡、恐怖主义活动猖獗以及"后 EBPS 时代"背景下的国际税收规则重构等若干全新问题的困扰(冯宗宪,2015;陈有湘,2015)。

在这其中,税收风险问题也正悄然地成为我国"走出去"企业迈向"一带一路"沿线国家进行创业投资的最大屏障。比如,中国企业在某些"一带一路"沿线国家中遭遇税收歧视或不公平待遇,以至于本应该享受的税收优惠待遇权利被剥夺。再比如,中国跨境投资企业在"一带一路"沿线国家发生税收征纳争议时,很难及时、有效地把问题解决,等等[①]。尤其是近年来,从国内外新闻媒体对中国企业海外投资、创业的相关报道中,可以看到很多中资企业最后由于税收问题致使其"出海"创业受挫或惨遭巨额损失的情形案例[②]。这些企业当中,最具有代表性的实例就是小米公司和华为公司,在"一带一路"沿线国家(特别是在印度和俄罗斯)遭遇的税务争议和税务危机事件[③]。

毋庸置疑的事实是,在国家宏观税收政策层面上,我国政府为解决这些跨境出国投资企业的税务风险和重复征税问题,已经同"一带一路"沿线 54 个国家签订了双边或多边税收协定,并编制了《国别投资税收指南》等税收指导性文件。其最终目的是要从国家税收治理机制上助力中国"走出去"企业处理好境外投资的税收问题,避免税收争议和税收负担加重。然而,"一带一路"沿线国家的营商环境、制度环境千差万别,因此,这些中国企业在东道国所境遇的税收制度与征管环境也就不尽一致,我国税务机关难以从境外税

---

① 参见国家税务总局网站 http://www.chinatax.gov.cn/n810219/n810744/n1671176/n1671191/c2605766/content.html,http://www.chinatax.gov.cn/n810219/n810744/n1671176/n1671191/c2598003/content.html。

② 参见 http://news.xinhuanet.com/fortune/2015-01/12/c_127377656.htm。

③ 注:小米税务事件请参见国家税务总局网站《"一带一路"话税收》栏目中小米公司总裁雷军对事件的亲述 http://www.chinatax.gov.cn/n810219/n810724/c2613983/content.html。华为税务危机事件请见宁德市国家税务局的新闻报道《海外投资:知己知彼防范税收风险》。

收制度规范方面上,去解决这些企业的税收风险与税务危机等一系列复杂多变的税务问题。比如,当地税务征管与税收协定执行力度的松紧程度对其税收的影响,税收争议解决的方式、方法以及与税务官员沟通的渠道对企业税收成本的影响等,这些风险因素非常明显的特征就是具有很大的不确定性并掺杂着诸多的非制度性因素。不仅如此,"后 BEPS 时代"税基转移和利润侵蚀问题日益突出,国家之间尤其是发达国家和发展中国家对《OECE 范本》和《UN 范本》尚未达成一致意见,对同一税务事项的处理方式不尽一致。因此,在对国外税收制度特别是税收征管制度缺乏系统性研究的情况下,中国企业若是贸然"出海",将不可避免与"一带一路"沿线这些国家的税务部门产生税务摩擦,这将势必增加企业经营风险,甚至推高这些跨境投资企业的税收成本。

由此不难看出,这些税收问题归根结底源于企业对东道国税收情况的了解状况。因此,我们不得不有这样的疑问:"出海"企业对东道国税收制度是否了解或熟悉以及与我国的税收制度有何差异?东道国的税收负担如何?税收征管机制与效率怎么样?企业需要承担什么样的"税收成本"?税收争议的解决途径是什么?这些税收疑问,也正是本课题所要解决的主要问题。总而言之,税收风险已经成为中国企业到"一带一路"沿线国家投资亟待解决的重要难题之一。

二、研究文献回顾

在税收效率原则中,亚当·斯密提出税收风险管理概念后,引起了学者们对税收风险问题的广泛性研究。这些学者们经过进一步地研究发现,在国家宏观层面上,税收风险管理可以最大限度地促进政府发挥税收调控功能和提高税收征管效率,并能够确保对经济的宏观调控。在企业微观层面上,这些学者们的研究结果表明,税收法律条文解释、制度监管环境优劣、企业会计准则执行力强弱及公司治理要求的变化是诱发税收风险的主导因素(Carmody,2003;Neubig,2004;Prahald,2008)。

本文经过对现有关于中国企业"走出去"税收问题研究文献的整理和梳理后发现,其相关企业税收问题文献的研究成果,总体上可归为如下几个方面。

一是从国家政策方面的机理研究,即我国与"一带一路"沿线国家谈签的税收协定问题以及如何完善和支持"走出去"企业的国内税收制度与政策。尽管我国已经与"一带一路"沿线国家中的 54 个国家签订了税收协定(国家税务总局网站,2016),但是仍然有一些尚未解决的税收问题。比如,早期与东南亚国家的税收协定,在时间上具有滞后性已不能适应当前国际税收新形势(詹清荣,2015;李香菊等,2017),并且内容框架上未写入税收饶让、国际税收互助等优惠政策,以至于其难以满足当前跨境企业的实际需求(庞淑芬等,2017;李香菊等,2017;赵力扬,2017)。再比如,与"一带一路"沿线国家达成的税收协定,因该国受到各种不确定性因素(如政局动荡、武装斗争与政权更替等)影响,其内容很难落实,以至于迈入"一带一路"沿线国家的中国企业的合法税收权力不能够被有效地保护(刘蓉等,2017),导致这些中国跨境企业的税收风险更加具有不确定性。这一系列的相关研究文献表明,早期谈签的税收协定相比于国际税收内容来说,过于滞后、覆盖不全面以及税收信息的非对称性等问题非常突出、严重。与此同时,新签订的税收协定在实际执行上存在极大的不确定性等税收风险，比如个别国家的税务机关不愿意执行或者不认可已谈签的税收协定。

二是从"一带一路"沿线国家的企业所得税方面的税制研究，即重点研究和分析"一带一路"沿线国家企业所得税制度对中国跨境投资企业净利润与所得税负担的影响问题。比如，"一带一路"沿线国家的所得税制度，尤其是企业所得税率、经营亏损结转政策、境外税收抵免制度、资本弱化管理以及转让定价和资本利得税等，给中国跨境投资企业带来的税收风险问题，以及通过何种税收途径来规避这些税收风险（张云和等，2015；杨志勇，2015；王素荣和付博，2017）。在这方面的研究中，部分学者还从国家宏观制度层面进行研究并认为，"一带一路"沿线国家之间应该完善、明确税收优惠政策、健全境外投资申报制度以及强化国际反逃避税措施（吴铮，2013；李垚林，2016），从而应对企业跨境投资的税收风险问题。这些企业所得税政策方面的文献研究表明，我国所得税制度与"一带一路"沿线国家的所得税制度存在极大的制度差异性，需要中国税务部门把对外投资的税收制度、政策和征收管理等存在的问题，给予进一步优化整合。

三是从"一带一路"沿线国家税收环境方面的治理研究，也就是"一带一路"沿线国家的税收执法环境对中国企业跨境经营产生何种结果、何种影响。在这方面的研究中，一部分相关文献的研究结果表明，简化征管流程、提高征管效率以及加强多渠道国际税收合作（中国国际税收研究会课题组，2015；陈展等，2016；王素荣等，2017），应成为解决"走出去"企业税收风险的共同建议；另一部分相关文献的研究结果表明，"走出去"企业应该熟知投资目的国的政治、经济甚至文化等国家层面的制度因素差异（陈文裕，2016；李菊香等，2017），并以此来应对中国跨境企业的税收风险问题。但是，这些文献研究存在的不足之处在于，他们仅仅是简略地对东道国的税收执法环境进行了制度上的概述性研究，并未对影响跨境企业在东道国税务部门税收执法过程中所遭遇的税收风险影响因素，做出详细的、深层次的信息挖掘和具体问题分析，也未对东道国的税收环境给予详细刻画。因此，这些研究都难以为"走出去"企业有效规避税收风险，提供有价值的理论指导和实践参考。

四是国家税收制度差异方面，换句话说，就是我国税收制度与东道国税收制度的不同之处。这是"走出去"企业面临税收风险问题的最根本之处，关于这方面的研究，目前尚处于空白地带。这也正是本研究所需要做的工作。

三、国家制度层面的税收风险分析

中国企业走出国门到境外进行创业投资，无论是跨入"一带一路"沿线国家还是到沿线国之外的其他国家，这些国家的税收制度和征管环境应是跨境投资企业不可或缺的、重要的考虑因素。其中，"一带一路"沿线国家的税收政策规定与征管体系、税负水平和税务部门征管效率，是衡量企业海外投资成本高低的决定性因素，尤其是宏观税负水平更是直接体现出在东道国投资企业所承担的经济成本大小。

（一）国体差异与税制比较

"一带一路"沿线国家的政治体制、经济制度甚至社会文化都有所差异，以至于每个国家税收制度的设计机制迥然各异。由中国政府发起并主导的"一带一路"倡议计划，覆盖东南亚、中亚、西亚、北非和东欧等60多个国家（地区），这其中既包含了经济欠发达的越南、柬埔寨、老挝、蒙古等国家，也包含了经济发达的波兰、新加坡等国家和地区，以及正处于经济转型中的其他一些国家。但毫无疑问的是，"一带一路"沿线国家中的大部分国家仍然是新兴经济体和发展中国家，也正是因此，这些沿线国家的国情状况、经济发展水平相差甚远，各国政体之间的经济制度和税收制度也呈现出明显差别，尤其是这些国家在对待中国的政治关系状况上千差万别，各国之间对待中国企业所制定的投资政策和税收政策也表现出极大的差异性。从图2中可发现，在对华关系上俄罗斯、波黑、哈萨克斯坦、巴基斯坦、阿富汗和柬埔寨等国家较为友好，而不丹、东帝汶和菲律宾等国家却较为紧张。这也说明，对于到"一带一路"沿线国家进行投资的中国企业，其无限的发展机遇与复杂的政治经济环境将交织于一体。

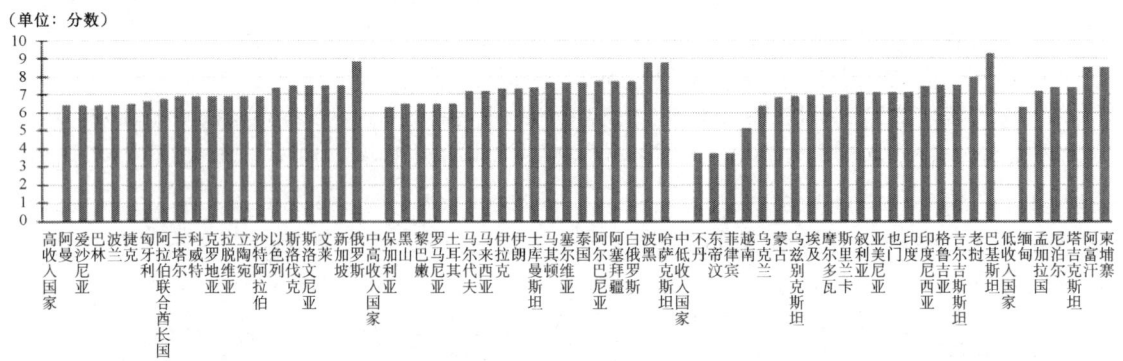

图2　2016年"一带一路"沿线国家按照经济发展程度和对话关系得分情况图

数据来源：《中国海外投资国家风险评级报告2016》。

当然，这种制度上的差异性，其具体表现形式应该是多维度、多方面的，比如政治制度、经济体制、文化宗教制度甚至人文习俗等方面的差异性。然而，对税收制度的差异，更有可能是国家之间各种制度差异的综合表现。不可否认的是，在各个国家之间的税收制度对比中，税收制度结构和税收征管体系是最有可能反映出国家之间制度差异的两个基本维度。限于篇幅，本文拟从税制结构和税收征管效率两个重要方面进行量化描述，以期分析跨入"一带一路"沿线国家企业在税收制度差异上的税收风险。

在税收制度和政策上，"一带一路"沿线国家的税收制度设计机制更是千差万别，难以在形式上简单区分和比较，尤其是不同国家开征的税种、限定的征税范围等。比如，新加坡、以色列等国家和地区开征了公司税和增值税，巴林、阿拉伯联合酋长国和马尔代夫三个国家却尚未开征公司税和增值税。再比如，巴基斯坦只征收销售税，印度尼西亚和越南同时征收增值税和销售税且不同税率，新加坡、哈萨克斯坦只征收增值税而不征收销售税。这几方面的比较说明，如果进入"一带一路"沿线国家的中资企业不注重这方面的了解，将有可能面临不可预知的制度陷阱。

在税制结构设置上，对于企业所得税除了上述巴林等三个国家尚未开征外，"一带一路"沿线国家都开征了企业所得税，对企业的经营所得和其他所得基本上是按比例征收，其中，税率设置最高的国家是巴基斯坦，税率是33%，最低的是土库曼斯坦，税率是8%。这些国家在所得税上的一个最大差别就是对公司投资所得税税率的设置差异，并集中于股息所得税率上。比如，阿曼、科威特、塞浦路斯和阿塞拜疆等国家不征股息所得税，阿富汗等国家对股息和生产经营所得、其他所得与资本利得征收相同所得税税率；土库曼斯坦等国家对股息征收的所得税税率要高于生产经营所得、其他所得与资本利得，而巴勒斯坦等国家却相反。

除了公司税之外，沿线部分国家还开征了增值税，比如经济发达国家中的俄罗斯、波兰、新加坡和匈牙利等国家，也有发展中国家的中国、越南、菲律宾、哈塞克斯坦和巴基斯坦等国家。这些国家对增值税税率的设置也是千差万别，匈牙利（27%）、波兰（19%）、俄罗斯（18%）相对最高，新加坡仅有7%，相对最低。

在其他税种上，阿尔巴尼亚、马其顿和斯洛伐克等国家开征了消费税、不动产税，波黑等国家开征了财产税和社会福利税，拉脱维亚和斯洛伐克等国家征收房地产税，并且拉脱维亚还开征了自然资源税，沙特阿拉伯仅对石油、天然气企业课以重税。此外，阿曼等国家对奢侈品进行课税。另外，还有部分沿线国家开征了附加税，比如印度、叙利亚等国家。在"一带一路"沿线国家中，土耳其税收种类名目繁多，不仅有企业所得税、个人所得税等主要税收，还开征了博彩税、通讯税、交通工具税、教育贡献费等。

在税种征收比重上，比如利润和资本收益税，如图3所示，尽管"一带一路"沿线国家基本都开征了公司税和资本利得税并作为主要征收税种，但是，其在征税总额中所占比重并不高，平均值仅为30%。其中，独联体国家中的俄罗斯联邦和白俄罗斯征收的利润和资本收益税占总税额的比重仅有5%，远远低于所列举国家的均值水平，而亚美尼亚、格鲁吉亚、埃及、以色列、新加坡、哈萨克斯坦、菲律宾、印度尼西亚以及马来西亚8个国家的利润和资本利得税的纳税比重超过了企业纳税总额的40%（高于总体均值10个百分点之多），尤其是马来西亚达60%之上。

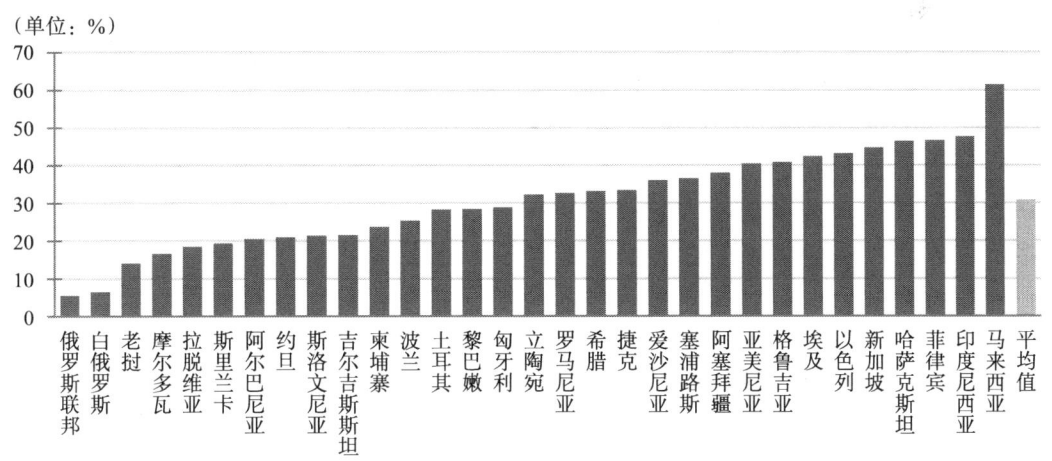

图3　2015年"一带一路"沿线部分国家利润和资本收益税在总税额中比重情况图

数据来源：CEIC全球经济数据库2015年世界银行报告部分，该数据库暂时缺失2016年数据。

（二）税收征管及其效率

在税收征管制度上，"一带一路"沿线的大多数国家采用了居民纳税人标准对企业征税，税务局对居民纳税人来自全球的收入进行征税，而新加坡、马来西亚、沙特阿拉伯、约旦、黎巴嫩和卡塔尔等国家和地区对企业的收入采用了属地纳税原则，仅就居民纳税人来源于境内的收入进行征税。

除此之外，税收征管效率也是反映"一带一路"沿线国家税收征管制度差异的一个关键性指标，在某种程度上，其效率高低代表着企业因纳税事项而需要承担隐性经济成本的大小。通常来说，一个国家的税收征管效率高低与该国的办税手续繁简程度、纳税项目等具有直接的相关性。其中，衡量税收征管效率比较有效的一个度量指标是纳税时间成本。

从图4中可知，沿线国家企业围绕纳税事项花费的时间成本，阿拉伯联合酋长国、巴林和卡塔尔最少，每年分别是12小时、27小时和41小时，其原因可能是与这些国家的税制结构简单、办税程序不复杂有关。与其形成鲜明对比的是伊朗、老挝、埃及、马尔代夫、孟加拉国、保加利亚和越南等国家，这些国家的企业围绕纳税事项所花费的时间成本最高，每年超过350小时，尤其是越南接近550小时。这些国家在税收制度上的共同特点是税制设计复杂、纳税资料繁杂以及报税程序繁多，还有一个特点就是税务系统行政效率低下（刘荣等，2017）[①]。

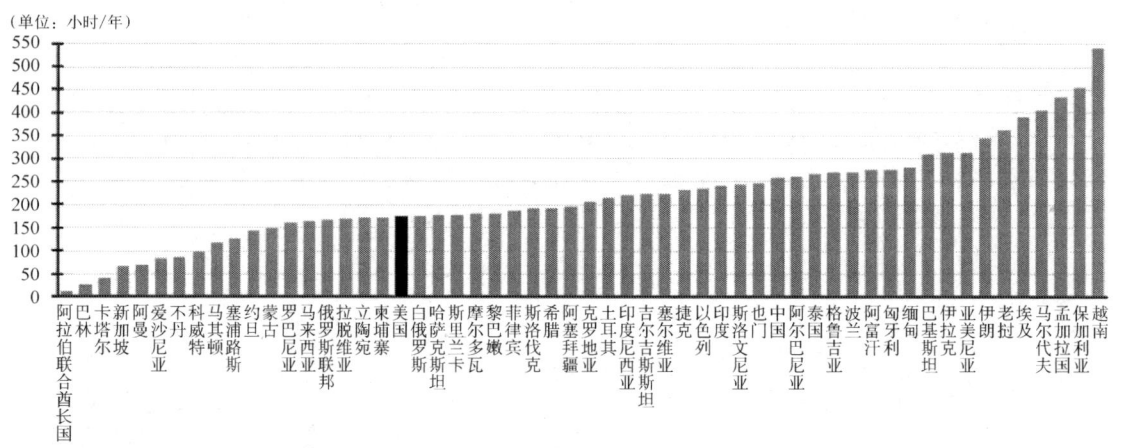

图4 "一带一路"沿线部分国家（含对照样本美国）企业的纳税时间成本图

数据来源：2016年世界银行官方网站"营商环境"。

综合来看，列举的"一带一路"沿线国家样本中，若是税种相对较少、税收结构简单、办税程序不复杂，其征管效率就相对较高。反之，亦然。因此，在同等条件下，对于准备跨境"一带一路"沿线国家"出海"的企业，若能够全面调查和综合衡量东道国的税收征管效率，必将极大缩减企业的纳税时间成本。

企业纳税项的数量多寡，也是考察税务部门征管效率的一个度量指标。从图5可见，

---

① 刘蓉、王鑫和毛锐："'一带一路'沿线国家税收征管竞争力比较［J］"，《税务研究》，2017年第2期。

在"一带一路"沿线部分国家样本中,纳税项目不超过 5 个的国家仅有卡塔尔、阿拉伯联合酋长国和格鲁吉亚三个国家,纳税项目最少。经济相对落后的老挝、柬埔寨、印度尼西亚、也门、巴基斯坦、斯里兰卡和吉尔吉斯斯坦等国家的纳税项目高达 40 余项之多,其中,吉尔吉斯斯坦超过 50 余项。这表明,在这组"一带一路"沿线国家样本数据中,经济越是落后的国家,政府为企业开设的纳税项目就越多,企业纳税程序就越复杂,与税务部门打交道的成本就越高,税收征管效率就越低。因此,如果中国企业对东道国的这些税收制度了解不透彻、办税能力不强,应谨慎考虑进行营业活动,否则,很容易给企业带来税收上的风险、损失或者意想不到的税务危机。

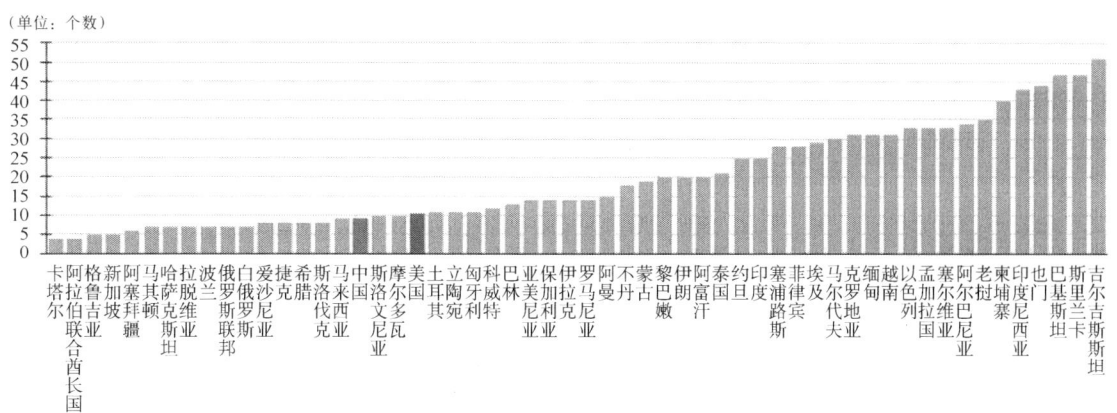

图 5 "一带一路"沿线部分国家(含对照样本美国)企业纳税项目的平均数图

数据来源:2016 年世界银行官方网站"营商环境"。

(三) 宏观税负与经济成本

在一定程度上,税收负担体现为企业所承担的显性经济成本,是一个国家税收制度差异的最终表现结果。从财富收入分配角度看,也代表着该国对企业整体财富的提取能力,当然,这更是企业在该国进行生产经营需要考察、权衡的一项重要税收指标。

从下图 6 "一带一路"沿线国家的宏观税负样本中,我们可以发现,宏观税负水平最低的国家是阿拉伯联合酋长国、爱沙尼亚、立陶宛和哈萨克斯坦,不及 10%。这几个国家的宏观税负之所以低的一个重要原因是,经济发展水平高、税制结构简单、征税种类少以及税率设置相对不高。与其相反,土耳其、以色列、匈牙利、格鲁吉亚、塞浦路斯和希腊等国家的宏观税收负高达 20% 以上,成为税收负担最重的国家[①]。

一般来说,一个国家宏观税负水平高,可能意味着企业需要缴纳的税收数额和承担的政府规费较多。这就需要企业在跨境投资前期充分了解东道国的税收缴纳和承担政府规费情况,以避免企业跨境投资的后期负担过多经济成本。

---

① 需要说明的是,对于宏观税负的数据描述,本应使用世界银行网站提供的 2016 年数据,然而,该网站未有更新 2016 年相关部分数据,故使用 2015 年数据作为替代。另外,下文所有使用 2015 年数据的部分,都是因为这个原因,后面不再予以说明。

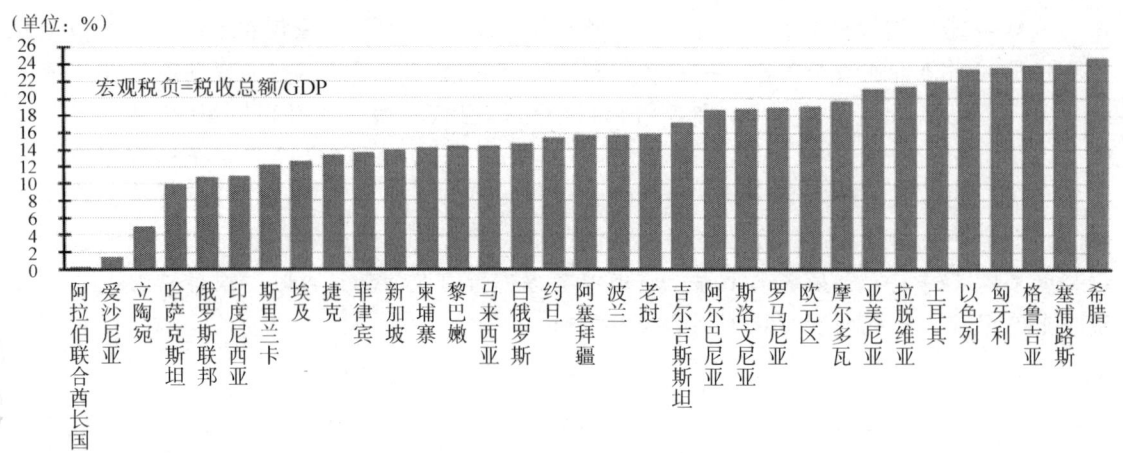

图6 2015年"一带一路"沿线部分国家宏观税负情况图

数据来源：CEIC全球经济数据库2015年世界银行报告部分，该数据库暂时缺失2016年数据。

四、微观层面的税收成本：隐性成本与实际税负

企业到东道国投资的税收成本，其构成不仅仅源自于宏观政策执行层面，还有可能来自于企业同当地税务部门官员打交道的"隐性税收成本"，比如企业与税务部门官员沟通成本和"贿赂"税务官员成本等。这些所谓的"隐性税收成本"，最终体现为企业的实际税收负担。

基于此，本研究将通过如下两个具有代表性的衡量指标，来描述"一带一路"沿线国家的企业"隐性税收成本"，其一是企业与税务部门官员见面的次数，其二是预期向税务部门官员赠送礼品企业的比例。与此同时，本文还将通过微观企业的实际税负来描述和刻画企业所承担的显性经济成本，并比较沿线国家的企业税收情况，进一步准备或已经到这些国家中的企业提供税收参考。

（一）企业"隐性税收成本"

企业与税务部门官员见面的次数，主要是指一年内企业向当地税务官员进行拜访或者要求其就有关税收问题开会的频率或次数。这项指标主要受到该国政府税务行政程序、政治安全和民族关系等因素限制。

结合当前各国实际情况看，从下图7中可见，阿尔巴尼亚、也门由于战争战乱和武装争斗、马其顿因国内民族关系复杂、老挝过于烦琐的政府行政办事系统以及柬埔寨严重的政府官员腐败等现实问题的存在，其企业与地方税务部门官员打交道的频率或者次数最多。其原因有可能是，依照法定程序办理企业税收事项难以在短时间内解决掉，必然影响企业的生产经营，一定程度上势必会增加企业与税务官员沟通的次数。

而马来西亚、斯洛文尼亚等国家的企业与税务官员见面的次数相对较少，平均一年还不到一次。其原因既有可能是这些国家政局相对稳定，也有可能是与其税制相对固定、征税程序简单、税种较少等因素有关。

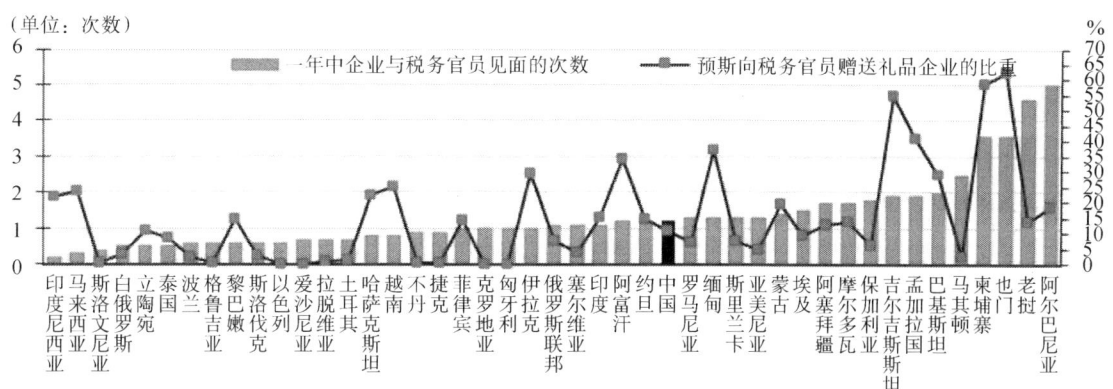

图 7　2012～2016 年"一带一路"沿线部分国家企业与税务官员沟通的"隐性成本"图

数据来源：2012～2016 年世界银行官方网站"营商环境"。

预期向税务部门官员赠送礼品企业的比例，是企业"隐性税收成本"中的另外一个度量指标。该指标应该是最直接、最能够反映企业承担的潜在税收成本，也能充分反映出该国税务官员的腐败程度。如上图 7 所表明，在"一带一路"沿线国家样本中，也门、柬埔寨、吉尔吉斯斯坦和孟加拉国等国家的企业，预期"贿赂"税务官员的比重最高，均超 40%，其中，也门和柬埔寨几乎过半的企业都会向当地的税务部门官员赠送礼品。这说明，在这些国家内超过 40% 的企业会选择向税务部门官员送礼的方式来解决企业税收上的问题。从另一个侧面也表明，这些国家的税务部门的腐败程度比较严重，比如柬埔寨、吉尔吉斯斯坦政府官员的腐败程度之高是世人皆知的不争事实。

相反，在这些"一带一路"沿线的国家样本中，斯洛文尼亚、以色列、不丹等国家的企业，预期"贿赂"税务官员的比重最低，这可能与这些国家法律严格、政府官员依法办事等因素密切相关。从这些样本中，我们还能发现，中东欧国家的企业很少会向政府官员赠送礼物，主要原因可能与这些国家的政治和法律制度转轨、经济转型息息相关。更有可能的一个原因是欧盟一体化中，税收和贸易协定推进了这些国家的经济制度变革，致使其税收制度相对简单、税务官员在入欧盟过程进行了大量的相关准备工作，办税效率显著提高。

（二）企业税收负担及分析

企业税收负担的高低，直接反映了该企业经济价值的流失程度和其所承受的经济成本大小。为能够鲜明地描述出"一带一路"沿线国家的企业税收负担，本研究采用了世界银行统计的企业实际支付总税额与商品利润之比，作为企业总体税负的衡量指标。①

从图 8 描述出的情况看，卡塔尔、科威特、马其顿和巴林等国家的企业总体税收负担最轻，不到 20%，其原因与这些国家的税制结构简单且稳定、税种较少、政府给予企业较多税收优惠政策以及税率较低等因素具有很大的关联性。此外，这些国家政府官员还比较

---

① 其中，企业支付的总税额不包含个人所得税和增值税等企业可以转嫁的税收。但是，该指标包含各种强制性缴费。

注重吸引外商投资，国家政治局势也相对稳定。

不同于上述国家，印度、白俄罗斯等国家的企业总体税收负担相对较重，其缴纳的总体税收在商业利润的半数以上，这给企业带来了巨大的运营负担。分析其主要原因，除了税种较多、税率高和纳税项目多之外，也与这些国家的经济转型有关，比如白俄罗斯等国家目前正处在计划经济向市场经济转型阶段，经济制度和税收制度中掺杂着浓厚的计划经济色彩。

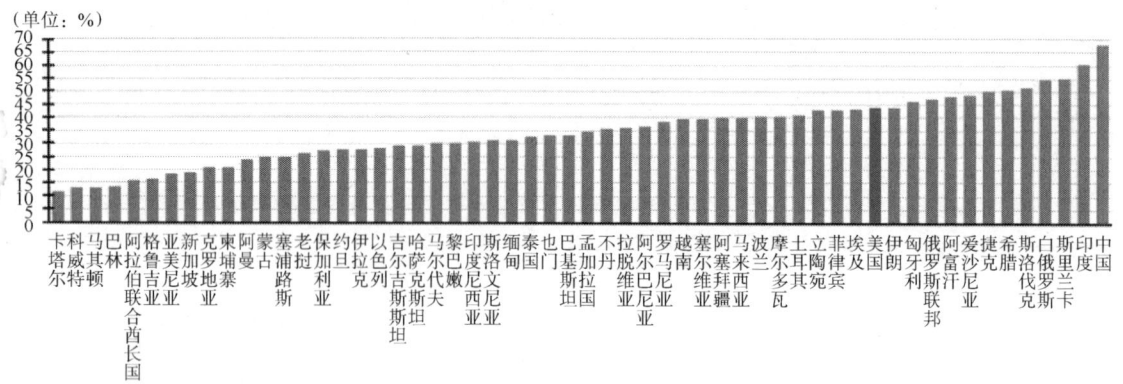

图8 2016年"一带一路"沿线部分国家（含对照样本美国）企业的税收总额占商业利润比重图

数据来源：2016年世界银行官方网站"营商环境"。

当然，企业总体税负并不能足以说明企业税收成本的负担情况，因此，我们还使用了微观层面的利润税税负和流转税税负两个指标，以期进一步细化描述和研究沿线国家的企业实际税收负担情况。

从图9可知，总体上来看，样本所列示的43个沿线国家，利润税的实际税负均值约为15%。这也说明，平均来看，在这些国家中进行投资创业的企业，可能将拿出15%的利润额上缴给这些国家的税务部门。从图中还能发现，近半数国家的企业利润税税负要高于样本的平均水平，其中，缅甸、不丹利润税的实际税负最高，超过25%，这明显高于我国企业所得税的名义税率水平。同时，这也表明，如果企业主营业务差异化不高、盈利能力不强，应尽量避开到这些国家进行投资、创业。

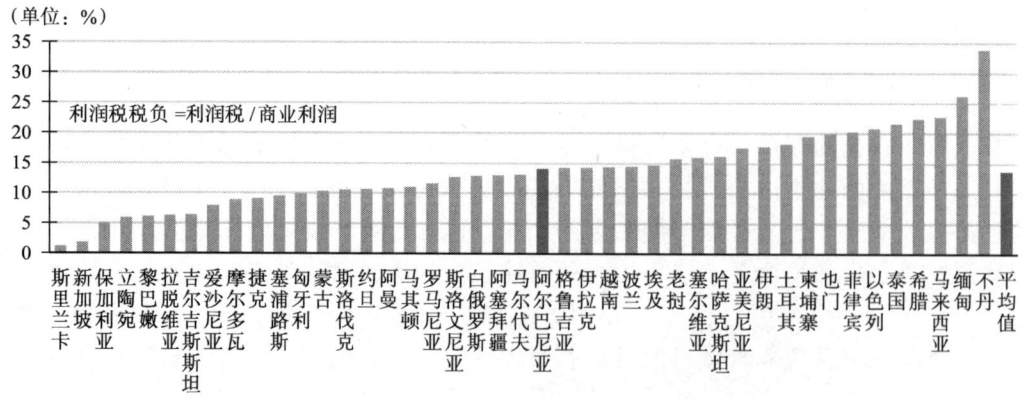

图9 2016年"一带一路"沿线部分国家的企业利润税税负图

数据来源：2016年世界银行官方网站"营商环境"。

在"一带一路"沿线上,大部分国家开征了流转税(劳动税①),因此,中国企业若想到这些国家投资或开办企业,在考量上述公司税税负的同时,也必须重点关注流转税税负情况,以此来进行综合的、有效的投资决策。

一个有趣的现象是,对比上图9和下图10,我们能够发现公司税税负不高的国家,流转税税负就会相对高些,反之,也是如此。基本的一个规律就是,公司税与流转税构成一种互补关系。比如在这两个图中,直观上,保加利亚、立陶宛、爱沙尼亚、摩尔瓦多和斯洛伐克等国家的流转税税负显著高于全部样本的均值水平(19.3%),但在公司税税负上,却明显低于全部样本的平均值(14%)。

另外,从图10中还可以观察发现,摩尔多瓦、匈牙利、立陶宛、捷克、爱沙尼亚、白俄罗斯和斯洛伐克等7个"一带一路"沿线国家的企业流转税税负超过30%,是样本均值的2倍。这表明,这些国家企业缴纳的税收主要是以流转税为主,对企业商品和劳务的营业额征税比重高。如果企业议价能力不强或者税负转嫁能力不高,<u>企业应该避开前往去这些国家进行投资、生产经营活动</u>。

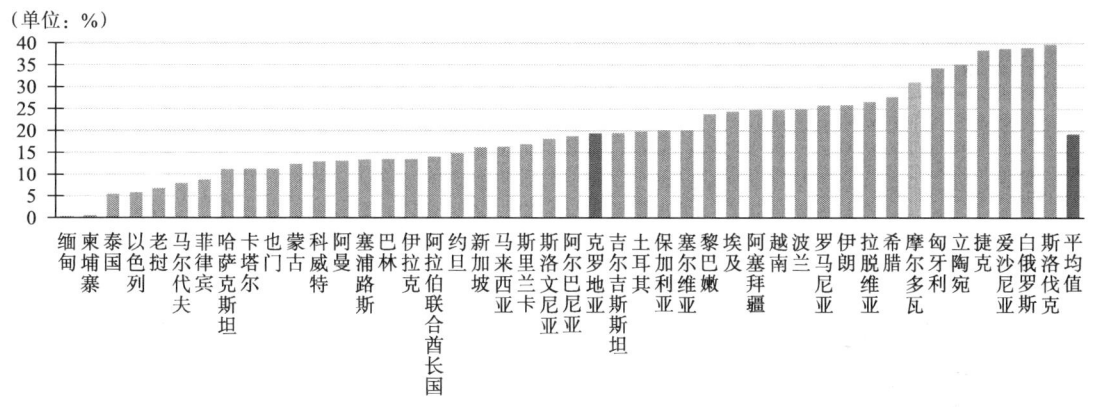

图10 2016年"一带一路"沿线部分国家企业的流转税占商业利润比重图

数据来源:2016年世界银行官方网站"营商环境"。

五、应对策略与建议:量体裁衣与内外兼修

基于以上分析,企业应对"一带一路"沿线国家的制度差异、税制结构和税收负担情况进行综合考量,并结合企业自身的业务性质、产品差异化程度等,选择最适合"出海"投资创业的东道国,以此获取税收利益的最大化,更重要的是,还能够减少不必要的税收风险和投资损失。比如,企业对相关国家税收制度、税制结构和法律法规不甚了解的话,同等条件下,可以选择税种较少、纳税项目不多、办税效率较高的国家进行投资,如卡塔尔、阿拉伯联合酋长国和格鲁吉亚等国家。再比如,议价能力弱、税负转嫁能力差和经营业务异质性小的企业,可以考虑到流转税税负低的国家进行投资,如缅甸、柬埔寨和泰国等国家。总而言之,从税收角度,企业综合各种可能的税收因素进行成本核算和涉税风险

---

① 劳动税,这是世界银行网站数据库给出的一个中文翻译概念,其本质就是劳务税或者流转税。

分析，并考虑相关国家的一些其他影响因素，比如政局稳定与否、战争战乱、武装割据和对华关系状况等政治风险因素以及当地的文化风俗等非制度因素等，以此量体裁衣，做出适合企业实际情况的最优选择。

不仅如此，在国内，准备"出海"企业应对国内有关企业跨境方面的税收政策进行系统性学习与研究，及时向国内税务机关详细咨询相关的政策文件，或者聘请专业税务机构进行整体税收安排和税务成本核算，控制好国内税收问题，以此避免或者降低企业纳税风险。与此同时，企业也应该充分了解我国与"一带一路"沿线国家签订的税收协定情况和具体内容，并跟踪好相关国家的税收法律政策变化以及可能享受到的优惠政策。必要时，企业可以派人员事先到东道国进行实地考察，并向当地专业的税务机进行构咨询，做好企业海外投资前的准备和筹划工作，最大程度降低企业的税收成本和减少不必要的税收损失。

第三部分　税收与腐败的关系研究

一、引言与研究动机

税收是任何一个经济体都无法回避的事实，而影响税收的因素又是多维的、多方面的，比如政治体制、经济制度甚至社会文化和风俗习惯等，也包含各种确定的与不确定的外部因素。这其中，东道国政府官员的腐败问题也是一个非常值得跨境投资企业关注的重要影响因素。政府腐败是一个无可非议的世界性话题，在现实经济活动和学术研究中，政府腐败究竟对经济发展是具有润滑作用还是阻碍作用，已演化为一个争论不休的话题。比如，一些研究者认为，企业利用腐败行为可以提前获批生产经营许可（Dreher 和 Gassebner，2013）、提高工业生产效率（Vial 和 Hanoteau，2010）以及帮助企业偷逃税收并减轻企业税负（吕炜和陈海宁，2017），减少企业隐性成本，对经济发展起到润滑剂作用。但是，另一些研究者认为，腐败更多的可能会抑制经济增长（Fisman 和 Svensson，2007）、无效率的资源配置（Bertrand 等，2007）、挫伤外国投资者的投资积极性、甚至造成社会不公和收入不均等（Gupta 等，2002；Olken，2006），还有可能影响政治制度和经济体制的稳定性（Anderson 等，2003）。

然而，按照新制度经济学所推崇的"制度—行为—绩效"的基本范式，制度影响甚至决定了人的行为，人的行为又直接影响到相应的经济绩效或后果。因此，遵循这个逻辑，制度差异必然引致经济体之间的行为差异（North，1990）。不可否认，"一带一路"沿线国家中按经济发展程度划分，以发展中国家和经济转型国家居多数，这些国家的政治制度、经济制度乃至文化体制都不可避免地存在诸多诟病和弊端，比如政府官员腐败、贸易壁垒和保护主义、政治集权等。这些现实问题在一定程度上已然成为"一带一路"沿线国家的隐性制度特征，构成企业投资环境和营商环境中的重要影响因素。

因此，东道主国家的制度环境于无形之中也成为中国企业跨境到"一带一路"沿线国家投资的最大创业风险，尤其是政府腐败影响下的税收征管制度环境。从先前税收制度、税收征管与企业税收负担的研究文献中，我们获得的一个重要启示是，税收制度和税收征管力度及其征管效率共同决定了企业负担税收成本的大小。如果研究理论具有普适性，同样，对于投资进入"一带一路"沿线国家的中国企业来说，其实际税负必然要受到东道国税收制度和征管体制的制约，并在一定程度上由这个国家政府官员的清廉程度所控制。按照这一逻辑，"一带一路"沿线国家的企业税收必定与政府腐败的控制程度存在或多或少的内在联系。

从目前相关文献研究来看，在宏观层面上，税收与腐败具体表征为税收立法腐败、税收执法腐败和税收司法腐败（薛钢，2005）。其中，税收执法腐败是最熟悉、最普遍的一种税收腐败形式，比如企业向基层税务人员行贿、税务机关上下级之间的腐败等。然而，从微观层面来看，税收与腐败更多地表现为纳税人和税务人员共谋而达到减轻税收负担的行为。比如纳税人通过行贿逃税获税收利益或免于税收处罚。

二、制度背景与经验研究

（一）制度背景与文献研究

从 20 世纪 60 年代开始，腐败逐渐进入政治学分析范畴和经济学研究视野，最具有代表性的就是寻租模型（Gorden Tullock，1967、1971；James M. Buchanan，1987），腐败因素在公共部门分析中也被正式引入。

从政府与市场的双重视角看，腐败滋生于"官僚协调"与"市场协调"的混合行为（Kornai，2007），制度转型是市场滋生腐败的重要因素（Mauro，1995；Aidt 等，2008）。尤其是控制主要资源并过度干预市场的经济体，腐败更容易出现（Acemoglu 和 Verdier，2000）。而腐败在宏观制度层面能够产生一种"俘获经济"现象（Bardhan，1997；Aidt 等，2008），这种现象在经济转轨国家中尤为明显。同时，这种"俘获经济"一旦产生就会在微观层面上"捕获"政府官员，尤其是那些对稀缺资源具有支配权或影响力的官员就会成为主要目标，从而弱化政府监管功能、强化个人监管和监督"契约"实施动机（Sarte，2000）。因此，这种"俘获经济"将促使更多企业为了获取"特殊待遇"或者"便利条件"被迫或主动地加入到竞赛中，使得"俘获经济"具有一种负外部性特征，并对市场上的不同企业产生非对称的受益机制。

制度作为一种社会治理规则，定义并限定了社会个体的决策集合（North，1990）。腐败作为官员理性决策的结果，必然受到制度环境的制约（郭峰等，2015）。发展中国家往往腐败程度更高（Svensson，2005），政府腐败会破坏国家的税收法治（方明月和聂辉华，2015），使得税收法律从刚性转向弹性，这必然加剧企业税收风险和税企矛盾。很显然，腐败导致政府不作为现象屡屡可见，不可避免的一个后果就是破坏税务官员公正执法，从而提高企业通过政府解决纳税问题的交易成本，以至于政府腐败越严重，企业越有可能倾向于寻求非政府力量，比如贿赂税务官员建立私人关系。

现有研究表明，制度环境相对较差的国家，其政府腐败相对就越严重，企业的政府公关或政策寻租就越愈发明显。对于企业来说，政府腐败程度将直接影响税务官员的执法力度和税法刚性，进而不可避免地决定了企业实际税收负担的高低，比如企业通过贿赂税务官员避税或者不贿赂税务官员被多征税（或多支出其他额外营业成本）。

因此，从经济学角度看，腐败是一种变相的税收、隐性营业成本，不仅能够扭曲企业投资（Shleifer 等，1993），还能够破坏企业营商环境并影响企业实际税收负担，这也就是所谓的"腐败税"。腐败带给经济增长的负面影响并非个别国家的特殊现象，而是在世界各国普遍存在（Mauro，1995；Mo，2001；万广华等，2012），比如"东南亚难题"现象（经济层面上企业快速成长，市场环境中政府腐败泛滥）。此外，相关文献研究结果表明，腐败的税务官员被纳税人贿赂将减少国家税收、弱化税收征管效率并降低企业税收负担（Gupta 等，2002）。腐败加深了政治和经济的不稳定性，减缓市场开放好政治改革步伐（杨小凯，2003）。

基于上述文献研究，本研究推测，在"一带一路"沿线国家中，不同经济体之间、政治体制之间都将存在政府腐败现象，腐败程度不同对中国企业迈入"一带一路"沿线国家投资所产生的税务风险和所负担的税收成本、甚至税务争议解决的方式和途径都具有重大影响。

在本研究中，需要说明的是，因数据搜集能力限制，其使用数据是世界银行官方网站的调查数据，研究时间范围限定为 2010～2015 年期间，在考察相关数据指标时，个别国家数据缺失，比如克鲁吉亚、巴勒斯坦、波黑和乌兹别克斯坦等国家数据。在具体数据处理上，按照研究惯例，根据各国政府腐败控制程度在正态分布上的得分情况（得分区间是 -2.5 至 +2.5，其分数越低代表腐败程度越高，反之亦然），并按照得分从低至高排列后，均等划分为 5 组，腐败程度由重到轻设定为腐败程度控制组 1、腐败程度控制组 2、腐败程度控制组 3、腐败程度控制组 4 和腐败程度控制组 5。

（二）经济制度与企业税收

从图 11 可见，经济发达国家和处于经济转型国家的税收负担要比发展中国家的税收负担高，尤其是处于经济转型中国家的税收负担最高，税负均值达到 40% 以上。从图中还可发现，从 2014 年开始，"一带一路"沿线上发达国家的税收负担超过了转型经济体国家的税收负担，转型经济体的税收负担呈现出了下降趋势。

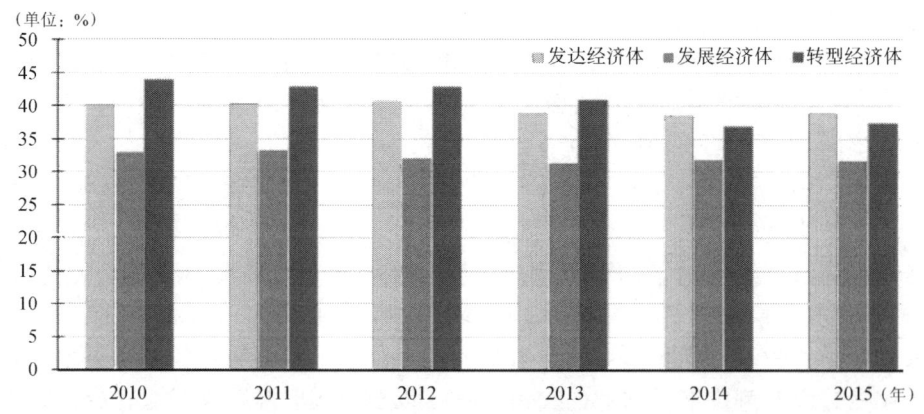

图 11　2010～2015 年"一带一路"沿线国家各经济体税收负担均值变动图

数据来源：世界银行网站。

推之到具体国家层面，各个国家的宏观税负更是与其经济发展水平息息相关，并且差距较大。从下图 12 中可以看到，转型经济体国家中的塔吉克斯坦、乌兹别克斯坦、白俄罗斯和乌克兰等国家的税收负担相对最高,其平均值达到了50%以上的水平,尤其是塔吉克斯坦和乌兹别克斯坦的税收负担高达约80%,并且这两个国家已经成为"一带一路"沿线国家中企业税收负担最高的国家。这可能表明,在这些国家中进行投资的企业不得不将拿出50%以上的商业利润作为国家税赋,缴纳给这些国家的税务部门。在这些转型经济体国家中,只有马其顿王国的税收负担最低,其均值还不足10%,这也是在"一带一路"沿线的所有国家样本中,其税收负担最轻的一个国家。

在"一带一路"沿线的发展经济体中,斯里兰卡、中国和印度的税收负担位居前三甲,其均值在65%上下,尤其是斯里兰卡的税收负担超过了70%。东帝汶和卡塔尔两个国家的税收负担仅在10%上下,是此组国家样本中税收负担最低的国家。

不同于上述"一带一路"沿线国家中的两个经济体,从图12中我们能够发现,沿线国家中发达经济体的总体税收负担相对最高,其总体均值接近于40%,即便是税收负担最低的克罗地亚,其税收负担的平均值也达到了20%。这从另一个角度再次印证了发达国家"高福利、高税收"的现实制度状况。

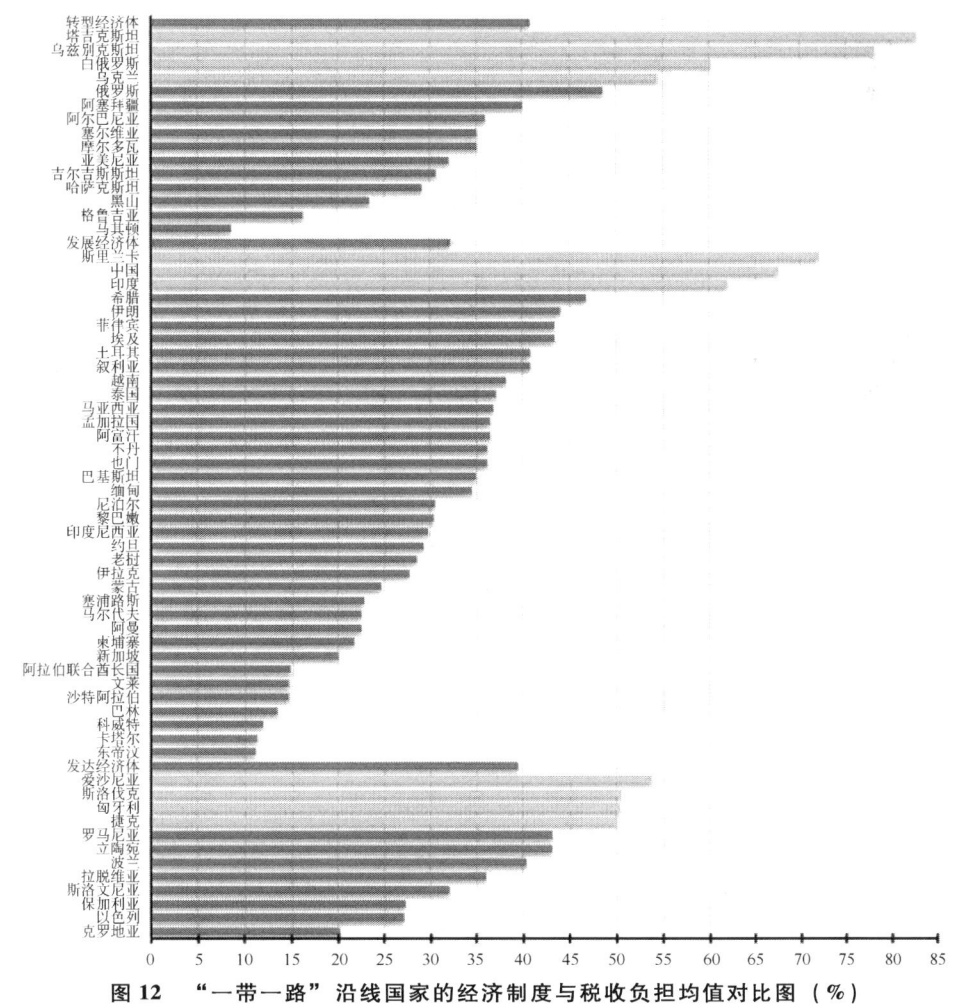

图12 "一带一路"沿线国家的经济制度与税收负担均值对比图(%)

数据来源:世界银行网站。

三、税收与腐败：数据描述

如前面多数研究所述，政府腐败作为一种外部环境对经济发展具有重要的影响作用，特别是对微观企业的生产经营活动。这对于中国跨入"一带一路"沿线的"走出去"企业来说，必将面临诸多不可预见的投资经营难题，尤其是沿线国家"腐败税"所带来的经营风险。因此，本研究将沿线国家的腐败程度对经济增长、税收征管制度与征管效率以及企业税收负担等几个方面作为切入点，着重研究"一带一路"沿线国家的税收与腐败问题。

（一）经济增长与政府腐败

图13直观地呈现出了"一带一路"沿线国家对政府腐败的控制情况。其中，阿富汗、土库曼斯坦和也门等国家对政府腐败控制最糟糕，在正态分上的总体得分达到了-1.5，成为"一带一路"沿线国家中腐败程度最高的国家。新加坡是"一带一路"沿线国家中对政府腐败程度掌控最好的国家，也是世界公认的清廉国家之一，其在正太分布上的总体得分高达+2.0以上。

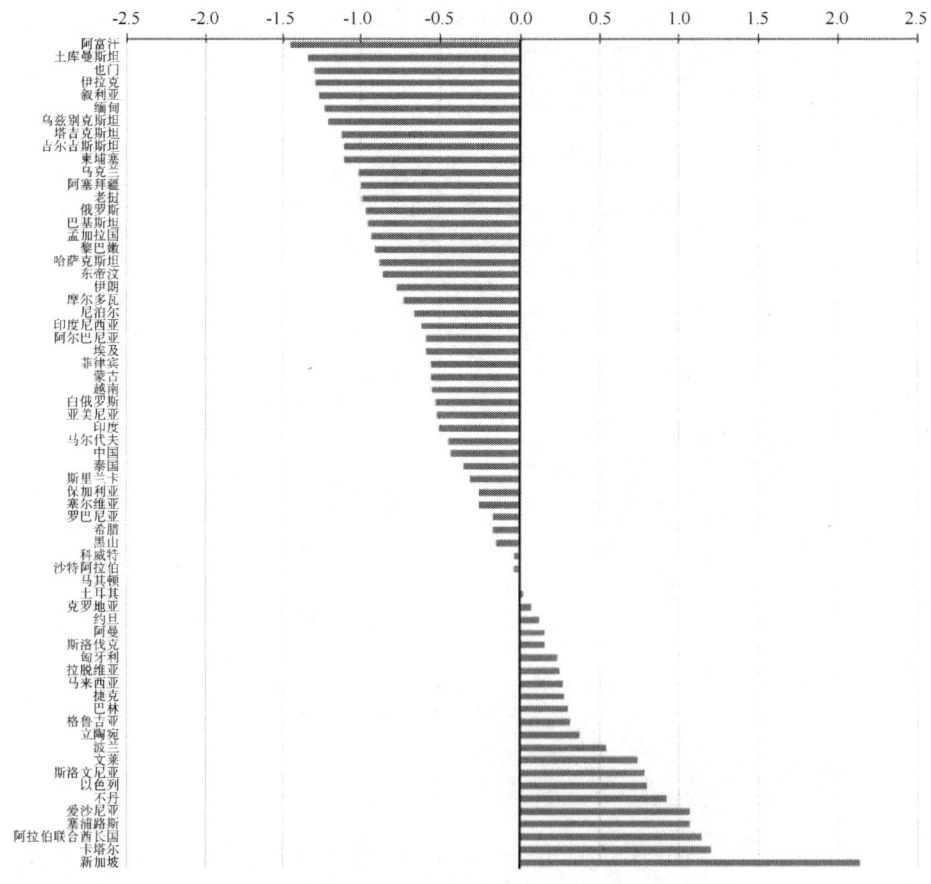

图13 "一带一路"沿线国家的政府腐败控制程度图

数据来源：世界银行网站。

政府官员的腐败程度对国家经济的影响应该是多维度的，比如 GDP 增长率、投资增长率以及经济发展水平等。从图 14 分组的时间趋势来看，沿线国家中腐败程度严重国家组的 GDP 增长率在总体水平上出现了先扬后抑的发展趋势，尤其是在 2015 年，从之前增长率最高变成最低，而相对清廉国家的经济增长率由之前的低水平变为高水平。

综合图 14 和图 15 总体来看，"一带一路"沿线国家的腐败控制程度与经济增长之间并未呈现出必然的相关性，但是，从总体上来看，腐败国家的经济增长率要好于相对清廉国家的经济增长率。这一结果可能是与沿线国家中大多数国家是发展中国家或转型国家有关，因为这些国家自身是处于经济水平上升阶段，相对发展速度要高于发达国家。

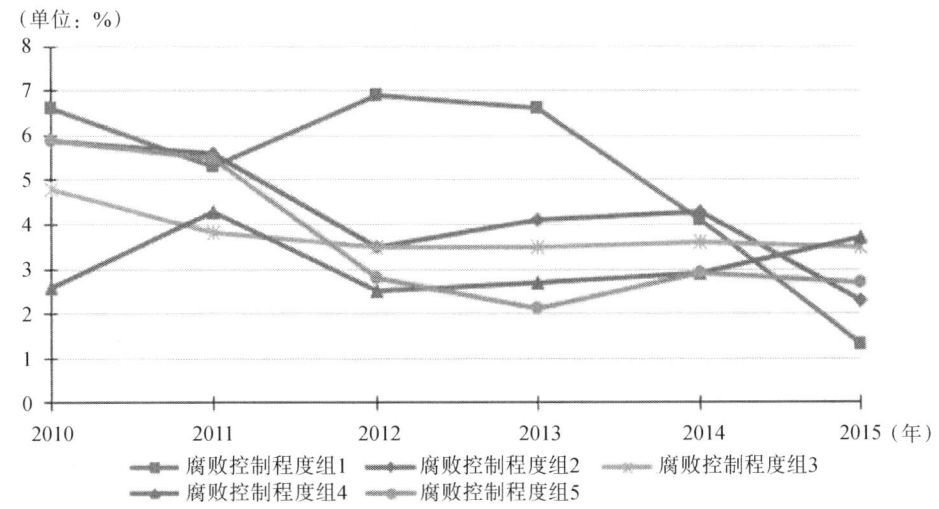

图 14 "一带一路"沿线国家的 GDP 增长率与政府腐败控制程度关系图

数据来源：世界银行网站。

（二）税收征管效率与政府腐败

本文在研究税收征管效率与政府腐败控制程度中，使用了世界银行网站"营商环境"中的 4 个指标作为度量税收征管效率的变量，它们分别是企业创办天数、企业纳税项数量、企业纳税所花费时间（包含纳税筹备、申报和扣缴三个方面）和预期向税务官员赠送礼物企业的比重。

1. 从图 16 按照腐败程度分组的数据描述情况可发现，在"一带一路"沿线国家中，创办一个企业平均所需天数与政府是否清廉存在着密切相关性，也就是说，腐败程度越重的国家，若要成立一个企业，其所花费时间相对就多；反之，亦是。但是，存在一个奇怪的现象，腐败程度相对最低的一组国家，创办企业花费的时间成本并不是最少。另外还可发现，在"一带一路"沿线国家中，创办一个企业所花费天数会随着时间推移呈现出一种递减趋势，尤其是最近三年相对更加明显。这有可能说明，这些国家在中国"一带一路"战略提出后，国家之间为了引进投资、争夺资本和资源，在一定程度上降低了投资商创办企业门槛，从而缩减了其所花费的时间成本。

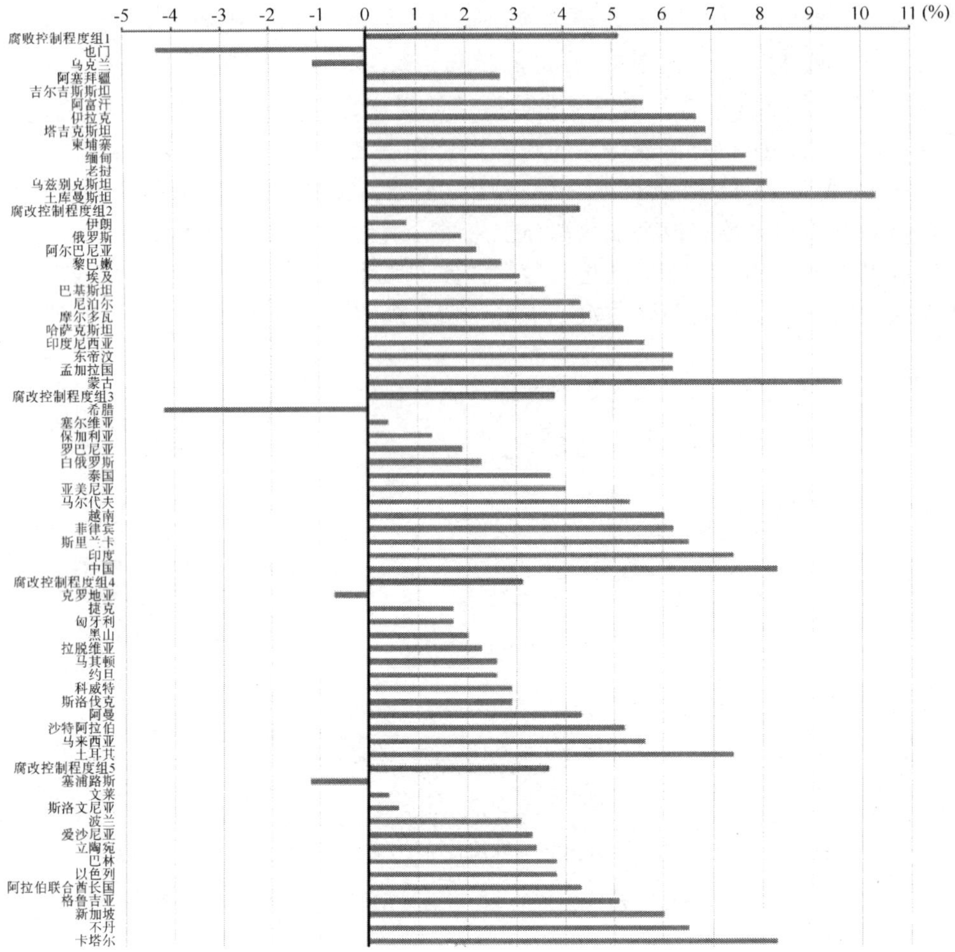

图15　2010～2015年"一带一路"沿线国家GDP平均增长率与政府腐败控制程度关系图

数据来源：世界银行网站。

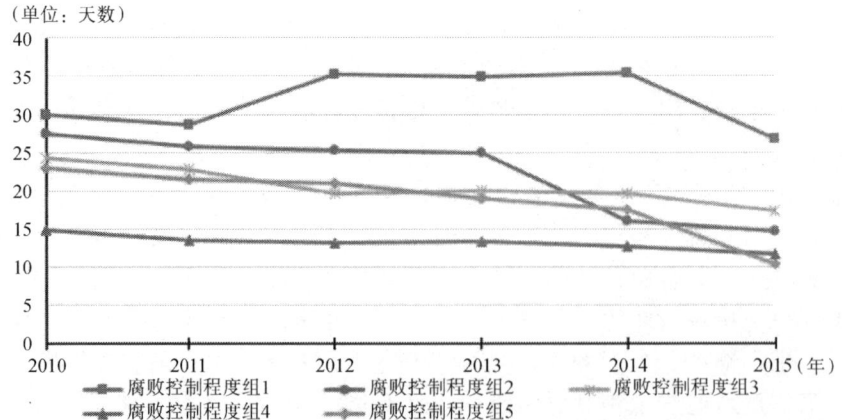

图16　2010～2015年"一带一路"沿线国家的创办企业天数与政府腐败控制程度图

数据来源：世界银行网站。

进一步验证创办企业所花费时间与政府腐败程度之间的关系。从图17中能够看出，在样本时间段内，柬埔寨、老挝和越南等腐败程度较重国家，其成立企业所需天数最多，尤其是柬埔寨将近100天，成为"一带一路"沿线国家中成立企业时间成本最高的国家。尽管图17按照各国政府腐败程度分组展示的创办企业所需天数并不严格遵循密切相关性，但总体情况比较符合这种规律。值得一提的是，腐败程度相对最小一组国家中，在文莱创办企业所花费天数仅次于柬埔寨，其值达到90天。

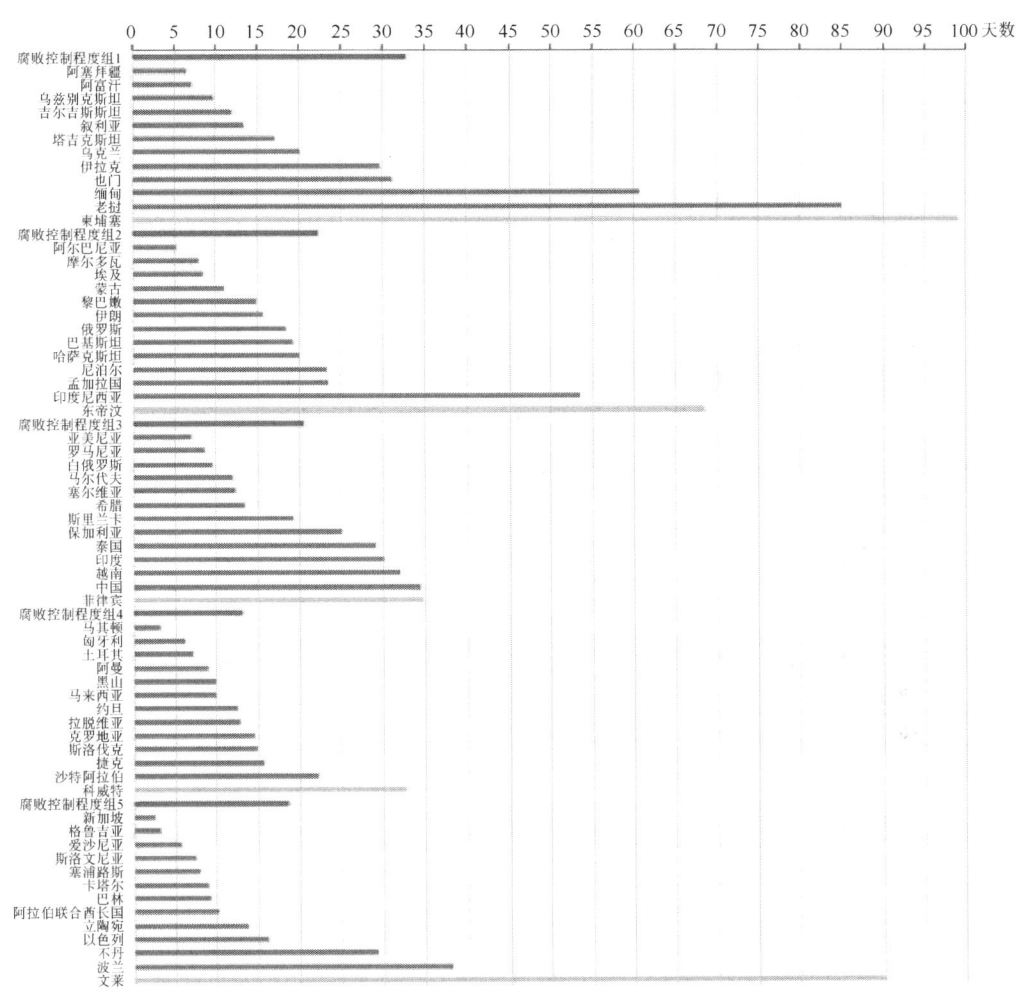

图17 "一带一路"沿线国家创办天数与政府腐败控制程度关系图

数据来源：世界银行网站。

2. 企业申报纳税项数量多寡能够直接地反映出这个国家的税收征管复杂性和企业纳税的便利程度。在一定程度上，运用这个指标可以表征出一国税务机关的税收征管效率是高还是低，即纳税项目越多，税收征管相对就越有难度，其征管效率相对就越低下。

从图18中和图19中简单又直观的数据描绘，我们可以发现，在本研究"一带一路"沿线国家的样本范围内，政府官员对腐败控制程度表现越差，该国的税收制度结构相对就越复杂多变。比如，塔吉克斯坦、乌克兰和印度尼西亚等这些腐败程度相对高的国家，企

138 | "一带一路"财经专题研究系列丛书——"一带一路"财经问题研究

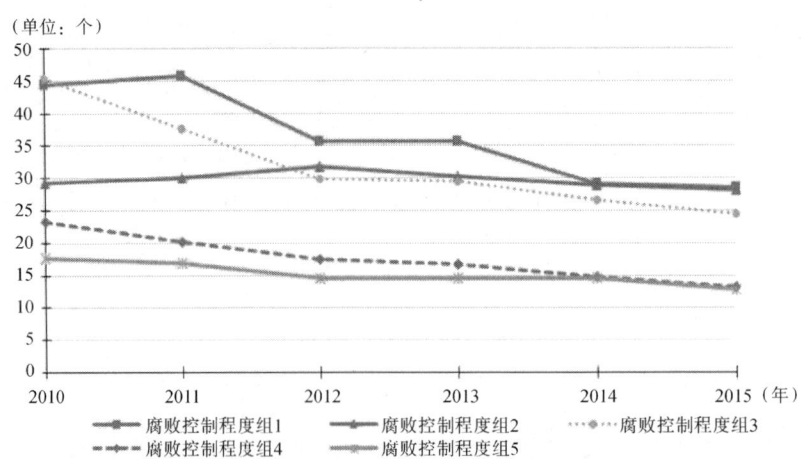

图18 2010~2015年"一带一路"沿线国家的纳税项数量与政府腐败控制关系图

数据来源：世界银行网站。

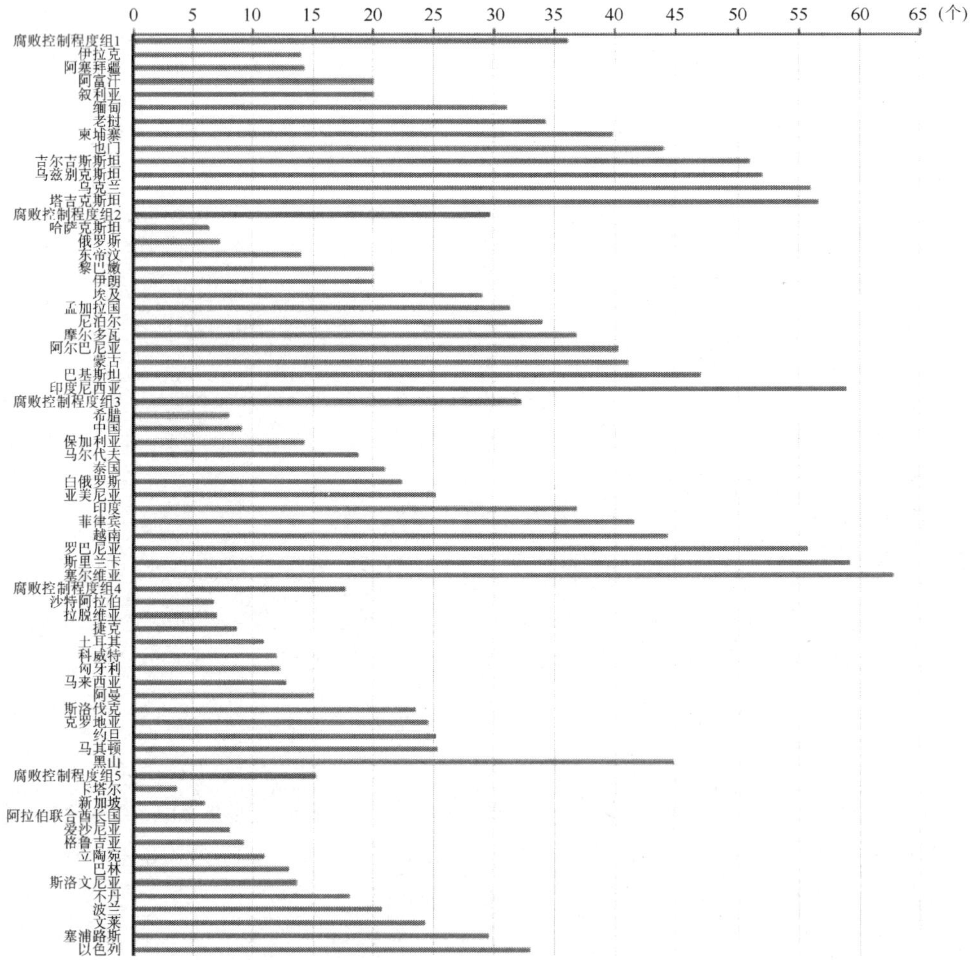

图19 "一带一路"沿线国家的企业平均纳税数量与政府腐败控制关系图

数据来源：世界银行网站。

业纳税数量多、税收制度结构设计复杂。相反，政府清廉度较高的卡塔尔、新加坡和阿拉伯联合酋长国等国家的纳税项数量最少，税制结构相对简单，事实上也的确如此。此外，这些国家的纳税项目数量在总体上会随着时间变化呈现出递减趋势。

3. 企业纳税时间成本在一定程度上能够刻画出税务机关的征管效率和企业的纳税成本。从图20中能够看出，在可观测到的样本总体上，腐败程度严重国家的企业纳税时间成本相对要高，而腐败程度控制程度相对好的国家，其企业纳税时间成本相对要少。这也意味着，在一定程度上"一带一路"沿线国家的政府官员腐败对企业税收征管和企业纳税成本是存在着有一定的影响因素。其中，从图中发现，中度腐败国家的企业纳税时间成本最高，均值超过300小时，因此其税务部门的征管效率也最低。除此之外，企业纳税时间成本与政府腐败程度表现出一种正相关关系，也就是说，政府越腐败、企业纳税时间成本越高。

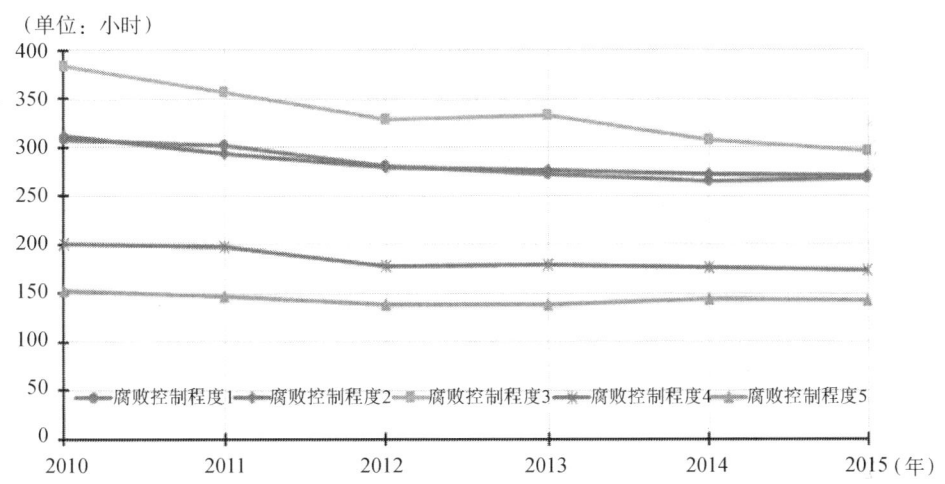

图20 2010~2015年"一带一路"沿线国家的腐败程度与企业纳税时间关系图

数据来源：世界银行网站。

4. 在一个国家中，预期向税务官员送礼企业占总体企业比重可以反映出这个国家税务官员的腐败程度，从而也可以测量出这个国家的税收征管状况及征管效率。

很明显，从图21中能够非常清晰地看出企业向税务官员贿赂与政府腐败之间的关系。乌兹别克斯坦、阿塞拜疆和老挝等这些政府腐败严重的国家，其企业向税务官员送礼的比重相对较高；爱沙尼亚、以色列和格鲁吉亚等这些政府清廉度较高的国家，其预期向税务官员赠送礼品的企业占比相对较低，甚至几乎没有。但是，我们也能够看出，在"一带一路"沿线国家中，也门、柬埔寨、吉尔吉斯斯坦、乌克兰和孟加拉国等这些国家的企业，向税务官员进行贿赂的企业占比最高。这也说明，这些国家不但腐败严重，企业与税务机关之间的税务争议也可能比较严重。

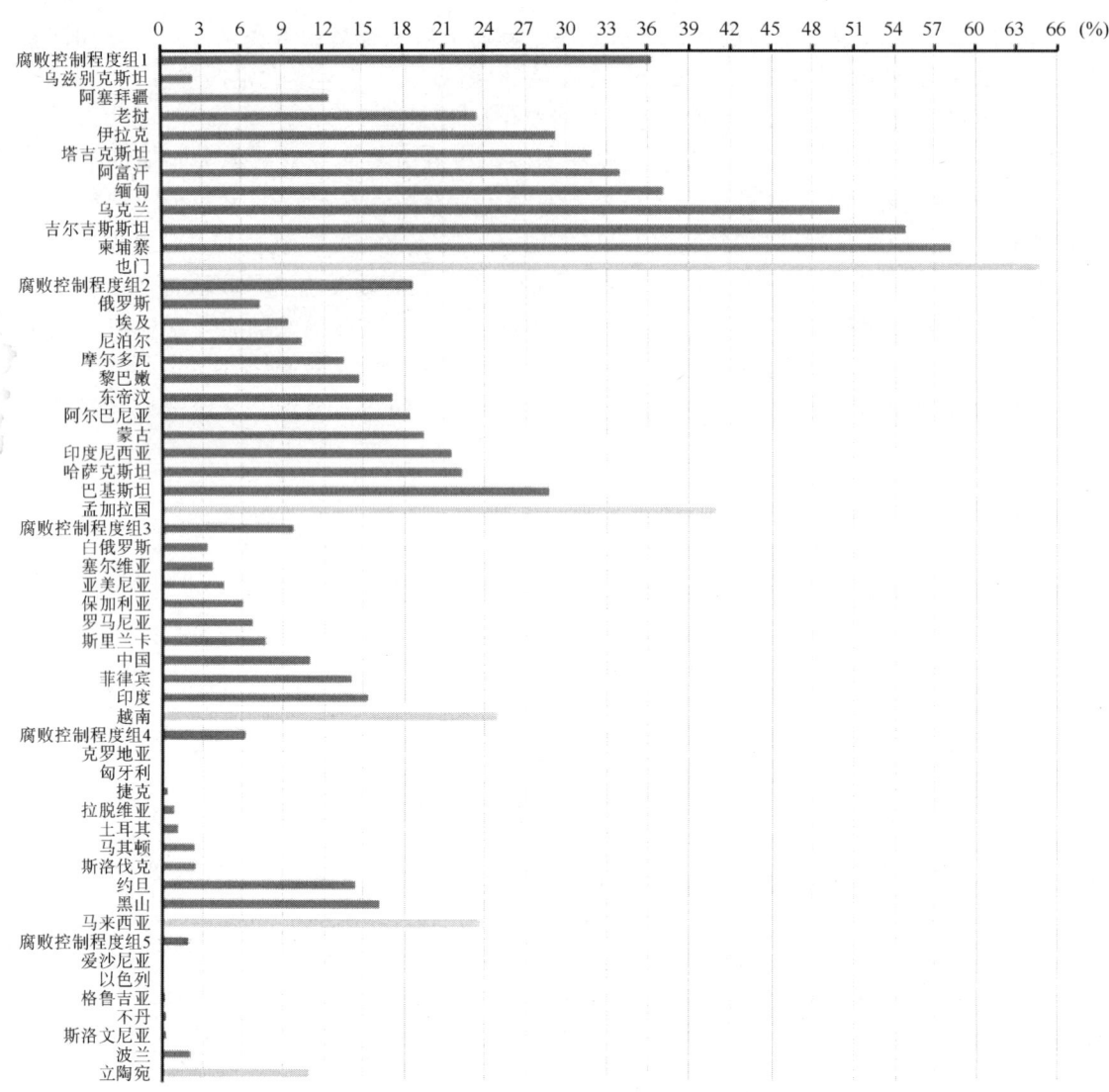

图 21 "一带一路"沿线国家的预期向税务官员送礼企业占比与政府腐败控制程度关系图

数据来源：世界银行网站。

（三）企业税负与政府腐败

从宏观视角看，国家政治体制、经济制度（尤其是税收制度）和文化习俗等综合集中并作用于企业税收负担，即企业负担税收成本的能力水平。

图 22 按照腐败程度对企业税收负担分组的数据描述充分表明，企业税收负担与政府腐败程度具有正相关性，政府腐败越是严重，其企业税收负担就越高；反之，也是如此。样本期间内，政府清廉国家的企业税收负担相对变化不大，政府腐败严重国家的企业税收负担在不同年份有所变化，比如 2012 年、2013 年和 2014 年连续三年出现下降趋势，尽管如此，仍旧显著高于政府清廉国家的税收负担水平约 10 个百分点。

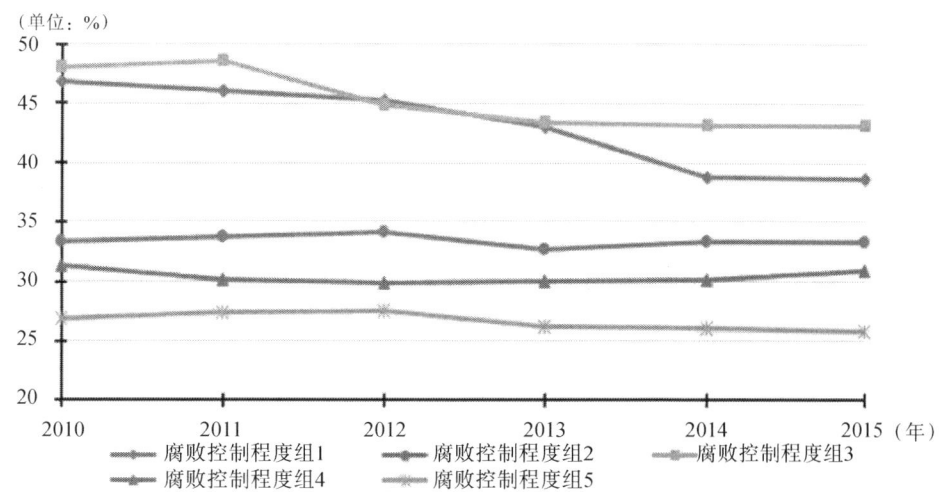

图 22 2010～2015 年"一带一路"沿线国家的税收负担与政府腐败控制程度变化图

数据来源：世界银行网站。

图 22 刻画了样本期间内企业税收负担均值与政府腐败控制程度。从图中能够直观看到，政府腐败比较严重的塔吉克斯坦、乌兹别克斯坦、乌克兰等国家的税收负担相对也最重。比较有趣的是，处于中度腐败组内的斯里兰卡和中国，其税收负担仅次于塔吉克斯坦、乌兹别克斯坦，分别位列"一带一路"沿线国家中的第三位、第四位。这有可能与税收结构、税收征管的复杂程度存在一定联系，从而导致了企业税收负担较高。

当然，从图 23 中我们也知道，政府腐败未必是影响企业税收负担的决定性因素，但可以推测其在一定程度上会左右企业税收负担的走向。因此，对于企业税收负担与政府腐败是否具有高度相关性的实证检验，也正是我们未来所要研究的方向之一。

四、结论与启示

跨境投资企业税收负担的影响因素是多维度的，同样其税收风险的影响因素也是多方面的，但是，制度环境的影响却是亘古不变的，尤其是政府官员腐败对税收制度和征管环境的影响、甚至企业税收行为的影响。在"一带一路"倡议的发展计划驱动下，更多的中国企业将会迈入这些沿线国家进行投资创业，其投资过程中难免遭遇未曾经历的税收征管问题和各种难以预测的税收风险。

本文正是基于这样一个研究背景与研究前提，将制度环境对企业税收负担和税收风险的影响作为研究切入点，翔实地分析了"一带一路"沿线国家的政府官员腐败与企业税收之间的现实逻辑关系。其研究表明，政府官员腐败对发展中国家和转型中国家的经济增长具有促进作用，但对税收制度和征管体制将产生直接的负外部效应，具体表现为企业税收负担相对较重、企业纳税成本较高以及税收征管效率低下等典型特征。

本文经过对"一带一路"沿线国家的政府官员腐败程度由高到低进行分组后，从经济发展、税收制度和税收征管等角度给出了相关数据描述，其总体上发现如下两点结论：一

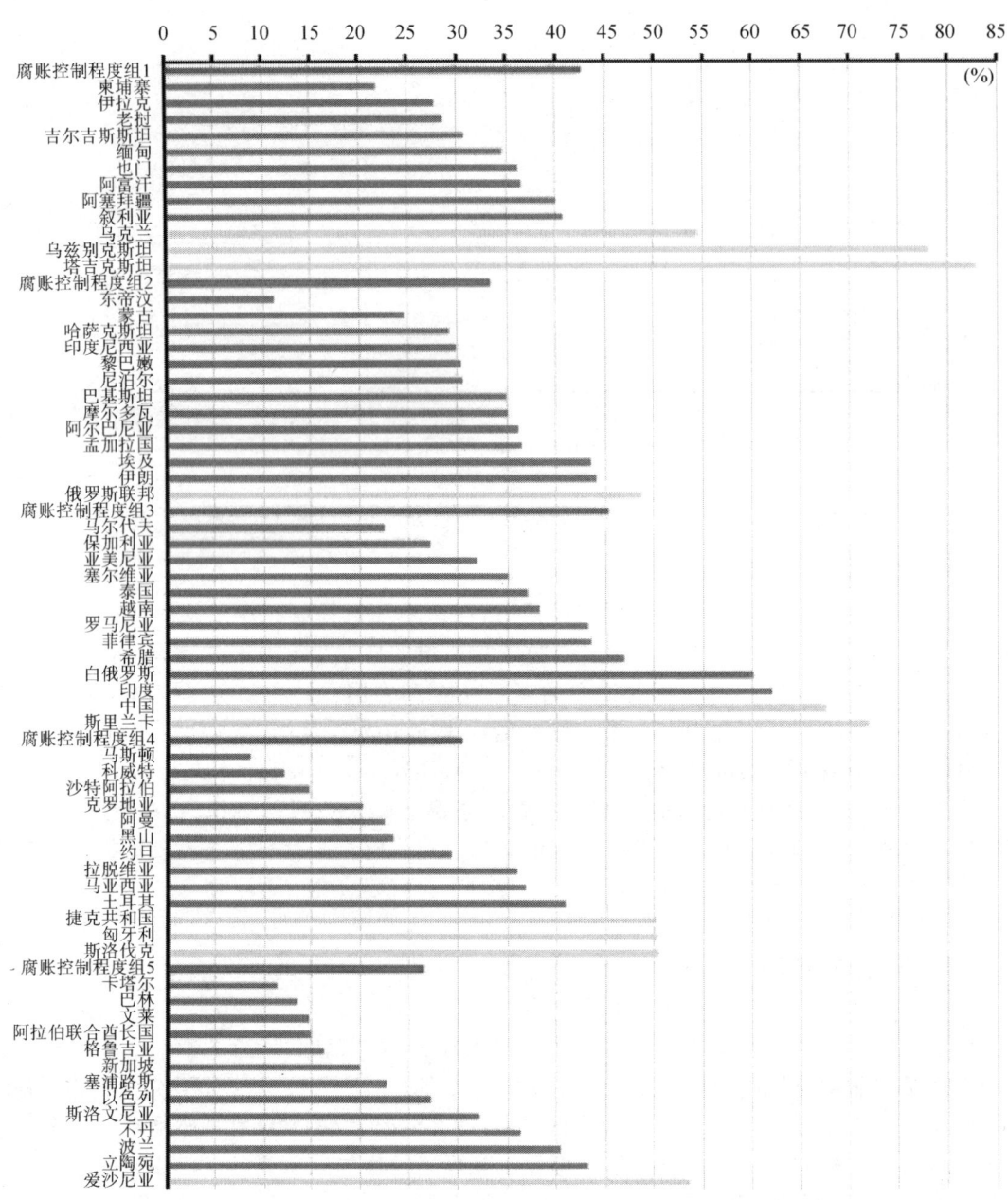

图 23　"一带一路"沿线国家的税收负担与政府腐败程度关系图

数据来源：世界银行网站。

是"一带一路"沿线国家政府官员腐败程度对企业的实际税收负担会产生负面影响。官员腐败程度严重国家的企业实际税负要高于清廉国家的企业实际税负，这也间接地印证了"一带一路"沿线国家"腐败税"的存在。二是"一带一路"沿线国家政府腐败程度对税收征管制度也具有负面影响作用。"一带一路"沿线国家的政府对官员腐败控制的越好，税收征管效率就越高，企业税收负担也要相对更低，企业税收支出成本也就更少。

参考文献

[1] 陈文裕:"'走出去'企业涉税风险的现状与应对"[J],《税收经济研究》,2016年第3期。

[2] 陈展、周广仁:"税收服务'海上丝绸之路''走出去'企业研究"[J],《税务研究》,2017年第2期。

[3] 冯宗宪、李刚:"'一带一路'建设与周边区域经济合作推进路径"[J],西安交通大学学报:社会科学版,2015年第6期。

[4] 庞淑芬、王文静、黄静涵:"'一带一路'下我国企业'走出去'的税收风险解析"[J],《国际税收》,2017年第1期。

[5] 刘蓉、王鑫、毛锐:"'一带一路'沿线国家税收征管竞争力比较"[J],《税务研究》,2017年第2期。

[6] 王开智:"'走出去'企业涉税风险与防范"[J],《国际税收》,2012年第1期。

[7] 王素荣、付博:"'一带一路'沿线国家公司所得税政策及税务筹划"[J],《财经问题研究》,2017年第1期。

[8] 赵力扬:"'一带一路'战略下企业'走出去'税收问题研究"[J],《财政科学》,2016年第11期。

[9] 万广华、吴一平:"制度建设与反腐败成效:基于跨期腐败程度变化的研究"[J],《管理世界》,2012年第4期。

[10] 郭峰、龙硕、胡军:"财政分权、政绩偏好和地方官员腐败研究"[J],《世界经济文汇》,2015年第3期。

[11] 方明月、聂辉华:"腐败对企业契约实施的影响:来自中国企业的证据"[J],《经济社会体制比较》,2015年第7期。

[12] 杨小凯:"经济改革和宪政转轨:回应"[J],《经济学》(季刊),2003年第3期。

[13] Prahlad V, Cornelius T, Morimoto R I. Regulation of the cellular heat shock response in Caenorhabditis elegans by thermosensory neurons [J]. Science, 2008 (320): 811–814.

[14] Miehael Carmody. Large Business and Tax Compliance A Corporate Governanee Issue, Leader [J]. Commissioner of Taxation, 2003 (6): 89–98.

[15] Miller. Improving tax administration in developing countries [R]. International Monetary Fund, 1996.

[16] Neubig T. Tax Risk and Strong Corporate Governanee [J]. Tax Excetive, 2004 (3/4): 114–119.

[17] Acemoglu, D. & T. Verdier, 2000, "The choice between market failures and corruption", American Economic Review, 90 (1): 194–211.

[18] Bardhan, P., 1997, "Corruption and development? Areview of issues", Journal of Economic Literature, 35 (3): 1320–1346.

[19] Bertrand, M. etal, 2007, "Obtaining adriber's License in India: An experimental

approach to studying corruption", Chmrterly Jouranl of Economics, 122 (4): 1639 – 1676.

[20] Burguet, R., and Y. Che, 2004, "Competitive Procurement with Corruption", RAND Journal of Economics, 35 (1): 50 – 68.

[21] Fisman, R., and J. Svensson, 2007, "Are Corruption and Taxation Really Harmful to Growth? Firm Level Evidence", Journal of Development Economics, 83 (1): 63 – 75.

[22] Gupta, S., H. Davoodi and A. Rosa, 2002, "Does Corruption Affect Income Inequality and Poverty?" Journal Economics of Governance, 3 (1): 23 – 45.

[23] Olken, B. A., 2009, "Corruption perceptions vs. corruption reality", Journal of Public Economics, 93 (7): 950 – 964.

[24] Olken, B. A., and R. Pande, 2012, "Corruption in Developing Countries", Annual Review of Economics, 4: 479 – 509.

[25] Mauro, P., 1995, "Corruption and growth", Quarterly Journal of Economics, 110 (3): 681 – 712.

[26] Mo, P. K., 2001, "Corruption and economic growth", Journal of Comparative Economics, 29 (1): 66 – 79.

[27] North, D. C. (ed.), 1990, Institutions, Institutional Change, and Economic Performance. New York: Cambridge University Press.

[28] Sarte, P., 2000, "Informality and rent – seeking bureaucracies in a model of long – run growth", Journal of Monetary Economics, 46 (1): 173 – 197.

[29] Shleifer, Andrei, and Robert Vishny, 1993. "Corruption." Quarterly Journal of Economics. 108 (3): 599 – 617.

[30] Svensson, Jakob, 2005. "Eight Questions about Corruption." Journal of Economic Perspectives. 19 (3): 19 – 42.

[31] 薛钢:"关于税收腐败现象的经济分析"[J],中南财经政法大学学报,2005年第4期。

(厦门国家会计学院"一带一路"财经发展研究中心博士:薛伟)

第三篇
"一带一路"与资金融通

"一带一路"资金融通中的伊斯兰金融应用

> **内容摘要:** "一带一路"建设的关键动力资金融通,建设中的风险也需要通过融资分散加以治理。伊斯兰金融是近10年来全球金融体系中增长最快的部分之一,"一带一路"沿线国家信奉伊斯兰教的居民占大多数。伊斯兰金融是建立在对伊斯兰教义指引遵从基础上、相对于世俗金融的独特金融体系,其中伊斯兰债券对基础设施建设融资支持的作用已经明显显现。本研究认为,伊斯兰金融为我国参与"一带一路"基础设施建设动员本土化融资提供了良好基础。
>
> **关键词:** "一带一路"　基础设施项目建设　资金融通与风险治理　伊斯兰金融　动员本土化融资

引言

2015年3月,中国政府正式发布《推动共建丝绸之路经济带和21世纪海上丝绸之路的愿景与行动》(简称《愿景与行动》),明确提出"一带一路"的方向和任务是致力于亚欧非三大洲陆海的互联互通建设,其中包括政策沟通、设施联通、贸易畅通、资金融通和民心相通(简称"五通"),以此全方位推进务实合作,打造经济融合、政治互信和文化包容的利益共同体、责任共同体和命运共同体。可见,"一带一路"合作的重点是"五通",其中,资金融通是"一带一路"建设的关键动力。

"一带一路"陆路上沿线国家信奉伊斯兰教的占大多数,海路上印度尼西亚有2亿多穆斯林,马来西亚穆斯林占六成以上。巴基斯坦、印度、孟加拉国,穆斯林人口超过1亿,分别是世界上第二、三、四大穆斯林人口大国;土耳其近8000万人口中,99.8%为穆斯林。从五通的具体内容来看,政策沟通中的金融合作与监管,设施联通中的基础设施建设融资,贸易联通中的贸易融资与结算,资金融通中的收益分享与风险共担以及民心相通中文化融合与互信,都绕不开伊斯兰金融的运用问题。

据亚洲发展银行统计分析,伊斯兰金融是全球金融体系中增长最快的部分之一,自2009以来估计年复合增长率为17%。按照伊斯兰金融服务局(IFSB: Islamic Financial Services Board)报告披露,截至2016年上半年,伊斯兰金融总资产规模为1.9万亿美元。根据渣打银行预测,伊斯兰银行管理资产规模将在2020年达到3.3万亿~3.5万亿美元。

伊斯兰金融是建立在对伊斯兰教义指引遵从基础上的，由于伊斯兰教义禁止利息并鼓励风险与收益共担等特征，伊斯兰金融与世俗金融具有明显的差异性，是独特的金融体系。因此，如何运用伊斯兰金融体系是在"一带一路"合作建设中值得研究的理论与实践课题之一。

本课题剩余部分结构安排如下，首先，对伊斯兰金融特征及其发展状况及其各组成部分规模、区域结构等进行研究分析，以揭示伊斯兰金融作为本土化融资来源值得异常重视的事实；其次，从"一带一路"基础设施建设资金融通与风险治理的角度分析伊斯兰金融产品与工具应用的可能空间，并从基础设施建设国际PPP项目的参与各方的视角分析本土化融资动员的方式与途径，并通过典型案例分析指出伊斯兰债券对基础设施建设融资的支持作用；最后，提出主要研究结论与启示。

一、伊斯兰金融特征及其发展概况

（一）伊斯兰金融概述

1. 伊斯兰金融的概念与特征。伊斯兰金融是建立在对伊斯兰教义指引遵从基础上，相对于世俗金融的独特金融体系。伊斯兰金融基于伊斯兰教义关于金融的五个核心信仰，包括禁止利息（Riba）、投机（Maysir）、过高的不确定性（Gharar）、投资不被允许的活动以及鼓励风险共担与收益共享（Shanmugam and Zahari, 2009; Hayat and Kraeussl, 2011）。因此，伊斯兰金融投资收益必须基于实际经济活动或基础资产的表现，其中合同关系必须事先明确参与各方共担风险与收益。金融交易也可以是基于销售合同的，其利润是通过成本加成定价销售基础资产合法获取的。

总的来说，伊斯兰金融包括以下显著特征[①]：

①以利息为基础的借贷以及为不道德的商品或服务融资是被禁止的；
②投资收益必须基于实际经济活动和/或基础资产的表现；
③伊斯兰金融不鼓励囤货居奇并且禁止具有极度不确定的交易以及赌博或类似活动；
④通过股权投资、短期股权、信用销售、租赁与其他合适的设计模式替代以利率为基础的融资模式，促进风险共担的实践；
⑤设计新产品与工具的金融工程必须遵从伊斯兰教义（Shariah，沙利亚）要求；
⑥私人财产与自由市场是经济体系的基础，任何不公平与剥削交易是被禁止的；
⑦伊斯兰金融支持契约性合同与信息披露，以此减少信息不对称与道德风险。

对上述原则的坚持是由伊斯兰教义监管局（SSB：Shariah Supervisory Board）监控的，伊斯兰教义专家小组对公司或伊斯兰金融机构是否遵从伊斯兰教义指引进行监控。

2. 伊斯兰金融产品种类。
（1）按学术研究文献分类。目前，伊斯兰金融产品种类主要包括：
①伊斯兰共同基金（Islamic mutual fund）。伊斯兰共同基金是服务于投资者获取投资

---

① KFH Research，转引自 Islamic Finance for Asia: Development, Prospects, and Inclusive Growth。

收益并保持流动性的金融工具，它通过建立资金池并投资于符合伊斯兰教义的证券（如股票、股权、货币市场工具及其组合）以实现收益。伊斯兰共同基金在选择投资组合时要经受严格的筛选程序，以满足伊斯兰教义原则。

道琼斯指数、富时指数、明晟指数与标普指数为数百支伊斯兰股权指数基金提供了投资标的，2010年末有超过800支伊斯兰管理共同基金（Ernst和Young，2011）。

②伊斯兰债券（Sukuk）。伊斯兰债券（Sukuk，苏库克）代表已确定资产的所有权，而债券则被视为发行人与投资者之间的纯粹债务责任（Omar、Abduh和Sukmana 2013）。伊斯兰债券是另一种筹集资金进行投资的手段，其预期收益将用于解决未来债务问题，从而使其能够进入资本市场（Nagano，2016b）。伊斯兰债券的结构符合伊斯兰教义的准则，由股票和债券的属性组成（Klein和Weill，2016）。

③股权投资（Equity investment）。伊斯兰和传统的股权投资各有相似之处，投资者集中资金购买股权，以更高的价格出售股权。尽管如此，这两种投资的不同之处在于前者对非法投资、固定收益证券和有息证券实行伊斯兰教义限制。

④公司融资（Corporate finance）。公司融资涉及资本结构、资金来源和管理职能，以实现资本所有者的价值最大化。由于伊斯兰教法和其他对违禁交易的限制，伊斯兰公司融资可能不同于传统的公司融资。伊斯兰金融机构的理论基础包含了杠杆比传统金融机构低的假设。因此，伊斯兰金融机构的资本结构基本上是以股权为基础的，而不是以债务为基础的（Sorwar等，2016）。因此，伊斯兰金融机构没有发现与传统资本结构相关的财务风险，因为它们分享利润和损失，并向投资账户持有人提供准所有权（Al-Deeani和Ahmedand Karim，1999）。此外，通过投资账户持有人调动资金可以增加伊斯兰金融机构的市场和股东价值，并降低其潜在风险。伊斯兰公司金融宣称是可持续的，并通过实际经济活动倾向于财富创造和再分配。然而，对实际数据的事实分析显示，2006年至2011年间在马来西亚法新社上市的263家符合伊斯兰教法的公司的资本结构是由风险、收益性和非债税盾决定的（Thabet等，2017）。Pratomo和Ismail（2007）发现，高杠杆与高盈利能力相关。

⑤伊斯兰金融地产（Islamic Real Estate Finance）。随着经济发展，伊斯兰金融对房地产的融资大规模增加，这在过去几十年中从未出现过（Hansaku，S. and H. Levinger，2016）。伊斯兰房地产投资不仅指住宅物业，而且商业及零售物业、仓库和停车场（dusuki，2008）。与家庭融资有关的研究一直是2008年金融危机之后学术界关注的热点。具体而言，家庭负担能力是享有体面生活标准的重要需求之一。这取决于许多因素，如融资及其相关成本、收入、就业、经济增长、通货膨胀和获得资金的机会。因此，从伊斯兰金融的观点来看，住房融资必须在一种无利息的模式下进行，这样就消除了弱者的负担（Abdul Aziz and Gintzburger，2009）。Ebrahim（2009）声称高贷款比率限制房屋所有权，提出合作住房抵押贷款作为一个替代方案，将提高系统的稳定性，不易发生违约风险。因此，寻求替代贷款比率的可选方案已成为伊斯兰金融文献中的一个重要话题。一些研究者（Yusof，Bahlous and Haniffa 2016；Yusof等，2016；Yusof等，2011）通过实证研究发现租金是一种可能比贷款更有弹性的替代办法，反映实际经济价值，更接近于促进社会公平和正义。

⑥伊斯兰保险（Takaful）

伊斯兰保险是一种基于伊斯兰教义的传统保险替代方案，它通过互惠担保在发生损失事件时以保证偿还方式替代传统保险（Siddiqi，2006）。Khan（2015）认为，伊斯兰保险公司必须在所有伊斯兰保险合同中提供分享盈余的激励，因为它们被认为是合作企业。伊斯兰保险在马来西亚和其他信奉伊斯兰金融的国家广泛接受。对马来西亚伊斯兰保险的实证调查显示，对伊斯兰保险产品的需求取决于个人的收入、教育、伊斯兰银行的发展以及穆斯林人口的比例（Sheriff and Shaairi，2013）。然而，实证研究并没有发现足够的证据，证明严格的伊斯兰教法遵从措施可以降低保险抑价（Boulanouar and Alqahtani，2016）。

（2）按实践中使用种类分类。该分类源于伊斯兰金融服务局（IFSB）对实践中使用的伊斯兰金融工具进行的列举说明，根据IFSB2016年与2017年年报资料整理，详见表1。

表1　伊斯兰金融实用品种

产品或工具	产品或工具交易结构	中文译名
Bay'al－'Īnah	以现货价格出售商品，以高于现货价格的递延价格回购。反向回购是按未来延期价格销售商品，以及按低于递延价格的现货价格回购	回购协议
Bay'al－Istijrār	是一种销售合约，其中消费者逐渐接受商品而没有完全支付商品价格，或者，在多数情况下，只支付价格的一部分比例。商品的价格是在商品已经被消费之后才被决定的。这种合约在性质上类似于供应合同	订单销售
Bay'BilThaman al－Ājil	以某一特定价格作为延期支付价格的销售合约	延期付款销售
Commodity Murābahah	商品成本加成交易，其基础是，从销售商或经纪人手中购买商品，再销售给消费者，后者是遵从成本加成原则的，按现价销售给消费者商品是为第三方获取流动性为目的，两个合约之间可以没有联系	商品成本加成
Diminishing Mushārakah	一种合伙形式，其中一方承诺在一定时期内购买另一方股权份额，直到股权完全转移到买方伙伴手上。交易以合伙的形式开始，之后以按市场价格或当初协议价格买卖另一方股权。"买与卖"是独立于合伙合约的，而且不应该在合伙合约中明示，由于买方合伙人只被允许承诺买入。一个合约的进入作为终止另一个合约的条件也是不被允许的	逐渐缩减的合伙参股
Ijārah	针对特定资产的使用权，在协议期间反对以特定租金进行租赁的合约。它可以在合约一方做出有约束力的承诺之前签订合约，就伊斯兰租赁而言，它是绑定合约双方的	伊斯兰租赁
Islamic window	传统金融机构的一部分（可能是一个分支机构或机构的专用部门），用以为分散的资金提供遵从伊斯兰教义的资金管理（投资账户）、融资与投资，它也能够提供伊斯兰保险或再保险服务	伊斯兰窗口
Istisnā'	出售某一特定资产，卖方有义务使用自己的材料制造/建造资产，并在某一特定日期交付，以换取一次或多次支付特定价格	商品生产、制造合同
Kafālah bi al－Ajr	附带费用的担保	付费担保

续表

产品或工具	产品或工具交易结构	中文译名
Mudārabah	出资人与企业之间是伙伴关系的合约，其中出资人提供资本给企业或由企业管理的项目。所投资企业或项目产生的利润按合约规定的百分比共享，而产生的损失则完全由资本提供者承担，除非损失是由于误导、过失或违背合约条款而产生的	信托融资合约
Murābahah	一种销售合约。提供伊斯兰金融服务的机构向顾客销售它所拥有的特定资产，销售价格为初始价格加上适当比例的利润。成本加成融资合约是以顾客承诺购买为前提的	成本加成融资
Mushārakah (Sharikat al-'Aqd)	合伙合约，其中合伙人同意为企业提供资本，无论是已存在的或新设立的。企业所产生的利润由出资人根据合伙合约约定的比例共享，所产生的损失也由每一合伙人按照出资比例分担	合伙参股
Sukūk	代表对有形资产、有形资产池或其他类型资产的不分割股权比例的证明。这些资产可能是在遵从伊斯兰教义的特定的项目或特定的投资活动中的	伊斯兰债券
Takāful	一种相互担保，承诺以特定的方式向参与者的风险基金捐赠一笔款项，由一组参与者相互支持，共同承担因特定风险而产生的损失	伊斯兰保险
Wadī'ah	在信托的基础上保持资产安全的合约，参与者的回报基于他们自身的需求。合约可能是收费的也可能是不收费的。资产在信任的基础上由安全管理者持有但管理者并不负担保证责任，除非存在误导、过失或违背合约条款	伊斯兰信托

资料来源：根据《ISLAMIC FINANCIAL SERVICES INDUSTRY STABILITY REPORT 2016 和 2017》整理。

3. 伊斯兰金融生态系统。所谓生态系统（Ecosystem），是指生物群落及其所赖以生存的无机环境共同组成的统一整体。生物群落中的生产者（如绿色植物）、消费者（如各种动物）和分解者（如常见的细菌）处于生态网络上的不同节点。在整个生态网络中，始终贯穿着物质循环、能量流动、信息传递和平衡调节。

周小川（2004）认为金融生态系统是指金融运行的一些的基础条件。李扬（2005）认为金融生态系统是由金融主体及其赖以存在和发展的金融生态环境构成，它们之间彼此依存，相互影响，共同发展。徐诺金（2007）认为金融生态系统应包括金融生态主体、金融生态环境和金融生态调节三个主要方面，一个有效的金融生态系统一定是在这三个方面符合系统特征的体制。

伊斯兰金融服务行业生态系统包括三个层次（见图1）。

（1）金融生态主体层次。伊斯兰银行、伊斯兰保险和伊斯兰资本市场（包括伊斯兰债券和伊斯兰基金）。

（2）伊斯兰金融生态环境。全球伊斯兰金融基础设施机构，包括伊斯兰金融服务局（IFSB）、伊斯兰发展银行（IDB）、国际伊斯兰金融市场（IIFM）、国际伊斯兰流动性管理公司（IILM）和伊斯兰金融机构的会计与审计组织（AAOIFI）等，在伊斯兰金融的发展中，这些组织为培育更多的可用伊斯兰金融工具与机制发挥主导性作用，以增强伊斯兰金融意识，提升包容性增长，并且为审慎标准与伊斯兰教义监管提供一致基础。

（3）伊斯兰金融生态调节系统。多边发展机构、政府部门与监管机构、伊斯兰教义权威机构与学者、评级机构、股权交易所、商品交易平台；培训、教育与研究机构；信息、服务、媒体与协会。

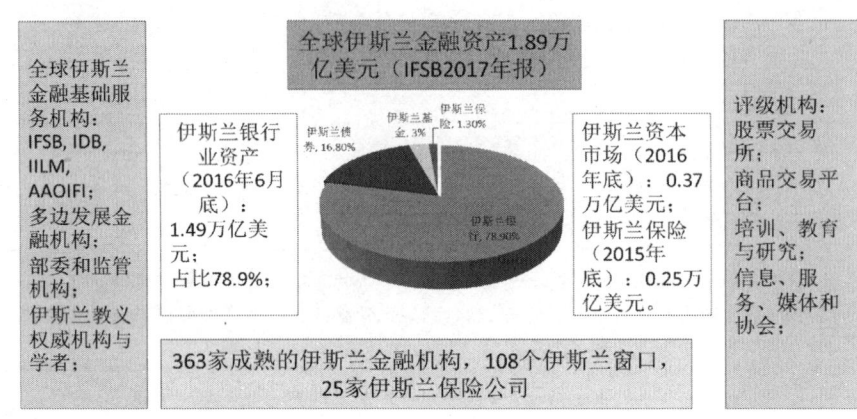

图1 伊斯兰金融生态系统图

（二）伊斯兰金融发展概况

1. 伊斯兰金融总量及其发展趋势。20世纪70年代，随着伊斯兰复兴运动兴起，部分伊斯兰教盛行的国家开始设立伊斯兰银行，如1978年，苏丹建立第一家伊斯兰银行，而且苏丹逐步实现了所有国内银行的伊斯兰化。1983年3月，马来西亚成立国内第一家伊斯兰银行，至1997年，马来西亚仍然只有一家伊斯兰银行，资产不到200亿林吉特。但东南亚金融危机后，由于多种因素影响，伊斯兰金融体系急剧发展，至2017年，马来西亚伊斯兰金融总量已经成为伊斯兰金融的第三大国家。根据IFSB 2017年统计年报显示，2016年全球伊斯兰金融服务业总资产（包括银行、资本市场和伊斯兰金融保险）约为美元1.89万亿美元，其中伊斯兰银行业资产为1.49万亿美元。

伊斯兰金融资产规模从20世纪90年代中期的1 500亿美元规模发展到目前的1.9万亿美元的规模，年均复合增长率约14%左右。阿拉伯联合酋长国《海湾时报》2015年9月29日报道，据相关研究估计，到2020年，全球伊斯兰金融市场规模将由2015年的1.81万亿美元增长至3.25万亿美元①。

2. 具有系统重要性的IFSI（伊斯兰金融服务行业）行业规模与分布 2016年全球伊斯兰金融服务业的资产增长连续第二年陷入停滞——该行业的三个主要部门的总资产（银行、资本市场和伊斯兰金融保险）约为美元1.89万亿美元。经济放缓很大程度上源于在主要伊斯兰国的汇率贬值（如伊朗、马来西亚、土耳其、印度尼西亚）的背后，以美元计算的全球伊斯兰银行资产的价值调整。

伊斯兰金融按系统重要性统计，截至2016年二季度末，伊斯兰银行总资产为1.49万亿美元，主要集中在海湾国家、中东与北非，以及亚洲地区，伊斯兰债券和伊斯兰基金规

---

① 转自中国商务部网站新闻，伊斯兰金融市场规模2020年将达3.25万亿美元。

模分别为 318.5 亿美元和 56.1 亿美元，两者主要集中在海湾国家和亚洲地区，伊斯兰保险规模为 25.1 亿美元，主要集中在海湾国家、中东与北非，以及亚洲地区，详见表 2。

表 2 　　　　　　　　按部门和地区划分的 IFSI（10 亿美元，2016*）

地区	伊斯兰银行	伊斯兰债券	伊斯兰基金	伊斯兰保险	合计
亚洲	218.6	182.7	19.8	4.4	425.5
海湾国家[①]	650.8	115.2	23.4	11.7	801.1
中东与北非	540.5	16.6	0.2	8.4	565.7
非洲	26.6	1.9	1.5	0.6	30.6
其他	56.9	2.1	11.2		70.2
合计	1 493.4	318.5	56.1	25.1	1 893.1

注：伊斯兰债券与基金为截至 2016 年底数据，伊斯兰银行为截至 2016 年 6 月底数据，伊斯兰保险为截至 2015 年底数据。

数据来源：IFSB2017 年报。

从伊斯兰金融区域分布来看，海湾合作委员会国家占比为 42.3%，中东与北非占比 29.9%，亚洲国家占比 22.5%，非洲占比 1.6%，其他占 3.7%，详见表 3。

表 3 　　　　　　　　　　伊斯兰金融的区域分布

区域	占比（%）
亚洲	22.50
海湾国家	42.30
中东与北非	29.90
非洲	1.60
其他	3.70
合计	100.00

数据来源：IFSB2017 年报。

从品种结构来看，伊斯兰金融整体上属于银行业主导的金融体系，其中伊斯兰银行资产占伊斯兰金融总资产的 78.9%，伊斯兰债券占比为 16.8%，伊斯兰基金 3%，伊斯兰保险 1.3%，详见表 4。

根据 IFSB2017 年报显示，截至 2016 年底，伊斯兰金融在国内具备系统重要性[②]地位的国家和地区已经扩大到 12 个，分别是伊朗、苏丹、文莱、沙特阿拉伯、科威特、也门、卡塔尔、马来西亚、阿拉伯联合酋长国、孟加拉、吉布提和约旦。其中 5 个国家属于海湾阿拉伯国家合作委员会成员国，详见下图 2。可见，政治与宗教的共同推动是伊斯兰金融发展的关键动力。

---

① GCC：Gulf Cooperation Council，海湾阿拉伯国家合作委员会是海湾地区最主要的政治经济组织，简称海湾合作委员会或海合会。海合会成立于 1981 年 5 月，总部设在沙特阿拉伯首都利雅得。成员国包括阿拉伯联合酋长国、阿曼、巴林、卡塔尔、科威特和沙特阿拉伯、也门 7 国。
② 根据 IFSB 伊斯兰银行资产占比达到 15% 以上即为伊斯兰金融系统重要性地区。

表 4　　　　　　　　　　　　全球伊斯兰金融资产结构

金融资产类别	占比（%）
伊斯兰银行	78.90
伊斯兰债券	16.80
伊斯兰基金	3
伊斯兰保险	1.30
合计	100

数据来源：IFSB2017 年报。

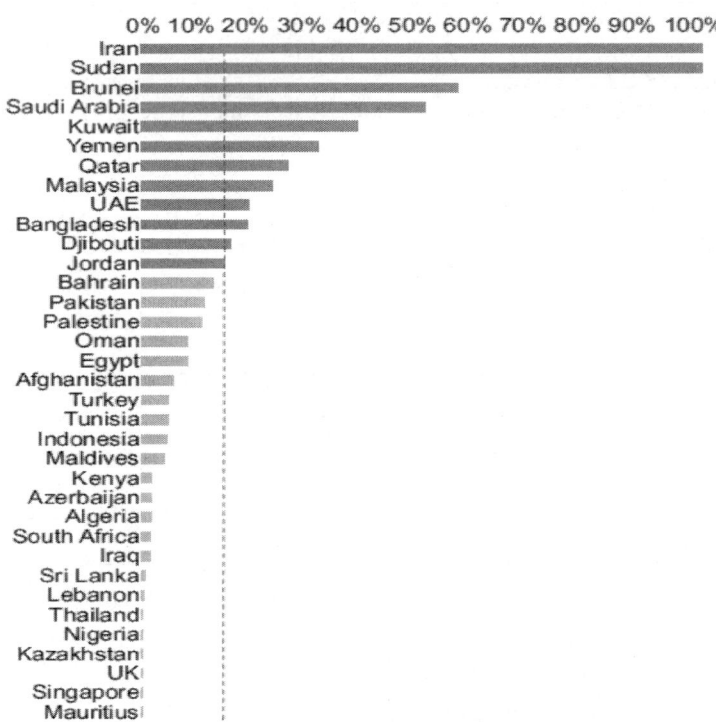

图 2　伊斯兰银行资产在国别金融中所占的比重（1H2016）

数据来源：IFSB2017 年报。

截至 2016 年二季度末，伊斯兰银行业总资产 1.49 万亿美元，按国别份额分布，前五大国家分别为伊朗 33%，沙特 20.6%，马来西亚 9.3%，阿拉伯联合酋长国 9%，科威特 6.1%，详见表 5。

表 5　　　　　　　　　　　　伊斯兰银行资产国别份额

国别	份额（%）
伊朗	33.0
沙特阿拉伯	20.6
马来西亚	9.3
阿拉伯联合酋长国	9.0

续表

国别	份额（%）
科威特	6.1
卡塔尔	5.8
土耳其	2.9
孟加拉国	1.80
巴林	1.70
印度尼西亚	1.60
苏丹	1.30
巴基斯坦	1.10
埃及	1
约旦	0.70
文莱	0.50
阿曼	0.50
其他	3.10
合计	100

数据来源：IFSB2017年报。

（三）伊斯兰金融各组成部分发展情况

1. 伊斯兰银行业。全球伊斯兰银行资产的价值在2016年第二季度下降了0.2%。这一下降主要是由于伊斯兰银行资产价值的调整，以及一些主要伊斯兰银行市场的汇率贬值。例如，对马来西亚和土耳其本地货币资产增长率的分析显示，截至2016年第二季度，马来西亚伊斯兰银行资产在全球伊斯兰银行资产中的总份额约为12%，增长速度为9.5%，而土耳其参与银行业的资产同期增长9%。以美元计算，两国的相对增长数字分别只有1.4%和0.01%。

2013年底至2016年2月2日，伊斯兰银行资产（按美元计算）适度增长，14个统计区域的复合年平均增长率为9.9%，占全球伊斯兰银行业约94%。同期，融资与存款年平均复合增长率分别为9.4%和9.7%。详见图3。

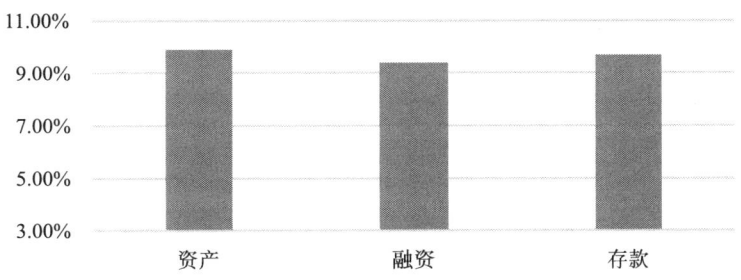

图3　2013年4月至2016年2季度主要伊斯兰银行的复合加权平均增长

数据来源：IFSB2017年报。

2. 伊斯兰资本市场。伊斯兰资本市场包括三个主要组成部分：伊斯兰债券、遵从沙利亚教义的股权市场和伊斯兰基金市场。

3. 伊斯兰债券。截至2016年末，全球伊斯兰债券市场未偿额为3 185亿美元。2016年主权和相关政府实体发行额为748亿美元，增速为16.3%。2011~2016年，伊斯兰债券年平均复合增长率为12.36%。

（1）伊斯兰主权与多边机构债券。2016年，伊斯兰主权债券（主权债券发行人包括政府相关实体和多边发行人）发行额为594亿美元，占总发行量的79.4%，年度增长率为36.4%。按国别统计，马来西亚发行额最大，超过300亿美元，占全部伊斯兰债券的50.8%，包括因总部设在马来西亚的多边国际机构IILM①（国际伊斯兰流动性管理公司）发行的93亿美元伊斯兰债券。其次分别是印度尼西亚、阿拉伯联合酋长国、沙特阿拉伯、土耳其、巴基斯坦、卡塔尔、巴林和阿曼。具体见表6。

表6　　　　　　　　　　2016年伊斯兰主权债券主要国别发行占比

国别	占比（%）
马来西亚	50.8
印度尼西亚	14.7
阿拉伯联合酋长国	8.1
沙特阿拉伯	6.7
土耳其	5.1
巴基斯坦	4.8
卡塔尔	3.5
巴林	3
阿曼	0.8
文莱	0.6
其他	1.9
合计	100

数据来源：IFSB2017年报。

值得一提的是，马来西亚的政府相关实体发行人非常活跃，主要集中在基础设施部门，包括电力、交通和水务部门的政府相关实体为相关建设筹集资金。这些发行募集了四种货币的资金：美元、新加坡元、港元和马来西亚林吉特。

第二个最活跃的主权国家是印度尼西亚，2016年发行了87.5亿美元的主权债券，占比为14.7%（2015年发行量为72.2亿美元，占比17.5%）。值得注意的是，2016年印度尼西亚还由政府相关实体发行了安格萨普拉岛（Angkasa Pura I PT）机场建设项目伊斯兰债券。

（2）伊斯兰公司债券。2016年，以公司为发行主体的伊斯兰债券市场已经连续第四年下降（见图4），2016年，全球发行总额达154亿美元，同比下降25.7%。下降趋势始

---

① IILM：International Islamic Liquidity Management Corporation，国际伊斯兰流动性管理公司。

于2013年，IFSB认为，从2013年中美国联邦储备委员会的第一次提议加息开始，到2014年初，美联储最终决定逐步开始缩减量化宽松计划，这引发了人们对全球利率上升的担忧；2015~2016年间，全球各地区面临着社会政治和宏观经济挑战，导致经济增长放缓。同时，与传统的债券发行相比，伊斯兰债券尽管多年来不断改进，但依然相对耗时、昂贵和复杂。

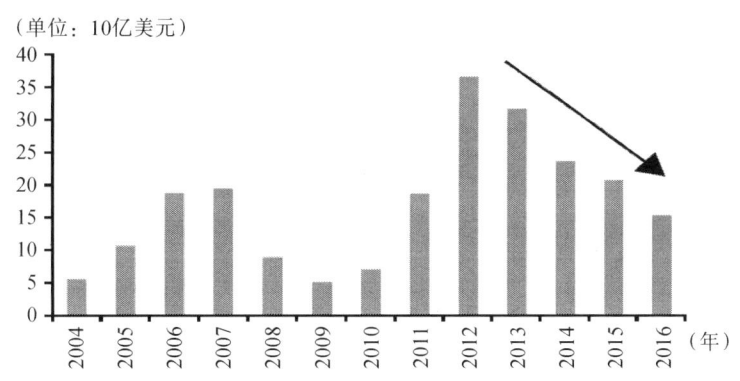

图4　伊斯兰公司债全球发行额变化趋势

资料来源：IFSB2017年报。

如表7所示，伊斯兰债券按发行部门统计，政府部门占比为42.87%，金融部门30.96%，交通部门9.85%，电力与公共设施4.48%，房地产部门为4.1%，通讯部门为2.36%。

表7　　　　　　　　　　按发行部门统计的伊斯兰债券份额

发行部门	占比（%）
政府部门	42.87
金融部门	30.96
交通部门	9.85
电力与公共设施部门	4.48
房地产部门	4.1
通讯部门	2.36
其他	5.38
合计	100

资料来源：IFSB2017年报。

图5显示了伊斯兰债券发行期限变化趋势。总体上看，伊斯兰债券近年来呈现发行期限增长的趋势，5年以上债券占比近50%，10年期以上债券近20%。

（3）伊斯兰股票市场与基金。

①伊斯兰股票市场。2016年，由2 756支成分股构成的道琼斯伊斯兰公司股票的市值为22.1万亿美元，同比下降4.5%，2015年为23.2万亿美元，成分股数为2 653支。相比之下，全球道琼斯市值增长3.4%，达53.5万亿美元，成分股数从2015年的7 285支增加为2016年的7 594支。

(单位：年)

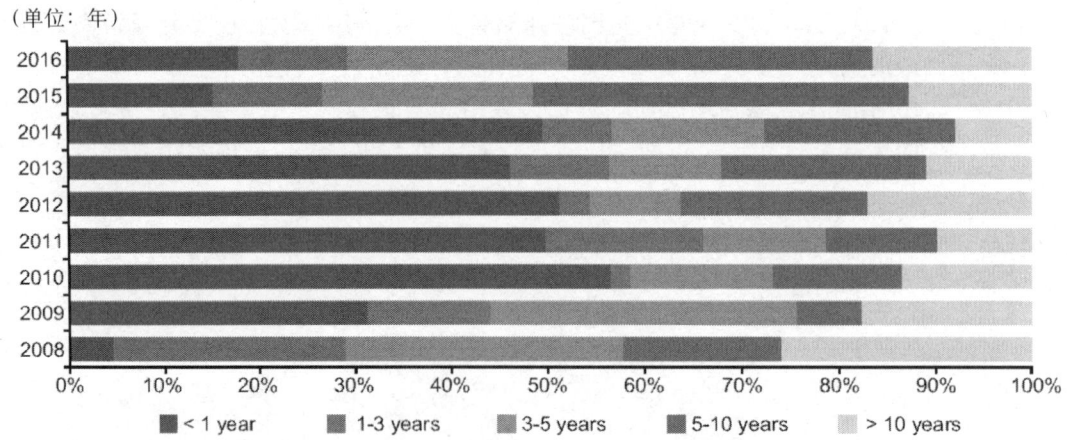

图 5　2008~2016 年伊斯兰债券发行期限变化趋势

资料来源：IFSB2017 年报。

从道琼斯伊斯兰股票市场指数成分股构成看，较好地体现了伊斯兰金融更偏向于实体经济的特征。如图 6 所示，相比于道琼斯全球指数，伊斯兰指数中金融部门占比明显偏低。

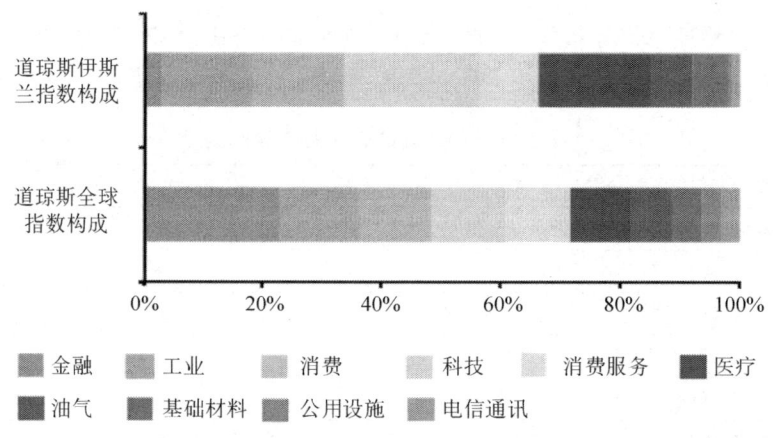

图 6　伊斯兰股票市场指数构成与全球比较

资料来源：IFSB2017 年报。

②伊斯兰基金。根据 IFSB 现有数据，2016 年底，1 167 支伊斯兰基金管理资产约 561 亿美元。其中，约 826 只基金管理的 512 亿美元资产有着活跃的投资和赎回行为。基于此，活跃基金的平均管理资产为 6 490 万美元。341 个不活跃的伊斯兰基金管理着 49 亿美元的资产，或平均每支为 1 440 万美元。

伊斯兰基金配置对象有股权、货币市场、商品、伊斯兰债券、房地产等。2016 年配置比例如表 8 所示。

表 8　　　　　　　　　　　　2016 年伊斯兰基金配置按类别分布

伊斯兰基金配置	份额（%）
股权	43
货币市场	25
商品	12
固定收益伊斯兰债券	11
混合配置	8
房地产	1
其他	0.47
合计	100

资料来源：IFSB2017 年报。

③伊斯兰保险。在伊斯兰金融行业中，保险业是相对欠发达的部门。截至 2015 年底，伊斯兰保险总规模为 251 亿美元。在这个小而增长的行业中，有 25 家保险公司的 305 个保险服务机构（基于 2015 年数据）。从区域分布看，如图 7 所示，伊斯兰保险主要集中在海湾国家、伊朗、东亚与太平洋地区国家。

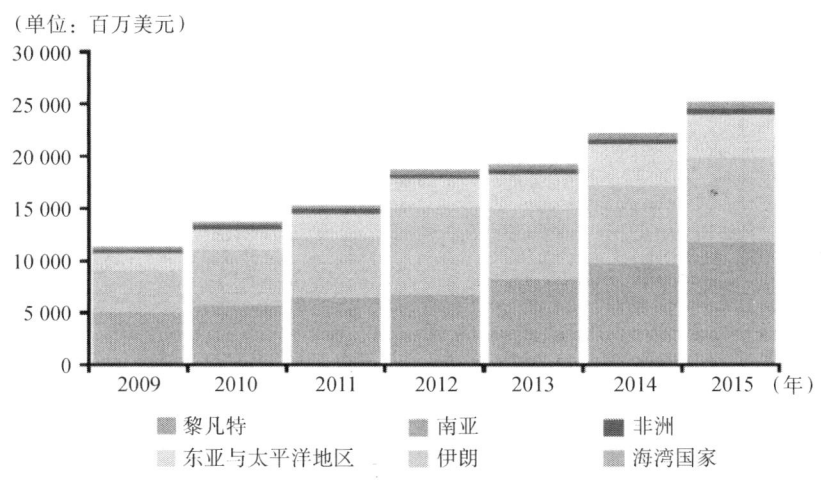

图 7　伊斯兰保险规模及其分布

资料来源：IFSB2017 年报。

从国别分布来看，伊斯兰保险目前主要集中在沙特阿拉伯、伊朗、马来西亚、阿拉伯联合酋长国、印度尼西亚等国家，具体见图 8。从险种来看，主要家庭、医疗、汽车和财产保险，详见图 9。

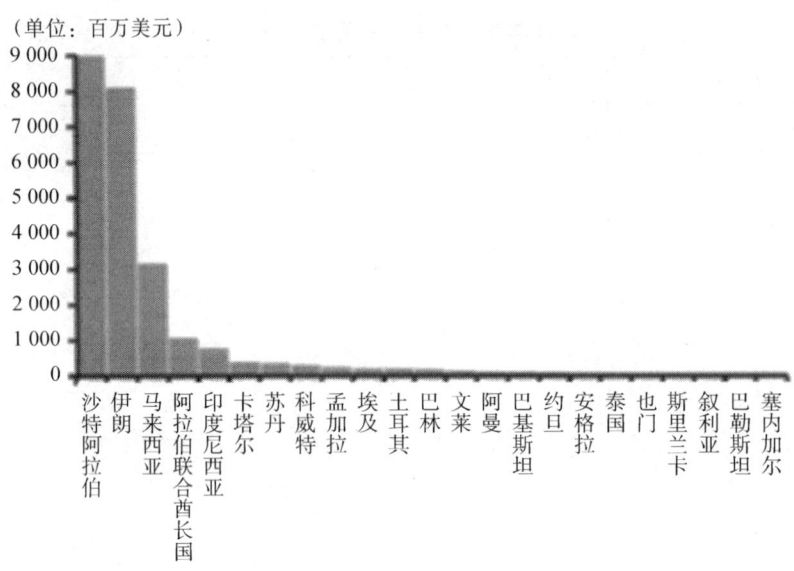

图 8　伊斯兰保险的国别分布

资料来源：IFSB2017 年报。

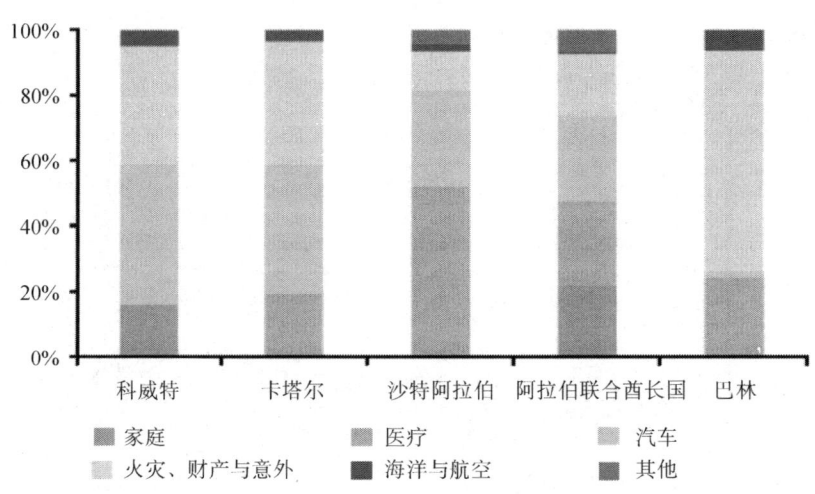

图 9　主要国家伊斯兰保险产品种类

资料来源：IFSB2017 年报。

二、"一带一路"合作中的伊斯兰金融应用

（一）分散融资与风险治理

1. "一带一路"合作中的资金融通与伊斯兰金融。正如前文所述，资金融通是"一带一路"建设的关键动力。资金融通具体体现在设施联通的资金需求、贸易联通的结算与融资服务以及产能合作的投融资需求三大方面。

基础设施在促进和维持经济快速增长方面起到关键性作用。亚洲银行（ADBI WP248，2010）估计了亚洲地区的基础设施投资需求，估计结果表明，为满足不断增长的需求，亚洲发展中国家在2010~2020年每年将有7 470亿美元的基础设施融资需求，其中能源基础设施需求占49%，运输占35%，信息与通信占13%，水和卫生设施占3%。可见，基础设施投资资金需求非常庞大。

目前，国内关于设施联通资金融通主流观点是，发挥政策性金融机构如亚洲基础设施投资银行、丝路基金等的先导和引领作用，同时，国内金融机构要抱团走出去提供金融支持，如王忠民（2017），王章慧（2017），沈梦溪（2016）等，实践上除亚洲基础设施投资银行、丝路基金、多边金融机构以外，还形成了以国家开发银行、大型商业银行、社保基金、保险资金甚至地方版丝路基金等国内资金为合力的资金支持团队。但即便如此，王章慧（2017）认为，资金短缺将有可能成为未来"一带一路"经济带建设最直接的制约因素。截至2017年年中，中国外汇储备为3.06万亿美元，而"一带一路"沿线国家基础设施资金需求总量每年超过1万亿美元。对于资金抱团出海，正如不少学者所指出，我国外汇储备并不足以支持长期的"一带一路"沿线国家基础设施。

"一带一路"基础设施建设项目多采用BOT模式。BOT模式本质上是东道国政府通过转让经营特许权将大型基础设施建设项目风险与收益配置给私人部门。BOT项目的融资结构通常由出让特许经营权的政府、项目投资者和经营者（通常组成联合工程体）以及贷款人三方组成。在BOT项目中，政府主要关注四个方面：（1）在预算成本内及时完成项目建设；（2）在运行周期内运行平稳和质量良好；（3）项目的产品与服务公众具有负担能力；（4）项目生命周期成本总体较低。成功解决这些问题需要一个适当的资本结构和项目参与者的长期承诺。BOT项目的失败会损害公众的利益，造成政府重大的政治成本。对于项目投资者和经营者而言，主要关注的是降低项目风险和权益水平以提高项目的权益内含报酬率。对于贷款银行而言，主要是通过对贷款项目的风险评估，在保证项目满足最低年度偿债覆盖率的基础上，对贷款进行合理定价。

对于基础设施建设项目风险，Thompson 和 Perry（1992）、Flanagan 和 Norman（1993）的划分方法是最为广泛接受的分类方法，它以风险源的重要性为序将项目风险划分为：技术风险、建设风险、法律风险、自然风险、供应风险（Logistic）、社会风险、经济风险、金融风险，商业与政治风险。除按风险源的重要性分类外，通常也将风险分为静态/动态、公司/个人，内部/外部，积极/消极、可接受/不可接受的，保险和非保险风险。

沈梦溪（2016）将"一带一路"沿线国家公路项目资金回报率风险溢价概括为法规风险、建造风险、交通风险（从内容看应该是客流量不足引致的市场风险）和运营风险，合计风险溢价接近基准利率的两倍。王章慧（2017）认为，在"一带一路"基础设施建设中，沿线国家缺乏顺畅的反馈机制，并提出通过构建双方或多方具有绝对且可持续的政治安全互信、形成较大的利益交集以及对特定领域的具有迫切的现实需求三方面措施进行完善。由于我国具备基础设施建设能力与制造业强有力的优势，我国当前参与"一带一路"基础设施建设项目的技术风险、建设风险、供应风险都相对较低，项目风险重点需关注外部的、动态的、消极的政治、法律与经济金融波动风险。

基础设施建设权益资本金水平通常在10%~30%之间，其余70%以上为贷款人提供的资金，如果项目失败，贷款人将是最大的输家。因此，贷款人必须构建项目合适的结构以保障他们的利益，同时有效地控制高风险项目获得更高收益。事实上，项目融资结构不仅仅决定了资金来源结构，更影响着项目的风险收益结构和治理结构。融资结构的多元化，既是风险分散的多元化配置，也是治理结构的多元化配置。多元化的融资结构可以为政治与法律风险磋商带来国际贷款压力、本土投资可以为社会与环境风险的化解提供地方势力制约与支持，本土公司参与土建等承建工作既有利于缓解社会与环境风险，也有利于增加就缓解不利的运营与维护风险（如由客观原因导致的运营收入下降与维护成本上升等）的谈判砝码。具体治理机制见下表9。

表9　"一带一路"基础设施项目风险及融资治理

风险类别	风险来源	项目业主通常采用的控制方案与措施	"一带一路"建设中项目风险高低及处理策略	融资治理
政治风险	政局稳定性、社会动荡、骚乱等	除不可抗力因素外，在经济发展的基础上增进互信与磋商	风险差异较大、视地区政局而定。尽职调查	政治风险保险、国际贷款压力、特许协议中恰当的条款、东道国政府协议
法律风险	产业、税收、环保政策的改变所引致的风险等	做好政策预测、增强政策沟通、争取政策优惠等	中等风险。法律事务咨询与建议、国际组织与机构对相关改革的建议等	特许协议中恰当的条款、东道国政府协议
技术与完工风险	设计及技术路线失误、质量不达标，工期延误、成本超支等	提高事先设计、事中组织管理能力与水平、咨询机构风险评估等	较高风险。尽职调查、避免未经检验的技术，合同约束与项目管理	履约保证金、资金来源多样化、应急资金等
运营与维护风险	运营收入不达预期、运营与维护成本超支	项目事先论证、运营与维护管理、金融机构风险评估控制等	最重要的风险。适当的劳动政策、挑选、培训、流程、合适的设备维护、合同等	特许协议中恰当的条款、东道国政府协议，主要是针对通胀、新的特许授予带来竞争者等
供应商风险	价格不利变动、供应拖延、质量不达标等	采购招标、供应商选择、合同约束等	中低风险。选择国内可靠供应商控制风险	托管账户、担保、信贷增强
金融风险	利率、汇率变动，外汇管制导致货币兑换限制、赞助或金融支持的取消、无法及时回收消费者欠款等	依托金融机构风险管理、特许权支持、项目地政府担保等	重要风险。金融衍生品、价格指数、储备金等	国际贷款、项目本地机构贷款分散风险，利用国际知名投行咨询建议交易风险
社会与环境风险	给项目业主带来的可能的社会性挑战，如大规模抗议、消费者抵制、罢工以及对环境的破坏、污染等标准提升带来的费用大幅上升等	项目风险评估与论证、注重项目可持续发展、项目地政府协调等	重要风险。影响研究、安全保障，环境评估与控制、利益相关者管理	引入本土投资者或施工机构，国际贷款制约与分散风险
不可抗力风险	自然灾害、战争、内乱、金融危机和漫延性罢工	项目风险评估与论证、风险承担主体分散等	评估、预防	保险与再保险

资料来源：笔者自行整理。

让本土公司参与基础设施项目土建项目施工建设，有利于项目当地增加就业与居民收入提高，也有利于降低项目成本，同时，在与政府进行特许协议谈判、降低社会与环境风险等方面可以起到积极作用。根据世界银行、亚洲开发银行和欧洲复兴开发银行 2015 年年报，2015 年对"一带一路"相关国家基础设施贷款金额分别为 105 亿美元、79 亿美元和 18 亿美元，约占这些银行年度贷款总额的 30%。2010~2015 年，"一带一路"国家接受的援助规模几乎未出现大的波动，保持在每年约 900 亿~1000 亿美元的水平，其中约 20%~40% 用于基础设施建设。这为"一带一路"基础设施项目建设多元化融资提供了国际贷款与捐赠利用上一定的条件。

在世界金融资源日益丰富与市场一直面临着低回报和利率下降的趋势下，长期资金如养老金、保险公司、共同基金和主权财富基金等也逐渐加入到基础设施建设资金的提供者行列中来（Canuto 和 Liaplina，2017）。

对于"一带一路"沿线国家基础设施的支持力，沈梦溪（2016）认为，在"一带一路"沿线，如果按年投入 1 万亿美元基础设施建设规模，平均每人每年需要支付 222 美元才能偿还所投入资金的本金。若将利息考虑在内，需要偿还的金额会更多。部分低收入国家和中等偏下收入国家如缅甸、老挝等国的国民人均收入也只有一两千美元，由民众用收入的 20% 来支付基础设施建设费用显然是不现实的。事实上，按照世界银行统计数据，中国国民人均收入处于 1000~2000 美元水平的时间为 2003~2007 年，而中国启动大规模高速公路网、铁路网的建设始于 1998 年，那时中国国民人均收入水平尚不到 700 美元。

2016 年，中国对"一带一路"国家建造合同额为 474.9 亿美元，同比上升 16.75%。2016 年中国对"一带一路"沿线国家直接投资和建造合同总额前十大国家分别为马来西亚、埃及、孟加拉国、以色列、老挝、巴基斯坦、阿拉伯联合酋长国、新加坡、俄罗斯联邦和斯里兰卡，其中半数以上拥有伊斯兰金融体系。

根据伊斯兰金融服务局（IFSB：Islamic Financial Services Board）2017 年度报告，伊斯兰金融资产规模为 1.89 万亿美元。伊斯兰金融工具结构和国别结构分别在前文表 4 和表 5 已有介绍。

贸易联通方面，中国与"一带一路"国家贸易总额不断上升，从 2005 年的 17.69% 上升为 2016 年的 25.17%。随着部分沿线国家的经济持续快速增长，中国对其占比显著提升，如越南和印度，分别从 2005 年的 0.74% 和 1.17% 上升为 2.91% 和 2.78%，相反，由于中国出口产品升级及相似性提高，中国对日本出口同期则从 11.02% 下降至 6.16%。如表 10 所示，贸易联通密切国家中，近半数国家拥有伊斯兰金融体系。

表10　　　　　　　　　2016 年中国与"一带一路"国家进出口贸易前十大国占比

国家	出口占比%	国家	进口占比%
越南	11	马来西亚	13
印度	10	泰国	11
新加坡	8	越南	10
马来西亚	6	俄罗斯	9
俄罗斯	6	新加坡	7

续表

国家	出口占比%	国家	进口占比%
泰国	6	沙特阿拉伯	6
印度尼西亚	6	印度尼西亚	6
阿拉伯联合酋长国	5	菲律宾	5
菲律宾	5	伊朗	4
沙特阿拉伯	3	阿曼	3

资料来源：WIND，民生证券研究院。

2. 伊斯兰金融工具及其在"一带一路"建设中的应用空间。"一带一路"建设中的资金融通主要包括设施联通中的项目融资需求、贸易联通的结算与融资服务需求以及产能合作的投融资需求三大方面。尽管伊斯兰金融由于禁止利息明显区别于现代世俗金融，但其金融工具的丰富性已足以满足基础设施建设、贸易融资与结算及企业设立与正常经营中的各方面融资需求。表11列示了"一带一路"建设资金融通需求与伊斯兰金融工具之间的需求与供给对应关系。

表11　"一带一路"建设资金融通需求与伊斯兰金融工具的可连接性

设施联通方面	可运用伊斯兰金融工具	伊斯兰金融原名
项目出资	伊斯兰主权债券	Sovereign Sukūk
项目贷款	合伙参股、伊斯兰信托	Mushārakah、Mudārabah
供应商贷款	成本加成融资、伊斯兰租赁、伊斯兰结构（项目）融资等	Murābahah、Ijārah、Istisnā
项目资产证券化	伊斯兰债券	Sukūk
项目风险缓释	伊斯兰保险	Takāful
贸易联通方面	可运用伊斯兰金融工具	伊斯兰金融原名
贸易融资需求	售出期货、订制生产融资合约、成本加成等	Bay'al-'Īnah、Bay al-Istijrār、Murābaḥah
结算融资需求	远期价格合同	Bay BilThaman al-Ājil
担保与保险需求	伊斯兰担保、伊斯兰保险	Kafālah bi al-Ajr、Takāful
产能合作方面	可运用伊斯兰金融工具	伊斯兰金融原名
流动资金贷款	售出期货、订制生产融资合约、成本加成、远期价格合同、资产管理信托	Bay'al-'Īnah、Bay al-Istijrār、Murābaḥah、Bay BilThaman al-Ājil、Wadī'ah
固定资金贷款	伊斯兰租赁、伊斯兰结构（项目）融资、逐渐缩减的合伙参股、伊斯兰信托等	Ijārah、Istisnā、Diminishing Mushārakah、Mudārabah
项目贷款	伊斯兰债券、合伙参股、伊斯兰信托	Ṣukūk、Mushārakah、Mudārabah
资本出资	合伙参股、伊斯兰债券	Mushārakah、Sukūk
担保与保险需求	伊斯兰担保、伊斯兰保险	Kafālah bi al-Ajr、Takāful

资料来源：笔者结合表1与表10自行整理。

伊斯兰金融不仅已经具备近2万亿美元的存量，而且在2007～2013年年复合增长率为20%（ADB，2015）。在"一带一路"建设资金融通中，基础设施建设资金缺口最为显著，而与此同时，伊斯兰金融增长也在为基础设施建设积极提供资金。根据亚洲发展银行统计，在2001～2013年间，亚洲10个国家共计发行价值843亿美元的伊斯兰债券用于基础设施建设，马来西亚定向支付基础设施建设的伊斯兰债券占67.5%，其次是沙特阿拉伯占20%和阿拉伯联合酋长国10.8%。随后是卡塔尔、印度尼西亚，巴基斯坦和科威特。根据IFSB 2017年报显示，2016年发行的伊斯兰主权债券，包括与政府相联系的实体和多边机构债券，约为594亿美元，占伊斯兰债券发行总规模的79.4%，较上年同比增长36.4%。2016年，马来西亚与基础设施相联系的伊斯兰债券发行额为125亿美元，主要用于电力及公用事业、交通运输和通信部门的基础设施建设。

在2008年全球金融危机后，保险公司、养老基金、主权财富基金、捐赠基金、基金会和家族基金管理着28万亿美元资产，他们都有能力进行跨代投资（投资回报度量期限长达24年），而基础设施相关资产在长期非流动资产市场中具有独特的竞争优势（Clark等，2012）。由于基础设施资产提供了规模经济、无弹性需求和稳定的现金流，且可以带来独立的回报、通货膨胀联动和下行保护（Inderst，2010），部分基金已经将其10%的资本配置在基础设施资产上（Beeferman，2008）。2006年，一个财团在泰晤士水务项目上出资了所需80亿英镑中的2.3亿英镑，西班牙财团出资100亿英镑接管了英国航空运营商的股权。事实证明，尽管长期资金投资需求与基础设施资产之间有明显的相似性，但各种限制因素仍然阻碍了长期机构投资者在私人基础设施市场占据理论地位。迄今为止，中介机构是基础设施投资至关重要的促进者，他们通过各种独特的产品和资金巧妙地匹配基础设施需求和长期投资资金供给。但由于委托代理和时间不一致问题，许多投资者对基础设施资产的生命周期和它们投资工具生命周期之间的不匹配感到不满。此外，激励结构、风险资产选择与过度杠杆容易使基础设施投资基金业绩受挫。然而，通过组建专门的投资基金组织资金来源，绕过第三方投资，可以更好地调整资产的选择和投资时间轴。少数具有开创性的养老金和主权财富基金已经发展了内部资源、结构和资产管理能力，以管理数十亿美元的基础设施资产。从伊斯兰金融体量来看，除整个行业目前的规模近2万亿美元外，还有1万亿美元的捐赠基金和高净值人士投资（方晓，2016）。

（二）基础设施融资与伊斯兰债券应用

1. 基础设施投资建设融资——政府方面。亚洲开发银行（亚行）2017年2月发布的旗舰报告指出，亚洲及太平洋地区（亚太地区）若保持现有增长势头，2016～2030年，其基础设施建设需投资26.2万亿美元，即每年1.7万亿美元（气候调整预测）。在不考虑气候变化减缓及适应成本的情况下，需投资22.6万亿美元，即每年1.5万亿美元（基准预测）。

对于亚洲地区如何能调动如此庞大的资金，亚行认为，目前公共部门提供超过90%的基础设施投资，各国政府需要找到办法调动更多的投资，并使基础设施投资对私营部门更具吸引力。

在策略上，亚行相关分析认为，发展中国家政府可从三方面调动相关收入与投资：

（1）政府增收节支以增加财政能力。政府一方面可以通过简化税收制度和扩大税基来增加收入，另一方面也可以通过将重新调整预算支出，削减不合理的能源补贴，或减少臃肿的公共部门工资账单，以在一些国家中释放更多的财政可投资资金。例如，亚行分析认为，在斯里兰卡，这样做可能会带来接近国内生产总值3%的额外收入。

（2）捕获土地价值作为基础设施建设投资资金来源。根据中日韩城市发展经验，社会公共基础设施也可以通过获取土地价值来提供资金，特别是在城市迅速增长的地方。土地价值的获取使政府能够利用一些预期的财产增值来帮助支付基础设施，包括城市公路、公共铁路运输，甚至是电力和水基础设施。

（3）创新使用者付费方式。为基础设施服务（如管道水）设定涵盖运营和维护成本的用户费用。欠发达国家用户收费存在两个方面的问题：首先，对于无力支付的贫困人口，用户费用可能限制他们的使用权限；其次，在某些情况下，征收这些费用的行政和社会成本超过了它们产生的收入。根据亚行研究，在保护弱势群体的同时，有很大的空间增加用户费用。这也可以通过两种方式实现：一是在让贫困家庭以可承受的价格获得最低限度的基本服务前提下，通过使用区块定价进行差异化用户收费；二是类似于中国对工业和/或商业用户征收更高的电价，在不同类型的用户之间进行交叉补贴，为居民消费者提供补贴。

根据亚行估算，亚洲基础设施投资缺口——投资需求与当前投资水平之间的差异——相当于2016年至2020年5年间预计GDP的2.4%（如果将气候缓解和适应成本考虑在内）。但如果剔除中国大陆，其余经济体基础设施投资缺口将高达GDP的5%。为此，亚行认为，监管机构需要对政府与社会资本合作（PPP）进行改革，使基础设施建设对私人投资者更具吸引力。各国应实施与PPP相关的改革，如颁布PPP法、精简PPP采购和招标程序、引入争端解决机制、建立独立的PPP政府单位，还需要深化资本市场以帮助将该地区的巨额储蓄用于生产性基础设施投资。

2. 基础设施投资建设融资——PPP项目发起人方面。根据亚行测算，公共部门在税收和支出方面的改革——同时确保新的借款保持公共债务的可持续性——可以弥补约46%的缺口。那么，其余51%的资金缺口需要动员私人资金来实现。基于目前的私人融资约为63亿美元，为满足未来5年基础设施投资需求，需要从私人来源增加1 141亿~1 187亿美元，这相当于未来地区总的国内生产总值的3%。

中国在过去数十年中发展了超强的基础设施建设能力，无论是水的供应、水力、电力、通信设施、道路、桥梁甚至在工业园区的建设方面，目前国内企业建设能力均属世界一流。

私人基础设施融资大致可分为项目融资和企业融资。项目融资——也称为有限追索权融资——利用SPV筹集资金购置或建造基础设施资产。一旦投入运作，项目SPV产生的现金流量就用于支付其成本。在公司融资方面，项目由公司自己承担，并通过自己的资产负债表提供资金。虽然企业融资比项目融资更灵活、更不复杂，但企业只能在其股本允许的范围内承担更多债务。此外，大型项目可能造成过度的资产负债表敞口。因此，企业融资通常用于相对较小的基础设施项目（基础设施资源中心的PPP 2016）。

企业融资和项目融资都依赖于债务和股本的结合。股权投资者需要高水平的专业知识来评估项目的可担保性，通常包括建筑公司或政府。在某些情况下，股权资金可能直接由保险公司或私人股本基金提供（Ehler，2014 年）。然而，基础设施项目的杠杆率往往很高，平均而言，股本只占总资本的25%。世界银行的PPI数据库显示，在报告所需数据的国家中，印度尼西亚在债务融资中所占份额最高，约为75%，而中国最低，约为65%。

3. 基础设施投资建设融资——银行方面。虽然债务可以通过银行贷款或债券来获得，但银行对债券持有若干优势，如通过贷款协议密切监控项目状态的能力。它们在支付资金和谈判任何由于不可预见的事件而进行的重组方面也更具灵活性（Bank for International Settlements，2014）。由于典型的基础设施项目通常需要大量资金，由于对单次暴露的监管限制，银行贷款通常是联合的银团贷款。

表12列出了1993~2015年主要基础设施部门的银团贷款数据，显示向12个主要亚洲经济体提供的贷款为6 490亿美元，中国按数量计算占31%，其次是印度占24%。中国香港、新加坡、韩国和中国台湾占27%，而印度尼西亚、马来西亚、菲律宾、泰国和越南占18%。2010~2015年期间，基础设施银团贷款平均约580亿美元，远高于全球金融危机爆发前的水平（Hansaku and Levinger，2016）。

表12　　　　　　　　1993~2015年亚洲各主要经济基础设施建设银团贷款

经济体	合计（10亿美元）
中国	200
印度	157
中国台湾	45
中国香港	44
韩国	41
印度尼西亚	28
泰国	27
菲律宾	24.5
马来西亚	21
越南	16
斯里兰卡	0.4

资料来源：Hansaku and Levinger (2016)。

图10显示了政府与社会资本合作的基础设施融资主要来源。公共部门基础设施融资主要来自税收（当前和未来）的公共转移，但其他来源也可做出重要贡献，其中包括针对公开提供的基础设施服务的用户收费、诸如土地价值捕获等工具，以及通过官方发展援助向低收入国家提供基础设施等国际援助。最重要的是，未来的税收收入为政府国内和国际借贷提供资源依据，如多边发展银行（MDB），外国政府和外国私人部门。公共基础设施融资来源包括国家和政府相关部门、发展金融机构，包括多边开发银行、国家开发银行和其他金融机构（例如印度基础设施金融公司和中国国家开发银行等）和官方发展援助。私营部门基础设施融资主要依赖于用户费——通过股权（例如公共或私人股本）或债务（例如从商业银行借款或发行债券）支持融资的收入流。私人融资可以是国内的，也可以是国外的。此外，公共和私人金融可以结合起来提供基础设施服务，例如公私合作（PPP）基础设施项目。

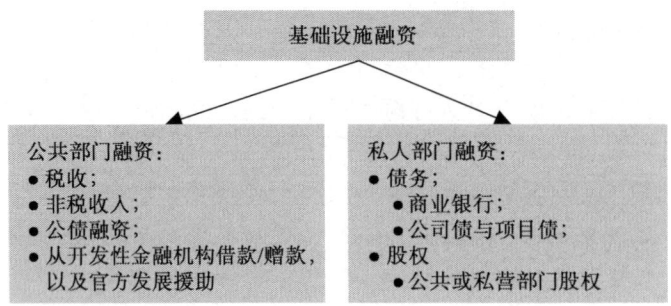

图 10　基础设施投资融资主要来源

（三）伊斯兰债券应用典型案例分析

在部分新兴市场国家，伊斯兰金融已经稳定地成为备选的融资来源。在全球宏观经济挑战和主要市场的财政压力的背景下，全球遵从伊斯兰教义的资金池快速扩张已成为各种主权、政府相关实体和企业的一个有吸引力的来源，以满足其融资需求。尤其是在亚洲，统计数字与发展趋势显示了伊斯兰金融在该区域增长的前景。

迄今为止，伊斯兰金融为若干部门提供了融资解决方案，包括（1）基础设施融资；（2）政府财政和收入支出融资；（3）企业和零售融资；（4）对企业和散户投资者的伦理投资解决方案；（5）国际贸易融资；（6）伊斯兰保险服务。

①基础设施融资伊斯兰债券发行概览。基础设施部门已经发现了大量伊斯兰债券运用于基础设施项目驱动的资金募集机会，这些用于项目发展的资金募集主要是来自于海湾合作理事会和东南亚区域的。2001～2013 年期间，近 10 个不同国家共发行了价值 843 亿美元的基础设施债券（如图 11）。市场上发行的基础设施伊斯兰债券通常是以马来西亚发行为主导的。

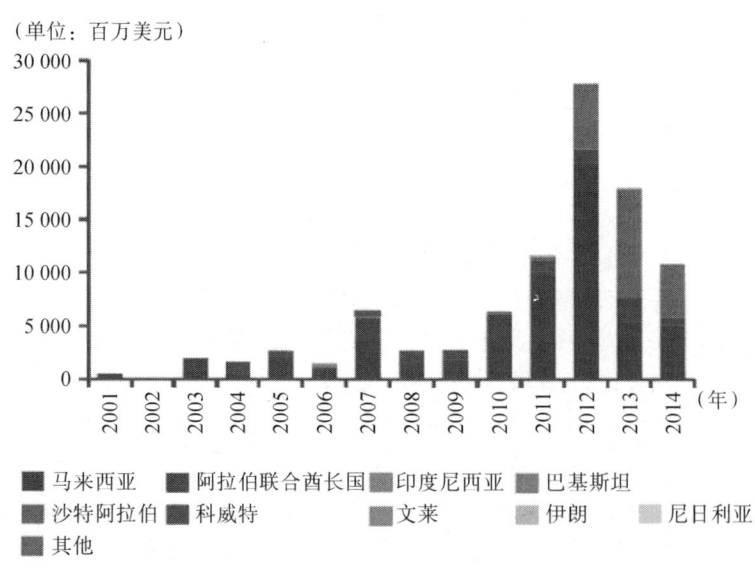

图 11　2001～2014 年一季度各国发行的基础设施伊斯兰债券

资料来源：IFIS, Zawya, Bloomberg, KFH Research。

总体而言，从 2001~2013 年，马来西亚属地发行的基础设施伊斯兰债券占 67.5%，其次是沙特阿拉伯占比 20.0%，阿拉伯联合酋长国为 10.8%。其他值得注意的已发行基础设施伊斯兰债券的国家包括，卡塔尔、印度尼西亚、巴基斯坦和科威特。

在遵从伊斯兰教义的原则下，伊斯兰债券可以灵活地选择多种方式，分别与租赁（Ijarah）、成本加成（Murabahah）或参股合伙（Musharakah）等结合。2010 年下半年至 2013 年上半年，这三种结构占所有发行比例的 79%。参股合伙的伊斯兰债券的中心优点是：促进分担风险原则，投资者和发行人同意在基本业务活动的实际效果基础上分享利润和承担损失。

②基础设施融资伊斯兰债券发行案例。

案例介绍

案例 1：印度尼西亚 15 亿美元基础设施伊斯兰债券（详见表 13）

表 13　　　　　　　　　　　　　债券关键条款

发行人	Perusahaan Penerbit SBSN Indonesia III
债务人	印度尼西亚共和国
记录名称	50 亿美元信托证书发行计划
票据期限	5.5 年
规模	15 亿美元
票面收益率	6.125%
收益率	6.125%
到期日	2019 年 3 月 15 日
上市交易地	新加坡证券交易所（SGX－ST）

资料来源：Presentation by Usman Ahmed at the IFSB – ADB Conference Nov 2013。

从该债券认购者地理分布来看，配置该债券的不仅限于印度尼西亚，相反，印度尼西亚只占 15%，其他地区购买者高达 85%。详见表 14。

表 14　　　　　　　　　　　　债券投资者按地理分布

投资者地区分布	占比（%）
印度尼西亚	15
美国	24
中东	20
欧洲	16
亚洲其他	25
合计	100

资料来源：Presentation by Usman Ahmed at the IFSB – ADB Conference Nov 2013。

表15 伊斯兰债券投资者按机构类别分类

	占比（%）
央行/主权财富基金	7
保险公司	4
基金	34
银行	34
私人银行	7
其他	14
合计	100

资料来源：Presentation by Usman Ahmed at the IFSB – ADB Conference Nov 2013。

该项交易受到投资者的好评，在全球300个账户中积累了57亿美元的申购金额。债券投资者的具体分类见表15。

案例2：马来西亚司马达比首次发行8亿美元5/10年伊斯兰债券（详见表16）

表16 债券关键条款

发行人	Sime Darby Global Berhad
债务人	Sime Darby Berhad
票据期限	5年期（2018年到期）、10年期（2023年到期）
规模	4亿美元（5年期）、4亿美元（10年期）
票面收益率	2.053%（5年期）、3.290%（10年期）
结算	T+%（2013年1月29日）

资料来源：Presentation by Usman Ahmed at the IFSB – ADB Conference Nov 2013。

亮点：

马来西亚首次在全球G3国际债务市场上发行伊斯兰基础设施债券。全球任何公司在美元债券市场的息票都较低，创造了马来西亚借款者在5年和10年期内的美元息票最低纪录。来自马来西亚的亚洲龙头企业集团罕见地在国际G3市场取得了很好的主权评级。实现了以高质量多元化投资者为基础的强劲需求下的最优定价结果，相比理论定价为马来西亚主权债券评级定价降低了40个以上的点差，并实现了约10.9倍的超额认购。

案例3：马来西亚机场控股公司——5亿林吉特伊斯兰债券的发行（详见表17）

表17 债券关键条款

发行人	Malaysia Airports Holdings Berhad（MAHB）
发行人评级	AAA/A3（RAM/Moody's）
发行评级	AAA（RAM）
伊斯兰原则	合伙参股（Musharakah）
票据期限	3年期（2016年到期）、5年期（2018年到期）
规模	2.5亿林吉特（3年期）、2.5亿林吉特（5年期）
票面收益率	3.85%（3年期）、4.15%（5年期）
结算	2013年9月6日

资料来源：Presentation by Usman Ahmed at the IFSB – ADB Conference Nov 2013。

本次发行交易亮点：

与以前 MAHB 所采用的租赁形式伊斯兰债券不同，首次以参股合伙形式发行了两种不同期限的债券，快速执行通过，参股合伙形式信息备忘录被释放给投资者一个星期之后即行申购。尽管市场形势严峻，但这两支债券的最终定价都是最初价格指导范围内的 5 个基点，3 年和 5 年期债券分别获取 3 倍和 4 倍的订单超额认购。资本市场开发非常及时，使公司能够抓住一个良好的市场窗口，实现低成本的融资。

参股合伙式伊斯兰债券结构与程序（参见图 12）：

A. 伊斯兰信托公司与马来西亚机场控股公司（MAHB）签署了一项参股合伙协议。

商业认定：为经营一项合资业务，包括投资于发行人符合伊斯兰教义的机场营运业务，包括收取乘客服务费、着陆费及泊车费，以及其他费用予航空公司。

债券持有者应指定 MAHB 作为每个参股合伙人创投管理者。

B. 债券持有者为参股合伙债券提供资本。

资本份额是由参股合伙债券所确定的。

MAHB 将其业务作为参股合伙债券的资本份额。

在伊斯兰参股合伙债券发行后，所得款项将用于与 MAHB 进行合作，以进行符合伊斯兰教义的投资。

C. 来自于伊斯兰参股合伙债券的收益分配。

分配给每个合伙人是基于利润分享比率。

在合伙企业中发生的任何损失应由每个合伙人承担。

D. MAHB 将提供一项主要的回购承诺。

应执行转让/销售协议，以便在相关的执行价格下，购买"穆沙拉夫"公司的"未分割的有利权益"。收购参股合伙股东对合资企业的有利利益将会使其解散。

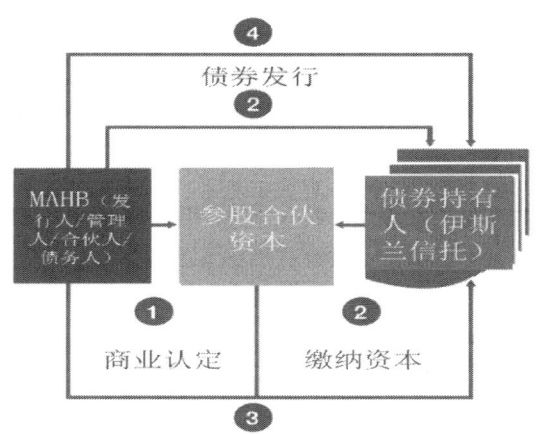

图 12　MAHB 伊斯兰参股合伙债券结构与程序示意图

③伊斯兰债券案例启示。通过以上三个案例，我们不难发现如下几点：

A. 伊斯兰债券发行具有国际化特点，投资者不仅来自于发行地投资者，更有来自于全球投资者的认购。但同时也需要认识到，发行伊斯兰债券，应选择伊斯兰金融多边机构所在地或活跃的国际金融中心进行，如印度尼西亚属于亚行总部所在地，马来西亚是国际伊斯兰流动性管理公司所在地，而新加坡、中国香港则属于较为活跃的亚洲国际金融中心。

B. 除投资者来源国际化以外，投资者认购也较为活跃，这体现在以所发行债券的超额认购倍数上。

C. 获得了同级风险水平下相较国内市场的低成本融资。

通过选取相同种类、期限与风险等级的债券收益率与所发行的伊斯兰基础设施债券融资成本进行比较，不难发现，通过国际化发行伊斯兰债券筹集基础设施融资资金，比国内市场上有着更低的融资成本，详见表18。

表18　　　　　　　　　　伊斯兰债券与国内融资成本比较

案例	类别	发行时间	金额（亿美元）	期限（年）	收益率（%）	同期同等级债券收益率（%）
印度尼西亚共和国	主权债券	2013年	15	5.5	6.125	8.22
马来西亚司马达比公司	项目债券	2013年	4	5	2.05	8.20
	项目债券	2013年	4	10	3.29	9.75
马来西亚机场控股公司	项目债券	2013年	2.5	3	3.85	7.49
	项目债券	2013年	2.5	5	4.15	8.20

资料来源：前六列数据由前述案例整理，最后一列数据取自WIND。

三、研究结论与启示

（一）主要研究结论

1. 关于伊斯兰金融的性质。伊斯兰金融是随着20世纪70年代伊斯兰复兴运动兴起的，建立在对伊斯兰教义指引遵从基础上、相对于世俗金融的独特金融体系。伊斯兰金融基于伊斯兰教义关于金融的五个核心信仰，包括禁止利息、投机、过高的不确定性、投资不被允许的活动以及鼓励风险共担与收益共享。伊斯兰金融的快速发展与宗教信仰和相关政治推动密不可分。

2. 关于伊斯兰金融产品与工具。伊斯兰金融产品与工具在遵从伊斯兰教义基础上，借鉴传统金融理论，发展出伊斯兰银行类、债券类、基金类和保险类系列产品，近15种之多。其中最基本的可以划分为基于成本加成的固定收益类和参股合伙的收益与损失分享共担类两大类。

金融产品的共性具有流动性、安全性与收益性三方面要求。流动性方面，伊斯兰金融同时拥有短期与长期产品，也有金融产品交易机制以解决流动性需求。安全性方面，除教义遵从审查外，伊斯兰金融也同时拥有评级、会计审计、信息服务等相关机构；对于收益性方面，伊斯兰金融禁止收取利息，但收益性依然是必要条件，其收益主要与所投入资金运营状况相挂钩，禁止事前明示无论投资对象盈利或亏损均收取固定利息的做法，这一点与世俗金融存在本质差异，除非存在误导、过失或违背合约条款。

3. 关于伊斯兰金融规模及其发展。截至2016年，伊斯兰金融资产总规模为1.89万亿美元，其中，伊斯兰银行业资产14 934亿美元，伊斯兰债券3 185亿美元，伊斯兰基金561亿美元，伊斯兰保险251亿美元。伊斯兰银行业资产分布前十大国家和地区分别为伊朗、沙特阿拉伯、马来西亚、阿拉伯联合酋长国、科威特、卡特尔、土耳其、孟加拉、巴林、印度尼西亚。

尽管受2013年美国停止量化宽松及2015年底以来美联储启动加息与缩表影响，伊斯兰金融依然保持较快增长势头，伊斯兰银行资产近四年平均复合增长率为9.9%，伊斯兰主权债券近五年平均复合增长率为12.36%，较快增长势头有利于满足地区经济增长带来的融资需求。

据相关研究估计，到2020年，全球伊斯兰金融市场规模将由2015年的1.81万亿美元增长至3.25万亿美元。

4. "一带一路"建设利用境外伊斯兰金融的意义。"一带一路"建设不仅需要资金融通作为关键支持，建设中的风险也需要通过融资分散加以治理，如基础设施建设中的政治法律风险、运营维护风险、利率汇率风险及社会环境风险均需本土化融资分散与制衡加以治理。

5. 伊斯兰债券为"一带一路"基础设施建设动员本土化融资提供了良好基础。伊斯兰债券对基础设施建设融资支持的作用已经显现。伊斯兰基础设施项目债券认购者不仅限于发行地投资者，欧美与中东等富裕地区投资者认购额度甚至可能高达60%以上。此外，无论是项目所在国主权债还是建设项目发起人发行的公司债，市场评级均较好，发行收益率均较低。这为我国参与"一带一路"基础设施建设动员本土化融资提供了良好基础。

(二) 研究启示

1. 正确看待伊斯兰金融的宗教性与政治性，审慎运用伊斯兰金融产品与工具，服务于境外"一带一路"合作建设。

2. 在境外穆斯林人口较多的国家和地区，部分国家和地区伊斯兰金融既具有相当规模的存量，也有着较高的发展速度，如果善加利用，是动员本土化融资甚至全球伊斯兰金融资源参与"一带一路"建设的重要金融资源。

3. 在部分我国投资与贸易联系较为密切的国家和地区，如马来西亚、巴基斯坦、沙特阿拉伯、印度、印度尼西亚、阿拉伯联合酋长国、巴林、斯里兰卡等通过中国"走出去"的金融机构，加强与伊斯兰金融机构的联系，将伊斯兰金融作为"一带一路"建设动员金融资源，既可以分散风险，也可以实现相互制衡、治理风险的目的。

4. "一带一路"建设，尤其是设施联通，资金需求量巨大，了解、学习与应用伊斯兰债券，包括利用中国香港、新加坡等伊斯兰债券离岸市场筹资，既可以帮助相关建设地政府寻求主权资金来源，也可以作为项目资金融资来源。

5. 伊斯兰金融与世俗金融的主要差异在于不能在无视实际经营状况的前提下事前明示固定利息,这本质上有利于融资者降低经营成本。因此,在合理预期与诚信无欺的前提下,应用伊斯兰金融有利于经济与效率性的提升。

参考文献

[1] 陈梓元:"伊斯兰金融监管模式比较研究",《宁夏社会科学》,2013年第3期。

[2] 方晓:"伊斯兰金融发展及其与中国合作—巴林第二十三届世界伊斯兰银行大会访谈(上)",《中国金融》,2017年第2期。

[3] 方晓:"伊斯兰金融发展及其与中国合作—巴林第二十三届世界伊斯兰银行大会访谈(下)",《中国金融》,2017年第3期。

[4] 侯可峰、李木子:"伊斯兰金融在香港地区的发展及其税制环境",《国际税收》,2015年第3期。

[5] 姜英梅:"伊斯兰金融全球化发展及其在中国的发展前景",《西亚非洲》,2014年第2期。

[6] 李扬、王国刚等:《中国城市金融生态环境评价》,人民出版社2005年版。

[7] 齐萌:"'一带一路'视角下的伊斯兰金融监管制度研究",《上海财经大学学报(哲学社会科学版)》,2015年第5期。

[8] 任晓猛、史晋川:"伊斯兰金融研究述评",《浙江社会科学》,2017年第3期。

[9] 沈梦溪:"'一带一路'基础设施建设的资金瓶颈和应对之策",《国际贸易》,2016年第11期。

[10] 沈梦溪:"国际基础设施PPP项目失败原因探析",《国际经济合作》,2016年第10期。

[11] 王永宝:"风险分担原则下的伊斯兰金融市场及其运作模式",《西亚非洲》,2014年第2期。

[12] 王章慧:"'一带一路'建设,金融服务要跟上",《人民论坛》,2017年第17期。

[13] 王忠民:"'一带一路'产融合作的共赢",《中国金融》,2017年第10期。

[14] 徐诺金:《金融生态论:对传统金融理念的挑战》,中国金融出版社2007年版。

[15] 杨为程:"关于对伊斯兰银行监管问题的分析—基于伊斯兰金融服务委员会监管框架的视角",《西安财经学院学报》,2014年第6期。

[16] 玉素甫艾百:"伊斯兰金融的发展潜力研究",《青海民族研究》,2015年第1期。

[17] 中国工商银行城市金融研究所课题组:"全球伊斯兰金融发展及其对中资银行国际化的启示",《金融论坛》,2013年第5期。

[18] 周小川:"完善法律制度,改进金融生态",《金融时报》,2004年12月7日。

[19] Asian Development Bank & Islamic Financial Services Board (2015), Islamic Finance for Asia: Development, Prospects, and Inclusion Growth.

[20] Asian Development Bank (2017), "Meeting Asia's Infrastructure Needs", Asian Development Bank.

[21] Bhattacharyay, N. B. (2010), "Estimating Demand for Infrastructure in Energy, Transport, Telecommunications, Water and Sanitation in Asia and the Pacific: 2010 – 2020", ADBI Working Paper Series, No. 248.

[22] Bunni, N. G. (1992), "Engineering Construction Risks: A guide to project risk analysis and risk management", Contracts, 99 (Suppl 1): 1 – 2.

[23] Canuto. O, & A. Liaplina (2017), "Matchmaking Finance and Infrastructure", OCP Policy Center, PB – 17/23.

[24] Clark, G. L. et al (2012), "The New Era of Infrastructure Investing", Pensions An International Journal 17 (2): 103 – 111.

[25] Flanagan, R. & G. Norman (1993), Risk Management and Construction, Wiley – Blackwell.

[26] Grewal, B. K. (2015). Islamic Finance for Asia. Innovation, Inclusion, and Growth. Asian Development Bank, Islamic Financial Services Board, Islamic Finance for Asia. Development, Prospects, and Inclusive Growth, Manila, Kuala Lumpur, 1 – 22.

[27] Hassan, Kabir, and Mervyn Lewis, eds. Handbook of Islamic banking. Edward Elgar Publishing, 2009.

[28] Hassan M K, Aliyu S. A Review of Empirical Islamic Finance Literature [J]. 2017.

[29] Hansaku, S. and H. Levinger. 2016. Asia InfrastructureFinancing: Getting It Right Would Lift Medium – Term Growth, Current Issues: EmergingMarkets. Frankfurt am Main: Deutsche BankResearch.

[30] Islamic Financial Services Board (2016), "Islamic Financial Services Industry Stability Report 2016", Islamic Financial Services Board.

[31] Islamic Financial Services Board (2017), "Islamic Financial Services Industry Stability Report 2017", Islamic Financial Services Board.

[32] Zhang, X. (2005), "Financial Viability Analysis and Capital Structure Optimization in Privatized Public Infrastructure Projects", Journal of Construction Engineering and Management, 131 (6): 656 – 668.

(厦门国家会计学院"一带一路"财经发展研究中心副教授、经济与管理研究所副所长：江日初)

"一带一路"倡议下的资金融通研究：
以中国对非洲投资为例

> **内容摘要**：非洲是"一带一路"建设的重要立足点，在中国与"一带一路"沿线国家投融资活动日益活跃，国际产能合作日趋密切的背景下，如何调动、整合各类金融资源服务"一带一路"建设，提升中国与非洲国家的经贸合作水平，成为当前研究的重点。本文从非洲发展现状入手，分析了中国与其他国家对非投资情况，并结合2005~2014年中国对非洲26个国家的投资数据重点考察了中国对非投资的"第三方效应"。研究发现：中国对非洲各国的投资存在空间互补效应，并且中国对非洲直接投资还受东道国周边国家经济和社会等因素以及各种观测不到的地区相关性因素的影响。基于此，本文提出了提高中国对非投资效率的政策建议。
>
> **关键词**："一带一路" 中国对非洲投资 第三方效应

一、引言

2013年末，中国国家主席习近平在访问中亚和东南亚国家时，提出包括共建"丝绸之路经济带"和"21世纪海上丝绸之路"的"一带一路"倡议。该倡议的愿景是实现沿线各国的区域基础设施更加完善，投资贸易便利化水平进一步提升，人文交流更加广泛深入，实现沿线各国共同发展和进步。这是党中央、国务院统筹国际国内两个大局做出的重大部署，对深化我国全方位对外开放、促进国内经济转型升级、营造和平有利的外部环境均具有重要意义。

"一带一路"建设的主要内容为"五通工程"，即政策沟通、设施联通、贸易畅通、资金融通和民心相通，其中资金融通是"一带一路"建设的核心要素和重要支撑，关系现代经济命脉。近年来，中国与"一带一路"国家的总体经贸往来日趋频繁，跨境资金收支无论是总规模还是增长幅度均有不同程度的提升。2013~2016年，我国非银行部门与"一带一路"国家的各类交易资金总量近4.8万亿美元，占同期我国跨境收支总量的19%。根据外汇局发布的《2017年上半年中国国际收支报告》，上半年我国企业对"一带一路"47个国家新增投资66亿美元，占同期对外投资总额的14%，比去年同期增加6个百分点。2017年9月，国开行与埃及阿拉伯国际银行在开罗签订了2.6亿元专项贷款及4 000万美元非洲中小企业专项贷款合同，这一人民币专项贷款将用于支持埃及基础设施、电力、能源、通讯、交通、农业、中小企业、中资企业"走出去"等领域项目建设，4 000万美元非洲中小企业专项贷款则用于支持埃及中小企业项目。以上数据表明我国与"一带一路"国家间的投融资活动日益活跃，国际产能合作日益密切。"一带一路"贯穿亚欧非大陆，从中国沿海港口穿过南海到印度洋，延伸至欧洲，以肯尼亚首都内罗毕为主要支撑点，辐射非洲大陆国家。那么，如何通过"21世纪海上丝绸之路"这一中非联系纽带与非洲各国进行贸易和交流，充分调动、整合各类金融资源以更好地服务"一带一路"建设，支持非洲国家的发展，是当前学术界亟待探讨的重要课题之一。

二、国际对非洲投资分析

（一）非洲发展现状

实现经济可持续发展，消除贫困是当前非洲国家面临的首要任务。2016年，非洲地区经济增长较上一年度放缓。虽然非洲国家在减贫方面取得了显著成效，许多国家的贫困人口比例以及贫困化程度不断下降，但非洲国家发展仍问题重重。概括而言，非洲国家发展存在的问题主要有以下四个方面。

1. 经济增长放缓，贫困问题依然突出。受大宗商品价格持续下跌以及全球经济增长疲软的影响，2016年非洲地区实际GDP增长率由上一年度的3.4%放缓至2.2%。其中，东非地区实际GDP增长最快，为5.3%；其次是北非，为3%；其他区域经济增长乏力，南部非洲为1.1%，其中南非作为非洲最大经济体，实际GDP增长率仅为0.3%；中部非洲实际GDP增长率为0.8%；受尼日利亚经济衰退的影响，西非实际GDP增长率仅为0.4%（见表1）。

表1　　　　　　　　2008～2016年非洲实际GDP增长情况　　　　　　（单位:%）

地区	2008～2012年	2013年	2014年	2015年	2016年
中部非洲	4.9	4.0	6.0	3.6	0.8
东部非洲	5.6	7.2	5.9	6.5	5.3
北部非洲	4.4	1.7	1.5	3.3	3.0
南部非洲	3.1	3.7	2.8	1.9	1.1
西部非洲	6.2	5.7	6.1	3.3	0.4
非洲	4.7	3.9	3.7	3.4	2.2

说明：
①2016年为估计值。
②资料来源于African Economic Outlook 2017, p36。

2. 贫困化程度不断下降，贫困人口比例仍偏高。整体而言，非洲国家的贫困人口比例以及贫困化程度不断下降。但是，贫困问题在许多国家依然比较突出。国家贫困线以下人口比例和国际贫困线以下人口比例分别如表2和表3所示。就国家贫困线以下人口比例而言，赤道几内亚、马达加斯加、津巴布韦国家贫困线以下人口比例高达70%以上，其中马达加斯加和津巴布韦国家贫困线以下农村人口比例分别占 81.5% 和 84.3%，赤道几内亚也近 80%。相比而言，阿尔及利亚国家贫困线以下人口比例较低，农村、城市和全国平均水平仅为 4.8%、5.8% 和 5.5%（见表2）。就国际贫困线以下人口比例而言，贫困人口比例最高的两个国家为马达加斯加和刚果（金），其中马达加斯加低于 1.9 美元和 3.1 美元人口所占比例分别为 77.8% 和 90.5%，刚果（金）分别为 77.1% 和 90.7%，而毛里求斯和塞舌尔则是国际贫困线以下人口比例最低的两个国家（见表3）。

表2　国家贫困线以下人口比例　（单位:%）

国家	年份	农村	城市	全国平均	国家	年份	农村	城市	全国平均
阿尔及利亚	2011	4.8	5.8	5.5	毛里求斯	N/A	N/A	N/A	N/A
埃及	2010	32.3	15.3	25.2	纳米比亚	2009	37.4	14.6	28.7
利比亚	N/A	N/A	N/A	N/A	尼日尔	2011	55.2	18.6	48.9
摩洛哥	2007	14.4	4.8	8.9	尼日利亚	2009	52.8	34.1	46
南苏丹	2009	55.4	24.4	50.6	塞内加尔	2010	57.1	33.1	46.7
苏丹	2009	57.6	26.5	46.5	塞拉利昂	2011	66.1	31.2	52.9
突尼斯	2010	N/A	N/A	15.5	塞舌尔	2006	37.2	39	39.3a
贝宁	2011	39.7	31.4	36.2	多哥	2015	68.7	35.9	55.1
布基纳法索	2014	47.5	13.7	40.1	布隆迪	2014	68.8	27.6	64.6
佛得角	2007	44.3	13.2	26.6	喀麦隆	2014	56.8	8.9	37.5
科特迪瓦	2015	56.8	35.9	46.3	中非共和国	2008	69.4	49.6	62
冈比亚	2010	73.9	32.7	48.4	乍得	2011	52.5	20.9	46.7
加纳	2012	37.9	10.6	24.2	科摩罗	2004	48.7	34.5	44.8
几内亚	2012	64.3	35.4	55.2	刚果（布）	2011	74.8	N/A	46.5
几内亚比绍	2010	75.6	51	69.3	刚果（金）	2012	64.9	61.6	63.6
利比里亚	2007	67.7	55.1	63.8	赤道几内亚	2006	79.9	31.5	76.8
马里	2009	50.6	18.9	43.6	加蓬	2005	44.6	29.8	32.7
毛里塔尼亚	2008	59.4	20.8	42	卢旺达	2010	48.7	22.1	44.9
圣多美和普林西比	2009	59.4	63.8	61.7	安哥拉	2008	58.3	18.7	36.6
吉布提	N/A	N/A	N/A	N/A	博茨瓦纳	2009	24.3	11	19.3
厄立特里亚	1993	N/A	62	69	莱索托	2010	61.2	39.6	57.1
埃塞俄比亚	2010	30.4	25.7	29.6	马拉维	2010	56.6	17.3	50.7
肯尼亚	2005	49.1	33.7	45.9	莫桑比克	2008	56.9	49.6	54.7
马达加斯加	2010	81.5	51.1	75.3	南非	2010	77	39.2	53.8
索马里	N/A	N/A	N/A	N/A	斯威士兰	2009	73.1	31.1	63
乌干达	2012	22.4	9.6	19.5	赞比亚	2010	77.9	27.5	60.5
坦桑尼亚	2011	33.3	15.5	28.2	津巴布韦	2011	84.3	46.5	72.3

说明：
① N/A 表示无统计数据。
② 标 a 的为 2013 年数据。
③ 资料来源于 World Bank，WDI online database。

表3 国际贫困线以下人口比例 （单位：%）

国家	年份	低于1.9美元	低于3.1美元	国家	年份	低于1.9美元	低于3.1美元
阿尔及利亚	N/A	N/A	N/A	毛里求斯	2012	0.5	3
埃及	N/A	N/A	N/A	纳米比亚	2009	22.6	45.7
利比亚	N/A	N/A	N/A	尼日尔	2014	45.7	75.5
摩洛哥	2007	3.1	15.5	尼日利亚	2009	53.5	76.5
南苏丹	N/A	N/A	N/A	塞内加尔	2011	38	66.3
苏丹	2009	14.9	38.9	塞拉利昂	2011	52.3	80
突尼斯	2010	2	8.4	塞舌尔	2013	1.1	2.5
贝宁	2011	53.1	75.6	多哥	2011	54.2	74.5
布基纳法索	2014	43.7	76.7	布隆迪	2006	77.7	92.2
佛得角	2007	17.6	39.3	喀麦隆	2014	24	43.5
科特迪瓦	2008	29	55.1	中非共和国	2008	66.3	82.3
冈比亚	2003	45.3	68	乍得	2011	38.4	64.8
加纳	2005	25.2	49	科摩罗	2004	13.5	32.3
几内亚	2012	35.3	68.7	刚果（布）	2011	37	59.6
几内亚比绍	2010	67.1	83.6	刚果（金）	2012	77.1	90.7
利比里亚	2007	68.6	89.6	赤道几内亚	N/A	N/A	N/A
马里	2009	49.3	77.7	加蓬	2005	8	24.4
毛里塔尼亚	2014	5.9	22.1	卢旺达	2013	60.4	80.6
圣多美和普林西比	2010	32.3	68.1	安哥拉	2008	30.1	54.5
吉布提	2013	22.5	43.1	博茨瓦纳	2009	18.2	35.7
厄立特里亚	N/A	N/A	N/A	莱索托	2010	59.7	77.3
埃塞俄比亚	2010	33.5	71.3	马拉维	2010	70.9	87.6
肯尼亚	2005	33.6	58.9	莫桑比克	2008	68.7	87.5
马达加斯加	2012	77.8	90.5	南非	2011	16.6	34.7
索马里	N/A	N/A	N/A	斯威士兰	2009	42	63.1
乌干达	2012	34.6	65	赞比亚	2010	64.4	78.9
坦桑尼亚	2011	46.6	76.1	津巴布韦	2011	21.4	45.5

3. 大部分国家仍处于多维贫困状态，贫困化表现各异。多维贫困指数（Multidimensional Poverty Index，MPI）以健康、教育和生活水平①三个维度测量贫困。MPI显示，非洲国家在减贫方面取得了显著成效，其中卢旺达的成效最显著，其次是加纳、利比里亚、科摩罗和刚果（金）。其中，刚果（布）、刚果（金）、肯尼亚、莱索托、马里、毛里塔尼亚、坦桑尼亚和乌干达部分地区的减贫成效甚至比卢旺达显著。尽管如此，统计的46个非洲国家中54%的人口，约5.44亿人仍然处于多维贫困状态②。以下根据健康、教育和

---

① 其中，健康维度包括营养状况和儿童死亡率；教育维度包括儿童入学率和受教育程度；生活水平维度包括饮用水、电、日常生活用燃料、室内空间面积、环境卫生和耐用消费品。

② Alkire, S., Jindra, C., Robles, G. and Vaz, A., Multidimensional Poverty in Africa, Oxford Policy and Human Development Initiative, OPHI Briefing No. 40, Oxford Poverty and Human Development Initiative, Oxford, United Kingdom, 2016.

生活水平三个维度来分析非洲的现状。

第一,在健康方面,营养不良问题严重影响人民的生活水平、生产效率以及收入。在非洲,约有四分之一的人口营养不良。虽然非洲在降低营养不良问题方面取得了较大进展,但是2015年撒哈拉以南非洲地区3~5岁儿童因营养不良造成发育不良的比例仍高达35%(见表4)。在一些脆弱国家和易发冲突国家,该问题更加严重。世界银行和联合国粮食计划署的统计资料显示,非洲营养不良问题对GDP的影响由2%~3%提高到16%。非洲开发银行指出,非洲国家每年因营养不良问题使其GDP损失11%,并且大约20%的产妇死亡与怀孕期间营养不良有关[①]。

表4　　　　　　　　　　非洲儿童营养不良情况　　　　　　　　　　(单位:%)

地区	1995	2000	2005	2010	2015
撒哈拉以南非洲	46.1	43.3	40.5	37.8	35.2
中东和北非	25.6	22.8	20.3	17.9	15.8
脆弱和冲突易发地区	43.3	41.7	40.2	38.5	36.8
世界	35.7	32.7	29.4	26.2	23.2

资料来源:African Economic Outlook 2017,p116。

第二,在教育方面,为减少贫困,当前非洲各国政府正加大教育和医疗卫生等方面的投入,许多国家政府甚至在财政紧缩时期对上述部门的投入大大超过非洲地区平均水平。例如,撒哈拉以南非洲地区教育支出占政府公共支出比重高于OECD、南亚和世界水平,但低于拉美和加勒比以及东亚和太平洋地区,为16.37%(见图1)。其中,贝宁、刚果(布)、科特迪瓦、埃塞俄比亚、加纳、纳米比亚、塞内加尔、斯威士兰和赞比亚教育支出比重超过21%。但有些国家受国内冲突的影响远远落后于地区平均水平。非洲国家教育支出的增加使其教育水平不断提升,2005~2014年间非洲各地区中等教育完成率有所提高(见图2)。

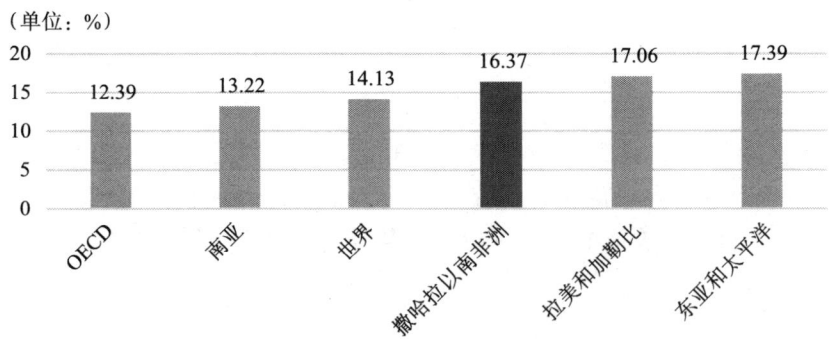

图1　2010~2014年世界各地区教育支出占政府公共支出比重

资料来源:African Economic Outlook 2017,p106。

---

① Adesina, A., Keynote Address at the World Food Prize, Des Moines, Iowa, 13 October 2016.

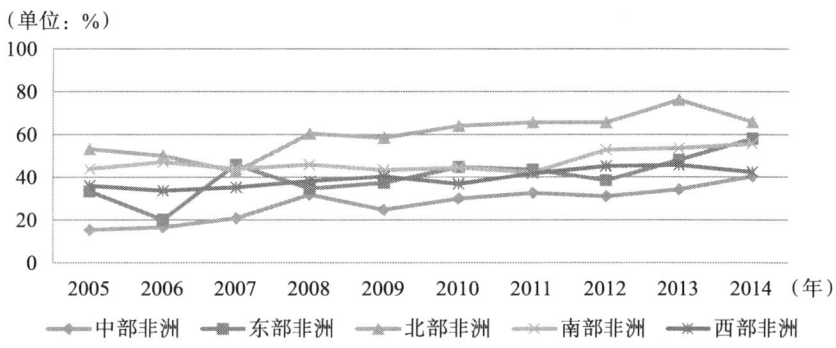

图 2　2005～2014 年非洲各区域中等教育完成率

资料来源：African Economic Outlook 2017, p107。

非洲国家在提高整体教育支出水平的同时，还致力于缩小男女之间受教育的差距。就性别而言，北非和南部非洲地区女性中等教育完成率高于男性。在东非和西非地区，自2005年以来受教育的性别差距不断减小。在女性中等教育完成率最低的中部非洲，男女受教育的差距大大缩小。2014年，中部非洲女性中等教育完成率是2005年的近3倍（见表5）。

表5　2005年和2014年非洲各区域中等教育完成率性别构成　　　　　　（单位:%）

年份	性别	中部非洲	东部非洲	西部非洲	南部非洲	北部非洲
2005	男性	17	35	39	44	50
	女性	13	31	33	46	57
2014	男性	45	59	47	46	63
	女性	35	58	43	54	69

资料来源：African Economic Outlook 2017, p. 108。

第三，在生活水平方面，获得统计数据的51个非洲国家中，超过80%的国家获得清洁饮用水的人口比例低于世界平均水平，并且农村人口获得清洁饮用水的人口比例普遍低于城市人口。其中，赤道几内亚获得清洁饮用水的人口比例不到总人口的一半，仅为47.9%，远远低于世界91%的平均水平。就农村人口获得清洁饮用水的人口比例而言，刚果（金）最低，仅为28.2%，其次为赤道几内亚，为31.2%。而城市人口获得清洁饮用水的人口比例最低的为毛里塔尼亚，为58.4%（见表6）。

表6　2015年获得清洁饮用水的人口比例　　　　　　（单位:%）

国家	总人口	农村人口	城市人口
阿尔及利亚	83.6	81.8	84.3
埃及	99.4	99.0	100.0
利比亚	N/A	N/A	N/A
摩洛哥	85.4	65.3	98.7
南苏丹	58.7	56.9	66.7
苏丹	N/A	N/A	N/A

续表

国家	总人口	农村人口	城市人口
突尼斯	97.7	93.2	100.0
贝宁	77.9	72.1	85.2
布基纳法索	82.3	75.8	97.5
佛得角	91.7	87.3	94.0
科特迪瓦	81.9	68.8	93.1
冈比亚	90.2	84.4	94.2
加纳	88.7	84.0	92.6
几内亚	76.8	67.4	92.7
几内亚比绍	79.3	60.3	98.8
利比里亚	75.6	62.6	88.6
马里	77.0	64.1	96.5
毛里塔尼亚	57.9	57.1	58.4
毛里求斯	99.9	99.8	99.9
纳米比亚	91.0	84.6	98.2
尼日尔	58.2	48.6	100.0
尼日利亚	68.5	57.3	80.8
塞内加尔	78.5	67.3	92.9
塞拉利昂	62.6	47.8	84.9
塞舌尔	95.7	95.7	95.7
多哥	63.1	44.2	91.4
布隆迪	75.9	73.8	91.1
喀麦隆	75.6	52.7	94.8
中非共和国	68.5	54.4	89.6
乍得	50.8	44.8	71.8
科摩罗	90.1	89.1	92.6
刚果（布）	76.5	40.0	95.8
刚果（金）	52.4	31.2	81.1
赤道几内亚	47.9	31.5	72.5
加蓬	93.2	66.7	97.2
卢旺达	76.1	71.9	86.6
圣多美和普林西比	97.1	93.6	98.9
吉布提	90.0	64.7	97.4
厄立特里亚	57.8	53.3	73.2
埃塞俄比亚	57.3	48.6	93.1
肯尼亚	63.2	56.8	81.6

续表

国家	总人口	农村人口	城市人口
马达加斯加	51.5	35.3	81.6
索马里	N/A	N/A	N/A
乌干达	79.0	75.8	95.5
坦桑尼亚	55.6	45.5	77.2
安哥拉	49.0	28.2	75.4
博茨瓦纳	96.2	92.3	99.2
莱索托	81.8	77.0	94.6
马拉维	90.2	89.1	95.7
莫桑比克	51.1	37.0	80.6
南非	93.2	81.4	99.6
斯威士兰	74.1	68.9	93.6
赞比亚	65.4	51.3	85.6
津巴布韦	76.9	67.3	97.0
世界	91.0	84.6	96.5

说明：

①N/A 表示无统计数据。

②资料来源于 World Bank, WDI online database。

另外，非洲大陆的贫困趋势以及各区域和国家贫困趋势的差异意味着不同群体间的贫困化表现各异。整体而言，烹饪燃料、电力和卫生设施不足是造成非洲国家贫困的重要原因。营养是东非国家面临的最大挑战，而学校教育不足问题则在西非国家表现最为突出（见表7）。

表7　　　　　　　　　　多维贫困指数　　　　　　　　　　（单位：%）

地区	资产所有权	儿童入学率	烹饪燃料	饮用水	电力	环境卫生	营养	学校教育
北部非洲	5	6	10	8	8	9	4	7
南部非洲	26	12	40	26	38	34	15	14
中部非洲	37	23	57	39	53	54	22	24
西部非洲	24	37	66	31	57	56	27	35
东部非洲	48	29	68	48	65	58	28	32

资料来源：African Economic Outlook 2017, p103。

4. 经济增长未促就业，失业率居高不下。非洲地区的失业率居高不下，尤其是在一些中等收入国家，失业率达50%以上。过去15年间，非洲经济的高速增长并未带动当地就业，这可能是因为资本密集型行业的发展并未对劳动力产生太多需求。

就年轻人而言，工作岗位短缺是其面临的最紧迫挑战。虽然非洲年轻人的受教育水平不断提升，但是他们仍然面临着健康不佳、就业技能缺乏以及无法获得自主创业资金的难题。ILO 统计显示，就整个非洲大陆来看，年轻人失业的可能性是成年人的三倍。非洲开发银行统计显示，非洲一半的年轻人失业或待业，同时 35% 的年轻人的工作岗位易受冲击（见图 3）。

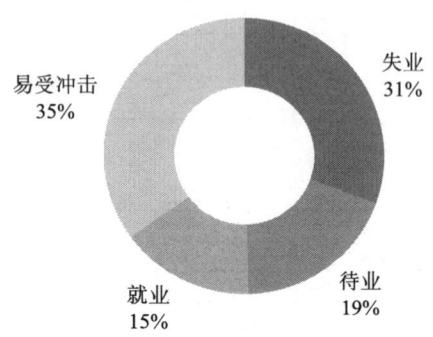

图 3　2015 年非洲年轻人就业状况

资料来源：African Economic Outlook 2017，p109。

5. 收入不平等现象突出。基尼系数是国际上通用的用来考察居民内部收入分配差异状况的重要指标之一，是指在全部居民收入中，用于进行不平均分配的那部分收入所占的比例，取值介于 0~100①。基尼系数越小收入分配越平均。0 表示居民之间的收入分配绝对平均，即人与人之间的收入完全平等；100 表示居民之间的收入分配绝对不平均，即全部收入被一个单位的人全部占有。国际上，通常把 40 作为贫富差距的警戒线。当前，非洲地区评价基尼系数为 43，高于国际警戒线。由表 8 可以看出，除利比亚、南苏丹、赤道几内亚、厄立特里亚和索马里五国没有统计数据之外，超过国际警戒线的非洲国家占 67.3%，说明大部分非洲国家的贫富差距程度较大，其中，南非的基尼系数最大，为 63.4。收入不平等减弱了经济增长的减贫能力，结果造成财富集中到少部分人手里。当前，非洲一半的收入集中在 10% 的人手中。非洲开发银行统计显示，2010 年经济增长最快的 10 个国家中有 6 个在非洲，而 2011 年十分之六的最不平等国家也集中在非洲。

6. 性别不平等问题严重。性别不平等指数衡量了女性和男性在卫生、教育、政治参与以及经济权利方面的差距。博茨瓦纳、毛里求斯、纳米比亚、卢旺达以及南非是非洲性别较平等的国家，在这些国家，女性发展指标高达男性发展指标的 96%。而中非共和国、乍得和尼日尔是性别不平等问题最严重的国家，女性发展指标低于男性发展指标的 24%。由于歧视性的社会规则以及文化习俗，非洲女性发展指标仅仅是男性的 87%。

概括而言，虽然非洲国家在减贫方面取得了显著成效，但贫困问题依旧困扰着非洲国家。非洲国家失业率居高不下，尤其是对年轻人工作岗位短缺是其面临的最紧迫挑战。另外，非洲国家贫富差距较大，性别不平等问题依然突出。

---

① 在此，将通常所述基尼系数的取值乘以 100。

表8　　　　　　　　　　　　非洲国家基尼系数

国家	年份	指标	国家	年份	指标	国家	年份	指标
阿尔及利亚	1995	35.3	毛里求斯	2012	35.8	圣多美和普林西比	2010	30.8
埃及	2008	30.8	纳米比亚	2009	61.0	吉布提	2013	44.1
利比亚	N/A	N/A	尼日尔	2014	34.0	厄立特里亚	N/A	N/A
摩洛哥	2007	40.7	尼日利亚	2009	43.0	埃塞俄比亚	2010	33.2
南苏丹	N/A	N/A	塞内加尔	2011	40.3	肯尼亚	2005	48.5
苏丹	2009	35.4	塞拉利昂	2011	34.0	马达加斯加	2012	42.7
突尼斯	2010	35.8	塞舌尔	2013	46.8	索马里	N/A	N/A
贝宁	2011	43.4	多哥	2011	46.0	乌干达	2012	41.0
布基纳法索	2014	35.3	布隆迪	2008	33.4	坦桑尼亚	2011	37.8
佛得角	2007	47.2	喀麦隆	2014	46.5	安哥拉	2008	42.7
科特迪瓦	2008	43.2	中非共和国	2008	56.2	博茨瓦纳	2009	60.5
冈比亚	2003	47.3	乍得	2011	43.3	莱索托	2010	54.2
加纳	2005	42.8	科摩罗	2004	55.9	马拉维	2010	46.1
几内亚	2012	33.7	刚果（布）	2011	48.9	莫桑比克	2008	45.6
几内亚比绍	2010	50.7	刚果（金）	2012	42.1	南非	2011	63.4
利比里亚	2007	36.5	赤道几内亚	N/A	N/A	斯威士兰	2009	51.5
马里	2009	33.0	加蓬	2005	42.2	赞比亚	2010	55.6
毛里塔尼亚	2014	32.4	卢旺达	2013	50.4	津巴布韦	2011	43.2

说明：
①N/A表示无统计数据。
②资料来源于World Bank，WDI online database。

（二）国际对非投资情况分析

在经历了2015年的强劲增长之后，全球外国直接投资（FDI）在2016年呈温和复苏态势，2017年前景审慎乐观。2016年，全球FDI流入量下降2%，达1.75万亿美元。其中，发达经济体FDI流入继上一年的大幅增长之后进一步上扬，增加了5%，达1万亿美元。而发展中经济体FDI流入普遍下挫，下降14%至6 460亿美元。其中，亚洲、非洲、拉美和加勒比地区FDI流入均呈下滑态势。尽管国际对非直接投资持续下挫，FDI仍然是发展中经济体外部资金来源的最主要形式。根据课题组研究，国际对非投资呈现以下四个新特点。

1. 国际对非直接投资流量持续下挫。受大宗商品价格走低影响，2016年国际对非直接投资流量持续下挫，较2015年下降3%，降至590亿美元。而非洲FDI流入量占全球FDI流入量的比重由2015年的1.1%上升到1.3%（见图4和表9）。

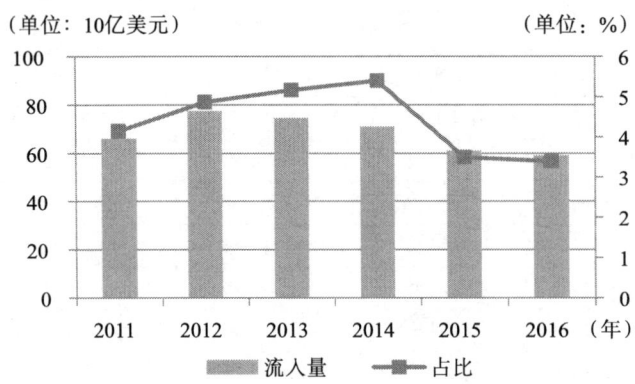

图 4　2011～2016 年非洲 FDI 流入量及占全球 FDI 流入量比重

资料来源：UNCTAD：World Investment Report 2017，p222。

表 9　　　　　　　　　2014～2016 年 FDI 地区流动情况及占比　　　　　（单位：10 亿美元、%）

地区	FDI 流入			FDI 流出		
	2014	2015	2016	2014	2015	2016
世界	1 324	1 774	1 746	1 253	1 594	1 452
发达经济体	563	984	1 032	708	1 173	1 044
发展中经济体	704	752	646	473	389	383
非洲	71	61	59	28	18	18
亚洲	460	524	443	412	339	363
拉美和加勒比海地区	170	165	142	31	31	1
大洋洲	2	2	2	1	1	1
转型经济体	57	38	68	73	32	25
在全球 FDI 流动中所占比重						
发达经济体	42.6	55.5	59.1	56.5	73.6	71.9
发展中经济体	53.2	42.4	37.0	37.7	24.4	26.4
非洲	5.4	3.5	3.4	2.3	1.1	1.3
亚洲	34.8	29.5	25.3	32.9	21.2	25.0
拉美和加勒比海地区	12.8	9.3	8.1	2.5	2.0	0.1
大洋洲	0.2	0.1	0.1	0.1	0.1	0.1
转型经济体	4.3	2.1	3.9	5.8	2.0	1.7

资料来源：UNCTAD：World Investment Report 2017，p42。

2. 非洲区域内部 FDI 流入量差异较大。2016 年，非洲区域内部 FDI 流入量差异显著。与 2015 年相比，北非、西非和东非的 FDI 流入量增加，而南部非洲和中部非洲的 FDI 流入量下降（见表 10）。就各区域 FDI 流入量占比而言，北非、西非和东非的 FDI 流入量占非洲 FDI 流入量的比重较 2015 年上升，而南部非洲和中部非洲 FDI 流入量的占比有所下降（见图 5）。

表 10　　　　　　　　　2011~2016 年非洲区域内部 FDI 流入情况　　　　　（单位：百万美元、%）

地区	FDI 流入量						增长率				
	2011	2012	2013	2014	2015	2016	2012	2013	2014	2015	2016
北部非洲	7 548	15 759	11 952	12 089	12 981	14 472	108.78	-24.16	1.15	7.38	11.49
西部非洲	18 926	16 822	14 479	12 176	10 189	11 433	-11.12	-13.93	-15.91	-16.32	12.21
中部非洲	7 367	8 949	7 733	9 112	6 003	5 119	21.47	-13.59	17.83	-34.12	-14.73
东部非洲	5 894	6 596	7 269	6 894	6 284	7 102	11.91	10.20	-5.16	-8.85	13.02
南部非洲	26 283	29 376	33 118	30 983	26 039	21 248	11.77	12.74	-6.45	-15.96	-18.40

资料来源：UNCTAD: World Investment Report 2017, p222-223。

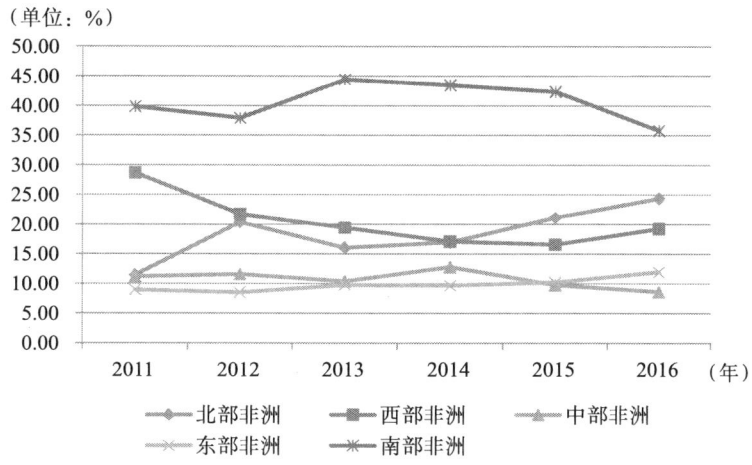

图 5　2011~2016 年非洲区域内部 FDI 流入量占比情况

资料来源：UNCTAD: World Investment Report 2017, p222。

3. 美、英、法仍占据非洲前三大外资来源地。美国、英国和法国仍然是非洲前三大外资来源地。尽管如此，在非洲前十大外资来源地中，发展中经济体占据半壁江山。其中，中国对非直接投资存量在 2010~2015 年间增加了近 3 倍，但马来西亚和新加坡却减少了对该地区的投资（见图 6）。

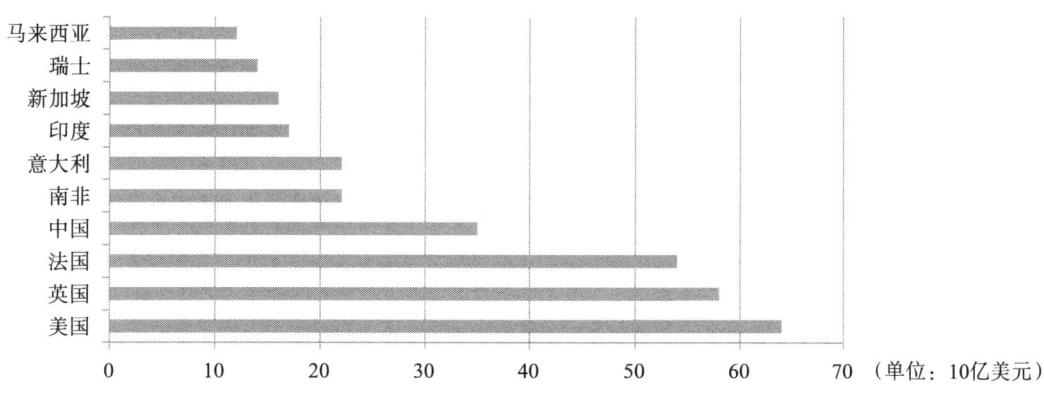

图 6　2015 年非洲前十大外资来源地（FDI 存量）

资料来源：UNCTAD: World Investment Report 2017, p44。

当前，虽然非洲前三大外资来源地被欧盟国家和美国占据，但包括中国在内的新兴经济体是非洲外资的重要来源地。巴林、中国、印度、卡塔尔、南非和阿拉伯联合酋长国是目前非洲外资的最重要新兴来源地（见图7）。其中，中东国家在过去10年间为非洲地区注入了1 000余亿美元的投资。

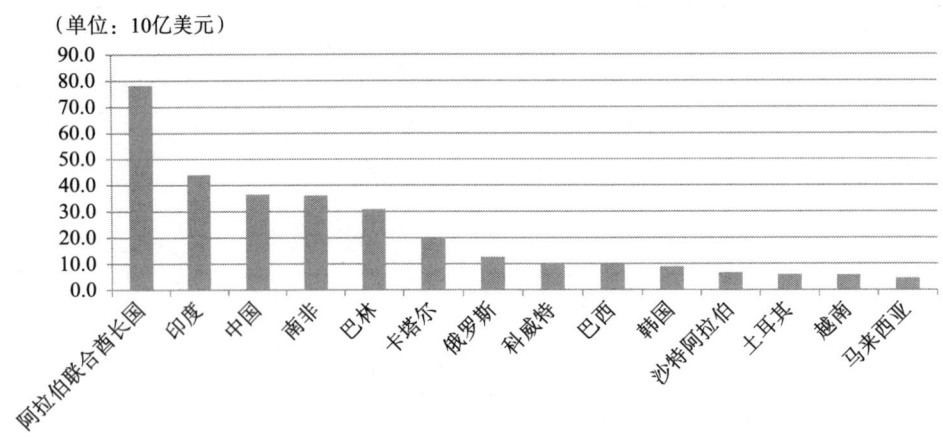

图7　2003～2015年新兴经济体对非直接投资情况

资料来源：AfDB：African Economic Outlook 2016，p57。

4. 发展中经济体对非跨境并购和绿地投资发展迅猛。2016年，国际对非跨境并购金额下降54%，为97亿美元。其中，发达国家跨国公司向发展中国家跨国公司（主要是中国）出让了价值超过20亿美元的资产（见表11）。另外，非洲跨国公司也是非洲资产的重要购买者。就行业分布而言，服务业是国际对非跨境并购的主要部门，尤其是人体健康和社会公众活动尤为受跨境并购者青睐（见表12）。

表11　　　　　　　2015～2016年对非跨境并购来源地分布　　　　　（单位：百万美元、%）

地区	2015		2016	
	金额	占比	金额	占比
发达经济体	22 357	105.16	-2 199	-22.70
欧盟	18 605	87.52	847	8.74
法国	612	2.88	236	2.44
英国	201	0.95	596	6.15
美国	2 194	10.32	-3 085	-31.84
发展中经济体	-1 194	-5.62	12 911	133.25
非洲	174	0.82	390	4.03
摩洛哥	81	0.38	N/A	N/A
南非	43	0.20	284	2.93
阿拉伯联合酋长国	-616	-2.90	9 187	94.82
中国	53	0.25	2 932	30.26
转型经济体	N/A	N/A	-1 135	-11.71
总计	21 259	100	9 689	100

说明：

①N/A 表示无数据。

②资料来源于 UNCTAD：World Investment Report 2017，p45。

表12　2016年国际对非跨境并购行业分布　　　　　　　　　（单位：百万美元、%）

行业	金额	占比	增长率
初级产品	52	0.54	-94.79
采矿、采石和石油	45	0.46	-95.49
制造业	-254	-2.62	-101.17
食品、饮料和烟草	780	8.05	252.94
碱金属和金属产品	-1 102	-11.37	1 430.56
家具	N/A	N/A	N/A
服务业	9 891	102.08	-779.79
贸易	6	0.06	-92.00
信息与通信	-39	-0.40	-98.48
金融和保险	426	4.40	-34.66
商务活动	103	1.06	-66.67
人体健康和社会公众活动	9 350	96.50	N/A
总计	9 689	100	-54.42

说明：

①N/A表示无数据。

②资料来源于UNCTAD：World Investment Report 2017, p45。

绿地投资依旧是国际对非投资的主要形式。通过表13可以看出，2016年，国际对非绿地投资941亿美元，较2015年上涨40%。就行业分布而言，国际对非绿地投资中，初级产品、制造业和服务业增长率分别为-75.2%、27.72%和92.36%，分别达3.7亿美元、194亿美元和710亿美元。可以看出，服务业是国际对非绿地投资的主要部门，并且增长幅度最大，其中流入商务服务部门的绿地投资增长最快，为509%。尽管如此，焦炭、石油产品和核燃料是2016年国际对非绿地投资增长最快的部门，这和非洲国家的比较优势密切相关（见表13）。就投资来源地而言，2016年发达经济体对非绿地投资大幅下降，仅占非洲绿地投资流入的21.24%。除日本外，欧盟、意大利和美国对非绿地投资金额均大幅下降。相比之下，发展中经济体对非绿地投资增长迅猛，达740亿美元，占78.28%。其中，中国成为非洲最大的绿地投资来源地，比重达38.42%（见表14）。

表13　2016年国际对非绿地投资行业分布　　　　　　　　　（单位：百万美元、%）

行业	金额	占比	增长率
初级产品	3 713	3.95	-75.20
采矿、采石和石油	3 713	3.95	-75.20
制造业	19 385	20.61	27.72
纺织、服装和皮革制品	1 077	1.14	168.58
焦炭、石油产品和核燃料	5 354	5.69	10 196.15
化学和化工产品	5 107	5.43	88.52

续表

行业	金额	占比	增长率
机动车及其他运输设备	2 788	2.96	-7.65
服务业	70 975	75.45	92.36
电、气、水	15 601	16.58	5.48
建筑	16 372	17.40	96.33
交通、仓储和通信	12 879	13.69	118.77
商务服务	22 734	24.17	509.00
总计	94 073	100	40.31

资料来源：UNCTAD：World Investment Report 2017，p45。

表14　　2015~2016年对非绿地投资来源地分布　　（单位：百万美元、%）

地区	2015年		2016年	
	金额	占比	金额	占比
发达经济体	37 412	55.80	19 979	21.24
欧盟	26 549	39.60	11 864	12.61
意大利	7 420	11.07	4 006	4.26
美国	6 447	9.62	3 640	3.87
日本	368	0.55	3 070	3.26
发展中经济体	29 362	43.79	73 642	78.28
非洲	11 550	17.23	8 604	9.15
摩洛哥	3 403	5.08	4 751	5.05
中国	2 651	3.95	36 144	38.42
新加坡	206	0.31	3 197	3.40
沙特阿拉伯	1 506	2.25	4 057	4.31
阿拉伯联合酋长国	4 068	6.07	11 004	11.70
总计	67 047	100	94 073	100

资料来源：UNCTAD：World Investment Report 2017，p45。

概括来说，国际对非直接投资总体情况是持续下挫。在地区分布上，北非、西非和东非的FDI流入量增加，而南部非洲和中部非洲的FDI流入量下降。在外资来源地上，美、英、法仍占据非洲前三大外资来源地，但新兴经济体已成为非洲重要的外资来源地。在投资方式上，国际对非投资仍以绿地投资为主。

三、中国对非洲投资分析

（一）中国对非投资现状

当前中国经济发展进入新常态，"一带一路"倡议是新常态下中国对外开放的新举措。对外投资作为对外开放的重要载体将开启全新格局。其中，中国对非直接投资是"21世纪海上丝绸之路"建设的核心内容之一。传统意义上投资、贸易、工程承包和援助是驱动中非经济关系发展的"四驾马车",其中贸易和工程承包是中非经济关系发展的主要驱动力,但未来中国对非洲投资将成为中非经济关系以及中非关系发展的主要动力。

近年来,中国逐渐由全球FDI目的国转为来源国,据《世界投资报告2015》显示,2014年中国成为仅次于美国的世界第二大外资来源地①。随着中国成为主要对外投资大国,推进"一带一路"建设,提升对外投资水平是构建全方位开放新格局的要求。作为"一带一路"战略的重要延伸,非洲是中国企业"走出去"的重要目的地。对非合作是我国实施"走出去"战略的重要方面,也是推进"一带一路"倡议的有力支撑。新中国成立以来,我国政府始终坚定支持非洲的发展,在推动对非投资,促进非洲经济发展方面,中国政府一直发挥着积极的主导作用。我国政府先后于2006年、2015年两次发布《中国对非洲政策文件》,明确提出我国支持非洲国家发展经济的各项政策,并逐渐探索出了一条援助、投资与贸易相结合的对非投资与合作模式。2014年5月,中国出资20亿美元与非洲开发银行成立"非洲共同增长基金",向全非洲提供融资。2015年12月,习近平主席出席中非合作论坛约翰内斯堡峰会期间,正式宣布将中非关系提升为全面战略合作伙伴关系,提出做强和夯实中非合作"五大支柱",在未来3年同非洲共同实施"十大合作计划",并承诺为此提供600亿美元的资金支持。由此可见,中国对非洲直接投资在中非经贸合作中的重要性。在政府鼓励政策带动下,截至目前,中国已连续七年成为非洲的第一大贸易伙伴国,非洲则是中国企业在海外的第二大承包工程市场和新兴投资目的地。随着中国对非投资在中非经贸关系中地位的提升,投资数额呈逐年增长的态势(见图8)。中国向非洲各国的出口总额也是逐年上涨,截至2015年,中国向非洲出口总额已经达到1 085.41亿美元,比2014年增加了2.36%(见图9)。中国对非承包工程完成营业额也呈不断增长的趋势,2015年已经达到547.84亿美元(见图10)。2003~2015年,中国对非直接投资存量由15.95亿美元迅速至346.9亿美元,增长20.7倍,2015年中国对非投资流量为29.8亿美元(见图11)。中国在非洲设立的境外企业近3 000家,中国已经成为非洲主要投资来源国。

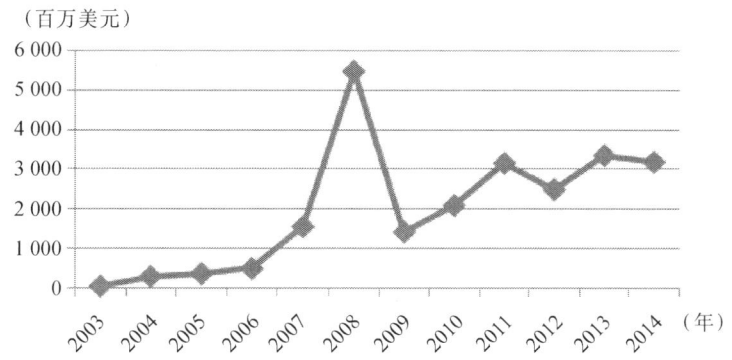

图8　2003~2014年中国对非投资趋势图

资料来源:各年度《中国对外直接投资统计公报》。

---

① 包括中国内地和香港的对外投资额。

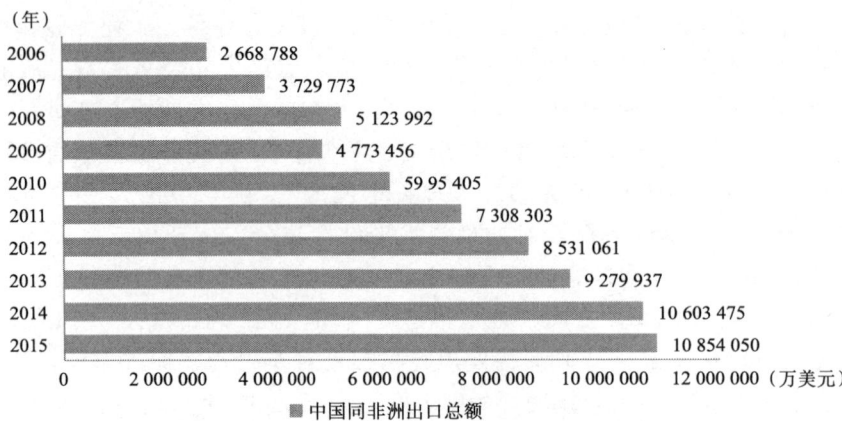

图 9　2006~2015 年中国向非洲各国的出口总额

资料来源：《2015 年中国统计年鉴》。

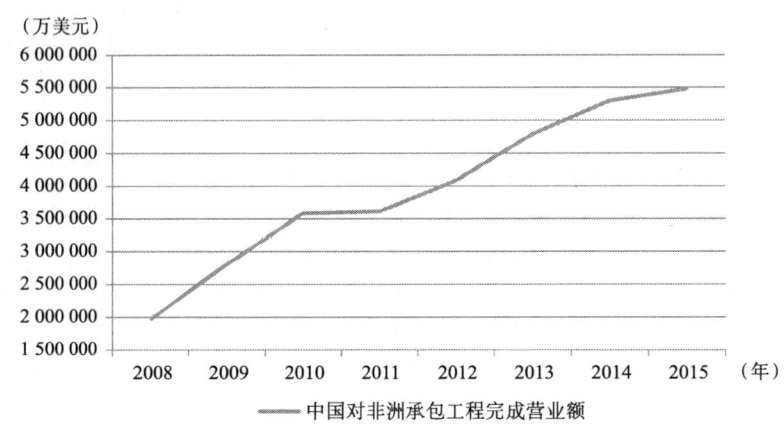

图 10　2008~2015 年中国对非洲承包工程完成营业额

资料来源：中国统计局。

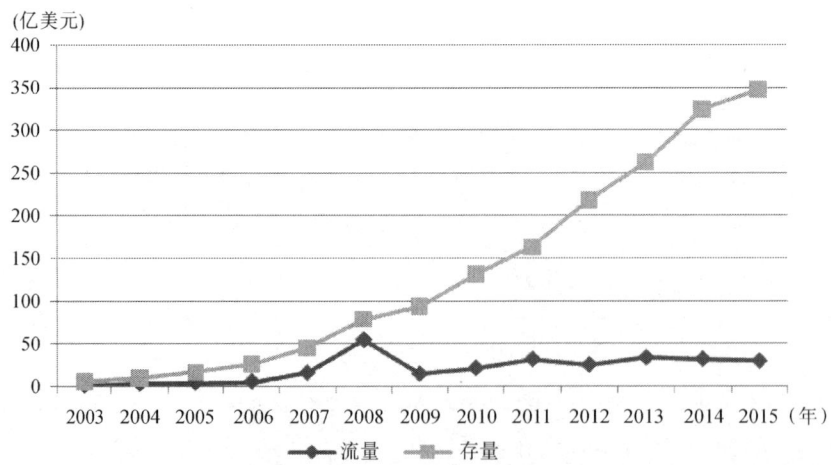

图 11　2003~2015 年中国对非直接投资趋势图

资料来源：2003~2015 年度中国对外直接投资统计公报。

（二）中国对非投资原因分析

1. 东道国因素。

（1）非洲城市将成为未来的投资中心。随着城镇化的推进，非洲城市正日益成为国外投资者的消费市场。牛津经济研究院发布的报告《全球最大的 750 个城市未来的发展趋势和市场机会》指出，非洲主要城市的可支配收入和支出能力将上升。预测显示，主要城市的 GDP 与日俱增。开罗、开普敦、约翰内斯堡、拉各斯和罗安达将位列最重要城市行列。当前，非洲市场一体化需要削减交通和贸易成本，而这需要增加基础设施领域的投资。因此，非洲主要城市对外国投资者将更具吸引力。

（2）非洲减贫及工业化进程需要。"十三五"规划提出"支持企业扩大对外投资""建设一批大宗商品境外生产基地，培育一批跨国企业""共建境外产业集群区，推动建立当地产业体系""推进'一带一路'建设"。非洲基础设施落后，加工制造业薄弱，城市化和工业化进程缓慢，非洲的发展需要外部投资。在国内传统产业出现产能过剩和非洲国家推进工业化的背景下，"一带一路"倡议与非洲国家的工业化战略相对接，这为非洲国家带来了工业化发展机遇，为当地创造了大量就业机会，有利于非洲工业化和经济一体化进程，是当前实现非洲减贫的重要机制。同时，也给国内产业转移创造了空间。尤其是基础设施作为"一带一路"建设的优先领域，也是非洲工业化之路必不可少的要素。但是目前大部分非洲国家在基础设施建设上存在瓶颈，对资金和技术存在巨大需求。相比之下，中国具有相对充裕的资本，在基础设施建设方面具有比较优势，是对非合作的优势领域。因此，中非双方经济互补，利益诉求契合，有利于发挥双方的比较优势，推动国内装备制造企业走进非洲，实现优质富余产能有序转移。中国对非洲的直接投资是中国和非洲国家互利合作的需要，是新的对外政策下中国对非洲经济布局的重要着力点。

2. 国内因素。

（1）化解过剩产能。2015 年，我国提出了以"三去一降一补"为特征的"供给侧结构性改革"。这实际上就是要消除无效供给，增加有效供给。而当前世界经济低迷，已很难支持中国以出口方式化解上述过剩产能。通过"一带一路"倡议，加大对非直接投资，能够将我国过剩产能输往亟须发展该产业的沿线地区，利用国际产能合作扩大我国对外直接投资，推动相关配套设备、零部件及维修服务等出口。另外，对非投资还有助于我国企业融入全球价值链和产业链，进行国际产能合作，延长相关产业生命周期，进而将节约的资源用于产业升级，增加有效供给，推动"供给侧结构性改革"。

（2）规避发达国家投资限制。当前国际金融市场波动加大，部分国家经济政策不确定性增加，美、欧、日等发达国家对我国投资特别是国有企业投资的限制壁垒增多，增加了中国企业对外投资的风险和不确定性。在此背景下，扩大对非洲的直接投资，不仅能有效规避发达国家的投资限制，还有助于构建新的国际投资规则，构建具有中国特色的和平合作、开放包容、互学互鉴、互利共赢的对外经贸游戏规则，通过推动沿线国家发展来实现自身发展。这种新的国际贸易和投资规则既有利于全球经济的复苏和发展，也有利于中国，更为沿线国家的发展和赶超带来新的机遇。

四、中国对非投资研究成果

(一) 中国对非投资研究综述

中国在非洲直接投资的不断发展引起了国内外学者的关注,其分别从时间、投资主体、影响因素等角度对该问题进行阐述与评价。在时间上,中国对非洲的投资由来已久,尤其是在"走出去"战略的带动下,中国的国企和私企更加积极地投资非洲市场(Tan-Mullins 和 Mohan,2013)。在投资主体上,Haglund(2008)曾指出投资赞比亚的中国企业既包括中大型跨国公司,也包括规模较小的私人企业。在影响因素上,Buckley 等(2007)和董艳等(2011)认为中国对非洲国家的投资受目标国经济、地缘、政治与环境等多种因素的影响。陈岩等(2012)表明除东道国资源外,中国对非投资还受非洲东道国和母国制度因素的显著影响。沈军和包小玲(2013)则从金融发展和国家风险因素方面进行研究,发现中国对非洲的直接投资并非单纯的资源获取动机,经济规模、金融市场发展完善程度和金融风险程度也会影响中国的投资。上述研究有力地证实了中国对非洲的投资,并非主要为了获取当地资源(Cheung 和 Qian,2009)。

上述关于中国对非洲直接投资问题的分析均是基于双边框架,缺乏对空间效应的考虑,即对"第三方效应"的研究。而跨国公司对不同东道国投资决策的制定是相互影响的(Blonigen 等,2007),因此为得到无偏且有效的估计结果,需要考虑"第三方效应"的影响(Anselin,1988)。鉴于此,在研究中国对非直接投资问题时,不仅要考虑东道国自身经济、社会等因素的影响,还应该关注周边国家可观测与不可观测的经济、社会等因素的交叉影响,即"第三方效应"(Third-Country Effects),这种影响既可能为正(空间互补效应),也可能为负(空间替代或挤出效应)。鉴于此,本文以空间面板数据模型,重新审视中国对非直接投资问题,通过实证检验中国对非直接投资是否存在"第三方效应",为中国企业走进非洲建立产业集群提供政策建议。

(二) 中国对非直接投资"第三方效应"研究

1. 关于"第三方效应"的研究综述。

(1) 传统双边框架。传统的关于 FDI 的研究是基于双边框架展开的,即 FDI 的流动只决定于东道国和母国的资源禀赋和相对投资成本(Helpman,1984;Helpman 和 Krugman,1985;Carr 等,2001),母国对东道国的投资活动不受第三方因素的影响。根据跨国公司产生原因的差异可以将其投资活动划分为两种基本类型:水平型 FDI(Horizontal FDI)和垂直型 FDI(Vertical FDI)。前者的产生主要是市场进入的需要(Markusen,1984),该类型的 FDI 通过直接在当地市场建立生产线而不是出口以节约运输和贸易成本(Grossman 等,2003;Hanson 等,2005);后者的兴起则主要是通过在国外建立与母国产品生产相关联的子公司,以获取国外较为低廉的中间投入品(Williamson,1971;Klein 等,1978;Helpman,1983)。

(2) 第三方效应。近年来,越来越多的学者开始注意到运用传统双边框架研究跨国间投资活动存在的问题。因为相对全球市场来说,任何一对东道国和母国之间的贸易都只是一个微小的组成部分,随着今天的 FDI 日益向精细化、复杂化发展,影响 FDI 区位选择的不仅是传统理论所关注的母国和东道国这两方影响力量,围绕着东道国的周边市场也正逐渐形成一股重要的影响势力。由于这些周边市场既不属于母国,也不属于东道国,故学者们笼统地称其为"第三方"。

Garretsen 和 Peeters（2009）指出仅限于两国框架内的研究是有问题的,需要考虑"第三方效应"。而出口平台型 FDI（Export-Platform FDI）和复合垂直型 FDI（Complex Vertical FDI）就是考虑了第三方因素的上述两种基本类型 FDI 的扩展。出口平台型 FDI 中,母国在东道国投资设厂的目的是将在东道国生产的产品出口到第三国（Ekholm, 2003；Helpman 等, 2003；Yeaple, 2003）,在此东道国主要作为母国的出口地。复合垂直型 FDI 由 Baltagi 等（2007）提出,是指跨国公司根据东道国的资源禀赋优势将垂直产业链分布于世界不同地区,并将最终产品运回母国（何兴强和王利霞, 2008；谢杰和刘任余, 2011）。

在上述研究基础上,目前对 FDI "第三方效应"的研究逐渐丰富和完善,后续相关研究主要包括两类:第一类是关注对外直接投资中的"第三方效应",该类研究主要以发达国家对外直接投资为研究对象。Baltagi 等（2007）以美国对外直接投资数据建立双边三要素的知识—资本模型,重点考察了复合型 FDI 中的"第三方效应",结果发现"第三方效应"在东道国之间显著存在。Blonigen 等（2007）在 Baltagi 等（2007）模型的基础上,在引力方程中引入空间滞后被解释变量和周边潜在市场变量建立空间自回归模型（SAR）,检验不同类型 FDI 区位选择中的空间关系。通过对美国对外直接投资数据的验证,同样证实了传统因素和空间相互作用对 FDI 的区位选择具有显著影响。Nwaogu 和 Ryan（2014）进一步拓展了上述模型,为考察东道国异质性的影响,他们利用美国在非洲、拉美和加勒比地区的投资数据以 SAR 模型进行验证,结果仍然支持上述结论。另外,Garretsen 和 Peeters（2009）借鉴 Blonigen 等（2007）的研究,分别以 SAR 模型和 SEM 模型（空间误差模型）检验荷兰对外直接投资中的"第三方效应",结果也验证了该效应的存在。第二类则是考察外资流入（inbound FDI）的"第三方效应",这又可以划分为研究投资母国之间的"第三方效应"和投资东道国/地区之间的"第三方效应"。目前关于投资母国之间"第三方效应"的研究较少,例如,Blonigen 等（2005）以 OECD 国家对美国的投资数据建立 SAR 模型进行检验,发现若母国临近较大的第三方市场,则母国对东道国的投资越多,而来自第三方市场的投资对母国投资的影响则依赖于生产的溢出效应还是挤出效应占主导。关于投资东道国/地区之间的"第三方效应"则主要以外商在中国的投资为研究对象。Coughlin 和 Segev（2000）、Madariagea 和 Poncet（2007）以及 Blanc—Brude 等（2014）通过考察 FDI 在中国各省、市的分布,发现 FDI 在中国各地区的分布受"第三方效应"的影响。何兴强和王利霞（2008）、瞿茜和苏良军（2009）、杨海生等（2010）和蒋伟（2012）等以流入中国的 FDI 数据进行的实证检验均得出了相类似结论。在对空间面板模型进行估计所使用的方法上,国内外大多数研究主要参考 Elhorst（2003）的极大似然估计法（MLE）,而 Baltagi 等（2007）以及瞿茜和苏良军（2009）则使用了空间面板数据广义距估计方法。

综合上述研究，我们可以发现当前关于FDI"第三方效应"的研究或以美国等发达国家的对外投资活动作为研究主体，或以流入中国的FDI作为研究对象，而以中国作为投资主体的研究较少。研究发现，不论是美国及其他发达国家的FDI，还是流入美国或者中国的FDI，"第三方效应"对投资母国或者东道国的影响均很重要且不容忽视。随着以中国为代表的发展中国家日益成为对外直接投资的重要主体，需要研究发展中国家对外直接投资的"第三方效应"，尤其是在"一带一路"倡议下，中非经贸关系的飞速发展更需要加强中国对非洲直接投资"第三方效应"的研究。鉴于此，本文将在"第三方效应"理论基础上，分别建立SAR模型、SEM模型以及SDM模型（空间杜宾模型），不但可以考察东道国周边国家投资增量和市场潜力因素以及不可观测的地区相关性因素在中国对非洲直接投资中的影响，还可以探讨东道国周边国家经济、社会等因素所发挥的空间效应。这在丰富中国对非直接投资领域理论研究的同时，还可以为中国企业投资非洲的行为提供更加科学合理的解释，从而为投资非洲的中国企业带来一定的启示。

2. 研究结论。

（1）整体影响。第一，中国对非洲的投资存在空间互补效应，中国对非洲直接投资以复合垂直型为主导。也就是说，"第三方效应"显著影响了中国对非洲直接投资的地区分布，即周边国家FDI的增加可以促进东道国吸引中国投资。中国倾向于投资周边国家FDI增量大、市场潜力大的非洲东道国。这主要是因为中国跨国企业在非洲投资时将生产链分布于不同国家，以利用各国的比较优势，降低生产成本。

第二，中国对非洲直接投资的空间互补与挤出效应并存。一方面，周边地区完善的基础设施和较高的表达与问责水平将促进中国对东道国的投资；另一方面，周边地区较高的人口规模将阻碍中国对东道国的投资。这说明中国对非直接投资受周边国家经济、社会等因素的影响，该影响既有正向的，也有负向的，即意味着周边国家经济、社会等因素对中国在非洲的投资既存在空间互补效应，也存在空间挤出效应。地区间挤出效应的存在说明一国在吸收中国投资流入的同时，会通过某些传统因素与周边其他地区引发中国投资产生竞争。

第三，各种观测不到的地区相关性因素对中国在非洲的直接投资产生正向影响。根据SEM模型估计结果，中国对非直接投资受到各种观测不到的地区相关性因素的正向影响。也就是说，对中国在非洲某一国家投资产生作用的冲击可能会通过多种观测不到的渠道对中国在相邻地区的直接投资产生类似影响。

第四，在传统解释变量方面，市场规模较大，基础设施较完善，法制水平较完善的国家吸引了更多中国企业的投资。而东道国自然资源、政府效能、政治稳定与无暴力程度、监管质量和表达与问责并没有影响中国对非洲的直接投资。基于实证结果，我们得出三方面结论：首先，自然资源并不是驱动中国对非洲直接投资的主要因素，这与Cheung和Qian（2009）的研究结论一致，我们认为原因有两点，一是"一带一路"倡议下，基础设施是中非经贸合作的优先领域，并且非洲基础设施的改善促进了中国的投资；二是中国对非直接投资更多地带有援助性质（黄梅波和刘爱兰，2013）。其次，中国企业对非投资时并没有重视东道国政府的治理水平，这就意味着企业在非的后续经营面临潜在的政治风险。最后，腐败有利于投资者规避东道国的监管和行政限制，中国倾向于投资腐败水平较高的国家，这和 Cheung 等（2012）的研究结论一致。我们认为，由于中国对非直接投资在非洲 FDI 总额的比重较小，市场投资主体仍然是西方发达国家，而非洲腐败程度较高的国家并未受到西方国家投资者的重视，因此其自然而然成为中国投资者较易进入的地区。

（2）个体影响。当对东道国按照经济发展水平进行分组后，我们发现中国对非洲中等收入国家的投资主要为垂直复合型，对非洲低收入国家的投资以水平型为主导，且中等收入国家的"第三方效应"更为显著，低收入国家的"第三方效应"相对较弱。

第一，在综合考虑周边地区经济和社会因素的影响后，中国对非洲低收入国家的投资存在相互替代关系。根据 Blonigen 等（2007）的研究，中国对非洲中等收入国家的投资主要为垂直复合型，与全样本分析结论一致。这可能是因为中国对非洲中等收入国家的投资已经形成较好的关联，地区集聚效应显著。但是中国对非洲低收入国家的投资则以水平型为主导，同时在低收入国家 GDP、人口、基础设施、政府治理变量、自然资源这些变量中，自然资源的影响显著，而其他变量不显著。究其原因：一是中国对非洲低收入国家的投资可能更多的是针对当地独特的资源；二是受东道国经济发展水平以及地理位置的影响，中国对非洲低收入国家投资的集聚效应尚未显现；三是中国对非洲低收入国家投资的空间互补效应和替代效应相互抵消。

第二，周边国家经济和社会因素对中国对非直接投资同时具有空间互补和挤出效应。虽然在经济发展水平相近的国家之间，周边国家人口规模对中国对非投资的影响较弱，"第三方效应"不显著，但是中国对经济发展水平低、基础设施差的国家的投资带有较多的援助性质，因而对这些国家的投资区别于以利润最大化为目标的对非投资。

第三，当单独考虑非洲中等收入国家和低收入国家时，中国对非洲的投资不受不可观测的地区相关性因素的影响。究其原因，一是不可观测的地区相关性因素较为复杂，其中周边国家一些不可观测因素可能对中国在东道国的投资产生促进作用，例如周边国家较为严格的外资引进政策。而另一些地区相关性因素则可能阻碍了东道国吸引中国投资的流入，例如周边国家开放的经贸环境，当两者同时发生作用时会相互抵消。二是对样本国家进行分组后，样本容量较小，尤其是低收入国家组。

3. 针对"第三方效应"的政策启示。

本文打破传统的双边分析框架，采用空间计量经济学的方法，考察了中国对非直接投资的"第三方效应"。结果表明，中国对非直接投资以复合垂直型为主导，"第三方效应"显著影响了中国对非直接投资的地区分布。整体而言，中国对非直接投资存在空间互补效应，周边国家经济和社会因素对中国在非洲的投资既存在空间互补效应，也存在空间挤出效应，其中周边国家市场规模对中国在该国投资的影响是否为正有待进一步验证。而对东道国按照经济发展水平进行分组后，我们发现中国对非洲中等收入国家的投资主要为垂直复合型，对非洲低收入国家的投资以水平型为主导，并且中等收入国家的"第三方效应"更为显著，低收入国家的"第三方效应"相对较弱。

根据上述研究结论，本文得出以下政策启示：

第一，重视"第三方效应"的存在，综合考量东道国自身及其周边国家的宏观经济形势，合理推动国内企业在东道国的集聚，降低企业投资成本。非洲地区自然资源丰富，市场潜力巨大，是"一带一路"的重要延伸，对非投资合作是推进"一带一路"建设的重要环节。首先，中国在制定对非投资战略时要具有全局观念，重视区域之间的协调合作，充分考虑东道国及其周边国家宏观经济的整体形势，提高对非投资的整体效率。其次，建立并完善上下游产业链。非洲各国之间差异巨大，这也意味着不同国家之间比较优势的差异。中国企业在对非洲投资时要考虑"第三方效应"的影响，综合利用非洲各国的比较优势，建立并完善上下游产业链。最后，在"一带一路"倡议下，支持多类型企业在非洲进行全方位投资。当前中非产业互补性很强，中国对非洲的投资已逐渐形成规模，在空间结构和产业分布上的改善可以降低企业投资成本。因此，中国政府需合理调整对非投资产业布局，充分发挥非洲不同经济发展水平国家的比较优势，推动国内企业在经济发展水平较高的东道国集聚，进一步从整体上带动低收入国家的发展，从而降低企业投资成本，提高效率，形成竞争优势。

第二，东道国经济规模、基础设施等传统因素对 FDI 的影响不言而喻，而东道国自然资源并不是影响中国对非直接投资的显著因素，这说明中国对非直接投资并不纯粹是资源寻求型，从而有力地反驳了西方国家将中国在非洲的投资活动视为"资源掠夺"行为的不实之词。此外，当前中国企业在对非洲投资时对东道国及周边国家政府治理水平的关注度不够，面临潜在的政治风险。未来，中国企业要提高对非洲地区政府治理水平的重视，做好事前评估，事中监管和事后反思工作，巩固和提升中国对非洲的投资水平。同时，还需意识到周边国家经济和社会等因素对中国在非洲东道国投资的影响，这就要求中国企业在对非洲投资时综合考虑东道国周边国家的经济和社会状况。当前，中国政府要继续推动非洲基础设施网络建设，促进非洲大陆互联互通和经济一体化进程，最大限度地发挥地区间的互补与合作。

第三，"第三方效应"还包括三方合作产生的效应。三方合作可以充分发挥合作各方的比较优势，产生更多的收益。非洲作为发达国家关注的重点地区，未来要把中国与发达国家在非洲国家进行三方合作的"第三方效应"作为研究方向，例如中法在非洲国家合作的"第三方效应"，这可能是未来研究重点。

五、中国对非投资的建议

"一带一路"倡议的提出和实施是主动适应中国经济发展新常态的重要举措。作为"一带一路"倡议的重要延伸，非洲是中国重要的经贸合作伙伴。因此，提升中国与非洲国家的经贸合作水平，打造中非经贸合作的升级版是建设"21世纪海上丝绸之路"必不可少的内容。为实现中国对非直接投资的可持续发展，提高中国对非直接投资效率，防范金融风险，本文提出以下三点政策建议。

第一，将风险防控放在首要位置。在"一带一路"五通工程中，资金融通是高杠杆、高风险业务，因此在与非洲各国的资金往来中，中国政府和企业要充分认识并控制对非投资过程中的风险，始终将风险防控放在首要位置。具体需要关注以下三点：一是深入研究不同国别的法律差异和存在的风险。对该国别在投资、融资、税收、财务、外汇、劳工和贸易规则等方面的法律法规应有全面深入的分析。首先，中国政府要充分利用与非洲的各种政府关系和合作机制,督促非洲国家提高经济和贸易自由度;其次,要积极引导中国企业的海外投资行为,加强对走进非洲企业的制度监督,鼓励企业秉承市场竞争原则,依靠自身的比较优势进行投资。二是深入研究如何分散风险。首先,可通过发展多边性金融、银团贷款等措施来分散单一债权人风险;其次,可通过制定贸易和投资规则的方式从顶层设计层面控制投融资风险;最后,可在产业性金融方面通过与当地合作伙伴组建联营体的方式分散国别经营风险。三是深入研究风险和收益的匹配机制。"一带一路"沿线大多为后发展或新兴工业化国家,只有少数为发达国家。因此应做到金融资源与项目收益相匹配,力争更多地采用开发性金融资源,一方面提高对收益率、投资回收期的容忍度,另一方面积极培育和孵化市场,搭建宏观政策和微观市场之间的桥梁。

第二,进一步拓宽中非贸易合作领域。总体来讲,中国对非投资仍然处于起步阶段,对非投资的地区和行业非常有限,为促进中国对非投资的发展需要充分利用好贸易这一"排头兵"。当前,除能源和矿产领域的合作之外,中国还要继续努力拓展对非洲基础设施、农业和金融等领域的贸易与合作(刘爱兰、王智烜、黄梅波,2016),为中国企业在非洲的投资积累经验。另外,经贸合作区是国家鼓励和支持有实力的企业实施"走出去"战略的重要举措,推动了中国对外投资。未来中国政府要在非洲继续跟进建设境外经贸合作区,在保证我国战略利益的基础上,以利益多元化和国际化的实际行动消除西方国家对中国投资非洲的质疑(张菲,2013)。

第三,帮助非洲国家提升经济发展水平。非洲大陆的贫困落后造成了当地的基础设施建设不完善,而不完善的基础设施建设又限制了当地的经济发展。近年来,基础设施建设已成为全球关注的话题,非洲国家也意识到基础设施建设对经济发展的重要性,正加强基础设施建设投资规划。因此,为支持非洲国家加快经济发展,摆脱贫困,实现"非洲2063年愿景",中国要继续充分利用自身在基础设施建设能力和建筑材料供给上的比较优势,与非洲各国加强基础设施建设领域的合作,健全和完善我国在非洲经济发展中起关键作用的交通和基础设施。

参考文献

[1] 陈岩、马利灵、钟昌标:"中国对非洲投资决定因素:整合资源与制度视角的经验分析",《世界经济》,2012年第10期。

[2] 董艳、张大永、蔡栋梁:"走进非洲——中国对非洲投资决定因素的实证研究"《经济学(季刊)》,2011年第2期。

[3] 何兴强、王利霞:"中国FDI区位分布的空间效应研究",《经济研究》,2008年第11期。

[4] 黄梅波、刘爱兰:"中国对外援助中的经济动机和经济利益",《国际经济合作》,2013年第4期。

[5] 蒋伟:"中国外商直接投资区位决定:基于'第三方效应'的空间计量分析",《世界经济研究》,2012年第1期。

[6] 李锋:"'一带一路'沿线国家的投资风险与应对策略",《中国流通经济》,2016

年第 30 期。

［7］刘爱兰、王智烜、黄梅波："新常态下中国对非洲出口贸易商品结构的影响因素研究——基于非正规经济的视角",《国际贸易问题》,2016 年第 2 期。

［8］刘爱兰、王智烜、黄梅波："资源掠夺还是多因素驱动？——非正规经济视角下中国对非直接投资的动因研究",《世界经济研究》,2017 年第 1 期。

［9］刘振林："中国对'一带一路'沿线国家直接投资现状与成因研究",《国际贸易》,2017 年第 5 期。

［10］瞿茜、苏良军："复合 FDI 空间计量模型的估计——基于第三方国家影响因素的研究",《数量经济技术经济研究》,2009 年第 2 期。

［11］沈军、包小玲："中国对非洲直接投资的影响因素——基于金融发展与国家风险因素的实证研究",《国际金融研究》,2013 年第 9 期。

［12］温源、王玉洁："'一带一路'多层次金融体系的构建与协调研究",《经营管理者》,2017 年第 11 期。

［13］谢杰、刘任余："基于空间视角的中国对外直接投资的影响因素与贸易效应研究",《国际贸易问题》,2011 第 6 期。

［14］杨海生、聂海峰、徐现祥："我国 FDI 区位选择中的'第三方效应'——基于空间面板数据的实证研究",《数量经济技术经济研究》,2010 年第 4 期。

［15］张菲："中非经贸合作区建设模式与可持续发展问题研究"《国际贸易》,2013 年第 3 期。

［16］周文、赵方："中国'一带一路'倡议下的中非合作是'新殖民主义'吗？"《马克思主义研究》,2017 年第 1 期。

［17］Alkire, S, Jindra, C, Robles, G. and Vaz, A, Multidimensional Poverty in Africa, Oxford Policy and Human Development Initiative, OPHI Briefing No. 40, Oxford Poverty and Human Development Initiative, Oxford, United Kingdom, 2016.

［18］Anselin, L. Spatial Econometrics: Methods and Models ［M］. Kluwer Academic Publishers, Boston, MA, 1988.

［19］Baltagi, B. H., Egger, P, Pfaffermayr, M. Estimating Models of Complex FDI: Are There Third – Country Effects? ［J］. Journal of Econometrics, 2007 (1): 260 – 281.

［20］Blanc – Brude, F, Cookson, G, Piesse, J, Strange R. The FDI Location Decision: Distance and the Effects of Spatial Dependence ［J］. International Business Review, 2014 (4): 797 – 810.

［21］Blonigen, B. A, Davies, R. B, Naughton, H. T, Waddell, G. R. Spacey Parents: Spatial Autoregressive Patterns in Inbound FDI ［Z］. NBER Working Paper, No. 11466, 2005.

［22］Blonigen, B. A, Davies, R. B, Waddell, G. R, Naughton, H. T. FDI in Space: Spatial Autoregressive Relationships in Foreign Direct Investment ［J］. European Economic Review, 2007 (5): 1303 – 1325.

［23］Buckley, P. J, Clegg, L. J, Cross, A. R, Liu, X, Voss, H, Zheng, P. The Determinants of Chinese Outward Foreign Direct Investment ［J］. Journal of International Business

Studies, 2007 (4): 499 – 518.

[24] Cheung, Y. – W, de Haan, J, Qian, X. and Yu, S. China's Outward Direct Investment in Africa [J]. Review of International Economics, 2012 (2): 201 – 220.

[25] Cheung, Y. – W, Qian, X. Empirics of China's Outward Direct Investment [J]. Pacific Economic Review, 2009 (3): 312 – 341.

[26] Coughlin, C., Segev, E. Foreign Direct Investment in China: A Spatial Econometric Study [J]. World Economy, 2000 (1): 1 – 23.

[27] Egger, P. and Winner, H. Evidence on Corruption as an Incentive for Foreign Direct Investment [J]. European Journal of Political Economy, 2005 (4): 932 – 952.

[28] Ekholm, K., Forslid, R, Markusen, J. R. Export – platform Foreign Direct Investment [Z]. NBER Working Paper, No. 9517, 2003.

[29] Elhorst, J. P. Specification and Estimation of Spatial Panel Data Models [J]. International Regional Science Review, 2003 (3): 244 – 268.

[30] Garretsen, H, Peeters, J. FDI and the Relevance of Spatial Linkages: Do Third – Country Effects Matter for Dutch FDI? [J]. Review of World Economics, 2009 (2): 319 – 338.

[31] Grossman, G. M, Helpman, E, Szeidl, A. Optimal Integration Strategies for the Multinational Firm [J]. Harvard Institute of Economic Research Discussion Paper, No. 2024, 2003.

[32] Haglund, D. Regulating FDI in Weak African States: A Case Study of Chinese Copper Mining in Zambia [J]. The Journal of Modern African Studies, 2008 (4): 547 – 575.

[33] Hanson, G. H, Mataloni, R. J, Slaughter, M. J. Vertical Production Networks in Multinational Firms [J]. The Review of Economics and Statistics, 2005 (4): 664 – 678.

[34] Harris, C. D. The Market as a Factor in the Localization of Industry in the United States [J]. Annals of the Association of American Geographers, 1954 (4): 315 – 348.

[35] Helpman, E. The Multiproduct Firm: Horizontal and Vertical Integration [Z]. MIT Working Paper, No. 332, 1983.

[36] Helpman, E, Melitz, M. J, Yeaple, S. R. Export versus FDI [J]. NBER Working Paper, No. 9439, 2003.

[37] Klein, B, Crawford, R. G, Alchian, A. A. Vertical Integration, Appropriable Rents and the Competitive Contracting Process [J]. The Journal of Law & Economics, 1978 (2): 297 – 326.

[38] Madariaga, N. and Poncet, S. FDI in Chinese Cities: Spillovers and Impact on Growth [J]. The World Economy, 2007 (5): 837 – 862.

[39] Markusen, J. R. Multinationals, Multi – plant Economies and the Gains from Trade [J]. Journal of International Economics, 1984 (3 – 4): 205 – 226.

[40] Misati, R. N. and Nyamongo, E. M. Financial Development and Private Investment in Sub – Saharan Africa [J]. Journal of Economics and Business, 2011 (2): 139 – 151.

[41] Nwaogu, U. G, Ryan, M. Spatial Interdependence in US Outward FDI into Africa, Latin America and the Caribbean [J]. The World Economy, 2014 (9): 1267 – 1289.

[42] Schneider, F, Enste, D. Shadow Economies: Size, Causes and Consequences [J]. Journal of Economic Literature, 2000 (38): 77 – 114.

[43] Tan – Mullins, M. and Mohan, G. The Potential of Corporate Environmental Responsibility of Chinese State – owned Enterprises in Africa [J]. Development and Sustainability, 2013 (2): 265 – 284.

[44] Williamson, O. E. The Vertical Integration of Production: Market Failure Considerations [J]. The American Economic Review, 1971 (2): 112 – 123.

[45] Yeaple, S. R. The Complex Integration Strategies of Multinationals and Cross Country Dependencies in the Structure of Foreign Direct Investment [J]. Journal of International Economics, 2003 (2): 293 – 314.

附　录

一、实证模型设定

为了检验中国对非洲直接投资的"第三方效应",我们参考 Nwaogu 和 Ryan (2014) 的做法,建立一个包含被解释变量的空间滞后变量和周边市场潜力变量的实证模型:

$$lnfdi_{it} = \alpha_0 + \alpha_1 HostVariables_{it} + \alpha_2 MarketPotential_{it} + \rho W lnfdi_{-it} + \varepsilon_{it} \tag{1}$$

模型 (1) 实质是一个 SAR 模型。空间权重矩阵 W 为一个 $NT \times NT$ 的分块矩阵, N 为横截面样本个数, T 为样本年度, 本文 $N = 26$, $T = 10$。空间权重矩阵可以表示为:

$$W = \begin{bmatrix} W_{2005} & 0 & 0 \\ 0 & \ddots & 0 \\ 0 & 0 & W_{2014} \end{bmatrix} \tag{2}$$

在此, 矩阵 W 中的非对角元素全部为 0, 对角线上的元素 Wn ($n = 2005, \cdots, 2014$) 表示某一年的空间权重矩阵, 每一个均是 26×26 的方阵, 且 $W2005 = W2006 = \cdots = W2014$, 即假定距离具有时间不变性。每个方阵 Wn 中的元素 wi,j 定义了国家之间的空间联系。Wn 可以表示为:

$$W_n = \begin{bmatrix} w_{1,1} & \cdots & w_{1,26} \\ \vdots & \ddots & \vdots \\ w_{26,1} & \cdots & w_{26,26} \end{bmatrix} \tag{3}$$

本文空间权重矩阵的选取参考 Coughlin 和 Segev (2000) 的研究, 采用空间相邻矩阵: 若两国在地理上相邻, 权重为 1, 否则权重为 0[①], 即:

$$w_{i,j} = \begin{cases} 1, & i \text{ 和 } j \text{ 相邻} \\ 0, & i \text{ 和 } j \text{ 不相邻} \end{cases} \tag{4}$$

---

① 即假设只有地理上接壤的两国 FDI 之间才会相互影响。

本文采用空间权重矩阵进行稳健性检验。空间权重矩阵是赋予周边不同国家的 FDI 影响力以不同的权重，通常假定离得越远的国家影响力越小，即权重越小（冼国明和杨长志，2009）。本文采用的权重方法为：

$$w_{i,j} = \frac{1}{D_{i,j}} \quad (D_{i,j} 是 i 和 j 国首都之间的距离) \tag{5}$$

（1）式中，$Wlnfdi$ 为空间滞后变量，其系数 ρ 反映了东道国吸引 FDI 受其他国家 FDI 流入量的影响程度。若 ρ 显著为正，说明各国 FDI 的流入互相补充；显著为负，则说明各国 FDI 的流入互相替代。$MarketPotential$ 代表周边国家 GDP 的地理加权值，其系数 α_2 反映一国的市场潜力，即周边国家的市场规模对本国 FDI 流入的影响。在此，我们借鉴 Harris（1954）的定义，将周边市场潜力定义为：

$$MP_i = \sum_{j \neq i} GDP_j / D_{ij} \tag{6}$$

其中，GDP_j 为各国国内生产总值；D_{ij} 为 i、j 两国首都之间的距离。

进一步地，若考虑周边国家经济、社会等因素对非洲东道国吸引中国 FDI 的"第三方效应"，对模型（1）进行拓展可得 SDM 模型：

$$lnfdi_{it} = \alpha_0 + \alpha_1 HostVariables_{it} + \gamma WHostVariables_{-it} + \rho Wlnfdi_{-it} + \varepsilon_{it} \tag{7}$$

在此，引入了所有解释变量的空间滞后项 $WHostVariables$。

对 FDI 空间联系的考察不仅需要对空间滞后模型/空间杜宾模型进行分析，还需要对空间误差模型进行检验，从而控制东道国之间不可观测的随机冲击带来的"第三方效应"（Baltagi 等，2007）。空间误差模型（SEM）的基本设定为：

$$lnfdi_{it} = \alpha_0 + \alpha_1 HostVariables_{it} + \alpha_2 MarketPotential_{it} + \varepsilon_{it}$$
$$\varepsilon_{it} = \lambda W\varepsilon_{-it} + \mu_{it} \tag{8}$$

空间误差估计系数 λ 衡量了周边国家 FDI 流入的随机冲击对东道国 FDI 流入的影响，通过其显著程度也可以判断 FDI 的"第三方效应"是否存在。

二、变量选取与数据说明

基于数据的完整性和一致性，本文采用 2005～2014 年中国对非洲 26 个国家①的面板数据。在（1）式、（7）式和（8）式中，被解释变量（FDI）为中国对非洲直接投资存量，数据来源于《中国对外直接投资统计公报》。除上述空间变量外，本文中所采用的自变量（传统变量）还包括：东道国国内生产总值（GDP）、东道国人口规模（POP）、以东道国移动蜂窝式无线通信系统电话租用人数衡量的基础设施（Mobile）、以东道国石油储

---

① 26 个样本国家分别是：阿尔及利亚、博茨瓦纳、喀麦隆、赤道几内亚、刚果（布）、加蓬、加纳、科特迪瓦、毛里塔尼亚、摩洛哥、纳米比亚、尼日利亚、塞内加尔、南非、赞比亚、贝宁、埃塞俄比亚、肯尼亚、马里、莫桑比克、尼日尔、卢旺达、坦桑尼亚、多哥、乌干达和津巴布韦。

量衡量的自然资源（Oil + Oildummy）[①] 以及政治环境[②]。各变量的描述性统计与数据来源见表1。

表1　　　　　　　　　　变量描述性统计

变量	均值	标准差	最小值	最大值	数据来源
lnmp	20.3511	0.5493	19.1107	22.1673	世界银行 WDI 数据库/CEPII
lngdp	23.6445	1.2203	21.4724	27.0672	世界银行 WDI 数据库
lnpop	16.4200	1.2706	13.3469	18.9944	世界银行 WDI 数据库
lnmobile	15.5213	1.4661	11.4814	18.7497	世界银行 WDI 数据库
lnoil	1.6019	3.2126	-4.6052	7.8751	美国能源信息署（EIA）
oildummy	0.4154	0.4937	0	1	美国能源信息署（EIA）
cc	-0.5912	0.5647	-1.84	1.14	世界银行 WGI 数据库
ge	-0.6140	0.5289	-1.72	0.66	世界银行 WGI 数据库
ps	-0.4320	0.7828	-2.3	1.19	世界银行 WGI 数据库
rl	-0.6096	0.5209	-1.84	0.67	世界银行 WGI 数据库
rq	-0.5309	0.5528	-2.21	0.71	世界银行 WGI 数据库
va	-0.5435	0.6619	-1.98	0.65	世界银行 WGI 数据库

三、实证结果

在使用空间计量方法之前，首先需要考察数据是否存在空间依赖性，这可以通过莫兰指数 I（Moran's I）进行度量。通过对 2005 ~ 2014 年的变量数据进行检验，莫兰指数 I 值为 0.119，p 值为 0.014，说明中国对非洲直接投资存在显著的空间效应。由于空间效应的存在会造成普通最小二乘法估计有偏或者不一致，最大似然估计法则能够克服以上问题（谢杰和刘任余，2011）。根据最大似然法估计，全样本回归结果见表2，稳健性检验结果见表3，分组回归结果见表4。

表2　　　2005 ~ 2014 年中国对非洲直接投资空间面板数据模型全样本估计结果

	SDM（1）	SAR	SEM
lngdp	0.7553***	0.8709***	0.9863***
	(0.2284)	(0.2687)	(0.2716)
lnpop	-0.3706*	-0.1293	-0.1298
	(0.1905)	(0.2092)	(0.2304)

[①] 由于在方程中我们需要对自然资源变量取自然对数，而这要求自然资源变量大于 0。在此，我们将自然资源变量拆分为 max（{1, oil}）+ oildummy。其中，oildummy 为虚拟变量，若 oil > 0，oildummy = 0；否则 oildummy = 1。Wagner（2003）使用过相同的方法处理援助额为 0 的情况。在此将 max（{1, oil}）简写为 oil。

[②] 政治环境包括表达与问责（va）、政治稳定与无暴力程度（pv）、政府效能（ge）、监管质量（rq）、法治水平（rl）和腐败控制（cc）六个指标。

续表

	SDM（1）	SAR	SEM
lnmobile	0.2516 * (0.1295)	0.3282 ** (0.1347)	0.3417 ** (0.1498)
lnoil	0.0242 (0.0595)	-0.0381 (0.0496)	-0.0490 (0.0495)
oildummy	0.1346 (0.1868)	0.2303 (0.2023)	0.2745 (0.2029)
cc	-1.0247 *** (0.3623)	-0.7555 * (0.4419)	-0.7063 (0.4379)
rl	0.7892 * (0.4800)	1.0731 *** (0.4148)	1.0791 ** (0.4371)
cons	-1.6339 (8.5714)	-34.7561 *** (7.7257)	-43.8759 *** (8.5572)
lnmp		0.9023 *** (0.3013)	1.2918 *** (0.3126)
ρ	0.1353 *** (0.0485)	0.1831 ** (0.0719)	
λ			0.1750 *** (0.0635)
制度控制变量	控制	控制	控制
R^2	0.8324	0.8045	0.8008
Log – likelihood	-220.2040	-239.4999	-241.2650
观测值	260	260	260

说明：***、** 和 * 分别表示1%、5%和10%水平上的显著性；括号中报告的是标准差；受篇幅限制和显著性影响，在此将 ge, ps, rq 和 va 统一为制度控制变量。

表3　　　　　　　　　　　稳健性检验

	SDM（2）	SAR	SEM
lngdp	0.6345 *** (0.1791)	0.7466 *** (0.2508)	0.9733 *** (0.2706)
lnpop	-0.0922 (0.1835)	-0.0589 (0.1946)	-0.0768 (0.2236)
lnmobile	0.0458 (0.1565)	0.2079 (0.1277)	0.2906 * (0.1682)
lnoil	0.0185 (0.0587)	-0.0155 (0.0517)	-0.0478 (0.0501)

续表

	SDM (2)	SAR	SEM
oildummy	0.0586	0.1701	0.2916
	(0.2390)	(0.2067)	(0.2046)
cc	-0.7986*	-0.6187	-0.5894
	(0.4241)	(0.4347)	(0.4393)
rl	0.7358	0.8399**	0.8790*
	(0.5291)	(0.4223)	(0.4847)
cons	-3.1412	-23.7634***	-44.5251***
	(19.9233)	(7.9646)	(9.8112)
lnmp		0.4108	1.3342***
		(0.3098)	(0.3656)
ρ	-0.0273	0.4775***	
	(0.1258)	(0.0981)	
λ			0.4019***
			(0.1326)
制度控制变量	控制	控制	控制
R^2	0.8352	0.8189	0.7998
Log-likelihood	-215.7927	-231.7551	-240.3069
观测值	260	260	260

说明：***、**和*分别表示1%、5%和10%水平上的显著性；括号中报告的是标准差；受篇幅限制和显著性影响，在此将 ge, ps, rq 和 va 统一为制度控制变量。

表4　2005~2014年中国对非洲直接投资空间面板数据模型分组估计结果

	中等收入国家			低收入国家		
	SDM (3)	SAR	SEM	SDM (4)	SAR	SEM
lngdp	0.0185	0.2384	0.2991	0.5542	1.3540	1.7442**
	(0.3692)	(0.4388)	(0.6577)	(0.4613)	(0.8340)	(0.8270)
lnpop	0.2756	-0.3786	-0.5120	-0.2795	-0.8328	-1.0030
	(0.5096)	(0.5758)	(0.6678)	(0.8102)	(0.8344)	(0.8114)
lnmobile	0.1832	0.7308*	0.9091	0.2510*	0.2562	0.2768*
	(0.4448)	(0.4026)	(0.6909)	(0.1511)	(0.1847)	(0.1658)
lnoil	0.0606	0.1668	0.1179	-0.0495	-0.1210***	-0.1247***
	(0.0896)	(0.1043)	(0.1337)	(0.0304)	(0.0395)	(0.0329)
oildummy	-0.3628	0.3689	0.3129	0.3364***	0.3698*	0.3484**
	(0.5301)	(0.4243)	(0.4387)	(0.1314)	(0.1906)	(0.1599)
cc	-0.7275**	-0.8384	-0.9078	-0.6256	-0.8221	-0.9366
	(0.3392)	(0.6074)	(0.6903)	(0.5715)	(0.6632)	(0.7601)

续表

	中等收入国家			低收入国家		
rl	0.4010	0.6140	0.7079	0.8599	0.9568	1.2957*
	(0.6181)	(0.6698)	(0.9087)	(0.7062)	(0.6110)	(0.7435)
cons	−5.3817	−20.9883*	−26.8266	−11.0669	−21.6828	−32.5509**
	(13.8938)	(11.7095)	(23.4887)	(29.9307)	(14.1491)	(13.8700)
lnmp		0.8010*	1.0914		0.3320	0.6667
		(0.4456)	(0.7745)		(0.6587)	(0.6835)
ρ	−0.2274	0.2146**		−0.1766*	0.2635	
	(0.1668)	(0.1072)		(0.0999)	(0.1686)	
λ			0.0474			−0.1324
			(0.4417)			(0.3170)
制度控制变量	控制	控制	控制	控制	控制	控制
R^2	0.8632	0.8169	0.8110	0.9180	0.8665	0.8598
Log-likelihood	−111.0297	−132.8032	−134.0426	−61.3134	−81.8996	−83.7701
观测值	140	140	140	110	110	110

（厦门国家会计学院"一带一路"财经发展研究中心副教授：王智烜）

东南亚九国交易所对比分析以及对"一带一路"资金融通的启示

> **内容摘要**：交易所是信息和物品的交易平台，也是一国金融发展程度的重要体现之一。随着经济全球化，如今的交易所俨然成为跨国企业直接融资和增加流动性的主要平台之一。本文通过对"一带一路"东南亚九国交易所的细致对比分析，讨论了在"一带一路"倡议下，我国如何从国家层面、行业层面和公司层面与沿线各国不同发展程度的交易所进行针对性互助合作。在条件成熟的交易所平台推广直接融资、金融工具的使用，促进金融创新；在条件尚未成熟的交易所，分享我国发展经验，协助当地资本市场建设，确保各项实体投资的"金融先行"工作。
>
> **关键词**：东南亚 交易所 资金融通

一、引言

（一）交易所的起源与发展

16 世纪初，荷兰东印度公司为了解决资金匮乏问题，以承诺未来分红以及政府授权等方式增信，开始公开出售其公司股票，并很快得到了市场的热烈追捧。为了方便股东们进行股票交易，1602 年阿姆斯特丹证券交易所正式成立，成为世界上第一个证券交易所，荷兰东印度公司也成为了世界上的第一只股票。随后的 17 世纪，英国、美国等多国在融资需求的推动下也纷纷成立自己的证券交易所，其中 1792 年成立的纽约证券交易更是成为迄今为止，世界上影响力最大的证交所之一。

回顾交易所数百年来的发展，公司制改革、交易所上市以及交易并购可谓是交易所发展的三个重要里程碑，促进了资本在全球范围的流通，提升了资本利用效率。早期的交易所运作遵循会员制（Member Owned Mutual Organization），即会员不仅具有对交易所资产的所有权同时享有专属的交易权和治理权。然而，随着自动化交易平台的日趋成熟，交易所会员制的"一员一票"决策机制难以调和各会员之间的利益冲突，降低了交易所的决策效率①。因此，1993年瑞典的斯德哥尔摩证券交易首先进行了交易所的公司制改革（Demutualization），分离了交易所的所有权和管理权。交易所从以会员利益最大化为核心的非营利性机构转变为追求交易所利润最大化，以客户为导向的营利性公司，大幅度降低交易所成本，提升了服务品质，巩固了交易所在金融资本市场中的地位，也奠定交易所上市以及跨境并购的基础。

20世纪90年代末，为了更有效解决交易所发展过程中面临的资金压力，更好地在资本市场筹集资金，交易所上市热在世界范围内兴起。1998年，澳大利亚证券交易所率先在自己的交易所公开挂牌上市，成为世界上首个上市公司制交易所，将股份制改革彻底进行到底。1999年纽约证券交易所、伦敦证券交易所等也纷纷宣布了上市计划。亚太地区的香港交易所和新加坡交易所各自在2000年完成了挂牌上市。这一举动不仅解决了交易所发展中的资金难题，同时提高了股东的资产流动性以及通过股票溢价实现的资产增值。巴曙松等（2007）②通过对比不同体制的交易所收益，发现上市公司制的交易所享有最高的股权收益率。

体制转变后的交易所在发展与治理上都采取了更加积极主动的态度，积极地进行资源整合。由于交易所具有明显的规模效应，规模的扩大吸引了更多的资本和上市公司，边际收益随规模递增（耿志民，2006）③。交易所的规模扩大在20世纪始终没有停止过。交易所资源整合不仅发生在国家内部，例如不同交易性质的交易所合并④，跨境并购也成为区域乃至全球范围内交易所规模扩张，提高竞争力的手段。通过海外并购，交易所不仅提升其收益，同时也保持自身在国际资本市场中的影响力。

（二）交易所的基本职能及对"一带一路"建设所带来的契机

交易所的公共性主要来源于其所发挥的经济功能以及作为自律组织自律监管的功能（谢增毅，2004）⑤。在经济职能方面，交易所不仅是企业的融资场所，也是投资者的投资平台，将融资需求和投资需求对接。截至2016年底，世界证券交易所联合会（WFE）成员交易所的上市公司数量达到46 170家，股票市场总值高达648 500亿美元，可见交易所已成为当今世界资金融通的重要平台。投资者通过交易所，可随时进入或退出市场，投资选择丰富，跨项目、跨国投资便利，有助于实现与"一带一路"倡议所提出的资金融通建议相契合的"融资全球化"。"一带一路"对外投资项目主要以基础设施建设、能源投资和装备制造业合作为主，资金需求巨大、投资回报期长且受较多不确定因素的影响。以2016年为例，我国对"一带一路"国家的直接投资额达145亿美元，但据亚洲开发银行测算，2010年到2020年间仅亚洲地区每年基础设施建设资金需求高达8万亿美元。虽然"丝路基金"、亚洲基础设施投资银行、金砖国家开发银行等的成立在一定程度上缓解了融

---

① 杨再斌、匡霞："全球交易所公司化改革趋势及对我国的启示"，《经济经纬》，2005年第6期。
② 巴曙松、刘润佐、赵晶："全球证券交易所的并购趋势：从公司化角度的考察"，《国际经济评论》，2007年第2期。
③ 耿志民："论证券交易所的公司化改革"，《学术论坛》，2006年第1期。
④ 如证券交易所与衍生品交易所合并。
⑤ 谢增毅：《证券交易所：公共机构抑或企业组织》，全国城市经济地理与微区位学术研讨会，2004年。

资的压力，但现有资金仍难满足"一带一路"的投资需求。笔者认为"一带一路"的资金缺口补充需从多渠道、多角度同时进行，采用传统融资方式与创新融资方式相结合，吸引国际资本共同完成。而交易所作为现有的跨越国界流动性提供平台，通过调动"一带一路"沿线国家的闲散资金，正契合了这一需求。

其次，交易所有助于降低交易成本，通过信息提供促进市场流动性，引导投资的合理流向。"一带一路"沿线国家所需直接融资的项目众多，存在较多信息不对称、交易违约等因素，影响"一带一路"倡议进程。各国证券交易所通过提供程式化的交易规则，可有效减免谈判和缔约成本，实现投资便利化。同时，交易所对上市公司信息的提供负有督促和适当审查的责任，对交易行情负有即时公布的义务，降低了信息不对称性。"一带一路"相关的融资项目的信息，通过在交易所及时、准确地发布，使得交易的成功率大大提高，市场的流动性大为增加。

从自律组织自律监管的职能角度，交易所通过相应的规则进行自律监管，避免操纵市场、内幕交易等不公正交易行为，"一带一路"项目交易的双方能在公开市场进行竞价买卖从而使价格合理反映"一带一路"沿线国家建设项目及公司的风险与价值，使沿线国家社会闲置资金向最需要和最有利的方向流动。

因此，交易所可被视为是一个为企业连接融资需求和资本、提供信息与流动性、维护交易秩序的平台。随着国际化的快速发展，会员制到公司制的改革、上市化以及交易所跨境并购等，世界各国交易所之间的竞争越发激烈，其国别边界也在逐渐消失，进一步增进资本配置效率。企业得益于交易所的发展，融资活动也逐渐摆脱地缘束缚，通过跨国上市等低成本融资手段，既可以充分利用国内和海外市场资源，又能够成为两国增进了解的信息平台，为各国企业间的互联互通打下基础，使融资进入"全球化时代"，为"一带一路"建设创造了有利条件，对建设中的资金缺口进行补充。

（三）聚焦东南亚九国交易所

本文选取了我国较为熟悉的九个东南亚国家（新加坡、马来西亚、印度尼西亚、越南、菲律宾、泰国、柬埔寨、老挝、缅甸）交易所进行了对比分析。

首先，东南亚九国与中国地理位置、文化传统较为接近且贸易往来密切。尤其在 2013 年中国提出"一带一路"倡议后，大量中国资本进入该地区基础设施建设和产业合作领域，双边贸易和投资飞速发展。2016 年中国与"一带一路"沿线不同区域贸易往来中（见图 1），东南亚国家贸易额度占比 47.76%，为"一带一路"沿线各地区之首，是西亚北非地区的两倍之多。2017 年前 7 个月中，中国对东盟投资达 48.2 亿美元，其中累计直接投资总额达到 768 亿美元，双方累计投资额达 1 850 亿美元[①]。

其次，东南亚国家的交易所发展水平差异巨大，也为我们的研究提供了丰富的背景，其中既包含了发展较为成熟的新加坡所，也包括了近年来发展势头迅猛的新兴市场如越南、泰国交易所等，同时也包含了特色市场，如致力于打造为"伊斯兰金融中心"的马来西亚、菲律宾和印度尼西亚交易所，以及处于发展初期交易尚不活跃的柬埔寨、老挝和

---

① "前 7 月中国对东盟投资 48.2 亿美元"，《人民日报》，2017 年 09 月 09 日 02 版。

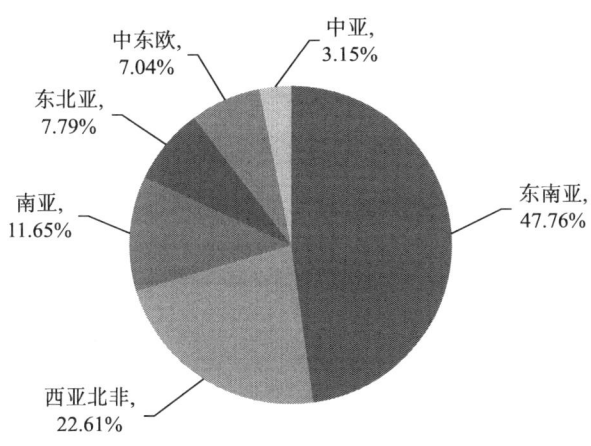

图1 "一带一路"沿线不同区域贸易额度占比情况

资料来源：国家信息中心"一带一路"大数据中心，2017年。

缅甸交易所，可谓是"包罗万象"。因此，笔者认为对东南亚交易所是"一带一路"沿线国家交易所的缩影，对东南亚交易所进行比较分析并提出相关的政策建议可以推广至"一带一路"其他的沿线国家。

（四）研究目的与研究结构

交易所是融资活动中不可或缺的重要环节，健全的资本市场和完善的交易所制度的确能够快速地为资金融通带来解决方案。纵观"一带一路"沿线国家，虽然目前的平均金融发展水平仍然较低且差异较大，许多国家的资本市场仍在发展初期甚至还未发展起来。但笔者认为无论是成熟型、发展型还是起步型交易所都能在"一带一路"长期的发展过程中起到不同的积极作用。本文通过对东南亚九国交易所的比较分析，探索了在"一带一路"倡议下，我国如何从国家层面、行业层面和公司层面与沿线各国不同发展程度的交易所进行针对性互助合作，利用交易所平台进行直接融资，促进金融创新，加快资金融通。同时，通过分享我国交易所的发展经验，协助当地资本市场建设，确保各项实体投资的"金融先行"工作。

文章主要分为三个部分：第一部分，文章从各国交易所的概况、经营现状和监管政策三个方面进行了详细的介绍和比较；第二部分主要根据这三种不同发展程度的交易所从国家层面、行业层面和公司层面提出合适的政策建议；第三部分是总结。

二、东南亚九国交易所对比分析

（一）各国交易所概况

由于政治、经济、文化等各方面原因，东南亚九国交易所存在显著的差异。新加坡交易所是亚太区首家把所有权和交易权分立，并把证券和衍生商品集于一体的综合交易所，也是"一带一路"南线东南亚国家中发展最为成熟、国际化程度最高的交易所，对于吸引国际投资者以及灵活应对资本市场变化方面表现突出。同时，新加坡是全球第二大财富管理中心、第三大金融市场中心以及最大的大宗商品中心之一。交易所充足的流动性以及健全的规划管理不仅可以帮助我国的资金和贸易"走出去"，也为"一带一路"投资企业在境外股权融资和进入全球债券市场提供了更广阔的平台。

马来西亚、印度尼西亚、越南、泰国和菲律宾交易所则属于发展型市场，各项制度规则尚在完善过程中，市场开放程度有待加强。值得一提的，马来西亚、印度尼西亚和菲律宾交易所都十分重视伊斯兰金融特色市场的发展，在交易所内设有相关的产品和市场。"一带一路"沿线有不少伊斯兰国家，这些交易所的特殊市场将"一带一路"在伊斯兰地区的项目开发和资金融通提供帮助和灵感。此外，越南和泰国的交易所在近年来发展势头迅猛，这也得益于两国的经济发展水平。特别是越南，以低廉的劳动力成本近年来吸引了不少制造业投资者，成为电子电气产品出口的组装基地。此外，越南75%的货物是通过公路运输，因此在交通基础设施的投资将有很大的发展潜力。

老挝、柬埔寨和缅甸交易所起步较晚，仍处于发展初期，资本市场较为落后。但从另一方面看，这些亟待开放、尚在构建中的资本市场体系，有很大发展潜力，为"一带一路"倡议下的国际资本合作提供了机会（韩燕等，2017）①。总体来说，老挝、柬埔寨和缅甸是东盟地区经济发展较为落后的国家，对各项基础设施建设都有明显的需求，当地政府也将基础设施作为经济建设重心，积极响应我国提出"一带一路"倡议。近年来，我国对这三国的基础设施投资迅速增长，中资企业几乎活跃在各个细分领域。但由于政府财政能力有限，资本市场薄弱以及投资环境较差等原因，这些国家的投资蕴含着较高的投资风险，资金融通的问题更加复杂。

在九国的交易所中，除了越南、印度尼西亚和泰国交易所仍保持着会员制，其他六国的交易所，包括刚起步的缅甸、柬埔寨和老挝交易所均为公司制（见附表1）。从全球交易所发展看，会员制向公司制的转型已成为趋势。公司制交易所的完全市场化运行，依靠优质的服务和低廉的收费赢得顾客，有助于提高市场效率。不仅如此，目前发展较好的新加坡、马来西亚以及菲律宾交易所都已挂牌上市。交易所上市进一步强化交易所运营效率提高，大幅增强透明度，有利于吸引国际资本和承接"一带一路"有关的股权和债券融资项目。

1. 各交易所发展历史。九国交易所的发展历程（见表1）来看，马来西亚、印度尼西亚、泰国及菲律宾交易所起步较早，但由于战乱、殖民统治或市场低迷等原因导致交易所几度被迫关闭，发展较为缓慢。三个新兴交易所——柬埔寨证券交易所、老挝交易所和缅甸交易所，由于当地政府的财力有限，在发展过程中都得到了日本或韩国交易所或金融机构的大力支持并属于合资的形式。然而，虽然各交易所的发展历程艰难，各国政府对建立一个健全交易所的决心可见一斑。图2中各交易所上市公司占GDP的比重也体现了交易所在各国的融资地位正在不断提高。2016年，新加坡交易所上市公司的总市值是其GDP的2.16倍，基本与2015年持平。发展迅速的马来西亚交易所、泰国证券交易所的上市公司市值与GDP之比虽然较2015年略有下降，也分别达到了121.40%和106.42%。印度尼

---

① 韩燕、税毅强："'一带一路'东盟区域资本市场发展与国际合作研究"，《中国证券》，2017年第6期。

西亚与越南虽然上市公司总市值占 GDP 比重较低,但是均呈现稳步上涨的态势。由此可见,东南亚九国对交易所的重视程度不断提高,越来越多公司和相关项目通过交易所满足自身的融资需求。

表 1　　　　　　　　　　　　　东南亚九国交易所发展历程

新加坡交易所 (Singapore Exchange) http://www.sgx.com/	• 1973 年 5 月 24 日新加坡证券交易所(SES)成立 • 1999 年 12 月,新加坡证券交易所(SES)和衍生品工具交易为主新加坡国际金融交易所(SIMEX)正式合并同时完成了公司制改革,成为了新加坡交易所 • 2000 年 11 月,新加坡交易所正式挂牌上市
马来西亚交易所(Bursa Malaysia) http://www.bursamalaysia.com/	• 1973 年,马来西亚交易所成立 • 2005 年,马来西亚交易所正式上市
菲律宾证券交易所 (Philippine Stock Exchange) http://www.pse.com.ph/	• 1927 年 8 月 12 日,马尼拉证券交易所(MSE)成立 • 1963 年 5 月 15 日,Makati 证券交易所(MkSE)成立 • 1992 年 12 月 23 日,两家交易所正式合并,更名为菲律宾证券交易所 • 2013 年菲律宾证券交易所正式上市
胡志明证券交易所 (Hochiminh Stock Exchange) www.hsx.vn 河内证券交易所 (Honoi Stock Exchange) http://www.hnx.vn/	• 1998 年 7 月胡志明市证券交易中心和河内证券交易中心成立 • 2000 年 7 月胡志明市证券交易中心正式开始营业 • 2007 年 8 月胡志明市证券交易中心更名为胡志明市证券交易所 • 2009 年河内证券交易中心更名为河内证券交易所
印度尼西亚证券交易所 (Indonesia Stock Exchange) http://www.idx.co.id/	• 1912 年,荷兰东印度集团在雅加达(Jakarta)成立了印度尼西亚第一间证券交易所 • 1914~1956 年,雅加达证券交易所受第一次世界大战和第二次世界大战的影响几度关闭。泗水交易所成立,受第二次世界大战影响同样几度关闭 • 1988~1990,银行业和资本市场开放,雅加达证券交易所鼓励外国投资者参与,交易逐渐活跃 • 2007 年,泗水股票交易所(Surabaya Stock Exchange)与雅加达证券交易所合并,更名为印度尼西亚证券交易所(Indonesia Stock Exchange)
泰国证券交易所 (The Stock Exchange of Thailand) http://www.set.or.th/	• 曼谷证券交易所(The Bangkok Stock Exchange)成立于 1962 年 7 月 • 由于缺乏政府支持和对股票市场的认识不足,曼谷证券交易所于 1970 年初停止交易 • 1974 年 5 月,泰国交易所(The Securities Exchange of Thailand, SET)正式开始筹备 • 1975 年 4 月 30 日,泰国交易所正式成立 • 1991 年 1 月 1 日,交易所正式更名为泰国证券交易所(The Stock Exchange of Thailand)

续表

柬埔寨证券交易所 (Cambodia Securities Exchange) http://csx.com.kh/	• 2006年和2008年,柬埔寨王国经济和财政部(The Ministry of Economy and Finance,MEF)和韩国交易所签署备忘录发展柬埔寨金融市场 • 2009年3月,柬埔寨王国经济和财政部(MEF)和韩国交易所(Korean Exchange,KRX)双方签订合资协议,柬埔寨证券交易所占股55%,韩国交易所占股45% • 2010年2月23日,柬埔寨证券交易所正式成立
老挝证券交易所 (Lao Securities Exchange) http://www.lsx.com.la/	• 2007年9月19日老挝银行(Bank of Lao,BOL)和韩国交易所(Korean Exchange,KRX)签署备忘录发展老挝金融市场 • 2009年7月,双方签订合资协议,老挝银行占股51%韩国交易所占股49% • 2010年10月10日老挝证券交易所正式成立
缅甸证券交易所 (Yangon Stock Exchange) https://ysx-mm.com/	• 1996年,缅甸经济银行(Myanmar Economic Bank)和日本大和研究所(Daiwa Institute of Research Ltd.,DIR)成立缅甸证券交易中心公司研究成立缅甸交易所 • 缅甸中央银行(The Central Bank of Myanmar,CBM),大和研究所(DIR)和日本交易所集团(JPX)签署备忘录发展缅甸金融市场 • 2015年12月9日仰光交易所正式成立

资料来源:作者根据各交易所官网整理。

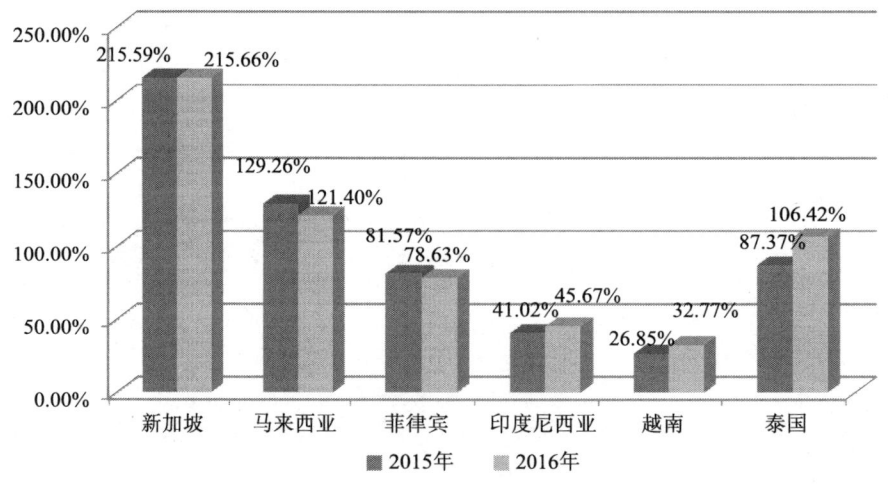

图2 上市公司总市值占GDP比重

数据来源:Wind数据库(柬埔寨、老挝、缅甸数据缺失)。

2. 各交易所的市场层次结构。投资者与融资者有不同的规模和风险偏好,多层次资本市场体系可以更好地满足投资者与融资者对金融服务多样化的需求。在这九国中,除了老挝和缅甸交易所尚未开拓主板以外的其他板块,大多数交易所都根据自身发展程度、针对不同主体特征的投资者开设了主板市场以外的多个专门化市场(见表2)。不同板块的设置也为企业转板创造了基本条件,进一步为"一带一路"资金融通创造有利条件。升板制度保障了企业在发展过程中能够在合适的平台上进行融资和股票流通,从而为企业进一步拓展业务提供便利条件,而降板可以起到缓冲作用,因为较低层次的市场对挂牌企业的要求较为宽松,可以帮助困境中的市场主体渡过暂时性的难关,在保证交易的同时也能保护投资者的利益。

表 2　　　　　　　　　　　　　股票市场开放程度

	股票市场种类	是否允许注册地在境外的公司上市
新加坡交易所	主板、凯利板	是
马来西亚交易所	主板、ACE 市场	是
菲律宾证券交易所	主板、SME 市场	是
胡志明证券交易所	主板	未提及
河内证券交易所	主板①、UPCoM 市场	未提及
印度尼西亚证券交易所	主板、Development 市场	是
泰国证券交易所	主板、MAI 二板市场	是
柬埔寨证券交易所	主板、Growth 成长板（在建）	未提及
老挝证券交易所	主板	未提及
缅甸证券交易所	主板	未提及

资料来源：作者根据各交易所官网整理。

　　新加坡交易所由主板及凯利板组成,主板主要面向成熟、有基础以及更长营业记录的境内外公司；凯利板主要面向处于成长阶段、盈利规模较小的境内外成长型公司。得益于新加坡市场对国际资本的高开放程度以及板块设置的灵活性,截至 2017 年底,在新加坡交易所上市的 759 家企业中有 280 家是境外公司。凯利板挂牌公司共有 197 家,市值约 116 亿元,其中 36 家（近 1/5）的公司有一半的营业收入来自新加坡之外的东盟国家市场②。凯利板为投资者提供了跨行业和跨地域的多元化投资机会③,其主要价值体现在：通过保荐人制度保证市场质量,满足成长性企业需求,上市时间的灵活性与吸引新兴企业的开拓性。在"一带一路"未来的建设过程中也不乏大量潜在高增长率的企业,凯利板将可能成为东盟区域建设的又一融资渠道。此外,新加坡交易所也有许多可供借鉴的中资企业上市案例。

　　马来西亚交易所、菲律宾证券交易所、印度尼西亚证券交易所和泰国证券交易所是九国交易所中另外四个对境外公司上市开放的市场。其中,马来西亚交易所分为主板市场与创业板（ACE）市场,本国和境外企业均可在主板市场和 ACE 市场第一次上市（Primary Listing）,但是对二次上市（Secondary Listing）的境外企业只允许在主板市场挂牌。菲律宾交易所设有主板和中小企业板块（SME）,鼓励中小企业通过上市融资加速发展。印度

---

① 河内交易所的主板相当于我国的中小板；UPCoM 则相当于国内的新三板,胡志明交易所相当于我国主板市场。
② 根据新加坡交易所教育网站 My Gateway 的统计数据整理。
③ 吕爱丽：凯利板近 200 家公司两成过半营收来自亚细安,http：//beltandroad. zaobao. com/beltandroad/news/story20171019 – 804078,2017 年 10 月 19 日。

尼西亚证券交易所分为主板和发展板，主板针对有运营记录的大公司的准发行人和发行人，而创业板则是针对尚未达到主板上市要求的公司和处于重组状态的公司。发行人及潜在发行人上市的配售取决于是否满足每一板块首次挂牌上市的要求。与之相类似，泰国证券交易所由主板和从属于证券交易所的二板市场 MAI 市场组成。MAI 市场根据泰国证券交易法于 1999 年 6 月正式建立，是泰国证券交易所的业务部门，主要为中小企业和具有高增长率潜力的创新性公司提供融资机会。虽然目前这几家交易所的境外上市公司数还很少，但这些交易所对国际资本相对开放的态度以及多层次板块的设计，都为未来"一带一路"项目融资奠定了基础。

越南、柬埔寨和老挝交易所市场发展时间较短，市场仍处于不成熟的成长阶段，目前并未对境外公司开放。在交易所层次板块建设方面，越南政府为了实现吸引更多资金流入股票市场以促进国家经济发展的战略目标，开设了三个板块：胡志明交易所、河内交易所及 Unlisted Public Company Market（UPCoM）（板块结构见附录图 1）。胡志明交易所相当于我国的主板，市值相对较大；河内证券交易中心相当于我国的中小企业板，是为了进一步推进越南国有企业股份制改革进程于 2005 年正式开业的，着重针对中小企业，为他们提供更为便利融资平台，市值较小。UPCoM 市场即非上市公司交易中心，类似于我国的新三板，始于 2009 年 6 月，目前整个市场市值小缺乏流动性，其设立的主要目的在于缩小和限制未被监管的市场，提高公众企业的证券交易监管力度[①]。其余三家年轻的交易所因为尚不具备规模，目前只有主板。但柬埔寨证券交易所正在筹备启动一个适用于中小企业的成长板，计划为年销售额超过 100 亿美元的中小型企业提供融资服务。老挝证券交易所也制定了《老挝资本市场发展 2016～2020 年战略规划》，计划到 2020 年上市公司达到 25 家，并将开展共同基金可行性研究，为散户提供其他投资形式，引入诸如期货、期权等金融衍生工具吸引更多投资。此外老挝证券交易所有意对其交易清算系统进行改进，如增加下单方法，增开下午交易时间段，寻求设立中小企业板（SME Board）等。

3. 各交易所产品。交易所产品主要分为证券产品、固定收益和衍生产品三大类型。证券产品以股票、信托和基金等为代表，固定收益类产品主要指各类债券，衍生产品包括各类大宗商品以及金融衍生品等。不同的产品类型满足了投资者的不同需求。例如，债券类产品具有投资期限长的特点，能更好地满足"一带一路"基础设施项目投资周期长收益慢的特点。

从表 3 中，交易所产品种类与各交易所的发展程度紧密相关。新加坡交易所提供的产品种类最为丰富。近年来，新加坡交易所采取成长性多元化战略，力争成为收入更加均衡的多元化公司，在不同市场环境中维持其财务业绩的稳定，巩固其在亚洲作为国际化交易所的地位。根据新交所 2017 年半年报，新加坡证券交易所的战略建立于权益性产品、固定收益、衍生品，以及近来备受关注的市场数据和连接。在证券产品方面，新交所推出了每日杠杆证书、发展交易所买卖基金以及结构性认股权证市场等新产品以迎合投资者客户需求。新交所也提供了全方位的衍生产品，覆盖亚洲股票指数、大宗商品及货币，为中国、印度、日本和东盟基准股票指数提供全世界流动性最高的离岸市场。作为区域基础设

---

① 王玉、李伟、李欣亮："越南与新加坡证券监管体制分析"，《合作经济与科技》，2010 年第 16 期。

施枢纽，新交所凭其专业知识及与中国、东南亚建立起来的网络，将为参与"一带一路"建设的企业提供更大便利。另一方面，随着我国对"一带一路"沿线国家双向投资额、贸易额的增长，建立外汇期货市场，帮助企业利用外汇避险工具规避汇率风险的迫切性不断提高。深层次推进"一带一路"倡议与外汇利率衍生品市场密不可分，证券市场应当为实体企业提供管理国际市场外汇风险的工具，利用交易所的金融衍生产品对冲"一带一路"投资项目中的汇率、利率等风险，保障"一带一路"倡议顺利推进[1]。

表3 交易所产品信息

	证券产品	固定收益	衍生产品
新加坡交易所	股票、房地产投资信托、交易所买卖基金、结构性认股权证、美国存托凭证、杠杆及反向产品、每日杠杆证书、数据产品	债券、优先股、新加坡政府债券、批发债券	金融产品类（股票指数衍生产品、外汇期货、股息期货合约、债券期货和期权合约）和大宗商品（铁矿石与热轧卷板、橡胶、运费、煤炭、石油化工、贵金属、石油、天然气、电力）
马来西亚交易所	股票（包括符合伊斯兰教义的上市公司股票）、公司认股权证、结构性认股权证、交易所买卖基金（包括符合伊斯兰教义的交易所交易基金）、房地产投资信托（包括符合伊斯兰教义的房地产投资信托基金）和封闭式基金	交易所买卖债券和伊斯兰债券、OTC、货款股、豁免制度[2]	大宗商品（马币黄金期货、马币原棕榈油期货、精炼棕榈油期货、原棕榈仁油期货、马币原棕榈油期权、美元锡期货）、股本衍生品和金融衍生品
菲律宾证券交易所	股票（包括符合伊斯兰教义的上市公司股票）、交易所买卖基金、国家公私合营项目权益工具、以美元标价的证券、房地产投资信托基金		证券借贷
胡志明证券交易所	股票、交易所买卖基金、封闭式基金证书、备兑权证	债券	VN30指数期货 债券期货指数期货
河内证券交易所	股票、UPCoM股票、交易所买卖基金	政府债券	HNX30指数期货
印度尼西亚交易所	股票（包括符合伊斯兰教义的上市公司股票）、共同基金交易所买卖基金	债券（包括公司债券、政府债券、公司伊斯兰债券、国家有价证券、资产抵押债券）	金融衍生品（包括股票期权、指数期货合约）

---

[1] 谷永涛、李博喻："浅析证券行业参与'一带一路'建设的方式"，《中国证券》，2017年第6期。
[2] 通过豁免制度，伊斯兰债券或债务证券将会列在主盘市场但没有报价和交易，其主要目的是提供一个介绍平台和增加能见度，买卖是通过场外交易。

续表

	证券产品	固定收益	衍生产品
泰国证券交易所	普通股、优先股、认股权证、单位信托基金、无投票权存托凭证、存托凭证、交易所买卖基金、共同基金、衍生品认股权证	债券（在泰国，"债券"通常用于指由政府或国有企业发行的债务工具，"债权证"通常由私人公司发行）	SET50 指数期货、SET50 指数期权、单一期货、黄金期货、利率期货、美元期货、行业指数期货和橡胶期货
柬埔寨证券交易所	普通股、优先股	无	无
老挝证券交易所	股票	无	无
缅甸证券交易所	股票	无	无

资料来源：作者根据各交易所官网整理。

在发展型交易所中，马来西亚、印度尼西亚和菲律宾交易所专注于伊斯兰金融，形成了独具伊斯兰特色的交易所产品市场。随着"一带一路"倡议进入实际操作阶段，中国未来将更多与伊斯兰国家在经济、贸易和文化等领域互动，与投资建设项目配套的伊斯兰融资和投资将会相应增加。中国应加快发展伊斯兰金融建设，通过打造伊斯兰金融项目与伊斯兰国家加强合作，推动"一带一路"倡议顺利向前推进[①]。

作为亚洲地区极具伊斯兰特色的交易所之一，马来西亚交易所曾在 2008 年 1 月间发行亚洲第一支伊斯兰交易所买卖基金（ETF）。2013 年 1 月初，第一支伊斯兰债券在马来西亚交易所上市，首期筹资 3 亿林吉特[②]，计划总募集金额 15 亿林吉特，用于修建地铁。马来西亚是伊斯兰金融债券最大的发行国，推出了多种伊斯兰金融创新产品。截至 2016 年末，马来西亚国内发行的本币计价的伊斯兰金融债券总额合计 0.659 万亿林吉特，约占国内债券市场总额的 56.5%[③]。为进一步推动回教资本市场，马交所在 2016 年 9 月初推出全球首个回教证券交易平台 Bursa Malaysia-i，任何投资者都可以选择投资回教股票。截至 2016 年 9 月，马来西亚交易所 905 家上市公司中就有 668 家公司（相当于 74% 的股项）被列为回教股（指遵守回教原则的股项），合计市值达 1.7 万亿林吉特。

印度尼西亚的证券市场产品亦具有伊斯兰文化特色，其证券产品包括符合伊斯兰教义的上市公司股票、符合伊斯兰教义的共同基金、伊斯兰公司债券（Corporate Sukuk）等。为了抢占伊斯兰的资本市场，印度尼西亚交易所与马来西亚交易所联手，签订了谅解备忘录允许两国投资者通过本国券商直接进入对方资本市场来加强两国在伊斯兰金融方面的影响力，形成更大的规模效应。

菲律宾证券交易所也积极发展伊斯兰金融业务。截至 2016 年 10 月，菲律宾证券交易所共有 56 支符合伊斯兰教义的上市公司股票。在其他产品创新方面，菲律宾证券交易所

[①] 梁海明："一带一路"下应加速发展伊斯兰金融，http://finance.sina.com.cn/zl/china/20150529/145322297982.shtml，2015 年 5 月 29 日。

[②] 1 林吉特相当于 1.6127 人民币。

[③] 梁睿、许晴：马来西亚资本市场初探，http://www.dagongcredit.com/index.php?m=content&c=index&a=show&catid=20&id=5237，2017 年 5 月 3 日。

于 2016 年推出以美元标价的证券 DDS（Dollar Denominated Securities），并允许国家公私合营项目上市融资，不断发展多样化产品线。DDS 可以以美元形式进行融资，缓解了发行人境外交易的汇率风险并享有更高的收益。与新交所类似，菲律宾证券交易所也紧跟潮流，推出了市场数据产品，如 Market Capitalization End – of – Day File（MCAP）和 Listed Company Stock Feed，通过剖析与传达不同客户的特定信息要求使得数据产品得以普及。

越南胡志明证券交易所的证券产品除了股票、交易所买卖基金、封闭式基金证书外，2016 年 6 月 29 日引入的备兑权证是一大特色。越南财政部旨在通过这一产品，吸引高风险导向的投资者。固定收益方面，除了现有的政府债券，胡志明证券交易所在 2016 年研究与开发了"发展公司债券市场"项目，并已将成果提交至财政部。胡志明证券交易所此举意在参与建设平衡有效的资本市场、为企业创造安全、有竞争力的资金流动通道。与我国中小板市场类似的河内证券交易所，于 2017 年 8 月 10 日正式开启越南衍生品市场，首次发行股票期货、股指期货与政府债券期货。衍生产品的引入加强了越南资本市场风险控制与预防的能力，将吸引更多的外国投资者以及机构投资者到越南资本市场，促进市场流动性，加速越南金融业的发展。

泰国证券交易所是近年来发展较快的交易所，其证券产品包括普通股、优先股、认股权证、单位信托基金、无投票权存托凭证、存托凭证、交易所买卖基金、共同基金、衍生品认股权证等，种类相对丰富。在泰国，"债券"通常指由政府或国有企业发行的债务工具，"债权证"则指由私人公司发行的债务工具。其衍生产品包括 SET50 指数期货，SET50 指数期权，单一期货，黄金期货，利率期货，美元期货，行业指数期货和橡胶期货。泰国证券交易所也表示将进一步建设初创型企业的经济体系，建立新的 OTC 交易平台，帮助初创企业筹资，为投资者提供投资机会。

（二）交易所经营现状

在了解了各交易所的概况后，本章节详细讨论了交易所的经营现状，从交易所的规模、活跃度及各交易所通过 IPO 和债券发行的融资情况，进一步对九国交易所进行比较分析。

1. 交易所的规模。根据世界交易所联合会（WFE）的数据，截至 2017 年 10 月，新加坡交易所市值达 7 576.11 亿美元，马来西亚、印度尼西亚与泰国三家交易所的市值相近，依次为 4 200.57 亿、4 826.66 亿与 4 913.09 亿美元，较新交所市值低大约 3 000 亿美元。菲律宾交易所于 2013 年上市，其市值仅以 2 680.55 亿美元位列第五，约为新加坡交易所市值的三分之一，而越南的胡志明交易所与河内交易所市值仅为 964.61 亿美元，约为新加坡交易所市值的八分之一。起步型交易所——柬埔寨、老挝、仰光证券交易所市值最低，依次为 2.96 亿、13.17 亿与 4.56 亿美元（图 3）。

在上市公司数量方面，九个交易所共有 3 828 家上市公司，其中国内上市公司 3 535 家，占比 92.35%。境外上市公司 293 家，其中在新加坡交易所上市的公司有 280 家，占比 95.56%，剩余 13 家国外上市公司分布于马来西亚交易所（10 家）和菲律宾交易所（3 家），新加坡仍是境外上市公司首选的交易所。

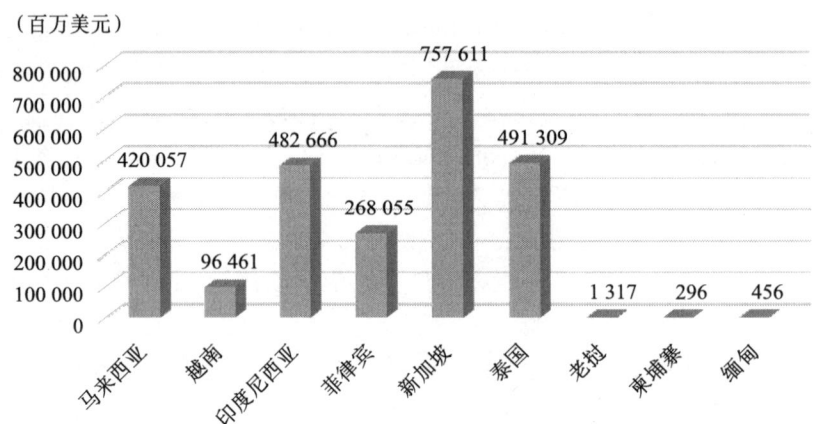

图 3　东南亚各交易所市值

数据来源：截至 2017 年 10 月，世界交易所联合会（WFE），其中越南交易所总市值为胡志明证券交易所与河内证券交易所之和。

与境外上市公司数量（280 家）相比，新加坡交易所国内上市公司的数量（479 家）在东南亚各国中仅为中游水平，而马来西亚交易所则有 892 家国内公司上市，是新加坡国内上市公司的近 2 倍。泰国与越南交易所虽然没有外国公司上市，但是国内上市公司数量较多，分别为 655 家、701 家。老挝、柬埔寨、缅甸三家起步型交易所则仅有 4 或 5 家国内公司上市，流动性和规模有待提高（图 4）。

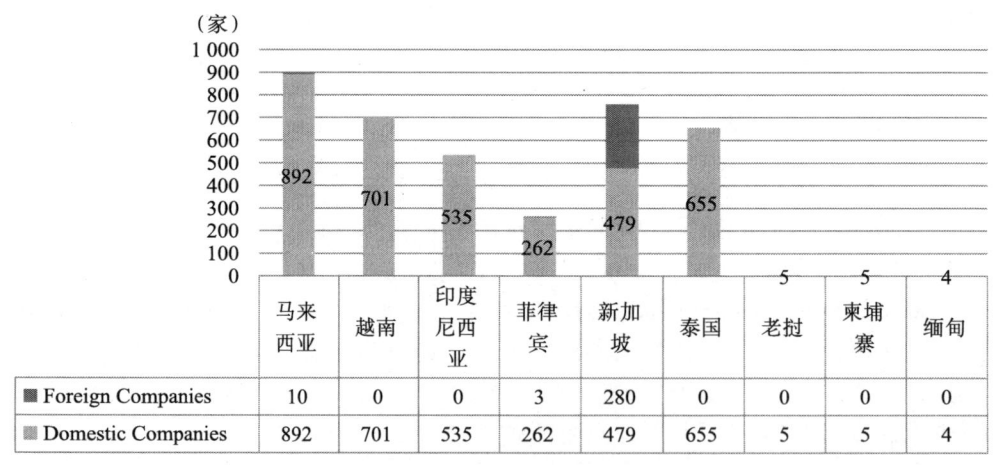

图 4　东南亚各交易所上市公司数量

数据来源：截至 2017 年 10 月，世界交易所联合会（WFE），其中越南交易所上市公司总数为胡志明证券交易所与河内证券交易所之和。

2. 各交易所的活跃度。活跃度是衡量一个交易所质量的重要指标之一，它既反映了投资者市场参与的程度，也在一定程度上反映了交易所吸引资本的能力。各交易所都通过推出不同种类的产品，设计更灵活的交易制度来提升交易所的活跃度。

泰国交易所在股票交易额、股票换手率方面都高于其他交易所（图 5、图 6），一方面表明其股票价格运动背后多空双方竞争激烈,股票市场活跃,另一方面表明股票的流通性好,投资者进出市场比较容易,具有较强的变现能力。但是泰国交易所换手率80.9%处于较高水平,也表明市场投机性较强,股价起伏较大,风险也相对较大,往往是短线资金追逐的对象。泰国股票市盈率亦为东南亚各国之首,甚至在2015年达到22.57,再次证明了市场有较强的投机性,公司一旦盈利增长不如理想,股价将难以支撑高市盈率而大幅回落,因此泰国股票市场预期收益与风险水平较高(图7)。

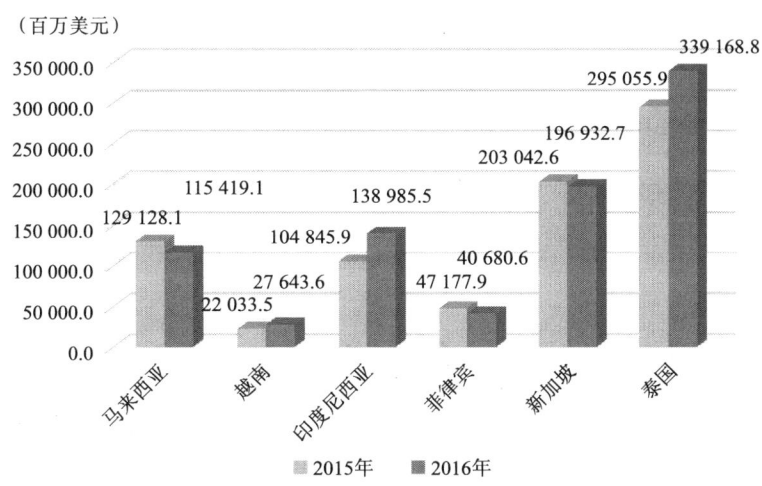

图 5　东南亚各交易所股票交易额

数据来源:世界交易所联合会(WFE),柬埔寨、老挝和缅甸交易所数据缺失。Value of Share Trading:2015年、2016年东南亚各交易所股票交易额(EOB和Negotiated Deal之和)。

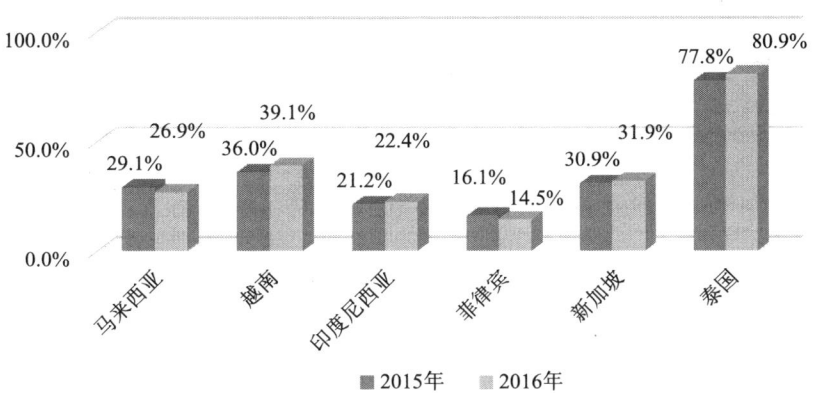

图 6　东南亚各交易所国内股票换手率

数据来源:世界交易所联合会(WFE),柬埔寨、老挝和缅甸交易所数据缺失。

与泰国交易所活跃的股票市场形成鲜明对比,菲律宾交易所的股票交易额以及国内股票换手率均为东南亚各国已有统计资料中最低的,而菲律宾交易所上市公司数量也相对较少,表明其股票市场急需注入活力。

越南的胡志明交易所与河内交易所的换手率较高,但是2016年股票交易额276.44亿美元却位列发展型交易所末位。印度尼西亚2016年股票交易额为1 389.86亿美元,低于

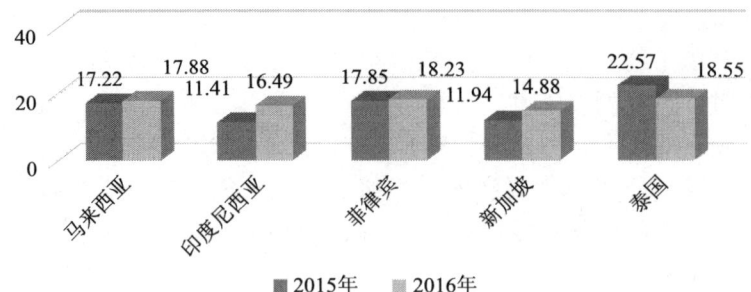

图 7　东南亚各交易所股票市盈率

数据来源：世界交易所联合会（WFE），越南、柬埔寨、老挝和缅甸交易所数据缺失。

新加坡交易所 1 969.33 亿美元的股票交易额与泰国交易所 3 391.69 亿美元位列第三，略高于马来西亚交易所的股票交易额 1 154.19 亿美元。

新加坡交易所 2016 年的股票交易额以及股票换手率均处于东南亚九国前三位，但是交易所股票市盈率却是上表中列示各国最低，保持在一个比较合理的区间，不存在过度的投资炒作行为。印度尼西亚交易所的市盈率同样在 2015～2016 年显著提升，但是仍处于上述各国较低的合理水平。

柬埔寨、老挝、缅甸的 GDP 总量为九国最低，其中老挝 2016 年 GDP 总额仅为 159.03 亿美元，缅甸 2016 年 GDP 总额为 674.30 亿美元。柬埔寨与缅甸（老挝数据缺失）在 2016 年的储蓄率仅为 12.73% 及 16.34%，整体经济水平较低，国内融资可能性低。印度尼西亚的 GDP 总量为九国之首，2016 年达到 9 322.59 亿美元，由于人口众多，人均 GDP 较低；印度尼西亚 2016 年的储蓄率达到 32.39%，仅次于新加坡和泰国。越南、马来西亚、菲律宾、新加坡等四国 GDP 总量相近（图 8）。但从人均 GDP 角度分析，新加坡、马来西亚和泰国目前处于前三位，分别为 52 962.49 美元，9 508.24 美元和 5 910.62 美元（图 9）。结合储蓄率数据来看，新加坡的融资能力仍然是九国之首。而马来西亚、泰国、越南和菲律宾总体来说都具有较强的融资能力与融资机会，资本有待充分利用（图 10）。

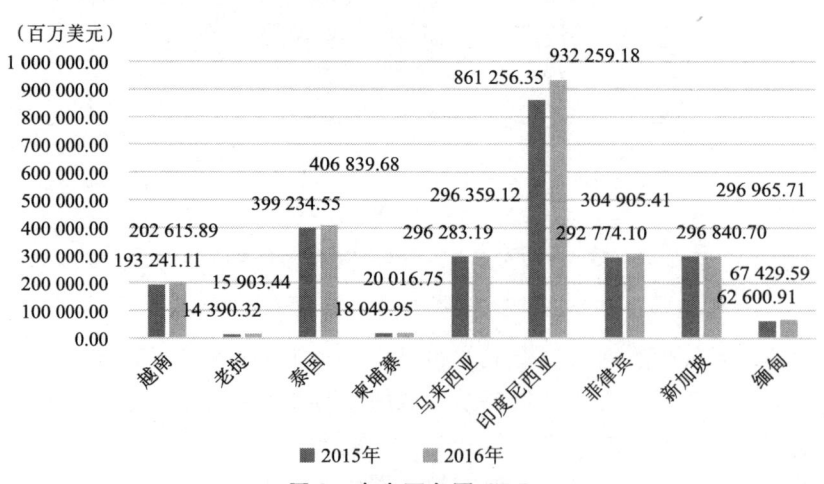

图 8　东南亚各国 GDP

数据来源：Wind 数据库。

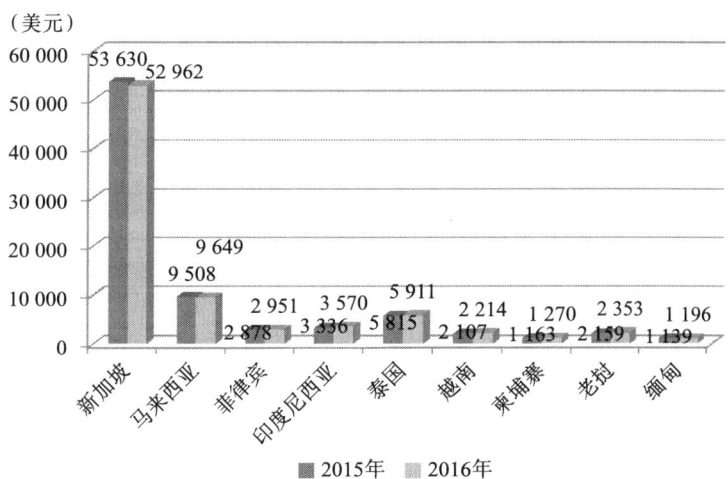

图 9 东南亚各国人均 GDP

数据来源：世界银行官方网站。

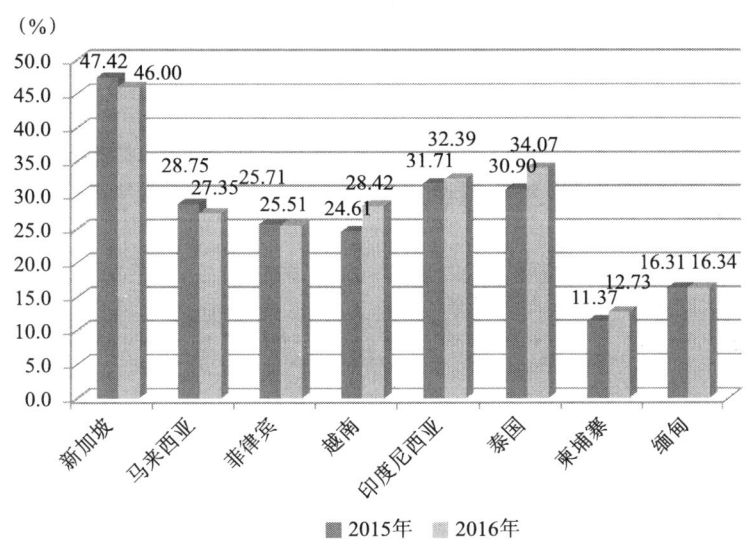

图 10 东南亚各国储蓄率

数据来源：Wind 数据（老挝数据缺失）。

各国的贷款利率数①据显示（图 11），印度尼西亚和缅甸的间接融资利率分别为 11.89% 和 13.00%，是新加坡等其他东南亚国家的 2～3 倍。我国目前的贷款利率维持在 4.35% 左右，与我国相比，东南亚九国的间接融资成本均不具优势。扩大直接融资比重，如引入 IPO、再融资、发行债券等其他的融资渠道进行融资，积极进行融资方式创新，推动多层次资本市场建设可能成为弥补间接融资成本过高的有效手段之一。

---

① 贷款利率是指银行在贷款上向主要客户收取的利率。

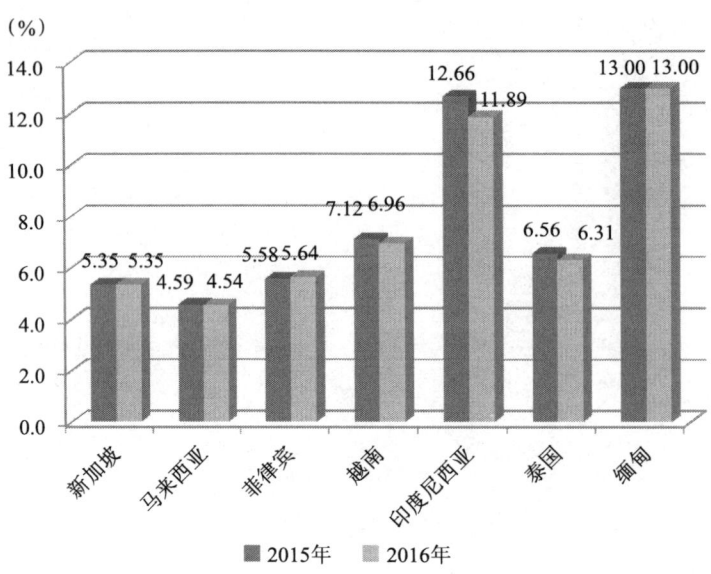

图 11　各国贷款利率

数据来源：国际货币基金组织《国际金融统计》和数据文件（老挝、柬埔寨数据缺失）。

3. 各交易所 IPO 融资规模。泰国交易所在 2015 年与 2016 年 IPO 的公司数量处于东南亚地区之首（图12），在 2016 年通过交易所 IPO 筹集的资金额度也仅次于新加坡交易所和越南交易所，表明其资本市场有较强的活力，IPO 融资门槛相对较低，融资规模相对较大。由于印度尼西亚的高贷款利率，不少印度尼西亚国内企业更多地选择 IPO 进行股权融资，印度尼西亚交易所在 IPO 公司数量以及融资规模方面近两年表现稳定，且处于东南亚九国上游水平。2015 年与 2016 年马来西亚与菲律宾在 IPO 数量上保持不变，分别为 11 家和 4 家企业，但是 IPO 融资规模的变化趋势却截然相反（图13），马来西亚由 2015 年的 10.53 亿美元降低至 1.56 亿美元，而菲律宾则由 1.14 亿美元升至 6.10 亿美元，融资规模均大幅度变化。

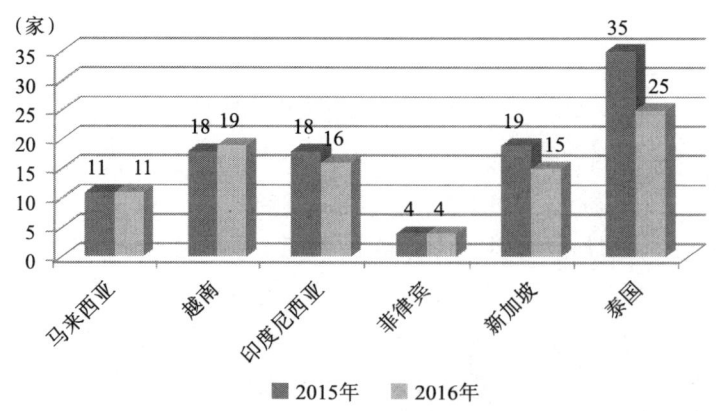

图 12　各交易所年度 IPO 数量

数据来源：世界交易所联合会（WFE）（柬埔寨、老挝和缅甸交易所数据缺失）。

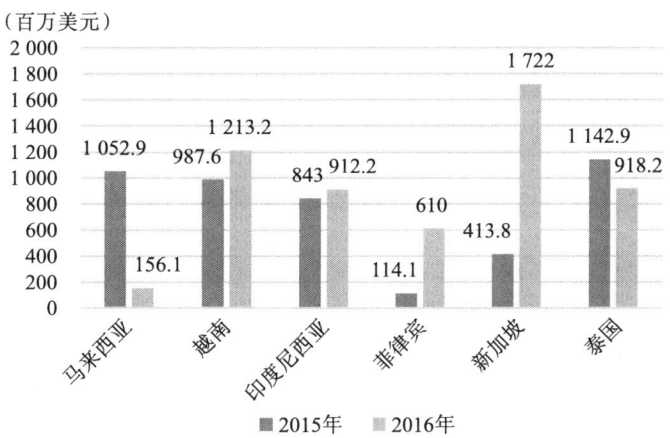

图 13　各交易所 IPO 资金筹集数

数据来源：世界交易所联合会（WFE）（柬埔寨、老挝和缅甸交易所数据缺失）。

4. 债券发行及融资规模。在马来西亚、越南、泰国以及印度尼西亚四国中，印度尼西亚在公司债数量方面远大于同处于快速发展阶段的马来西亚交易所、越南的胡志明证券交易所以及泰国证券交易所，2016 年共有 678 支债券，约为泰国证券交易所债券数量的 16 倍，马来西亚交易所债券数量的 25 倍，甚至达到了越南胡志明证券交易所的近 100 倍（图 14）。公司债发行规模方面，印度尼西亚证券交易所与泰国证券证券交易所分别在 2016 年达到 23.1 亿美元和 12.7 亿美元，远超马来西亚交易所 0.038 亿美元的债券融资规模。印度尼西亚交易所的间接融资规模较大，很大一部分是源于印度尼西亚高昂的间接融资成本，迫使当地企业以 IPO 或发行债券形式降低资金成本（图 15）。

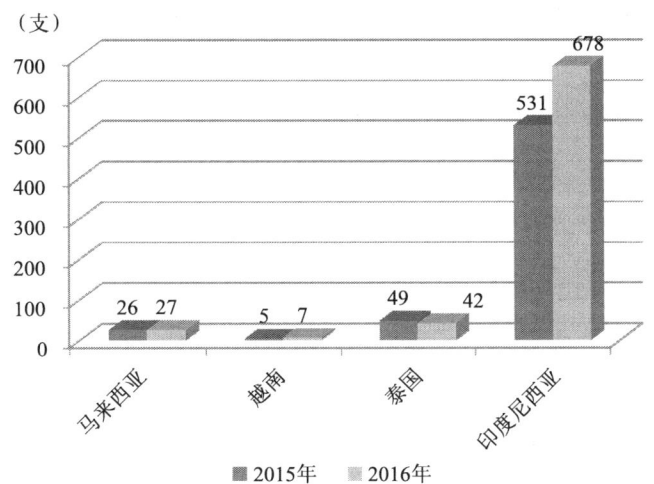

图 14　交易所公司债数发行量

数据来源：世界交易所联合会（WFE）及各交易所年报（菲律宾、柬埔寨、老挝和缅甸交易所未发行债券，新加坡交易所数据缺失）。

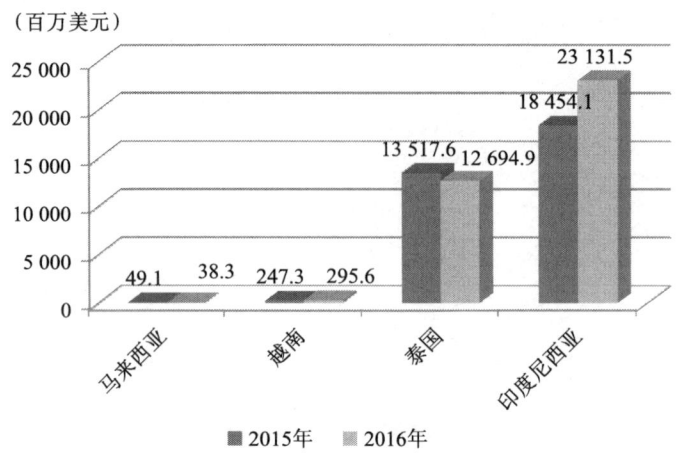

图 15　公司债发行规模

数据来源：世界交易所联合会（WFE）及各交易所年报（菲律宾、柬埔寨、老挝和缅甸交易所未发行债券，新加坡交易所数据缺失）。

（三）交易所监管制度

1. 交易所监管机构。我国在与沿线国家的合作中，无论是国家层面、行业层面和公司层面会涉及与各国监管层面打交道，了解当地交易所的监管规则及相关的监管机构能为合作奠定基础。

新加坡交易所的监管机构的组织结构包括发行人监管部、凯利板监管部、会员监督部、市场监控部、执法部等。主板市场由发行人监管部监管，对持续性义务与公司治理做出了要求。凯利版由保荐人监督，公司在凯利板挂牌和持续上市期间，新交所不再承担一般监督职责。新加坡交易所与金融管理局（MAS）、刑事部等政府部门密切协作，制定和实施有关条例和规定。新加坡金融监管局作为新加坡的中央银行，对新加坡的金融市场实施统一监管。同时，新加坡交易所受新加坡证券行业委员会监督，后者是新加坡财政部于 1973 年根据《证券行业法》设立的，兼具《证券行业法》的执行和咨询机构的双重职能。

1998 年，证券交易委员会（SEC）批准菲律宾证券交易所成为自我监管组织，可以对犯错的交易参与者和上市公司按照交易所制定的准则进行惩罚。菲律宾证券交易所设置发行者监管部门，分别监管上市与信息披露。菲律宾证券交易所持续监控上市发行者的企业活动和发展，以确保遵守上市要求，对于发行者的监管则以申请、信息披露与持续上市义务、企业管理、企业监控等方式进行。

马来西亚交易所在证券委员会和财政部的管辖范围之内，其监管职能由监管职能小组负责执行和掌管，同时设立监管委员会负责做出重大的监管决策，由挂牌委员会、市场参与者委员会、监管与利益冲突委员会和上诉委员会构成。在启动和展开执法行动时，马来西亚交易所必须咨询马来西亚证券监督委员会以确保有效监管资本市场。证券委员会负责监督和监控在马来西亚交易所进行的挂牌、交易、清算、结算和存管运作等事宜，公司委员会则负责执法。

越南证券市场则有其独立监管机构——越南国家证券委员会（SSC），是证券监管的最高机关。越南的监管体制采用集中监管模式，SSC 及证券交易中心主要从发行机构对证券的发行、上市和信息披露，证券经营服务机构的财务状况和经营活动，证券交易中心的各种交易活动等方面进行监管。

泰国证券交易所由证券交易委员会（SEC）监管，设置上市部门作为市场监管部门的一部分，为证券上市提供服务，同时对上市公司进行监管，确保其信息披露符合泰国证券交易所（SET）的规定。

印度尼西亚证券交易所于 2007 年 9 月由雅加达及泗水两家证券交易所合并而成，属于金融局辖下。自 2013 年 1 月起，印度尼西亚新成立的金融服务局（OJK）开始接管资本市场、保险和养老金以及其他非银行金融机构的监管职能，并自 2014 年 1 月起代替印度尼西亚央行接管印度尼西亚银行业监管职能。对于上市公司的监管印度尼西亚证券交易所共颁布 21 个文件，主要涉及对交易所产品的发行、发行人报告义务、提交信息义务、制裁与退市的规定。

柬埔寨证券交易所、老挝证券交易所、仰光证券交易所三家起步型交易所均由交易所本身对上市企业在禁售、退市以及信息的披露、审核、修正等方面做出了细致规定，但不同国家交易所的外部监管机构则不尽相同，柬埔寨证券交易所由柬埔寨证监会（SECC）监管，老挝证券交易所由证券交易委员会（SEC）监管，缅甸仰光证券交易所则由财政部证券交易委员会（SECM）监管。

2. 投资者保护基金。投资者对市场的信心对于资本市场的健康发展至关重要，当发生经纪人违约或无力支付的情况，投资者是否能够得到应当得到赔偿和保护直接影响了投资者对交易所的信任，也直接关系到交易所是否能够有长远的发展。在这九家交易所中，新加坡交易所、印度尼西亚证券交易所和泰国证券交易所均设置了相应的投资者保护基金。具体而言，新加坡交易所重视投资者赔偿，在鼓励投资者进行投资并积极参与资本市场活动的同时，也制定了富达基金等各种保障措施，防范经纪人违约或无力支付。泰国证券交易所建立的证券投资者保护基金（SIPF）旨在通过保护投资，使通过 SIPF 成员经纪人进行证券交易的投资者保持信心。一旦投资者与 SIPF 成员经纪商开立交易账户，该基金会自动向投资者提供保护。印度尼西亚证券交易所也于 2012 年建立投资者保护基金。

菲律宾证券交易则于 2016 年 2 月通过储架注册交易政策。储架注册交易政策指的是发行人注册一次，但需要持续性提交补充文件更新发行信息，通过准确、及时和充分的信息披露来保护投资者利益（杨文辉，2006）[①]，而其余几个交易所目前为止尚未设置明确的投资者保护基金。

3. 交易所上市标准。境外上市融资将在未来成为"一带一路"倡议发展的重要融资渠道之一。我国重点行业在龙头企业带动下，应充分利用东南亚各国已允许并实际存在境外企业上市的交易所，在企业层面不断落实"走出去"战略。由图 2-5 可知，截至 2016 年底，东南亚九国交易所中境外上市公司 293 家，其中在新加坡交易所上市的公司有 280 家，马来西亚交易所有 10 家，菲律宾交易所有 3 家。笔者以各交易所官网信息为依据，整理了具有代表性的新加坡交易所、马来西亚交易所以及菲律宾证券交易所上市条件（见

---

① 杨文辉："美国证券市场的储架注册制度及启示"，《证券市场导报》，2006 年第 9 期。

附表2至附表8）。

总体而言，新加坡交易所和马来西亚交易所，相对其余东南亚国家的交易所，对国际资本的开放程度较高，对于境外公司而言上市门槛相对较低。在新加坡主板市场上市只需达到新交所设定的三个标准之一（详见附表2）；凯利板上市标准更为宽松，不设置任何最低定量准入标准，只需保荐人在进行合理的尽职调查和询问后，应上市申请人的上市适合性表示满意即可（见附表3）。马来西亚交易所对境外企业上市制定了特定标准。第一次挂牌的境外企业不仅需要满足一般性的定量标准（见附表4）与质量标准（见附表5），还需要满足针对境外公司的附加标准（见附表6）。而对于二次挂牌的境外公司只需符合相应的质量标准（见附表7），但是目前创业板（ACE）仅仅对马来西亚本地注册的公司开放。

三、政策建议

资金融通是"一带一路"建设的重要环节，金融对引导资源配置和优化投资效果具有重大意义。"一带一路"相关项目的资金需求量巨大，因此不仅要将我国政府与市场的力量结合起来，还要动员沿线国家，充分调动各方资源，有效利用全球资金，坚持共商、共建、共享的理念，提供长期的可持续资金助力"一带一路"建设。正如东南亚九国资本市场发展水平层次不一，"一带一路"沿线国家资本市场发展水平也各不相同。我国应针对各国的不同特点，发挥自己的相对优势，逐步深化扩大合作，形成各国之间资金融通的大格局，支撑"一带一路"重要领域的发展。

（一）国家层面加强交易所合作互助

1. 跨境参股沿线国家交易所实现长期合作。20世纪兴起的交易所跨境并购使得交易所可以通过参股的形式不断扩大资本市场覆盖面，吸引更多的国际资本从而享受交易所的规模效应。韩国和日本在21世纪初就首先看到了交易所并购所带来的契机，积极通过参股形式参与亚太地区欠发达国家的金融基础设施建设。其中，韩国交易所（KRX）通过跨境参股拥有柬埔寨证券交易所45%的股权以及老挝证券交易所49%的股权。日本则斥资2 400万美元与缅甸经济银行共同创建了缅甸证券交易所，日方持股49%，分别由大和研究所有限公司和日本交易所集团持有。通过跨境交易所参股，日韩两国强化了与周边国家金融业的合作与交流，牢牢把握市场发展的先机，抢占新兴交易所资源。受益于交易所参股的优势，2016年5月20日，日缅两国合建的迪拉瓦经济特区（MTSH）在仰光交易所上市，成为迪拉瓦经济特区的另一融资渠道。

反观我国早期对周边国家的金融基础建设关注度不足，也因此失去了部分参与周边市场建设先机，如对东南亚九国交易所发展的参与。但从"一带一路"倡议实施的四年以来，我国深刻认识到参与当地交易所的运营发展，有利于提高国家地位，扩大基础设施出口市场，吸引国际资本，并在与境外交易所合资建立国际交易所和境外交易所跨国并购等方面取得了突破性进展。例如，2015年底，上交所、德交所和中金所共同出资成立了中欧国际交易，其业务产品范围包括ETF、债券和DR等，致力于将合资交易平台建设成为离岸人民币证券交易中心。2016年底，我国也首次完成对境外证交所的跨国参股，中金所、上交所和深交所三家共同持有巴基斯坦证券交易所30%的股权。这项投资拓宽了中巴两国经济金融合作领域，从真正意义上落实了"一带一路"倡议和中巴经济走廊建设规划。次年，上海证券交易所与哈萨克斯坦阿斯塔纳国际金融中心管理局（AIFC管理局）在阿斯塔纳签署合作协议，共同投资建设阿斯塔纳国际交易所。上交所作为AIFC管理局的战略合作伙伴，持有阿斯塔纳国际交易所25.1%的股份，并将在技术咨询、业务规划、产品设计、市场推广等方面对该交易所的筹建给予全方位支持。致力于将阿斯塔纳国际交易建成中亚地区的人民币交易中心和丝绸之路经济带上重要的金融平台，为"一带一路"建设项目"走出去"提供融资服务，发挥特殊的"设施联通"功能。

我国应继续积极寻求沿线国家交易所跨国并购的机会，加大对"一带一路"亚洲地区沿线国家金融战略布局，赢得更多主导权与国际资本市场话语权。同时，我国应与其他国家政府间建立更加完善的金融议事机制，用中国股票市场的发展经验为发展型和起步型交易所贡献经验。此举不但能开创"一带一路"的直接融资渠道，同时也有利于推动人民币国际化，增强我国在世界金融领域的影响力。

2. 提供技术支持并参与金融基础设施建设。交易所跨境并购虽然是快速达成长期合作的手段，但是沿线许多国家并不具备参股的条件。我国应积极通过不同的方式参与"一带一路"国家的金融基础设施建设中，例如向周边国家交易所提供技术支持。以日本为例，日本不但成为缅甸交易所的主要股东，也通过接收缅甸研修生、举办证券和金融讲座等，积极为缅甸培养证券市场专业人才。通过早期参与多种合作，日本对缅甸证券市场产生了持续的影响力，使得缅甸在资本市场领域的制度及技术路径逐渐形成对日方的依赖。除缅甸外，日本也向越南河内证券交易所于2016年内开设的金融衍生品市场提供技术、设备等援助，为河内证券交易所完善法律法规、制定投资规则。日本交易集团有意向将旗下日本证券结算公司拥有的清算系统引入越南[①]。

我国虽然也对老挝等国的证券交易所开展技术援助，但总体上对"一带一路"沿线国家的资本市场关注度仍然不足。金融基础设施合作和技术援助在初期可能效果并不明显，但从长远看将使得受援国家产生一定的依赖效应。中国对东盟的金融发展合作目前主要是设立银行分支机构和信贷支持方面，资本市场合作交流的广度和深度不够，需要对周边国家及市场建设方面给予更多关注，促进与周边市场的共赢发展。因此，应通过"一带一路"倡议，依托中国—东盟自由贸易区建设所带来的合作机遇，加强证券市场管理技术手段的输出和合作，增加向周边国家交易所提供技术支持，重视参与"一带一路"周边国家的金融基础设施建设，树立中国在亚洲的金融中心地位。

3. 促进国内外交易所衍生品市场发展。"一带一路"跨国投资项目中，利率和汇率风险是不可避免的，也是目前投资者，特别是私人投资者，最大的顾虑。目前，我国的衍生品市场仍处在建设阶段。我们应加快发展步伐，针对"一带一路"沿线国家和地区推出相应的外汇期货、利率期货等金融衍生品，让企业有外汇敞口风险对冲的渠道。同时，我们

---

① 王蕴哲：日本参与缅甸证券交易所建设的启示，https://xw.qq.com/finance/20160729005641/FIN2016072900564101，2016年7月29日。

可以借鉴和学习海外成熟交易所的经验，不断完善我国的交易所建设。例如，引入新加坡交易所等海外成熟市场的评级、担保、保险等增信措施，完善风险评估共担体系。其次，我们也可积极地将国际成熟衍生品产品，如信用违约互换（CDS）推广到风险难以评估的"一带一路"投资项目中，借助市场的力量来发掘项目的违约风险，从而得到合理的定价。

不断完善自身市场的同时，我国也应鼓励并与"一带一路"沿线国家各交易所合作发展针对"一带一路"项目风险控制的各类衍生产品，积极与"一带一路"沿线国家交易所探索跨境金融产品的创新，为不同需求的客户量身定制交易成本低、便利化程度高的交易方案。2017年5月，上海证券交易所与首家境外交易所莫斯科交易所签署战略合作协议，成为与"一带一路"沿线国家交易所战略合作的第一所。莫交所是俄罗斯最大的交易所集团，可向客户提供全方位的上市、交易和清算服务，并拥有股票、债券、衍生品、外汇、货币和大宗商品等多种交易产品类别，其债券和衍生品交易量位居全球交易所前三。与莫交所的战略合作协议已经成功地迈出了第一步，我国需加快步伐就如何更为全面深入地统筹规划，进一步加强与沿线国家交易所的信息交流、服务与合作，支持和服务上交所上市公司、会员单位等参与"一带一路"建设进行研究。在东南亚九国交易所中，新加坡交易所和马来西亚交易所的衍生产品发展较为充分，我国可尝试与新交所在金融衍生品方面，与马来西亚交易所在大宗商品衍生品方面展开合作。

（二）行业层面加紧布局实现融资互通

1. 金融中介机构布局设点搭建"一带一路"国家沟通桥梁。"一带一路"倡议不仅给国内通讯、电力、交运行业等基础设施建设行业带来了"走出去"的契机，也对我国的金融中介机构带来了国际化机会。随着我国资本市场的不断强大，国内的金融机构业务水平不断积累、日趋成熟，逐渐具备提供跨境金融服务业务的能力，不少机构在国际的大舞台上跃跃欲试，而"一带一路"倡议无疑成为国内大中型券商及相关金融机构"走出去"布局东南亚、中亚、东欧及欧洲大陆国家，拓展海外市场，培养专业团队的最佳时机。2015年，东吴证券在东南亚金融发展最为成熟的新加坡设立了东吴证券中新（新加坡）有限公司，将其定位为券商资管公司；银河证券斥资1.2亿美元，收购了马来西亚联昌集团全资子公司联昌证券国际50%股权，利用联昌证券原有的网络布点，迅速进入东盟（新加坡、泰国、印度尼西亚）、东亚（中国香港及韩国）、南亚（印度）、欧洲（英国）及北美（美国）等八个国家或地区。截至2017年，通过直接设立海外子公司或与以收购合并的方式与当地金融机构合作的方式积极参与到"一带一路"倡议中的券商至少已有三家①。并且券商等机构"出海"设点已成为金融中介机构响应"一带一路"倡议的重要途径之一。

金融中介结构的参与无疑将会对"一带一路"资金融通产生深远的影响。从连接我国"走出去"企业或投资项目与当地交易所的角度，金融机构可以发挥其专业优势同时借助于与当地金融机构合作获取的信息，在股权融资、债券融资以及利用衍生产品对冲潜在风险方面为中资企业提供全方位的专业服务，充分利用当地交易所提供的资源对接资本与投

---

① 中投论坛2017暨"一带一路"与跨境投资CEO峰会数据。

资项目。对于目前尚不具备直接融资条件的起步型交易所，我们认为金融中介机构可以发挥其网络优势，借助在"一带一路"沿线国家甚至是非"一带一路"地区的子公司或网点进行跨地区的融资对接，真正意义上实现全球资本共享"一带一路"建设盛宴的局面。由于金融机构的营利性以及资本的逐利本质，在一定程度上，金融机构将更加可能将金融创新落实到实处，利用市场力量解决"一带一路"建设中的资金短缺问题。

2. 扶持"一带一路"沿线国家优质投资项目。另一方面，凭借中资金融中介机构在我国资本市场的影响力以及对"一带一路"当地项目的了解，金融机构也可以成为"引进来"企业的沟通桥梁，推动"一带一路"沿线国家的缺乏融资渠道的优质项目在我国交易所筹集资金。例如，2017年3月16日，俄罗斯铝业联合公司（United Company RUS-AL Plc）在上交所完成了首期公司债券的发行并在上证所挂牌转让。成为在我国发行"熊猫债券"的首个"一带一路"沿线国家企业。"熊猫债券"属于外国债券的一种，是指某一国借款人在本国以外的某一国家发行以该国货币为面值的债券。相较于银行贷款等间接融资方式，债券融资的期限较长更符合"一带一路"投资收益期长的特点，债券融资方式将会成为未来"一带一路"资金融通建设中一个重要的突破口（赵文胜，2017）[1]。同年9月，中国银行股份有限公司作为独家主承销商协助中国银行（香港）有限公司在境内银行间债券市场发行了迄今单笔发行金额最高的一笔"熊猫债"期限一年，票面利率为4.4%，认购金额逾150亿元人民币，其中境外投资者获配订单量超过50%，实现了境内外金融市场的互联互通[2]。这将有利于未来吸引更广泛的境外优质发行人和多元化投资者参与境内银行间市场，也标志着中国银行间市场为国际发行人提供融资的能力进一步提升，是中国资本市场开放和人民币国际化过程中新的里程碑。相关金融中介机构在推进国际多边金融机构在华发行的人民币债券等方面把握机会，积极推进。

总之，我国应继续鼓励和支持中资券商及相关金融中介机构在"一带一路"沿线国家设立分公司，把设立分支机构纳入规划考虑中。"走出去"的同时也应积极鼓励"引进来"，金融中介机构应通过产品跨境交易和互联互通等方式积极推进市场开放，鼓励交易所整合市场资源，支持与境外交易所在交叉持股、产品互挂和市场参与者互通等合作。

（三）公司层面鼓励实现互联互通

1. 利用交易所平台积极尝试多渠道融资与金融创新。在"一带一路"倡议背景下，我国"走出去"企业应克服融资困难，努力尝试多渠道融资。证监会副主席方星海指出，在"一带一路"建设中，应充分发挥资本市场风险共担、利益共享的体制优势，大力发展直接融资渠道和手段，用更市场化的方式配置金融资源，支持国内优秀企业"走出去"，积极参与沿线国家的经济建设和交流合作。因此应当鼓励我国企业到成熟型交易所进行项目融资、公司IPO等，而对于尚不具有股权融资能力的市场，可以借助地缘优势及文化相近优势"曲线融资"或发行债券进行融资，投资于东南亚各国的项目建设等。

与此同时，"走出去"企业要积极尝试金融创新。例如在"一带一路"沿线国家中有

---

[1] 赵文胜："债券市场支持'一带一路'建设的相关建议"，《中国货币市场》，2017年第8期。
[2] 中国银行官网消息。

不少伊斯兰国家。据中华人民共和国商务部数据，2016年年末，全世界伊斯兰资本规模达2万亿美元，过去的5~7年，平均增速高达17%，2018年市场规模有望进一步扩大至3万亿美元。对于亚洲地区不断增加的基础设施融资需求，体量庞大的伊斯兰金融已成为了可供各国政府选择的另一种融资工具，伊斯兰开发银行（IDB）等机构正研究通过伊斯兰债券探讨亚投行使用伊斯兰资金的可能性。目前全球最大伊斯兰金融国家马来西亚，近期正寻求日本的合作，两国未来或将通过优势互补成立联盟，共同进军伊斯兰金融相关的活动，开拓庞大的全球金融市场。中国也应当深入与伊斯兰国家在经济、贸易和文化等领域互动，加强中国金融系统与伊斯兰金融的合作，充分运用"一带一路"沿线国家交易所的伊斯兰金融特色产品调动伊斯兰资金投入"一带一路"建设中，加强在金融领域上与伊斯兰国家的互联互通，寻求合作先机。

2. 加强企业间交流实现"走出去、引进来"双向互通。"一带一路"的资金融通不仅是单向的资本流动，更是双向的资金互通。我国可促进沿线国家企业，特别是本国资本市场尚处于初级阶段的优质境外企业来华进行融资。

股权融资方面，应加快建设多层次资本市场，强化主板、中小板、创业板融资功能，深化新三板改革，规范发展区域性股权市场，为今后境外企业在我国进行股权融资积累宝贵经验、奠定良好基础。

债券融资方面，证监会应当鼓励符合条件的"一带一路"沿线国家企业发行熊猫债。同时2017年，中国市场开放了"债券通"。使内地债券市场和香港债券市场互联互通，两地投资者在境内即可通过特定渠道购买对方市场上公开交易的债券。目前虽然仅为"北向通"，境外投资者投资于内地银行间债券市场，但可以预见，作为中国债券市场对外开放的重要举措之一，"债券通"的推出无疑将促进资本流入、提升货币职能和改善信用环境，实现双通共赢，我们也有望看到"债券通"将在"一带一路"发展中发挥作用。

四、总结

交易所作为连接融资需求和资本、提供信息与流动性、维护交易秩序的平台，为"一带一路"建设创造了有利条件。在此基础上，随着经济全球化、交易所制度转变以及跨国交易所并购的发展，如今的交易所已经成为跨国企业直接融资和增加流动性的主要平台之一。通过对东南亚九国交易所的比较分析，笔者发现不同发展程度的交易所对"一带一路"建设存在着不同的合作契机。我国应当充分了解"一带一路"沿线各国交易所经营现状，进行针对性合作，努力搭建跨境金融服务平台，促进跨境资本对接。通过与海外交易所合作搭建跨境合作平台，推动跨境投融资项目对接，促进跨境资本形成。相关金融行业则可借"一带一路"的契机，提升国际化水平，通过外延并购海外券商、设立香港子公司等方式，实现证券行业"走出去"。在资本市场成熟程度相对较低的"一带一路"沿线国家如泰国、越南、柬埔寨、老挝等开拓跨境金融服务，不仅是支持"一带一路"倡议稳步推进的需要，也是证券行业发展的趋势使然。在公司层面，我国"走出去"企业需做好面对不同困境的思想准备，打破传统融资思维模式，在不同的金融环境中尝试融资创新；同时，企业也肩负着与沿线国家企业交流沟通，实现"走出去、引进来"双向互通的使命。

附　　录

附表1　　　　　　　　　　　交易所制度特点

交易所名称	公司制 or 会员制	是否上市
新加坡交易所	公司制	是
马来西亚交易所	公司制	是
菲律宾证券交易所	公司制	是
胡志明证券交易所	会员制	否
河内证券交易所	会员制	否
印度尼西亚证券交易所	会员制	否
泰国证券交易所	会员制	否
柬埔寨证券交易所	公司制	否
老挝证券交易所	公司制	否
缅甸证券交易所	公司制	否

资料来源：作者根据各交易所官网整理。

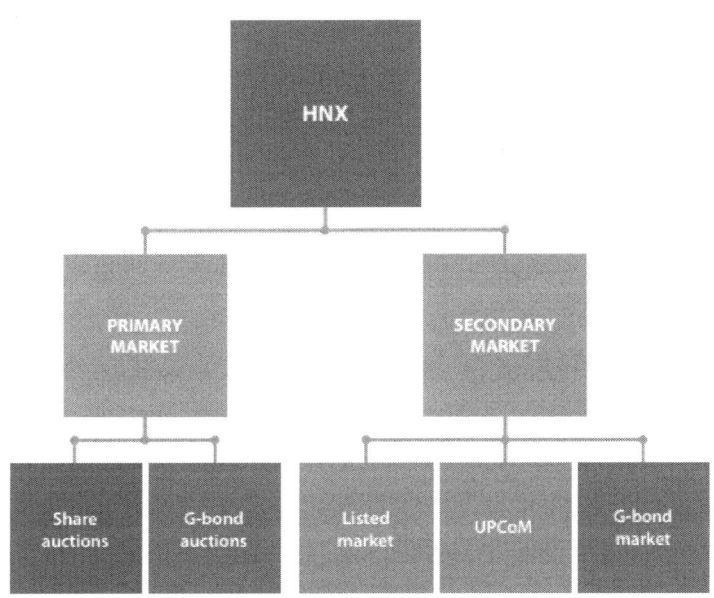

附图1　河内证券交易所市场结构

资料来源：河内证券交易所官网。

附表 2　　　　　　　　　　　　新加坡交易所主板准入条件

	主板准入条件		
	条件1	条件2	条件3
量化标准	最新财年的累计税前利润至少为新加坡币3 000万元	在最新财年有盈利，基于股票价格和邀请后已发行股本的市值不低于新加坡币1.5亿元	最新完整的财年营业收入和基于股票价格和邀请后已发行股本的市值不低于新加坡币3亿元。没有历史性财务信息的房地产投资信托和商业信托如果能够证明他们可以在上市后立即产生营业收入，也可以在这个条件下申请
股权分布	25%的已发行股份由至少500名股东持有（市值少于新加坡币3亿元的公司，股权分布将介于12%~20%之间不等）。在二次上市的情况下，至少在全球有500名股东。如新加坡交易所和主家交易所没有一个既定的框架和安排来促进股份的流动，该公司在全球至少有1 000名股东或者在新加坡有500名股东		
历史经营业绩	至少3年	至少3年	至少1年
管理的连续性	至少3年	至少3年	至少1年
会计准则	新加坡、美国或国际会计准则		
持续上市义务（第一上市）	是		
持续上市义务（第二上市）	除了同时在新交所和主交易所发布信息和文件外，公司还需遵守新交所其他的额外要求		
业务经营	对在新加坡的经营没有要求		
独立董事	至少有两名新加坡居民		

资料来源：新加坡交易所官网。

附表 3　　　　　　　　　　　　凯利板准入条件

	凯利板准入条件
保荐人制度	上市申请人必须由经过批准的凯利板保荐人保荐。只有保荐人认为其适合上市时，公司才能在凯利板上市。新交所不设置任何最低定量准入标准，但保荐人在进行合理的尽职调查和询问后，应对上市申请人的上市适合性表示满意。保荐人由具备相应资格的、在公司融资和合规咨询方面有丰富经验的专业公司担当
发行文件	上市申请人必须制作"发行文件"。因为我们已从MAS取得了《证券和期货法》相关条款的豁免权，所以在凯利板发行股票无须招股说明书。"发行文件"具有与主板上市公司招股说明书同等的披露要求。为了强化这一披露规定，《证券和期货法》中有关民事和刑事责任的规定同样适用于发行文件。招股说明书的豁免意味着公司不再需要向MAS提交和登记，而是提交给新交所。发行文件会刊登在新交所的Catalodge网站上，为期至少14天
营运资金声明	保荐人及公司董事必须在发行文件中提供一份声明，即该公司有足够的营运资金满足目前和上市后至少12个月的资金需求

续表

凯利板准入条件	
股权分布	为了促进 IPO 后交易活动能够正常开展，股权分散要求至少有 200 位股东，15% 的已公开发行股本为公众持有
禁售期	为了确保发起人和 IPO 之前的投资者能够兑现承诺，他们持有的股权出售会受到限制。IPO 时，如果发起人作为一个群体持有超过 50% 的发行后股本，则他们可以出售，但必须至少保留 50% 的股份。如果他们持有少于 50% 的发行后股本，则禁止出售任何股份。发起人在 IPO 后的 6 个月内不得出售其所持有的任何股份，但可以在接下来的 6 个月内出售最高 50% 的股份。对于 IPO 前 12 个月内便已获得股份的 IPO 之前的投资者，股权的"利润部分"将受 IPO 后 12 个月的禁售期限制。"利润部分"为投资者获取股份所支付的现金和以 IPO 价格为基础的股权价值之间的差额计算得到的股份数。"发起人"是上市时持有 5% 以上股本的控股股东及其联营公司和执行董事。

资料来源：新加坡交易所官网。

附表 4　马来西亚交易所上市定量标准

	定量标准	
	主要板	ACE 市场
上市模式	a. 盈利测试 3~5 年的全财政年度（"FY"）的连续税后利润（"PAT"），累计至少 2000 万令吉；最新的全财政年度的 PAT 至少为 600 万令吉市值的测试 b. 市值的测试 上市时至少有 5 亿令吉总市值；在提交之前，注册成立并生产营业收入至少一个完整的财政年度 c. 基建工程公司试验 必须拥有在马来西亚国内或国外建立和经营基础设施项目的权利，项目费用不低于 5 亿令吉；对基础设施项目的特许权或许可证已被政府或国家机构颁发，无论在马来西亚国内或国外，剩余的特许权或许可证有效期至少有 15 年	没有最低营运记录或利润要求
公共传播	至少本公司股本的 25%；最少 1 000 公众持股，每个不少于 100 股	至少本公司股本的 25%；最少 200 公众持股，每个不少于 100 股
土著股权要求①	按尽力基准，公共传播要求的 50% 分配给土著投资者②	首次上市没有要求。 按尽力基准扩大已发行及缴足股本的 12.5% 分配给土著投资者；实现主要市场盈利记录后 1 年内，或在 ACE 市场上市后 5 年，以较早者为准

资料来源：马来西亚交易所官网。

① MSC、BioNexus 的公司及以国外业务为主的公司，皆从土著股权规定。
② 详情请参阅上"马来西亚证券监督委员会网站"按尽力基准的分配程序。

附表 5　　　　　　　　　　　马来西亚交易所上市质量标准

质量标准		
	主要板	ACE 市场
保荐	不适用	聘请保荐人评估上市的适宜性；上市后需要保荐至少 3 年
核心业务	拥有多数所有权和管理控制的可识别核心业务；核心业务不应该持有其他上市公司的投资	核心业务不应该持有其他上市公司的投资
管理连续性和能力	提交之前，至少连续 3 个完整财政年度的大致相同管理；对于市值的测试，从运营展开之际开始（如果少于 3 个完整财政年度）	在提交之前或成立之日起（如果少于 3 个完整财政年），至少连续 3 个完整财政年度的大致相同管理
财务状况和流动性	至少 12 个月的充足营运资金；通过利润测试和市值试验，上市运营活动的正向现金流；根据其在提交日期的最近一期经审计的资产负债表中，无累积亏损	至少 12 个月的充足营运资金
股份延期偿付	从加入之日起，发起人的 6 个月全部股权；在基建工程公司试验中的上市公司，随后在一定条件下抛售	从加入之日起，发起人的 6 个月全部股权。随后，至少 45% 必须保留 6 个月，接着在 3 年的时间内进一步不连续地抛售
与关联方的成交	必须根据不利于公司的条款和条件；所有超过正常信用期的贸易债务及所有非贸易债务，由对该公司或其附属公司感兴趣的人拥有必须在上市前进行全面入驻	必须根据不利于公司的条款和条件；所有超过正常信用期的贸易债务及所有非贸易债务，由对该公司或其附属公司感兴趣的人拥有必须在上市前进行全面入驻

资料来源：马来西亚交易所官网。

附表 6　　　　　　　　　　马来西亚交易所上市附加标准（外国）

附加标准（外国）	
	主要板和 ACE 市场
注册成立地点	等同于马来西亚司法管辖区的法律法规标准，特别是关于 1. 企业治理 2. 股东和少数股东权益的保护 3. 收购及合并监管；或该公司对其成分文件做出改变以提供标准
外地司法管辖区监管机构的批准	事先在其设立公司或发行其招股说明书之前执行其核心业务的司法管辖区获得所有相关监管部门的批准
注册	根据 1965 年公司法令，必须已在公司注册处注册
会计准则	根据 1997 年财务报告法案的标准，其中包括国际会计准则
审计准则	适用于马来西亚或国际审计标准的标准

续表

附加标准（外国）	
主要板和 ACE 市场	
文件翻译	所有提交给当局（包括财务报表）的文件，若使用了英语以外的语言，则必须附上一份经过认证的英文翻译
资产估值	适用于马来西亚或国际评估准则的标准
货币面额	申请人须向大马交易所咨询，并取得外汇控制人的外币证券报价批准
本地董事	以马来西亚业务为主的公司，其多数董事的主要或唯一居住地应在马来西亚
	以国外业务为主的公司至少一名董事的主要或唯一居住地应在马来西亚

资料来源：马来西亚交易所官网。

附表 7　　马来西亚交易所外国公司第二挂牌

外国公司第二挂牌	
主要板	
上市板	第二上市仅允许在主要板
上市附加标准	除了外国公司第一次上市的附加标准，也必须遵从以下所列： 已在属于世界交易所联合会成员在境外证券交易所主板市场上市； 完全符合当地交易所上市规则； 申请人主要上市的当地交易所必须有至少与大马交易所相等的披露规则标准

资料来源：马来西亚交易所官网。

附表 8　　马来西亚交易所特殊目的收购公司

特殊目的收购公司	
板块	主板
上市板	SPAC 仅可在主板市场
注册成立地点	根据 1965 年公司法令，必须在马来西亚注册成立；根据外国公司第一次上市的附加标准，马来西亚证券监督委员会可允许 SPAC 在马来西亚以外的司法管辖区注册成立
最低资金募集	马币 1.5 亿
管理团队可信度	管理团队成员拥有丰富的经验、资质和能力；实现 SPAC 的经营策略；履行其各自的作用，包括理解其义务和 SPAC 的本质
管理团队所有权	在其上市之日起，必须占 SPAC 至少 10%
证券延期偿付	从上市之日起直到合格收购完成的管理团队全部权益；一旦合格的收购完成后，可在两年的时间内以不连续的方式抛售
募集资金管理	必须将至少 90% 的筹集所得款项总额放入信托账户，并仅由托管人于信托账户终止之际发行；信托账户中至少 80% 应该用于合格的收购
合格收购	从上市日期起，必须 36 个月内完成合格的收购

资料来源：马来西亚交易所官网。

附表9　菲律宾证券交易所上市标准

主板	SME 板块
共同标准	
1. 在填写上市申请当年，股东权益应为正值	
2. 持续经营 3 年及以上	
3. 所有认购股份类型和级别相同	
4. 最小公开发行量如下表	
市值	公开发行
不超过 P500M	33% 与 P50M 较高者
P500M – P1B	25% 与 P100M 较高者
P1B – P5B	20% 与 P250M 较高者
P5B – P10B	15% 与 P750M 较高者
超过 P10B	10% 与 1B 较高者
5. 在交易所认为必要时，应聘请交易所和证券交易委员会 SEC 认可的独立评估机构对资产进行评估	
6. 需要与投资者建立联系以便信息可以及时传达，至少包括公司网站，其中信息至少包括以下七点	
①公司信息：组织架构、董事会、管理层	
②公司新闻：分析师简报、最新消息、综合报道、通讯稿	
③财务报告：至少近两年的年度、季度报告	
④披露：向菲律宾证券交易所及证券委员会披露近两年信息	
⑤投资者常见问题	
⑥投资者联系：邮箱	
⑦股票信息：主要指标、分红等	
主板	SME 板块
追踪记录要求	
1. 申请上市前连续 3 年 EBITDA 累计达到 P50M	1. 申请上市前连续 3 年 EBITDA 累计达到 P15M
2. 3 年内任 1 年的 EBITDA 最小为 P10M	2. 包括当年，3 年中必须有两年 EBITDA 为正值
3. 申请人公司必须从事实质上相同的业务，并且在提交申请之前的最后 3 年内必须拥有良好的管理记录	3. 申请人公司必须从事实质上相同的业务，并且在提交申请之前的最后 3 年内必须拥有良好的管理记录
特殊情况：	
申请人公司在提交申请前已经运营至少 10 年，并且在提交申请之前的 3 个财年至少有两个年度的累计 EBITDA 至少为 P50M	申请公司应通过提供一个业务计划来说明其稳定的财务状况和持续增长的前景，该业务计划显示为了在 5 年内推进其业务已经采取和将要采取的步骤

续表

申请人公司是一家新成立的控股公司,使用其子公司的业务记录。但新成立的控股公司禁止剥离其所持有的证券上市3年的股权。如果撤资计划得到大多数申请人公司股东的批准,则上述禁项不适用	作为一般规则,财务预测不是必需的,但是如果在业务计划中提到未来的利润或亏损,或者任何可以解释为预测的其他项目,则申请公司必须包括财务预测商业计划由一家独立的会计师事务所正式审查
主板	SME 板块
最小资本要求	
最低法定股本 P500M,其中至少 25% 为认购和缴足。在上市时,申请公司的市值必须至少为 P500M	最低法定股本 P100M,其中至少 25% 为认购和缴足
主板	SME 板块
最小股东数量要求	
上市后,至少有 1 000 名股东拥有相当于至少一手股份的股票	上市后,至少有 200 名股东拥有相当于至少一手股份的股票

资料来源:菲律宾证券交易所官网,作者翻译。

(厦门国家会计学院"一带一路"财经发展研究中心博士:杨洁)

第四篇
"一带一路"与经济文化

"一带一路"背景下中国产业集群向沿线地区转移的机遇与挑战

内容摘要：中国经济进入了新常态，经济增速转向中高速增长，经济发展方式转向集约性增长，经济结构不断优化升级，但中国产业的发展在新常态下也面临着劳动力成本上升、产能过剩等诸多问题。在这种背景下，国家提出"一带一路"倡议，通过"一带一路"的互联互通项目推动沿线各国发展战略的对接与耦合，发掘区域内市场的潜力，促进投资和消费，创造需求和就业，有利于中国产业集群的转移。中国产业集群在向"一带一路"沿线国家转移过程中，存在着沿线国家市场规模庞大、沿线国家成熟的自由贸易区、沿线国家对"一带一路"倡议的认可和期待、现有产业聚集模式的示范效应、中国政府的大力扶持、沿线国家的资源禀赋优势等机遇，也面临着东道国政策制度不稳、民族文化差异、工业园区整体规划缺乏、产业集群转移服务体系欠缺等挑战。

关键词："一带一路" 产业集群 机遇 挑战

一、绪论

中国经济已经进入新常态，经济增长速度从高速增长转向中高速增长，经济发展方式从规模速度型的粗放增长转向质量效率型的集约增长，经济结构不断优化升级，经济发展动力从要素驱动、投资驱动转向创新驱动。新常态将给中国产业发展带来新的机遇，但也给中国产业的发展带来诸多的挑战，如劳动力成本上升，环境保护的要求，产能过剩，地价攀升等问题，这些都将使中国产业的发展面临前所未有的困境。产业集群具有网络性和聚集性的特点，可以让集群中的企业减少成本、降低经营风险，能应对新常态企业所面对的困境，具有一定的积极性。但当产业集群所在地的人口拥挤过度、工业污染严重、地价攀升过高、劳动力成本过高、市场容量发展局限、非贸易品价格上升等问题凸显，产业集群将不得不向人口较少、地价便宜、劳动力成本较低、市场容量较大的地区进行转移。中国东部地区的产业集群正面临着产业集群转移的问题。中国东部地区的产业集群首先在国内进行转移，即率先向中部地区转移，进而向西部地区转移；其次向国外进行转移，从西部地区向中亚地区、东南亚地区和南亚地区进行转移，或直接从东部地区向中亚地区、东南亚地区和南亚地区进行转移。由于国内外政策不尽相同，中国产业集群在国内发生产业集群转移与相关向国外进行产业集群转移存在着较大的差异，特别是中国产业集群向"一带一路"沿线国家。如何梳理中国产业集群向"一带一路"沿线国家转移的机遇与挑战，是中国政府和企业界进行"一带一路"建设过程中需要考虑的核心问题。本文从产业集群转移的动因出发，探讨中国产业集群向"一带一路"沿线国家转移的机遇与挑战，以期为中国企业在境外投资以及中国产业集群向"一带一路"沿线国家转移提供决策参考。

二、产业集群转移的内涵

1. 什么是产业集群？产业集群是指在特定地理区域内，聚集着具有竞合关系，且在业务上具有交互关联性的企业、专业化供应商、服务供应商、金融机构、相关产业的厂商及其他相关机构等的群体，通过相互间的协同效应，能够产生规模经济效应，降低区域内企业的经营成本，提高企业的经营利润。学者们普遍认为，产业集群一般具有聚集性、专业性、根植性、网络性和自组织性的特点。

2. 中国产业集群区域分布情况。产业集群的形成主要由内部因素和外部因素共同作用而产生的。内部因素包括产业所在地良好的政策环境，当地政府对产业集群的扶持力度等；外部因素包括资源禀赋优势、地理区位优势、人才资源优势等。一般而言，市场经济越发达，市场机制越健全，产业越容易聚集，形成产业集群。沿海地区由于具有良好的区位条件，经济基础和资源禀赋，这些地区的经济在改革开放过程中率先得到发展，专业镇、专业村不断涌现，块状经济十分活跃，形成各种产业集群，浙江纺织服装、制鞋、五金、低压电器等产业集群，江苏纺织服装、机械、轻工、冶金等产业集群，广东电子信息、电器设备、石油化工、纺织服装、食品饮料、建材等产业集群，福建电子、纺织服装、制鞋、陶瓷、石材等产业集群。但近些年中西部一些地区也出现了产业集群化的趋势，比如湖北武汉光电产业集群、湖南浏阳花炮产业集群等。

3. 产业集群转移的概况。产业集群转移首先涉及产业转移。学者们从内在机制、要素流动、资源优化和要素重组四个方面对产业转移界定，认为产业转移是指由于资源供给、市场需求或竞争优势发变化，产业在空间上倾向于从一个地区转移到另一个地区的现象。从某种意义上讲，产业集群转移是产业转移的一种新的发展趋势，是集群产业因各种利益的需要由一地区整体迁往适合产业发展的另一区域的空间转移。产业集群转移在微观层面上还是体现在企业转移，但又不同于单个企业进行的转移，而是集群内的所有企业一同迁移到同一产业承接地。

产业集群发生转移的根本原因在于集群区域内外部条件发生变化，使得集群不再具有原有的优势，集群中的企业不会因为集群的优势而产生成本优势，导致集群中的企业试图迁出，寻找更具成本优势的集群。学者们从不同视角探讨产业集群转移的动因。基于聚集经济的视角认为产业集群转移的动因主要是在两种力量的相互作用下完成的，即产业迁出地的离心力和产业承接地的向心力。产业迁出地的离心力主要包括人口拥挤过度，工业污染严重，地价攀升过高，劳动力成本过高，信息技术发展，市场发展局限，技术中断，非贸易品价格上升等因素；产业承接地的向心力主要包括规模经济、范围经济、离原料产地近，劳动力成本低廉，信息资源共享，地价优势，文化相似，制度完善等因素。当离心力大于向心力，表现为"集群不经济"状态，许多集群企业会选择转移到更有集群效应的区域，获得新的区域集群优势。基于成本的研究视角认为产业集群转移主要是为了获取成本优势，诸如劳动力成本、生产成本、交易成本等因素。基于竞争优势的视角提出产业集群进行转移的内在动力在于集群中的企业迫于同质产品的竞争压力，突破核心技术瓶颈的限制；而集群转移的外在推力则是由集体创新能力和集群治理效率的地区竞争优势构成。基于价值链治理的视角认为，全球价值链治理模式是依据产品所处不同环节其要素投入比的差异布局，在区位具有相对优势的条件下，使当地资源利用最优化，降低产品生产成本，实现收益最大化。基于生命周期论的视角对产业集群转移进行探索，研究认为集群企业为争夺有限的资源陷入恶性竞争中，为重新获得持续竞争优势，集群企业倾向于转移到新的集群区域。总之，学者们对产业集群转移的研究视角很广泛，但是观点基本一致，认为产业集群形成的动因在于集群能给企业降低经营成本，获得集群外企业所不能拥有的竞争优势；而产业集群转移的动因也是因为集群失去原有的竞争优势，集群中的企业为了寻求新的、更富有竞争力的竞争优势而进行产业集群的转移。

关于产业集群转移的类型或具体的模式，最具代表性的是 Samarra 的观点，她认为产业集群转移的类型有两种，一是复制性转移，二是选择性转移。复制性转移是指原本在地理上集中、关系密切的企业群体，整体搬迁到另一地区，企业的网络关系保持不变；选择性转移是指价值链上低附加值的生产环节转移，新集群在异地兴起，高附加值的生产环节留在原地。复制性的产业集群转移是"一锅端"式完全转移，会造成原有集群萎缩，甚至消亡；选择性的产业集群转移更多是低附加值环节集体转移到新区域，而高附加值环节在原区域沉淀与保留，完成向价值链高端的升级。

4."一带一路"倡议与中国产业集群转移的路径。中国产业集群转移的路径延续着从东部沿海地区向中部地区进行产业集群转移，接着从中部地区向西部地区转移，再从西部地区向东南亚地区转移的路径。正如前文所述，东部沿海地区由于良好的区位优势，发达的市场经济，健全的市场机制，所以相对国内其他地区，更早也更多形成产业集群。随着改革开放的深入，经济的发展，东部沿海地区出现了人口拥挤过度，地价攀升过高，劳动力成本过高，市场发展局限，工业污染严重等不利于产业集群发挥聚集优势的问题，于是中部地区乃至西部地区的劳动力成本优势，资源禀赋优势就凸显出来，这时产业集群就出现从东部沿海地区向中部地区乃至西部地区进行转移。随着中西部地区的经济发展，中西部地区也会出现不利于产业集群发展的问题，于是产业集群进而向中亚、东南亚、南亚甚至是西亚地区转移。"一带一路"倡议致力于亚欧非大陆及附近国家的互联互通，建立和加强沿线各国互联互通伙伴关系，构建全方位、多层次、复合型的互联互通网络，实现沿线各国多元、自主、平衡、可持续的发展，构建了"六廊六路多国多港"的合作框架，覆盖中亚、东南亚、南亚和西亚共计 65 个国家。"一带一路"倡议所提出的重点畅通路径正好与中国产业集群向境外转移的路径高度吻合。

三、中国产业集群向沿线地区转移的机遇

中国产业集群向"一带一路"沿线国家转移的方式更多采用工业园区建设的形式，把

中国产业集群的产业链条从国内聚集地转移到沿线国家。沿线国家市场规模庞大，沿线国家成熟的自由贸易区，沿线国家对"一带一路"倡议的认可和期待，现有产业聚集模式的示范效应，中国政府的大力扶持，沿线国家的资源禀赋优势等都是中国产业集群向沿线地区转移的机遇。

1. "一带一路"沿线国家的市场规模庞大。"一带一路"倡议的规划使其成为世界上跨度最长的经济大走廊，发源于中国，贯通中亚、东南亚、南亚、西亚乃至欧洲部分区域，把经济发达的欧洲和经济活跃的东亚联结在一起。"一带一路"沿线65个国家覆盖约44亿人口，约占全球63%的总人口，经济总量约21万亿美元，约占全球29%。从人口规模和经济总量可见，"一带一路"沿线国家的市场规模庞大，能形成规模效应，足以承接中国产业集群的转移需求。此外，"一带一路"沿线国家经济发展存在不均衡状况，沿线国家可以划分为三个板块，东部板块、中部板块和西部板块。每个板块的经济发展程度差异较大：西部板块的欧盟国家，已经进入后工业化时代，基础建设较为完善，经济增速放缓，需要新的发展动力助推，这些国家需要突破能源限制，扩大对亚洲的战略影响力，尤其是对中亚、外高加索地区的影响；东部板块是一些新兴的经济体，以中国、俄罗斯和印度为代表，这些经济体规模庞大，处于工业化中期，经济增速较快；中部板块分为两种类型的国家，一种是中东石油输出国，如卡塔尔、阿拉伯联合酋长国等国家，他们属于资源型高收入国家，这些国家能源丰富，资源充裕，但经济结构单一，受生态环境所限制，对于农产品领域的合作诉求高，需要完善自身的产业体系；第二种类型的国家是中亚资源型国家，如哈萨克斯坦、乌兹别克斯坦、塔吉克斯坦等国家，这些是资源型欠发达国家，处于较低的工业化阶段，国家依靠资源贸易，经济主体薄弱，经济增长缓慢。这些国家渴望国际资本和技术投入，需要完善国家产业体系，进行公路、铁路、电力、通信、信息等基础设施建设。不同板块，国家特点不同，经济发展程度各异，这些国家的产业结构与中国有很强的互补性，市场规模巨大，有助于中国产业集群的转移。

2. "一带一路"沿线重点国家的自由经济区发展逐渐成熟。在中国和其他国家开发区和园区建设成功经验的启发下，"一带一路"沿线国家，纷纷建立各种形式的自由经济区，实施特殊经济政策，提供优惠产业政策，吸引外商投资，促进本国经济和社会发展。截至2013年底，俄罗斯共批准设立经济特区28个，其中工业生产型经济特区6个，技术推广型经济特区5个，旅游休闲型经济特区14个，港口型经济特区3个。2002年蒙古政府通过了《蒙古关于建立自由贸易区法》并设立了四大自由经济区，即阿拉坦布拉格自由贸易区、扎门乌德自由经济区、赛音山达重工业园区和查干诺尔自由贸易区。白俄罗斯自1996年以来，先后设立了6个自由经济区，即布列斯特自由经济区、明斯克自由经济区、戈梅利自由经济区、维捷布斯克自由经济区、莫吉廖夫自由经济区和格罗德诺自由经济区，并于2012年8月成立了"中白工业园"。其他沿线国家也大力发展经济特区，比如哈萨克斯坦自2011年共发展了10个经济特区；乌兹别克斯坦重点发展纳沃伊自由工业经济区、安格连工业特区和吉扎克工业特区；吉尔吉斯斯坦设立比什凯克自由经济区、纳伦自由经济区、卡拉科尔自由经济区和玛伊玛克自由经济区等经济特区；印度自2000年之后，陆续设立经济特区，其中国家级经济特区有7个；巴基斯坦近年来重点发展八大工业园区和四大信息技术园区；缅甸政府自2011年开始陆续设立不同形式的经济特区，其中重点发展的经济特区有 3 个，即土瓦经济特区、迪洛瓦经济特区和皎漂经济特区；孟加拉国设立了 8 个出口加工区。"一带一路"沿线国家，通过设立各种形式的自由经济区，提供丰厚的优惠政策，吸引外企入驻，特别欢迎中国企业参与投资。这些成熟的自由经济区和诱人的优惠政策，是促使中国产业集群向"一带一路"沿线国家转移的主要动因。

3. "一带一路"沿线国家对中国的认可和对"一带一路"倡议的期待。2017 年 5 月 14 日至 15 日，"一带一路"国际合作高峰论坛在北京隆重举行，论坛达成涵盖政策沟通、设施联通、贸易畅通、资金融通、民心相通 5 大类，共 76 大项，270 多项具体成果的成果清单。从民生、食品、农业、教育、卫生、环保、工业发展、贸易促进等领域为沿线发展中国家提供援助，推动南南合作，改善民生福祉，将给各国人民带去实实在在的获得感，也取得沿线国家和人民的认可与尊重。"一带一路"沿线国家的领导人纷纷表示，"一带一路"倡议体现了中国作为最大的发展中国家和全球第二大经济体对推动国际经济治理体系朝着公平、公正、合理方向发展的责任担当，"一带一路"不仅会为相关国家带来难得的发展机遇，更将为世界经济复苏提供强劲动力，他们表示十分愿意参与"一带一路"的合作共建。这一意愿从 29 个国家的国家元首和政府首脑以及 130 多个国家和 70 多个国际组织的 1500 多名代表积极参加 2017 年"一带一路"国际合作高峰论坛可见一斑。"一带一路"沿线国家对中国政府的认可和对"一带一路"倡议的期待，将推动这些国家对中资企业的大力引进和提供丰厚的优惠条件。沿线国家对华的友好态度以及优惠政策成为促进中国产业集群向"一带一路"沿线国家转移的主要动因之一。

4. 现有的产业集聚合作模式为产业集群转移提供借鉴经验。2008 年国务院颁发《关于同意推进境外经济贸易合作区建设意见》，希望通过境外园区建设促进中国企业"走出去"。截至 2015 年底，中国已经设立了 75 个境外园区，分布在 34 个国家，带动投资近 180 亿美元，吸引入区企业 1 141 家（其中中资控股企业 711 家）。"一带一路"沿线地区是中国政府和企业布局海外园区的重点区域，截至 2016 年 8 月，中国已在"一带一路"沿线国家重点城市建设 46 个境外合作园区。各类园区纷纷落户哈萨克斯坦、吉尔吉斯斯坦、俄罗斯、白俄罗斯等"丝绸之路经济带"沿线国家和老挝、缅甸、柬埔寨、越南、泰国等"21 世纪海上丝绸之路"沿线国家。这些境外园区的发展，为中国产业集群转移提供了东道国政策制度解读、信息服务、法律支持、技术援助、人才招聘与管理等多方面的经验借鉴，提高了中国产业集群向"一带一路"沿线国家转移的成功率。

5. 中国政府的大力支持。中国政府对"一带一路"倡议高度重视，成立了推进"一带一路"建设工作领导小组，在国家发展和改革委员会设立领导小组办公室。根据中国国家主席习近平的倡议和新形势下推进国际合作的需要，确定共建"一带一路"的五大方向，提出了"六廊六路多国多港"的合作框架。中国各级政府、各个部委通过制定相关的政策、制度和计划，从基础设施建设、经贸合作、产能与投资合作、金融合作、生态环保合作、海上合作、人文社会等多方面支持"一带一路"倡议的成功实施。同时，为了鼓励中国企业"走出去"，特别是到"一带一路"沿线国家投资，中国政府有针对性地发表《中国对外投资合作发展报告》、沿线国家投资指南以及沿线国家的基础数据库，供中国企业到沿线国家投资做决策参考。中国政府鼓励企业"走出去"的政策和制度，有利于中国产业集群转移到"一带一路"沿线国家。各地政府为了对接国家"一带一路"倡议，也提出相应的支持政策。新疆维吾尔自治区政府出台《推进新疆丝绸之路经济带核心区建设的实施意见》和《推进新疆丝绸之路经济带核心区建设行动计划（2014~2020年）》，提出丝绸之路经济带核心区建设规划近期、中期（5~10年）以及远期目标（10~20年）。福建省政府出台了《福建省21世纪海上丝绸之路核心区建设方案》，寻求充分发挥福建比较优势，实行更加主动的开放政策，在互联互通、经贸合作、体制创新、人文交流等领域不断深化核心区的引领、示范、聚集、辐射作用。其他省市、自治区也出台了支持"一带一路"倡议的政策和建设方案。

6. "一带一路"沿线国家的要素禀赋优势。"一带一路"沿线国家有其独特的要素禀赋，在生产资料、劳动力成本、地价等方面具有显著的优势，有利于中国产业集群的转移。"一带一路"沿线国家自然资源要素丰富且分布具有极强的互补性，不同地区自然资源禀赋的丰富程度和种类差异较大，能源化工主要分布在西亚和俄罗斯，有色金属主要分布在中东欧、东南亚和中国，农产品主要分布在南亚和东南亚。南亚、东南亚相较中国具有较低的劳动力成本，使其具有明显的禀赋优势。"一带一路"沿线国家的要素禀赋优势也是促使中国产业集群沿线国家转移的主要动力。

四、中国产业集群向沿线地区转移的挑战

1. 政策制度不稳，政局易变。"一带一路"沿线的国家中，中亚国家面临的颜色革命的影响，"暴力恐怖势力""宗教极端势力""民族分裂势力"三股势力的影响以及中亚地区"平衡外交"带来的大国博弈，这些不确定因素影响国家的政策制度的延续性和稳定性。中东国家宗教派别冲突不断，阿拉伯世界内部极端主义思想和极端主义团体的存在，深化了各派别业已存在的矛盾，造成中东地区在思想上难以统一，政策不稳，政局易变。东道国政府的政策不稳、政局易变会给中国企业对外投资带来风险，也阻碍了中国产业集群的转移。比如，2014年9月，斯里兰卡科伦坡港口城项目开工，该项目是由中国政府主导建设的，是"一带一路"建设的典型项目。但由于政权更迭，斯里兰卡新政府认为该项目涉嫌规避当地法律并违背当地环境，需要重新进行评估，于是在2015年1月斯里兰卡新总统上任后宣布暂停"科伦坡港口城"项目的建设，要求中方公司提供相关政府颁发的有效许可证明，以便该政府新组建的项目评估委员会进行重新评估。

2. 民族文化差异，融合困难。"一带一路"沿线国家覆盖四大文明古国的大部分区域，涉及非常复杂的宗教信仰、文化风俗、民俗习惯，中国企业在这些国家投资很容易遇到文化融合的问题。然而，政府及研究机构对中国企业"走出去"之前的国别研究比较薄弱，具体、有针对性的研究基本没有，很难与东道国文化、制度、风俗等方面充分融合。企业"走出去"如果不了解投资国的市场、法律、技术水平，就难以实现有效的产业集群转移。

3. 整体规划缺乏，野蛮成长。随着"一带一路"建设的推进，中国一些地方政府为了响应国家的"一带一路"倡议，将企业"走出去"指标化，盲目鼓励企业到"一带一路"沿线国家投资建设境外产业集群合作区，同时赋予针对性的优惠政策，如设立外经贸专项资金，提供优惠贷款，给予税收优惠等。在这种情况下，很多企业难以抵抗诱惑，缺

乏理性判断,"无知者无畏",忽视现实所面临的困难和重大问题,盲目到境外开设工业园区。在境外建设工业园区与在中国建设工业园区的差异较大。与国内工业园区建设由政府主导,政府主建不同,国外的工业园区建设更多依靠企业自身完成建设,政府只是提供小部分的资金补助。很多企业没有深入了解东道国的政策,缺乏战略规划,一哄而上,盲目进行工业园区的投入与建设,最后造成资金链断裂,造成巨大的损失。

4. 服务体系欠缺,人才匮乏。为配合中国企业走出去,近些年来国家出台了一系列境外投资政策措施,但对中国产业集群向境外转移缺乏配套政策,并且缺乏为之提供专业化的信息咨询、法律制裁、技术援助的服务体系。中国缺乏熟知国际经济金融规则,具备跨国经营管理经验,以及通晓产业集群所在地法律、政策和语言的人才,高层次的技术和管理人员更是匮乏。此外,"一带一路"沿线国家中有些国家经济发展水平较低,这些国家国民受教育水平普遍不高,中国企业在当地也较难招聘到精通所在地的法律、政策、技术和语言的人才,难以解决高层次技术人才和管理人才的需求。中国政府对产业集群向境外转移的服务体系欠缺和人才匮乏是影响中国产业集群向"一带一路"沿线国家转移的重要阻力。

总之,"一带一路"倡议的背景下,中国产业集群已经开始向"一带一路"沿线国家进行转移。中国产业集群在转移过程中有一些机遇,但也面临着巨大的挑战,中国政府应该制定有利于中国产业集群转移的政策与制度,而中国企业也应该结合企业实际,抱团出海,以更加完整的产业链和产业体系结构参与国际产业竞争。

参考文献

[1] 王俊岭:"中外使节京城热议'一带一路':为世界经济复苏提供新动力",https://www.yidaiyilu.gov.cn/ghsl/hwksl/14530.htm。

[2] 新华网:"数读'一带一路':开放共赢 民生实惠看得见",https://www.yidaiyilu.gov.cn/info/iList.jsp?cat_id=10036。

[3] 孟浩、王仲智、刘金健:"产业集群转移的研究述评",《国土与自然资源研究》,2014年第4期。

[4] 刘军跃、王海云、汪乐、苏莹:"产业集群转移研究综述",《重庆理工大学学报(社会科学)》,2015年第4期。

[5] 廖萌:"'一带一路'建设背景下我国企业'走出去'的机遇与挑战",《经济纵横》,2015年第9期。

[6] 朱友华、孟云利、刘海燕:"集群视角下的产业转移的路径、动因及其区域",《社会科学家》,2008年第7期。

[7] 毛广雄:"产业集群化转移:理论述评及启示",《统计与决策》,2010年第6期。

[8] 金广荣、汪彩君:"国内产业集群迁移研究综述",《当代经济》,2012年第6期。

[9] 陈耀、冯超:"贸易成本、本地关联与产业集群迁移",《中国工业经济》,2008年第3期。

[10] 蔡宁、杨闩柱:"企业集群竞争优势的演进:从'聚集经济'到'网络创

新'",《科研管理》,2004年第4期。

[11] 潘豪:"基于价值链治理的产业集群区域转移动力机制研究",《经济研究》,2010年第7期。

[12] 符正平、曾素英:"集群产业转移中的转移模式与行动特征——基于企业社会网络视角的分析",《管理世界》,2008年第12期。

(厦门国家会计学院研究生处副处长、经济与管理研究所所长:方志斌)

"一带一路"背景下构建中国现代产业体系

> **内容摘要**：在经济全球化与"逆全球化"博弈加剧的时代，中国构建现代产业体系是中国主动应对国内当前经济形势与新一轮国际产业竞争的选择。构建现代产业发展新体系具有两重含义：一是构建现代化的产业体系，二是对原有的产业进行升级。"一带一路"倡议的提出为中国现代产业体系的构建和产业在全球价值链中转型升级提供了市场和机遇，中国的产业可以将生产制造等价值链低端环节外包或转移到"一带一路"沿线与我国产业优势互补的国家或地区，而将有限的资源配置在全球价值链的高附加值环节，从而获取在全球价值链中的话语权，实现产业的转型升级发展，构建与中国自身国情相吻合的现代产业发展体系。
>
> **关键词**："一带一路"　现代产业体系　全球价值链

一、引言

党的十八大以后，党中央提出了改革开放再出发，深化改革、扩大开放新方略，重新定位经济发展"新常态"，实现国民经济从高速增长到常态平稳增长的"软着陆"，维持可持续发展和适度增长。这就需要统筹国内、国际两大资源和市场，寻求新的经济发展驱动力和增长点。

2015年3月，国家发展改革委、外交部、商务部联合发布了《推动共建丝绸之路经济带和21世纪海上丝绸之路的愿景与行动》①。"一带一路"倡议为沿线国家地区优势互补、开放发展提供了新的机遇，是21世纪的国际合作平台。2016年3月，《国民经济和社会发展第十三个五年规划纲要（草案）》将"一带一路"列入"十三五"时期主要目标任务和重大举措部分。"十三五"时期主要目标任务和重大举措主要分为六个方面，"一带一路"作为"深化改革开放、构建发展新体制"重要组成部分，在国际产能合作、贸易升级、高标准自由贸易区网络建设方面发力，基本形成开放型经济新体制新格局。

现代产业体系理论是在中国特色社会主义环境下逐步发展起来的。现代产业新体系是指能够适应新一轮全球产业革命和技术进步的方向，充分发挥现阶段我国的比较优势，结

---

① 国家发展改革委、外交部、商务部联合发布《推动共建丝绸之路经济带和21世纪海上丝绸之路的愿景与行动》，http://www.mofcom.gov.cn/article/ae/ai/201503/20150300928878.shtml，2015年3月31日。

构合理、层次明确,具有较强国际竞争力的现代产业体系。

2010年10月,党的十七届五中全会上提出发展现代产业体系,提高产业核心竞争力。2011年3月,全国人大十一届四次会议提出转型升级,提高产业核心竞争力。"十二五"规划提出,我国产业发展重点围绕"发展转型,提高产业核心竞争力"这一关键目标。2015年10月,党的十八届五中全会审议通过的《中共中央关于制定国民经济和社会发展第十三个五年规划的建议》中,明确提出了"构建产业新体系"的目标和任务。"十三五"规划提出构建产业新体系的任务包括五个方面:加快建设制造强国,实施《中国制造2025》;实施工业强基工程,开展质量品牌提升行动;支持战略性新兴产业发展;实施智能制造工程,构建新型制造体系;开展加快发展现代服务业。2016年12月,国务院关于印发"十三五"国家战略性新兴产业发展规划的通知。

在经济全球化时代,构建现代产业发展新体系是中国主动应对新一轮国际产业竞争的战略选择。从20世纪90年代起,中国已由过去的短缺经济进入到了产能过剩的时代,然而,在有些产业部门中,中国所需要的高端产品依旧短缺,如电脑芯片严重依赖进口,高精度数码机床等高科技产品甚至拒绝卖给中国,中国产业结构性矛盾凸显。新一轮技术革命和产业变革正在全球孕育兴起,发达国家为了进一步巩固或者抢占技术和产业的制高点,相继提出和实施了一系列新的战略,如美国的再工业化、德国的工业4.0等,在国际产业技术、产业体系及经济格局深刻调整的背景下,中国需要加快构建产业新体系。

产业是强国之基、兴国之本。一个国家的强盛与健全的产业体系密切相关。李克强总理指出,"十二五"时期,要促进经济保持中高速增长、产业迈向中高端水平,实现提质增效升级。面对国际经济格局深刻调整、国内经济发展进入新常态的新形势,着眼于实现"两个一百年"奋斗目标,加快构建现代产业发展体系意义十分重大。

产业要发展壮大,更高水平的开放是必由之路。有别于1980年深圳经济特区的成立与2001年中国加入WTO这前两次改革开放,"一带一路"是中国第三次改革开放,为中国产业发展创造了"历史上从未有过的机遇"。在中国大力推进"一带一路"建设的背景下,可以更好地利用国际国内两个市场和两种资源,能够为产业发展注入新动力、增添新活力、拓展新空间,结合"中国制造2025"和供给侧改革,中国将更加快速建成优质高效的现代产业发展体系。

在当前国内产能过剩,生产要素变化,产业结构转型的背景下,"一带一路"的提出为中国产业集群在全球价值链中转型升级发展提供了市场和机遇,中国的产业可以将生产制造等价值链低端环节外包或转移到"一带一路"沿线与我国产业优势互补的国家和地区,而将土地、人力资源、知识资源、产业资本等优质资源配置在全球价值链的高附加值环节,如研发设计(R&D)、生产性服务、市场营销及品牌运营管理等,同时沿着全球价值链的不同类型转型升级,从而获取在全球价值链当中的话语权,取得更好的投资回报。

本研究的目标是在"一带一路"倡议的指引下,根据国际经济、产业、技术等的发展与国内经济要素的演变趋势,充分结合"一带一路"沿线国家和地区的产业资源状况以及国内产业的发展优势,在全球价值链治理框架下,探求构建现代产业发展体系的方法和产业升级的机制,为中国企业沿"一带一路""走出去"打造国际化全产业链提供参考,为政府的产业政策的制订与完善提供相关政策建议。

二、中国现代产业体系发展现状

改革开放 40 年来，中国的产业发展取得了举世瞩目的巨大成就，综合实力不断增强，总规模大幅提升，制造业增加值跃居世界第一位，高新技术产业和战略性新兴产业比重持续上升，有力地支撑了经济实力和人民生活水平的大幅提高。中国现代产业体系发展现状主要体现在以下四个方面：

（一）产业实力进一步提升

1978～2015 年，中国 GDP 高速增长，见图 1。在长达 37 年的时间里，除了 1981 年、1989 年、1990 年、2015 年这 4 年以外，中国经济增速一直超过 7%，其中共有 16 年的时间 GDP 增速超过 10%。

图 1　1978～2015 年中国 GDP 走势图

数据来源：国家统计局。

2016 年，中国 GDP 达到了 744 127 亿元，比上年增长 6.7%，中国经济总规模居世界第二。据世界银行报告，2015 年全球 GDP 总量达 74 万亿美元。其中，总量排名第一为美国，占 24.32%；中国排名第二，占 14.84%；排第三、第四、第五的国家分别是日本、德国、英国，占比分别为 5.91%、4.54%、3.85%。

从 2008 年开始，中国的 GDP 总量超过了日本，跃居全球第二，打破了 1972 年以来的"美国第一，日本第二"的全球 GDP 排名模式。自 1980 年以来，中国的经济取得了长足的发展，在全球经济中的地位和所占的比重发生了巨大变化，如表 1 所示。表 1 为 1980 年和 2016 年世界 20 大经济体，从中可以看出中国在世界经济中的排名变化。

表1　　　　　　　　　1980年和2016年世界20大经济体

排名	1980年		2016年	
	国家	GDP（百万美元）	国家	GDP（百万美元）
1	美国	2 862 500	美国	18 569 100
2	日本	1 086 988	中国	11 199 145
3	苏联	941 272	日本	4 939 384
4	联邦德国	919 609	德国	3 466 757
5	法国	690 323	英国	2 618 886
6	英国	541 910	法国	2 465 454
7	意大利	459 830	印度	2 263 523
8	加拿大	273 437	意大利	1 849 970
9	巴西	235 025	巴西	1 796 187
10	西班牙	225 796	加拿大	1 529 760
11	墨西哥	194 357	韩国	1 411 246
12	印度	189 594	俄罗斯联邦	1 283 162
13	中国	189 401	西班牙	1 232 088
14	荷兰	180 770	澳大利亚	1 204 616
15	沙特阿拉伯	164 308	墨西哥	1 045 998
16	民主德国	163 516	印度尼西亚	932 259
17	澳大利亚	149 958	土耳其	857 749
18	瑞典	134 809	荷兰	770 845
19	比利时	125 286	瑞士	659 827
20	瑞士	112 532	沙特阿拉伯	646 438

资料来源：世界银行数据库，苏联等东欧国家数据来自联合国经济统计年鉴。

在表1当中，中国在1980年的GDP为189 401百万美元，排在全球第13名，排在印度之后。中国在2016年的GDP为11 199 145百万美元，排名全球第二，排在美国之后。36年间，中国的经济总量增长了约58倍，而同期美国的经济总量增长了约5.5倍，中国的经济实力增长显著且增速惊人。

在产业体系构成当中，2016年，中国第一产业增加值为63 671亿元，增长3.3%；第二产业增加值为296 236亿元，增长6.1%；第三产业增加值为384 221亿元，增长7.8%。第一产业增加值占国内生产总值的比重为8.6%，第二产业增加值比重为39.8%，第三产业增加值比重为51.6%，比上年提高1.4个百分点[①]。近年来，在中国的产业体系当中，第三产业的占比最大，且继续呈增长态势，如图2所示。

---

① 数据来源：《中华人民共和国2016年国民经济和社会发展统计公报》，国家统计局。

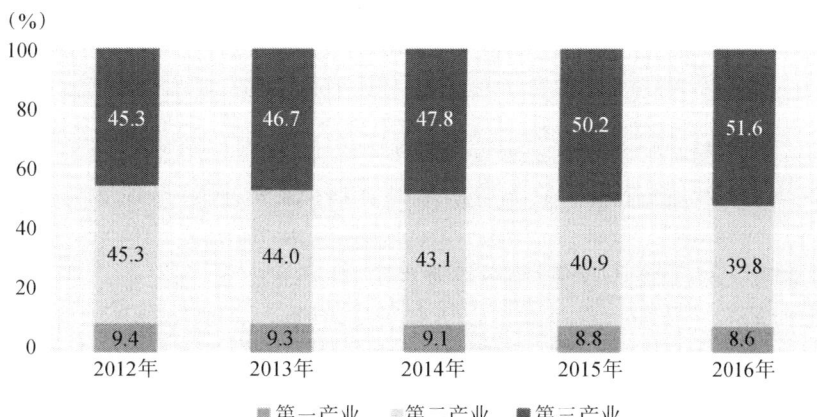

图 2　2012～2016 年三次产业增加值占国内生产总值比重

数据来源：国家统计局报告。

图 2 为 2012～2016 年三次产业增加值占国内生产总值比重，其中，第三产业占国内生产总值比重分别为：45.3%、46.7%、47.8%、50.2%、51.6%，呈逐年增长态势。第一产业和第二产业则呈逐步下降的趋势。从更长期的趋势来看，国内生产总值产业结构变动更为显著，具体如表 2 所示。

从表 2 中可以看出中国改革开放 40 年来三次产业之间的结构变化趋势，第一产业增加值所占 GDP 的比重呈逐步下降的趋势；第二产业虽有反复，但总体呈下降的态势；第三产业呈稳步上升的态势。

表 2　国内生产总值产业构成

年份	第一产业（%）	第二产业（%）	第三产业（%）
1978	27.7	47.7	24.6
1990	27.1	41.3	31.6
2000	14.7	45.5	39.8
2010	10.1	46.8	43.1
2016	8.6	39.8	51.6

数据来源：中国统计年鉴。

（二）产业新增长点逐步形成

我国大力推进战略型新兴产业发展，积极培育新业态与新模式已经初见成效，新的产业增长点已经或正在形成。2016 年，全年规模以上工业中，工业战略型新兴产业增加值比上年增长 10.5%。高技术产业迅速发展，效益提升，成为引领工业经济动能转换的优势产业。高技术制造业增加值增长 10.8%，占规模以上工业增加值的比重为 12.4%。在主要的工业产品当中，智能电视产量达 9310.1 万台，比上年增长 11.1%；核电发电达 2132.9 亿千瓦小时，增长 24.9%；汽车 2811.9 万辆，增长 14.8%，其中，运动型多用途乘用车（SUV）产量达 914.4 万辆，增长 51.8%，高于基本型乘用车（轿车）47.7 个百分点，同时，在汽车产业当中，新能源汽车的产量达到45.9万辆，比上年同期增长40.0%；集成电路1 318.0亿块，增长21.2%；移动通信手持机205 819.3万台，增长13.6%，其中，智能手机153 764.1万台，增长9.9%；工业机器人的产量达72 426.0台（套），同比增长30.4%①。

总体上，工业战略型新兴产业增加值比规模以上工业增加值增幅高4.5个百分点，而传统产业却表现出增长乏力甚至呈下降的态势，其中，成品糖、卷烟、原煤、原油、硫酸、化肥、大中型拖拉机、程控交换机、微型计算机设备分别下降2.1%、8.0%、9%、6.9%、1%、4.1%、8.5%、22.5%、7.7%。

当前，中国的产业新增长点呈现出以下三个显著特征：

1. 新兴产业增长迅猛，新兴工业产品增长潜力巨大。电子、汽车已成为拉动我国工业经济发展最重要的主导行业。2016年，电子、汽车行业现价增加值占工业比重分别达到7.5%和6.9%，两个行业对工业增长的贡献率高达27.9%。新能源成为中国经济新的增长点，光伏、风电等可再生的清洁能源以及与之相关的设备和材料行业，开始突破发展瓶颈，进入大发展期，成为拉动经济增长的支柱性产业。新能源汽车迎来爆发式增长，其产销量在2014年同比增长3.5倍和3.2倍的基础上继续快速增长。以互联网和大数据为手段，以知识为核心的智能制造业正在成为引领经济发展的新动力，如工业机器人产业，2015年中国工业机器人销量约6.7万台、同比增长约16.8%，是全球工业机器人销量增长最快的市场，2016年产量继续高速增长，且市场保有量仍有巨大的提升空间。

2. 以"三去一降一补"为核心的供给侧结构性改革的成效已经凸显。在经历了前期的高速发展之后，部分产能过剩行业、低附加值产品比重在降低，钢铁、水泥、电解铝等产品产量在达到峰值后下降，石油和天然气开采业、黑色金属矿采选业、煤炭开采和洗选业、石油加工、炼焦及核燃料加工业等高耗能产业增速出现较大下滑，硫酸、化肥等产能过剩行业的产量呈下行趋势。

3. 由需求侧引发的消费升级，带动了经济的新增长。符合消费升级发展方向的智能手机、智能电视、集成电路、光电子器件、SUV、新能源汽车等生产均保持了较高增速。2016年，新能源汽车销售32万辆，增长84%；其中纯电动汽车销售24万辆，增长116%。传统的台式计算机、功能手机等低附加值产品的比重逐渐降低，新兴的智能终端、新型的医疗设备仪器等高附加值产品呈现持续高速增长的态势。国产智能手机迅速崛起成为市场亮点，华为、小米、联想等品牌市场份额大幅提升，并加速向高端市场发展。可穿戴设备等智能硬件进入实质性、成熟化发展阶段。

（三）产业创新能力增强

全球新一轮科技革命、产业变革不断加速发展，中国经济进入新常态，增长势头和发展动能减缓，科技创新成为中国产业应对国内外挑战的必然选择。见图3，2016年，中国研究与试验发展（R&D）经费支出15 500亿元，比上年增长9.4%，增速比同期现价GDP高出2.7个百分点；研发强度，即研发经费与国内生产总值之比为2.08%，其中基础研究经费798亿元。国家重点研发计划共安排42个重点专项1 163个科技项目，国家科技重大

---

① 数据来源：《中华人民共和国2016年国民经济和社会发展统计公报》，国家统计局。

专项共安排224个课题，国家自然科学基金共资助41 184个项目。科技创新支撑产业能力不断增强，截至2016年底，累计建设国家重点实验室488个，国家工程研究中心131个，国家工程实验室194个，国家企业技术中心1 276家。国家科技成果转化引导基金累计设立9支子基金，资金总规模173.5亿元①。

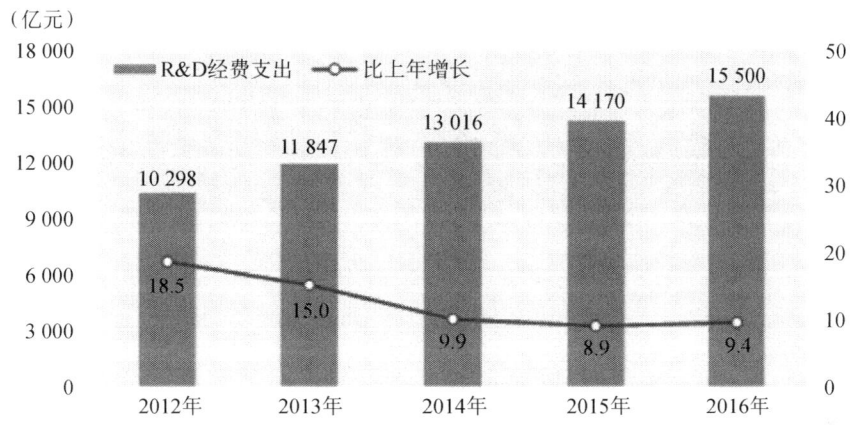

图3 2012~2016年研究与试验发展经费支出及其增长速度

数据来源：国家统计局报告。

科技创新更加活跃，出现了信息技术、能源技术、生物技术、材料技术交叉融合、深度渗透、群体兴起的创新局面。比如，信息消费成为新的亮点，中国的信息消费正在经历高速发展，从以线上为主加快向线上线下融合转变，消费主体不断增加、边界逐渐拓展、模式深刻调整，有效地带动了其他领域消费快速增长，已成为当前创新最活跃的经济领域之一，对拉动内需、促进就业和引领产业升级发挥着重要作用。

同时，中国政府对于科技创新给予了高度重视，2017年，中共中央、国务院印发了《国家创新驱动发展战略纲要》、科技部印发了《"十三五"生物技术创新专项规划》、国务院发布了《国务院关于进一步扩大和升级信息消费持续释放内需潜力的指导意见》，这三个文件的出台引导政府、产业和企业积极参与科技创新，促进现代产业持续健康发展。

（四）产业国际化程度较高

2016年，中国货物进出口总额达243 386亿元，比上年下降0.9%。其中，出口138 455亿元，下降1.9%；进口104 932亿元，增长0.6%。货物进出口差额（出口减进口）33 523亿元，比上年减少3 308亿元，如图4所示。其中，对"一带一路"沿线国家进出口总额62 517亿元，比上年增长0.5%。其中，出口38 319亿元，增长0.5%；进口24 198亿元，增长0.4%②。

---

①② 数据来源：《中华人民共和国2016年国民经济和社会发展统计公报》，国家统计局。

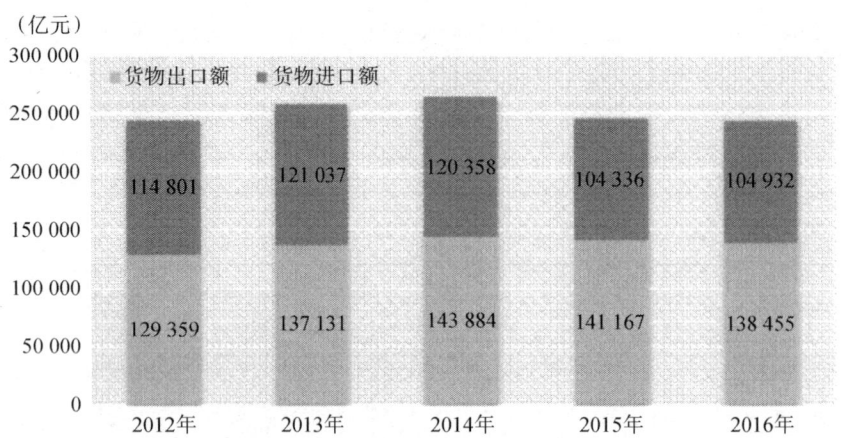

图 4　2012～2016 年货物进出口总额

数据来源：国家统计局报告。

2001 年加入 WTO 以后，中国陆续超越美国、日本和德国等出口大国，从 2009 年至今，连续 9 年保持全球出口第一大国的位置。2016 年，中国的出口量占全球总份额达到 13%，继续居世界第一位。从分行业来看，2015 年，中国的纺织业和服装业出口占全球出口份额都接近 40%，排名全球第一；办公和电信设备的出口占比在 2009 年超越欧盟以后稳居第一，份额达到 33.7%。其中，电信设备和电子化数据处理的出口份额均超过 35%，集成电路及电子元器件的出口份额也在 20% 左右[①]。在这些产业当中，中国制造业的比较优势凸显。

三、中国现代产业体系问题分析

虽然中国的产业发展迅速，取得了巨大成就，但是，产业发展总体质量和效益还不够高，核心竞争力还不够强，与世界先进水平和国内发展需要相比还有差距。目前，中国产业体系存在的问题主要表现在以下四个方面：

（一）产业结构体系不合理

产业结构是指在社会再生产过程中，一个国家或地区的产业组成即资源在产业间配置状态，产业发展水平即各产业所占比重，以及产业间的技术经济联系即产业间相互依存相互作用的方式。产业结构体现了产业之间的联系，它与一个国家的产业发展水平息息相关，也与劳动力就业结构和国民收入密不可分，是衡量一个国家或地区经济、社会、人民生活水平的重要指标。

目前，中国三次产业结构仍有继续优化的空间。放眼全球，自工业化以来，第一产业的增加值和就业人数在国内生产总值和全部劳动力中的比重，在大多数国家呈不断下降的趋势。直至 20 世纪 70 年代，在一些发达国家，如英国和美国，第一产业增加值和劳动力

---

① 数据来源：MBSComtrade，海通证券研究所。

所占比重下降的趋势开始减弱。如表 2 和图 2 数据显示，我国自 1978～2016 年第一产业占国内生产总值的比重大幅下降，而 2012～2016 年第一产业所占比重呈缓慢下降的趋势，与全球的趋势保持一致。

第二产业的增加值和就业人数占国内生产总值和全部劳动力的比重，在 20 世纪 60 年代以前，全球大多数国家都是上升的。此后，美、英等发达国家工业部门增加值和就业人数在国内生产总值和全部劳动力中的比重开始下降，其中传统工业的下降趋势更为明显。而我国自 1978～2016 年第二产业占国内生产总值的比重虽有所下降，但下降的幅度不大。

第三产业的增加值和就业人数占国内生产总值和全部劳动力的比重在各国都呈上升趋势。20 世纪 60 年代以后，发达国家的第三产业发展更为迅速，所占比重都超过了 60%。我国自 1978～2016 年第三产业占国内生产总值的比重呈稳步上升的趋势，但 2016 年占 GDP 的比重为 51.%，距离 60% 还有差距。

世界产业经济的发展史表明，在工业化发展阶段，第二产业比重超过第一产业占统治地位并达到一定高峰后，开始缓慢下降。当一个国家和地区在完成工业化进程之后，第三产业才会进入加速发展阶段，在 GDP 中的比重上升，逐渐占据主导地位，并成为引导社会经济发展的主要驱动力。第三产业作为科技进步，生产力发展和人类物质文化生活水平提高的必然产物，已经成为衡量一个国家或地区经济发展和社会进步的重要标志。从世界范围来看，第三产业占 GDP 的比重，低收入国家大都在 30% 左右，中等收入国家在 50% 左右，高收入国家在 70% 以上[①]，如表 3 所示。

表 3 是本研究从高中低三类不同收入水平的国家中挑选出来的具有代表性的国家和地区的人均 GDP 和三次产业结构分析，其中，在中等收入国家中，选取了与中国人均 GDP 较为接近的国家作为参考。从表 3 可以看出，高收入国家或地区第三产业占 GDP 的比重大都在 70% 以上；而中等收入国家则有着类似的产业结构，第三产业占 GDP 的比重按国家具体资源与产业的不同从 36%～66% 不等，不超过 70%；收入最低的 5 个国家，第三产业占 GDP 的比重从 29%～49% 不等，都不超过 50%。

因此，相对于其他高收入的发达国家来讲，中国目前的第三产业占国民生产总值的比重还有继续上升的空间，三次产业结构仍有待继续调整。

表 3　　　　　　　　　2014 年人均 GDP 和三次产业结构分析

国家	人均 GDP（美元）	第一产业（%）	第二产业（%）	第三产业（%）
卢森堡	111 716	0.34	12.19	87.47
中国澳门	96 444	0.00	6.24	93.76
丹麦	60 634	1.27	22.51	76.22
美国	54 629	1.45	20.50	78.05
德国	47 627	0.75	30.69	68.56
英国	45 603	0.61	19.76	79.63

---

① 注：按世界银行 2013 年根据人均国民总收入水平的划分标准，1 035 美元以下为低收入，1 036～4 085 美元为下中等收入，4 086～12 615 美元为上中等收入，12 616 美元以上为高收入。

续表

国家	人均GDP（美元）	第一产业（%）	第二产业（%）	第三产业（%）
中国香港	40 170	0.06	7.2	92.74
日本	36 194	1.21	26.21	72.58
韩国	27 970	2.34	38.23	59.42
阿塞拜疆	7 884	5.69	58.30	36.00
博茨瓦纳	7 757	2.37	37.94	59.59
哥伦比亚	7 720	6.67	38.24	55.09
保加利亚	7 713	5.27	28.35	66.38
中国	7 594	9.16	42.64	48.19
多米尼克	7 434	17.43	13.94	68.63
埃塞俄比亚	568	42.33	15.43	42.25
尼日尔	441	36.70	19.50	43.80
中非	379	58.20	11.95	29.85
布隆迪	295	39.26	18.31	42.43
马拉维	253	33.31	17.04	49.65

数据来源：世界银行。

（二）产能过剩严重

自20世纪90年代以来，中国经济告别了短缺经济，由于地方政府的GDP驱动，大量低水平重复建设，中国已进入了产能过剩的经济周期，这对中国的经济发展是一个较大的隐患。究其原因，与美国日本等国曾发生过的产能过剩情况类似，美日产能过剩是由于其经济前期经历了较快速的发展，然后遭遇了巨大的外部危机所致。而中国的产能过剩也是由于中国经济前期发展迅速，创造了全世界最长时间的经济高速增长历史，又叠加了全球金融危机，再加上人民币汇率的大幅上升，导致内外部需求萎缩，使中国的产能过剩问题愈发凸显出来。

除了煤炭、钢铁、水泥、玻璃、采矿业、装备制造业等传统产业外，中国的新兴产业包括光伏、风电以及造船和钢铁业中高端产品的硅钢，乃至金融业都出现了产能过剩。中国的产能过剩对内导致产品价格下跌，企业效益大幅滑坡，物价总水平明显下降，形成很强的通货紧缩压力，增加宏观经济的不确定性；对外遭遇多国对中国企业的反倾销诉讼。截至2016年，中国已连续21年成为全球遭遇反倾销调查最多的国家，连续10年成为全球遭遇反补贴调查最多的国家。2016年，中国共遭遇来自27个国家和地区发起的119起贸易救济调查案件，涉案金额143.4亿美元，案件数量和涉案金额同比分别上升36.8%、76%[①]。中国政府近年来力推供给侧改革，试图解决产能过剩带来的国际贸易争端问题和国内经济面临的困难。

---

① 数据来源：商务部：2016年中国遭遇贸易救济调查案件119起，http://news.163.com/17/0105/16/CA1FE8UE00018AOQ.html。

如果中国的供给侧结构改革推进得快速且顺畅，经济效率由此而提升，国内的市场空间就会相对扩大，短期内企业和产业资本还不急于走出去扩展国际发展空间。但假如改革遭遇挫折，短期内达不到预定目标，或者没有立刻发生效率改变，此时中国的产业就必须走出去寻找新的市场空间。如果不走出去的话，长期积累的产能积重难返，资本早已相对过剩，随之产生的问题难以解决，中国经济的发展前景将随之而黯淡。

虽然中国力推供给侧改革，但是真正要做到去产能去杠杆去库存降成本补短板，步履维艰，遭遇了来自地方政府、企业、下岗职工多方的压力。作为供给侧改革的五大任务之首，去产能任务十分艰巨。以产能严重过剩的钢铁为例，直至2017年6月，代表了钢铁落后产能的"地条钢"才在中国被全面取缔。中国国务院明确提出，从2016年开始，用5年时间再减粗钢产能1亿~1.5亿吨；用3~5年时间，再退出产能5亿吨左右。

由此，2016年钢铁、煤炭行业的增长速度明显放缓。随着以"三去一降一补"为当前重点任务的供给侧结构性改革深入推进，钢铁、煤炭价格有所回升，行业效益有所好转，但产能过剩的总格局并未改变，2016年这两个行业对工业经济的增长均为负拉动。

供给侧系统改革绝非一蹴而就，产业结构调整短期内并非易事。因此，中国企业急需在全球范围内寻找新的市场，新的渠道，能够将过剩的产能和资本投放出去，中国经济急需寻求新的增长点。

（三）技术创新不足

受益于国家创新驱动发展战略，中国的研发经费和研发投入水平持续增长，科技水平不断提升，有力地促进了产业经济的持续健康发展。但是，技术创新的整体水平与发达国家相比，依然存在一定的差距。

根据美国国家科学基金会发布的《2016年科学与工程指标》报告，2013年中国研发经费投入位居全球第二，仅次于美国。美国仍然是全球科学与工程支出的最多的国家，占全球研发总经费的27%，中国占全球比例的20%，日本和德国的研发投入分别占全球的10%和6%，列第三和第四位，而这恰巧与2016年全球GDP排名：美国、中国、日本、德国不谋而合，说明了一个国家对于科研经费的持续投入是维持和提升国家竞争优势的关键因素之一。

近年来，中国的研发经费投入不断增长。2016年，中国研发经费支出虽然比上年增长9.4%，但是，研发强度为2.08%，仅比2015年的2.07%高出0.01%，增长缓慢，与发达国家3%左右的水平还有较大的差距。2013年，以色列和韩国的研发强度为4.2%，并列全球第一；日本的研发强度为3.5%，排第二位；德国为2.9%，排第三位；美国为2.7%；而中国为2%，与这些国家的差距较为明显，中国在研发强度方面亟待提升。

2016年，中国受理境内外专利申请346.5万件，授予专利权175.4万件。截至2016年底，中国拥有有效专利628.5万件，其中境内有效发明专利110.3万件，排在美国和日本之后，位居世界第三。每万人口发明专利拥有量8.0件，比2015年的6.3年增长27%。

虽然中国世界上第三个国内发明专利拥有量超过百万件的国家，但是在专利布局能力方面，部分领域专利布局与国外相比还有差距。在世界知识产权组织划分的35个技术领域当中，2016年国内发明专利拥有量高于国外在华发明专利拥有量的有29个，比2015年增加1个，但是在光学、发动机、运输、半导体、音像技术、医学技术等6个领域与国外仍存在差距。从维持10年以上的有效发明专利来看，国外在华拥有量是国内的1.9倍，运输领域达到了5.7倍。因此，中国在提升专利的申请量和拥有量的同时，还需要加强在部分技术领域的专利布局能力。

在国际专利领域，根据世界知识产权组织（WIPO）发布的2016年全球通过产权组织《专利合作条约》（PCT）途径提交的国际申请情况，中国申请人共提交了4.3168万件PCT国际申请，仅次于美国（5.6595万件）和日本（4.5239万件），位列全球第三。虽然中国的PCT申请量排全球第三位，但与发达国家相比，中国海外专利布局能力仍有不小差距，图5为2014年主要国家PCT专利申请情况。

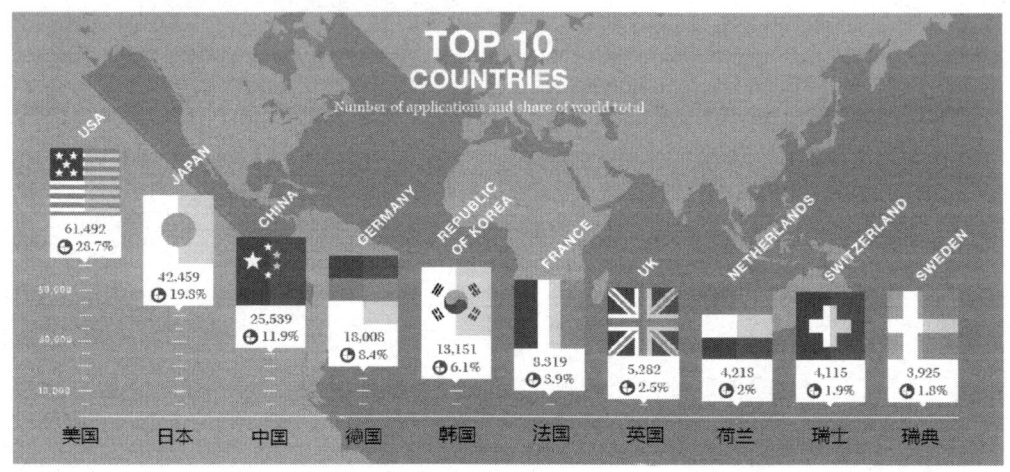

图5　2014年主要国家PCT专利申请情况

数据来源：世界知识产权组织报告。

PCT国际申请量是全球公认的用来衡量一个国家或地区，以及企业创新能力的重要指标。虽然中国专利申请人在提交PCT国际申请方面近年来保持了较高的增长速度，但中国企业海外专利布局情况与发达国家相比还有一定的差距。2016年，中国在PCT国际申请总量中所占比例只有18.5%，与美国所占比例24.3%仍有不小差距。未来，中国需要注重在新兴技术领域以及欧美国家、新兴市场的核心专利布局，努力提升海外专利布局能力。

（四）嵌入全球价值链的附加值偏低

目前，中国产业体系的构成比较完整，根据联合国的工业门类定义，中国是世界上少有的几个拥有齐全的工业体系的国家。然而，现有的产业体系不能适应国际、国内市场需求的变化，除了前文所述的三次产业结构不合理、产能过剩和技术创新不足之外，还表现为传统经济下的产业的生产高能耗、高成本和低效益。具体嵌入到全球价值链当中，中国的中低端产业门类最齐全，但在高端工业门类还存在很多短板甚至空白，能够进入全球价值链高端的中国产品种类不多。

2016年，中国货物进出口总额比上年下降0.9%。在出口当中，一般贸易下降1.1%，加工贸易下降4.6%；机电产品下降1.9%，高新技术产品下降2.1%；在进口当中，一般贸易增长3.7%，加工贸易下降5.5%；机电产品增加1.9%，高新技术产品增加1.8%，如表4所示。去除外部需求降低等因素的影响之外，从某种角度来看，这意味着中国的产业嵌入全球价值链的程度在下降，且中国的传统优势项目——加工贸易的出口和进口下降的比率在其中是最高的。随着中国人口红利的逐渐消失，劳动力成本的上升，依赖大量劳动力的加工贸易等产业被转移到了全球其他劳动力相对更的低的国家。

表4　　　　　　　　　　　中国2016年货物进出口总额及其增长速度

指标	金额（亿元）	比上年增长（%）
货物进出口总额	243 386	-0.9
货物出口额	138 455	-1.9
其中：一般贸易	74 601	-1.1
加工贸易	47 237	-4.6
其中：机电产品	79 820	-1.9
高新技术产品	39 876	-2.1
货物进口额	104 932	0.6
其中：一般贸易	59 398	3.7
加工贸易	26 223	-5.5
其中：机电产品	50 985	1.9
高新技术产品	34 618	1.8
货物进出口差额（出口减进口）	33 523	—

数据来源：国家统计局报告。

此外，在表4当中，高新技术产品的出口下降和进口增长反映了以下问题：

其一，具有高附加值特征的机电产品和高新技术产品出口下降说明了其在全球价值链中的嵌入性不深，受经济景气等产业外部因素的影响较大，市场地位不够牢固。同时，中国出口的机电产品和高新技术产品大部分为跨国公司或合资公司所生产，出口到其投资母国或其他国际市场。在全球价值链的各环节中，仅生产制造组装等低附件值环节放在中国，而研发设计、市场营销及品牌运营等价值链高端环节却被跨国公司放在爱尔兰、维尔京群岛等避税天堂或欧美等智力资源发达的国家，整个价值链的话语权被牢牢地控制在跨国公司手中，而处在被控制地位的中国的生产制造商不仅丧失定价权，对于生产需求和产量也不能自主，而要由全球价值链的主导方跨国公司来决定在哪儿生产、生产多少、何时生产等。比如，近期富士康的部分制造工厂由中国大陆迁往美国即是受到包括此类原因和多种因素的共同影响。因此，当外部的国际市场因素和国内的土地、劳动力等生产要素发生变化的时候，中国制造的机电产品和高新技术产品等产业的产量容易发生波动。

其二，在扣除了市场需求变动和价格波动因素的影响之后，机电产品和高新技术产品的进口上升反映了中国目前的产业体系的缺陷，即价值链中低端产品的产能过剩，而像机电产品和高新技术产品这样的高技术含量、高附加值的全球价值链高端产品却不能自足且进口增加的现状。

表 5 为 2016 年中国主要出口商品的情况，从中可以看出，除了纺织和汽车分别增长 1.9% 和 1.8% 以外，其余几乎所有的主要出口商品的出口量和金额都在下降，这些中国传统的手势产品，包括纺织、服装、鞋类、家具等都属于劳动密集型产业，多为处于全球价值链中低端环节的产品。这些产品的附加值不高，且对于本国经济的嵌入性不够深，在国际市场的销量容易受到市场需求因素的影响，当中国的生产要素发生变化的时候，这些产业容易被转移到其他国家。

表 5　　2016 年中国主要商品出口数量、金额及其增长速度

商品名称	单位	数量	比上年增长（%）	金额（亿元）	比上年增长（%）
煤（包括褐煤）	万吨	879	64.6	46	48.0
钢材	万吨	10 849	-3.5	3 587	-7.8
纺织纱线、织物及制品	—	—	—	6 925	1.9
服装及衣着附件	—	—	—	10 413	-3.7
鞋类	万吨	422	-5.6	3 113	-6.2
家具及其零件	—	—	—	3 151	-3.8
自动数据处理设备及其部件	万台	159 257	-7.1	9 068	-4.1
手持或车载无线电话	万台	127 192	-5.3	7 643	-0.9
集装箱	万个	199	-26.7	279	-41.2
液晶显示板	万个	190 569	-16.9	1 700	-11.6
汽车	万辆	79	9.4	709	1.8

数据来源：国家统计局报告。

表 6 为 2016 年中国主要商品进口的情况，除了汽车以外，中国进口的主要商品均为农产品、矿产品、原材料等资源密集型产业。受外部国际市场需求的影响及国内经济调整引起的需求下降，中国的大部分进口商品的数量和金额也都在随之下降。汽车进口的数量下降了 2.4%，金额却增长了 6.1%，这在中国早已取代美国已成为全球最大的汽车制造国且 2016 年产量达 2811 万辆的背景下值得关注。这说明近年来随着中国成长为汽车制造大国，中国市场对于进口汽车的数量需求减缓了，但是，对于具有高端品牌价值、高质量性能、高价格的豪车的需求量却在增加，因而进口汽车呈价高量跌的走势。从全球价值链的角度来分析，说明中国的汽车产业中低端产品的产能过剩而具有高技术、高质量和高品牌形象特征的价值链的高端产品却无法自己制造，只能大量依赖进口。

简而言之，通过对 2016 年中国的国际贸易情况和主要进出口商品的分析，可以看出，中国大多数产业的全球价值链活动都集中在加工生产组装、销售等环节，涉及研发、品牌及市场开拓等环节的较少，传统优势产业几乎都位于全球价值链的中低附加值环节。中国现有的产业体系不尽合理，产业大量集中在全球价值链的中低端，占据产业价值链高端的产品和国际知名品牌相对较少，因而中国的产业在全球价值链中的话语权和控制权相对较小，分享的产业价值链利润也不高。

表 6 2016 年中国主要商品进口数量、金额及其增长速度

商品名称	单位	数量	比上年增长（%）	金额（亿元）	比上年增长（%）
谷物及谷物粉	万吨	2 199	−32.8	375	−35.5
大豆	万吨	8 391	2.7	2 247	4.1
食用植物油	万吨	553	−18.3	276	−11.5
铁矿砂及其精矿	万吨	102 412	7.5	3 809	7.0
氧化铝	万吨	303	−35.0	58	−43.1
煤（包括褐煤）	万吨	25 551	25.2	938	25.1
原油	万吨	38 101	13.6	7 698	−7.5
成品油	万吨	2 784	−6.5	735	−16.6
初级形状的塑料	万吨	2 570	−1.5	2 731	−2.2
纸浆	万吨	2 106	6.2	808	2.1
钢材	万吨	1 321	3.4	869	−2.3
未锻轧铜及铜材	万吨	495	2.9	1 741	−3.3
汽车	万吨	107	−2.4	2 942	6.1

数据来源：国家统计局报告。

四、"一带一路"背景下构建现代产业体系的对策

尽管中国的产业发展取得了巨大的成就，现代产业体系已逐步建立，产业实力进一步提升，产业新增长点正在形成，产业创新能力有了长足的进展，产业国际化程度也比较高，这些成绩令今天的中国傲然于世界之林。然而，中国的产业体系所面临的挑战也是棘手而紧迫的，在产业结构调整、产能过剩、产业自主创新能力以及产业嵌入全球价值链的环节方面亟待提升。在国际国内复杂的政治局势和经济形势下，如何来化解矛盾，解决问题？恰逢此时，中国创造性地提出了"一带一路"倡议，它是中国推动经济持续发展的新型开放战略，将为中国的产业发展拓展出新的空间。因此，本研究将针对上述问题来分析"一带一路"将为中国构建现代产业体系带来怎样的机遇以及如何在"一带一路"的背景下构建现代产业体系。

（一）"一带一路"为中国构建现代产业体系带来新的机遇

"一带一路"是我国应对全球经济、政治形势的变化，在特定的历史和文化背景下做出的重大倡议，是关乎未来中国改革发展的"顶层设计"，对中国经济发展具有深远的影响。"一带一路"愿景的提出，契合沿线国家的共同需求，为沿线国家优势互补、开放发展提供了新的机遇，是 21 世纪的国际合作平台。"一带一路"建设将会为中国的现代产业体系的发展带来哪些新的机遇呢，以下将从三个方面来分析。

1. 促进产业升级转型与结构调整。中国目前虽为全球第二大经济体和第一大贸易国，但并非贸易强国。中国出口产品多为全球价值链中的中低端产品，而相当多的产业部门所

需要的高端产品及却严重依赖进口,而"一带一路"建设的实施正好能够有效地帮助我国的产业升级转型与结构调整。中国与"一带一路"沿线国家在产业合作上有很大的互补性,不论是在产业体系、产业技术、还是在产业资金方面,都能够形成互补。例如,"一带一路"沿线国家的产业多为资源密集型产业,而中国的经济建设需要进口大量的各种资源;"一带一路"沿线国家的基础设施缺乏,而建筑业和装备制造业是中国的优势产业;"一带一路"沿线国家的轻工业门类不齐全,而中国的轻工业发达;"一带一路"沿线国家的能源产业比较欠缺,而中国的能源产业门类齐全且产能充足。中国与"一带一路"沿线国家可以在产业结构上互通有无,将目前在国内相对落后的但是"一带一路"沿线国家却急需的产业、技术、资本输出,中国自身产业则集中资源专注于产业转型升级发展。因此,"一带一路"建设的推进将有效地促进我国的产业升级转型与结构调整。

2. 化解产能过剩。"一带一路"建设为中国现代产业体系的发展带来的第二个机遇就是解决中国经济陷入"产能过剩的周期"的问题。改革开放40年来,中国的绝大多数产业部门都经历了从严重短缺到供求平衡再到产能过剩的发展历程,产业规模的扩张是过去中国经济的主旋律,其后果就是目前的严重产能过剩。虽然中国力推供给侧改革,但是真正要做到去产能去杠杆去库存降成本补短板,遭遇的压力与困难是多方面的,不是短时间和轻而易举就能完成的。在此过程中还有可能出现反复,即地方政府在某些产业去产能,而在别的产业由于"GDP驱动",又大力上马新的产能,造成新的产业也产能过剩。因而,产能过剩曾被有的经济学者认为是中国经济"不可能解决的问题"。而"一带一路"建设能够让沿线国家积极融入进来,不仅仅是打通了中国与沿线国家的"贸易通道",更是建立了跨越国家边界的"共同市场"。这就为中国的产品创造了新的需求,便于实施更大范围的产业转移和产能合作。这样,产能和资本的过剩问题在短期内可以迅速消解,为中国的产业转型升级腾出了空间,并且为中国的经济改革赢得宝贵的时间。因此,"一带一路"建设的推进将创造性地解决中国经济产能过剩的问题。

3. 寻求产业持续增长的新动力。中国经济发展进入新常态后,出现了速度变化、结构调整和动力转换三大基本特征。其中,动力转换是重点。当前,新一轮技术革命和产业变革正在全球孕育兴起,发达国家为了进一步巩固或者抢占技术和产业的制高点,相继提出和实施了一系列新的战略,如美国的再工业化、德国的工业4.0等。长期以来支撑中国经济增长的动力已经或正在衰减,要重新焕发活力,必须着力于传统产业部门的升级转型和构建战略新兴产业,大力推进数字化、智能化和网络化。同时,加大制造业部门与服务业部门的商业模式创新,即"构建现代产业体系"。这样才能实现中国的产业在国际价值链中迈向中高端水平,增强国际竞争优势。而这个目标与"一带一路"倡议推出的愿景高度一致,"一带一路"建设的实施有利于拓展中国经济发展的腹地,增加产业链条的长度与宽度,有利于多种产业的国际化全产业链的构建,使中国的产业更好融入全球产业分工体系,增强整体素质和核心竞争力。

(二)"一带一路"背景下构建现代产业体系的方法

构建现代产业体系的内涵就是提高产业体系中现代化的程度,推动产业从传统向现代的不断升级的过程。构建具有现代意义的产业体系,需要构建先进的产业发展结构,要在第一、第二、第三产业中提高现代元素在产业发展中的构成比例。调整产业结构，就是从经济学意义上探讨产业结构或者比例上的变化，或者盈利能力的增长。当前，"一带一路"建设正在逐步推进，取得了显著的成果，为我国构建现代产业体系提供了发展的新思路和产业合作的巨大空间。

1. 构建现代农业体系。在"一带一路"背景下，从全球价值链的角度，保持农业产业体系的开放性，立足中国自身的优势与特点，构建集食物保障、原料供给、资源开发、生态保护、经济发展、文化传承、市场服务等产业于一体的现代农业体系。

（1）构建丰富的农产品体系。中国可以与"一带一路"沿线国家中掌握先进农业技术的国家合作，比如以色列，以色列是世界上农业最发达的国家之一，掌握了领先的滴灌、谷仓、生物虫害防治、将遗传材料引入种子的育种技术，以及先进的农业生产和管理的理念。通过国际农业技术合作，中国可以将目前最具比较优势的农产品从园艺类农产品，如水果、观赏类树木及蔬菜等劳动密集型产品升级到拥有自主知识产权、良种技术及先进科技的农产品，增加优势农产品的种类，提高技术含量，使这些农产品能够嵌入全球价值链的中高端，增加产业链的经济效益，改善中国目前高端农产品大量进口的现状。

（2）构建多元化的农业生产体系。充分利用"一带一路"沿线国家的土地、林业资源充足的特点，农业"走出去"要改变以往的输出农民等低附加值的方式，转向土地租赁、自建农场及农场承包等多种方式，通过中国相对先进的农业机械设备、农业技术和管理经验，生产更多更优质的农产品，既可以运回国内加工，也可以在当地销售或者销往全球其他市场。如新型的"粮食返销"模式，国内企业跨国承包土地，利用俄罗斯土地租金低廉的优势，中国的企业前往俄罗斯大量租地种植粮食，再返销回国内。这样，既能帮助俄罗斯经济找到一条新的出路，又能对中国现有的粮食缺口进行有效的补给。

（3）构建多层次的农业服务体系。中国的农产品在沿"一带一路"走出去的过程当中，要构建包括农业科技、社会化服务、农产品加工、市场营销、仓储、物流、配送、信息咨询等为农服务的相关产业支持体系。利用物联网、大数据、云计算、"互联网+"等打造智慧农业，如阿里巴巴在全球建立的互联网农业电商平台等。这些多层次的农业服务体系能够帮助中国的农业提升实力，构建现代化的农业产业体系。

2. 构建现代工业体系。产业结构是经济结构的主干，调整需求结构和供给结构就是为了推动产业结构优化升级。构建现代工业体系，一方面要以先进的理论为指导，采用科学的方法对已有的产业进行转型升级，另一方面，对于目前我国还没有的，代表着未来新的发展趋势的产业，需要去创新和开发建设。在"一带一路"背景下，打造中国现代化的工业体系，实现中国与"一带一路"沿线国家的产业体系互补，合作共赢。

（1）传统制造业的转型升级。受要素成本上升、资源环境约束和市场空间收窄等限制，中国传统制造业的发展遇到了较大的困难，原有的高投入、高消耗、高排放、低循环、低效率的发展模型已难以为继，中国经济的快速发展遭遇了资源、能源和环境的巨大压力和代价，中国制造业转型升级的任务艰巨。

产业转型升级的目标是从低生产率的部门转向高生产率的部门。高生产率的部门意味着高质量、高效率、高附加值、高竞争力。按照这个标准来看，未来中国制造业将和中国经济一样，要实现以质量和效益为导向的内涵式发展，实现有质量的发展，而不仅仅是追求数量的增长。从全球价值链的视角来看，就是中国制造业所嵌入的全球价值链要从中低端迈向中高端，附加值要从中低端迈向中高端，技术水平要从中低端迈向中高端，竞争力要从中低端迈向中高端。

当然，传统产业转型升级并非是不需要传统产业，恰恰相反，传统产业是新兴产业产生和发展的基础，在中国目前的国情下，传统产业还占据所有产业部门的大部分比例，承担着产业基础、出口创汇、稳增长、保就业，乃至社会稳定的重要任务。

因此，中国的传统制造业要抓住"一带一路"创造的良好机遇，找准新市场，研发针对"一带一路"沿线国家的适销对路的产品，注入新技术、新管理、新模式，推广应用新技术、新工艺、新装备、新材料，满足当地消费者的需求，提高产业技术水平和经济效益。传统制造业要完善对"一带一路"市场的布局，提升传统优势产品的竞争力，壮大装备制造等新的出口主导产业，进一步提升对"一带一路"市场的出口份额，推动产业向优质优价、优进优出转变。要加快走出去步伐，推动中国传统制造业沿"一带一路"走出去，推进国际产能合作，更好地融入全球产业分工体系，增强产业的整体素质和核心竞争力。

（2）构造新型制造业体系。传统制造业的转型升级是推动产业链由中低端向中高端迈进、催生产业新增长点的重要途径。在将中国的传统产业沿"一带一路"转移出去以后，可以将人力物力财力集中起来，将优质资源投入到全球价值链的中高端环节，增强中国的产业嵌入全球价值链高端环节的能力，提升在全球价值链中的控制权。为了让中国的制造业能够站上全球产业价值链的中高端，构造新型制造业体系可以从战略新兴产业和智能制造两个重点领域加以考虑。

加快构建战略新兴产业及其他新兴业态。战略型新兴产业对经济社会发展全局和长远发展具有引领和带动作用，要积极引导战略型新兴产业集群化发展，促进"互联网+"新业态创新。近年来，节能环保、新一代信息技术、生物、高端装备制造、新能源、新材料和新能源汽车等战略型新兴产业快速发展。中国的产业要结合"中国制造2025"战略实施，走创新驱动发展道路，促进一批新兴领域发展壮大并成为支柱产业，引领产业朝高端发展和经济的高质量发展。未来中国的产业要紧跟新一轮科技革命和产业变革的方向，大力促进新一代信息技术、数控、工业机器人等高端装备制造业的发展，推进半导体照明、集成电路、稀土及石墨烯等新材料、节能环保装备、生物制药等高成长性行业倍增发展，形成一批有自主核心技术、有一定市场规模和经济社会效益、具有地域特色的战略型新兴产业，打造中国经济新的主导产业。

以智能制造等创新科技抢占制造业全球价值链的高端环节。智能制造已成为未来制造业发展的重大趋势和核心内容，是加快发展方式转变，促进工业向中高端迈进和建设制造强国的重要举措，也是新常态下打造新的国际竞争优势的必然选择。要鼓励有条件的区域和行业实施企业智能化提升行动，从系统软件、智能制造、创新平台、研发设计、现代管理等方面制定提升企业智能化水平的整体解决方案。推进信息化与产业深度融合，加快大数据、物联网、移动通讯和云计算在研发设计、生产制造、检验检测、数据管理、工程服务等各方面的运用。

3. 构建现代服务业体系。服务业的繁荣发展是一个国家和地区经济、社会和人民生活水平现代化的重要标志。相对于发达国家来讲，服务业是中国产业结构与经济发展的短板，也是未来发展的潜力和重点。加快发展现代服务业，对于支撑产业升级，有效扩大就业，更好满足消费需求，减轻资源环境压力具有重要的战略意义。在"一带一路"背景下，构建有中国特色的现代服务业体系可以从以下两个方面来思考：

（1）传统服务业的转型升级。现代服务经济正在成为国家核心竞争力，第三产业已经成为我国国民经济中的第一大产业。"十三五"时期，中国最大的经济结构调整就是实现服务业的增长替代。对于传统服务业当中的生活性服务业，包括旅游、餐饮、娱乐、家政、养老、体育文化、教育培训等产业，转型升级的重点就是要延伸服务业的产业链，增加服务环节，提升服务质量水平，提高产业附加价值，推动生活性服务业朝便利化、精细化、品质化方向发展，促进国内消费升级。在国际的层面，在"一带一路"倡议实施的过程中，深度挖掘中国传统文化、民俗风情和区域特色的发展潜力，促进生活性服务业"走出去"，进一步促进中国的"新四大发明"，即高铁、网购、支付宝、共享单车在"一带一路"沿线开拓国际市场，互利合作，惠及"一带一路"沿线各国人民。

从产业结构体系和产值构成对经济影响力的视角，服务业当中最重要的是生产性服务业，包括：银行、保险、证券、期货、外汇、风险投资、设计、研发、培训、咨询、会计、物流、信息服务等相关产业。在这些金融、研发、物流、信息服务领域，中国与美国、英国等发达国家相比还有较大的差距，在技术、经验方面还有待进一步提升。因此，传统服务业的转型升级需要大力发展生产性服务业，推动生产性服务业向专业化和全球价值链高端延伸，提高竞争优势，实现生产性服务业的供给侧改革。在"一带一路"背景下，在中国产业转移的过程中，生产性服务业既可以为中国"走出去"的生产制造企业提供良好的配套服务，又可以在"一带一路"沿线开拓国际市场，提供专业服务，拓展市场空间，满足国际生产制造企业的需求，提升经济效益。

（2）构造现代化服务业体系。除了传统服务业的转型升级以外，要依靠高新技术和现代管理方法、经营方式及组织形式大力发展现代服务业。构造现代化服务业体系要促进第一、第二、第三产业的融合。其一，要推进服务业与农业的融合，打造从原料供给到市场服务的一体化的现代农业产业体系，加快建设"互联网＋农业"。其二，要推进现代的生产性服务业与制造业融合发展，建设"互联网＋工业"，引导生产型制造向服务型制造转变，鼓励制造企业在核心产品制造的基础上，向客户提供整体解决方案、系统集成总承包、全生命周期管理等服务的增值业务，支持原材料企业向研发、设计和销售等等产业链两端延伸，力争嵌入全球价值链的高端环节。其三，要提升服务业的现代化水平，发展"互联网＋服务业"的新兴业态，打造产业发展的新增长极。

在国际经济合作的层面，在"一带一路"背景下，不仅要促进双边和多边的基础设施建设合作、国际产能合作、产品贸易，更要推动居于全球价值链高端的技术密集型服务贸易"走出去"。国际服务贸易当中的技术密集型服务贸易包含：通信服务中的电信服务、保险服务、金融服务、计算机和信息服务、特许权使用和许可费用、其他商业服务中的杂项商业、专业和技术服务、个人文化和娱乐服务，共计7个服务行业。这些国际服务贸易不仅为中国在"一带一路"沿线布局的53个经贸合作区（境外经贸合作区包括加工区、工业园区、科技产业园区等）的双边投资、贸易等合作提供金融、法律、咨询等服务和保障，更可以有效地推动中国的技术密集型服务贸易走出国门，走向世界，实现服务业的产业转型升级发展，构建中国特色的现代服务业产业体系。

五、结论与建议

政府管理部门与学术界对于如何构建中国特色的现代产业体系，产业如何基于全球价值链转型升级等问题的研究从来没有停止，而"一带一路"也是最近各方都非常关注的热点，本研究正是尝试在管理实践和学术界之间，试图寻找出一个结合点。幸运的是，这个结合点被找到了。这正是本研究的主旨：探寻"一带一路"建设与构建具有中国特色的现代产业体系之间的关联。

（一）结论

本课题基于现代产业体系理论和全球价值链理论，分析了中国构建现代产业体系的现状，即产业实力进一步提升、产业新增长点逐步形成、产业创新能力增强和产业国际化程度较高，成绩斐然。然而，中国的现代产业体系面临着艰巨的挑战，包括但不限于产业结构体系不合理、产能过剩严重、技术创新不足以及嵌入全球价值链的附加值偏低等问题。本研究结合中国目前大力推进"一带一路"建设的现状，提出在"一带一路"背景下，抓住"一带一路"带来的良好的发展机遇，包括有利于促进产业升级转型与结构调整、化解产能过剩、寻求产业持续增长的新动力等机遇，从构建现代农业体系、现代工业体系和现代服务业体系三个方面力促传统产业升级与构建现代产业体系，为中国的产业经济发展探索新的驱动力，为中国的产业走出国门寻求经济合作、国际贸易合作、国际产能合作拓展新的市场空间并提供相应的配套服务与保障。

（二）相关建议

本研究在"一带一路"倡议的指引下，充分结合"一带一路"沿线国家和地区的产业资源状况以及中国产业自身的特点和发展优势，从全球价值链治理的视角，研究传统产业的转型升级发展和现代产业体系的构建，为政府的产业政策的制订与完善提供相关的政策建议。

1. 鼓励并扶持与"一带一路"有关的战略新兴产业及其他新兴业态。政府通过关税优惠、产业基金等多种形式，扶持企业参与"一带一路"沿线的战略新兴产业及其他新兴业态的构造。加快建设"互联网＋农业""互联网＋工业""互联网＋服务业"，促进第一、第二、第三产业的融合。例如，电商出口，继阿里巴巴针对东南亚电商市场投资布局之后，京东、腾讯也纷纷投身东南亚电商市场。2016年初，中国电商巨头就开始布局东南亚电商市场，将电商生态中的第三方支付、物流配送、核心技术输送到当地，甚至还将与亚马逊、Lazada等全球电商巨头角逐领地。此外，在东南亚市场之外，政府还可以鼓励并扶持互联网企业等新经济体参与其他"一带一路"沿线市场的开发与培育，为中国的产业发展拓展更为广阔的经济腹地。

充分利用"一带一路"沿线的各类科技资源及自然资源，加快整合和构建一批产业创新基地和产业研发高地，推进与"一带一路"沿线国家合作成立新型研发机构，构建国际化产业创新平台，促进开放共享互动。同时，在国内"一带一路"重要交通枢纽、物流节点及重点区域，建设战略新兴产业及其他新兴业态的研发高地，更有力地促进和保护科技成果的产业转化，提高科技成果的转化率，推动产学研的高水平合作，促进各类科技成果在"一带一路"沿线国家的产业转化。

2. 从政府层面制定产业沿"一带一路"转型升级规划。构建中国的现代产业体系，既要充分发挥市场的主导作用和企业的主体作用，又要更好地发挥政府的作用。在鼓励企业沿"一带一路"转型发展的过程中，政府一方面要简政放权，降低市场准入门槛，减少政府对市场进行干预，充分发挥市场在资源配置中的决定性作用，减少对市场主体过多的行政审批等行为，降低市场主体的市场运行的行政成本，让产业能够沿"一带一路"转型延长产品生命周期，同时把握转型升级的契机，促进产业创新能力，焕发出新的活力和生命力。

另一方面，在产业沿"一带一路"转型升级的过程中，政府要站在高处，从产业总体规划的角度，协同全国和"一带一路"沿线国家和地区的产业发展规划，制定出各区域及各产业的转型升级规划。创建转型升级发展的过程中，政府要统筹规划区域落后产能淘汰与沿"一带一路"产能转移，要避免"一哄而上"，避免低水平的重复建设并由此导致新的产能过剩，积极引导企业科学合理发展，避免企业个体理性与集体非理性之间的矛盾，引领产业快速、健康与可持续发展。

3. 鼓励中国企业沿"一带一路"走出去重塑全球价值链。随着"一带一路"建设的不断推进，"一带一路"沿线国家的投资机会和投资价值逐步凸显。在现代产业体系构建的过程中，中国的企业应把握时机，积极主动将自己的价值链向"一带一路"国家延伸，利用自身比较优势，妥善利用有关产业基金等金融工具，充分利用"一带一路"国家的要素资源，抓住产业投资的机遇延伸产业链，重塑以中国企业为主导的全球价值链。

政府可以继续深化与"一带一路"沿线国家的合作，为中国企业在"一带一路"沿线国家投资兴业提供各种财政、金融、商务便利及安全保障，为贸易、制造业、物流业等顺利走出去提供政策支持，以利于中国企业打造、延伸其全球价值链。

4. 吸引"一带一路"沿线国家的企业融入国内产业体系。中国企业可以利用技术、市场、人才及资金方面的优势，在打造以自身为主导的全球价值链的时候，积极邀请"一带一路"沿线国家的具备技术优势的企业来华进行技术合作，共同研发产业新科技，提升产业技术水平。

此外，还可以吸引中国企业在"一带一路"沿线的全球价值链上下游配套企业来华投资建厂，为其就近提供生产供应配套等服务。同时，政府也可以推出鼓励"一带一路"沿线国家来华技术合作、投资办厂等领域的优惠政策及便利措施，促进相关国家的企业积极融入中国企业主导的全球价值链当中，加强经济的深度融合，打造中国国际化的现代产业体系。

5. 为构建现代产业体系提供智力支持。除了中国企业自身要加大对产业科技的研发力度与增加科技研发经费的投入以外，政府应继续提升研发强度，并以多种形式加大对基础科学技术和前沿尖端的产业科技的投入，以高技术含量助力中国的产业嵌入全球价值链的高附加值环节。同时，政府可以鼓励高校、科研院所、行业协会等各类机构组织符合条件的有关产业的企业家、高管等赴"一带一路"沿线国家参观考察，发掘产业投资机会，由政府部门相关人员、财经、管理专家陪同并现场给予相应的指导、建议、咨询等，为企业提供智力支持。此外，政府还可以开展高峰论坛、专题讲座、专项辅导等多种形式，加强与"一带一路"沿线国家的经济、信息与产业合作交流，为进一步提升中国产业的全球竞争力，重塑全球价值链，构建现代化的产业体系创造有利条件。

参考文献

[1] 一带一路落脚产业升级，http://news.xinhuanet.com/chanye/2015-06-10/c_1115568174.htm。

[2] 吴利学、魏后凯、刘长会："中国产业集群发展现状及特征"，《经济研究参考》，2009年15期。

[3] 徐绍史：《"一带一路"与国际产能合作.：地方发展破局》，机械工业出版社2017年版。

[4] 中国石化产业转型升级携手高端探析，http://news.cnpc.com.cn/system/2016/06/01/001594947.shtml 2016年06月01日。

[5] 中国药品出口腹背受敌：高端药难敌欧美，低端药做不过印度，http://news.sina.com.cn/c/nd/2017-12-22/doc-ifypxmsq9469756.shtml 2017年12月22日。

[6] 构建产业新体系应以制造业转型升级为中心——访国务院发展研究中心产业经济研究部部长赵昌文，http://news.hexun.com/2016-01-08/181688334.html。

[7] 简新华：《产业经济学》，武汉大学出版社2001年版。

[8] 刘明宇、芮明杰："全球化背景下中国现代产业体系的构建模式研究"，《中国工业经济》，2009年5期。

[9] 潘爱民、刘友金、向国成："产业转型升级与产能过剩治理研究"，《中国工业经济》，2015年1期。

[10] 王海燕、刘家顺："产业转型升级与产能过剩治理研究"，《河北理工大学学报》，2011年5期。

[11] 王烁："解读美国《2016年科学与工程指标》报告——全球主要国家研发投入和产出"，《全球科技经济瞭望》，2016年31期。

[12] 国家知识产权局2016年主要工作统计数据发布，http://www.sipo-reexam.gov.cn/zxzx/mtbd/20679.htm。

（厦门国家会计学院"一带一路"财经发展研究中心副教授：袁政慧）

"一带一路"沿线国家并购的文化战略研究

> **导言**：本文通过文化比较研究领域的创始人与权威——吉尔特·霍夫斯塔德教授的 5 个文化维度比较中国与（Road and Belt，下文简称"R&B"）沿线 19 国的文化差异，意对中国企业在 R&B 国家并购中可能存在的文化冲突问题提出对策。
>
> 2013 年 9 月 7 日，习近平主席在哈萨克斯坦提出共同建设"丝绸之路经济带"，这为中国企业在"一带一路"R&B 沿线国家实施跨国并购提供了难得的历史机遇。WIND 数据显示中国企业在"R&B"沿线 64 国实施的并购从 2013 年的 8 起激增至 2014 年的 23 起，海外并购就数量而言取得可喜的成绩。但实务领域著名的"七七定律"指出，70% 的并购没有实现期望的商业价值，而其中 70% 失败于并购后的文化整合，存在所谓"赢家的诅咒"。
>
> 本文通过文化比较研究领域的创始人与权威——吉尔特·霍夫斯塔德教授（以下简称"Hofstede"）的 5 个文化维度比较中国与 R&B 沿线 19 国的文化差异，意对中国企业在 R&B 国家并购中可能存在的文化冲突问题提出对策。

一、霍夫斯塔德文化框架

1967~1973 年间，Hofstede 两次对 IBM 遍布 72 国的 11.7 万名员工的文化价值观进行了调查研究，从中找出了能够解释导致国家文化行为差异的 5 个因素：

1. 权力距离，衡量人们对权威的崇拜程度，及下级在何种程度上自动服从上级的意愿和决定。

2. 个人/集体主义，指社会中个人与群体的关系。前者强调个人权利与自由，后者则推崇成员之间的和谐，个人感情服从团队整体利益。

3. 男性/女性主义，简言之，前者就是"大男子主义"，后者则指社会表现出女性化的特征，国民显得谦逊、恭顺、关注生活质量。

4. 不确定性规避，指一个社会对不确定性和风险的厌恶程度。日本是高度不确定性规避国家的代表，国民往往从事终身职业，鲜有跳槽现象；相反，美国人则跳槽频繁，具有明显的低不确定性规避特征。

5. 长期/短期取向，前者关注未来，重视节俭和毅力，考虑人们的行为将会如何影响后代，后者则认为此时此刻才是最重要的。

二、R&B 国家的 5 个文化维度比较

R&B 沿线 64 个国家中包括在霍夫斯塔德文化指数研究中的有印度尼西亚、马来西亚、菲律宾、泰国、越南、印度、巴基斯坦、孟加拉国、伊朗、土耳其、以色列、保加利亚、捷克、爱沙尼亚、匈牙利、罗马尼亚、波兰、斯洛伐克、俄罗斯共 19 国,以上各国与中国的 Hofstede 文化指数如图 1、图 2、图 3、图 4、图 5 所示。

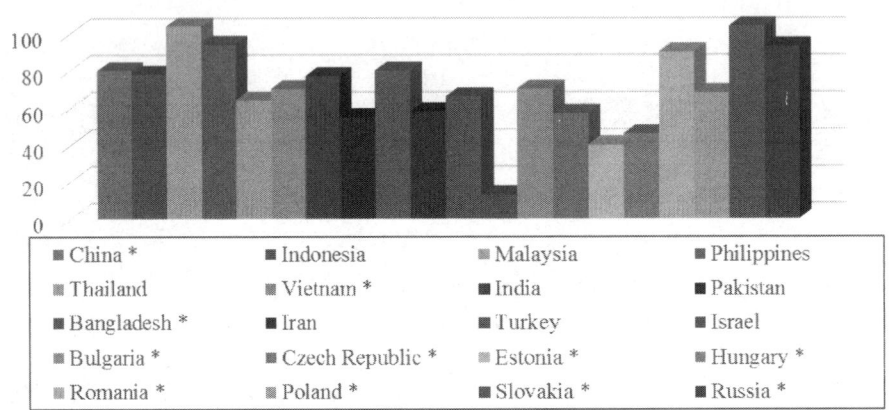

图 1　一带一路国家权力距离指数比较

由图 1 可知,R&B 沿线 19 个国家中权力距离最高的是马来西亚和斯洛伐克(104),而最低的是以色列(13);与中国最接近的是孟加拉国,皆为(80),其次是印度尼西亚(78)、印度(77)。

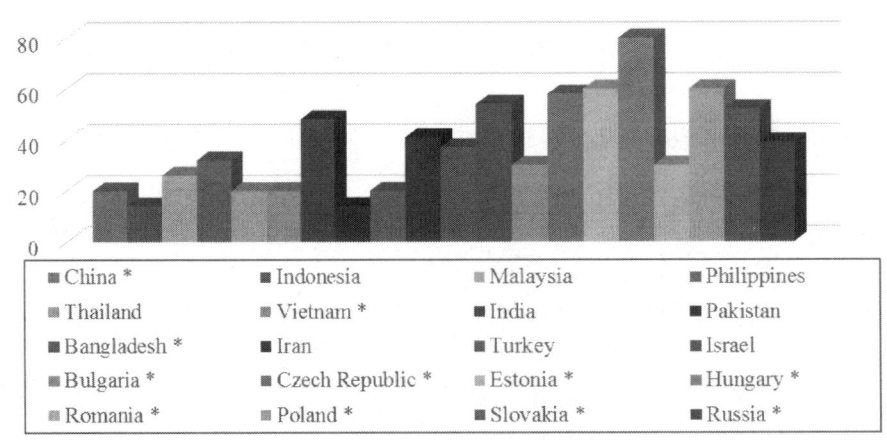

图 2　一带一路国家个人/集体主义指数比较

图 2 列示的是各国的个人/集体主义指数,越高代表个人主义倾向越高,反之则为后者。R&B 沿线 19 个国家中该指数最高的是匈牙利(80),而最为集体主义倾向的则是印度尼西亚和巴基斯坦(14);与中国最接近的是泰国、越南和孟加拉国,均为(20)。

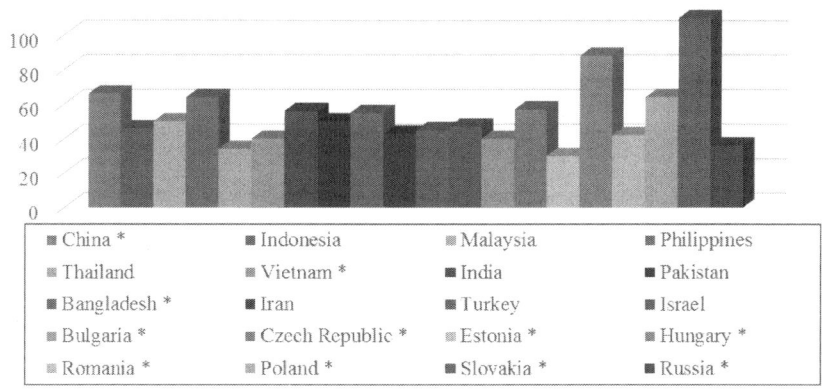

图 3　一带一路国家男性/女性主义指数比较

图 3 是 R&B 沿线 19 国的男性/女性主义柱状图,图形越高代表越"大男子主义",反之则为后者。R&B 国家中最"大男子主义"的是斯洛伐克(110),最女性主义的则是爱沙尼亚(30)。中国该指数为(66),与此最接近的是菲律宾和波兰(64)。

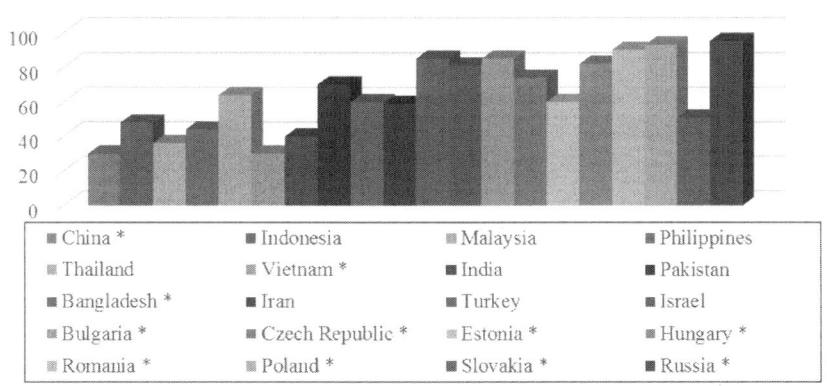

图 4　一带一路国家不确定性规避指数比较

如图 4 所示,R&B 国家中不确定性规避指数最高的是俄罗斯(95),最低则是中国和越南(30),"赌性"较强。

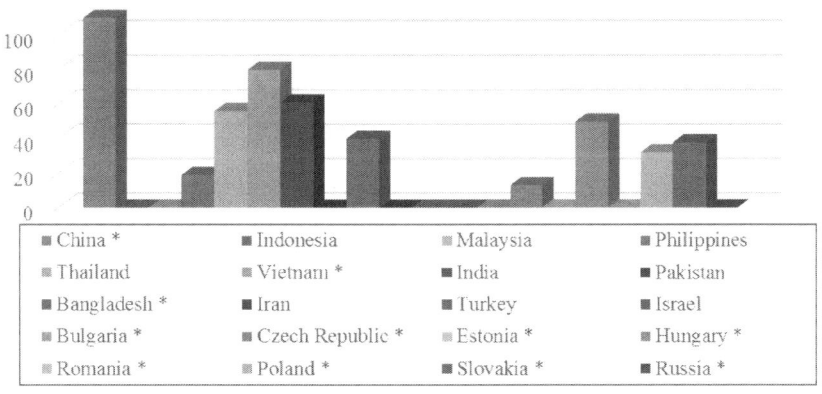

图 5　一带一路国家长期/短期取向指数比较

图5是长期/短期取向,该维度是1987年使用中国学者设计的调查问卷在23国学生的研究中得出的,R&B国家中仅10个国家属于这23国。因此图5中很多柱状图与X轴重合,代表数据缺失。指数值越高代表长期取向,反之则为后者。最长期取向的是中国(118),随后依次为越南(80),印度(61),泰国(56),匈牙利(50),孟加拉国(40),斯洛伐克(38),波兰(32),菲律宾(19),捷克(13)。

三、各国文化差异与并购战略

借鉴Kogut和Singh(1988)的文化差异公式,两国的文化差异等于五个Hofstede文化指数的马氏距离,计算方法如下:

$$CD_{j,China} = \sum_{i=1}^{4} \frac{\left[(I_{i,j} - I_{i,China})^2 / V_i\right]}{4}$$

$CD_{j,China}$是中国与其他国j之间的文化距离,V_i是R&B各国在第i个文化维度的标准差,I_{ij}是国家j在第i个文化维度的指数值;$I_{i,China}$是中国在第i个文化维度的指数值。

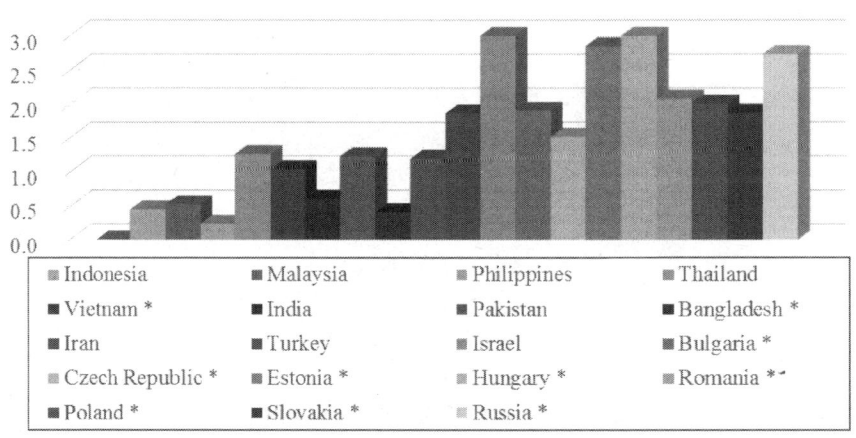

图6 中国与一带一路沿线国家的文化距离比较

如图6所示,R&B沿线19国与中国的文化差异从小到大依次是菲律宾(0.23),孟加拉国(0.41),印度尼西亚(0.44),马来西亚(0.52),印度(0.60),越南(1.03),伊朗(1.19),巴基斯坦(1.22),泰国(1.26),捷克(1.51),土耳其(1.86),斯洛伐克(1.87),保加利亚(1.90),波兰(2.00),罗马尼亚(2.08),俄罗斯(2.73),爱沙尼亚(2.85),匈牙利(3.05),以色列(4.25)。

R&B倡议给中国企业跨国并购创造了难得的条件。被中国企业并购的目标公司来自R&B沿线的各个国家,有着不同的国家文化。中国企业若到文化差异大的国家实施并购,将面临如下困难:(1)对东道国国民的文化传统、行为举止都较陌生,难以融入对方的商业圈中;(2)很难很快地了解东道国消费者的习惯,及当地的政府行为和政策,这给并购的实施及后期整合造成了困难。相反,若中国企业到文化差异小的国家进行并购,由于文化背景的相似,不会面临以上困难,这对中国企业与东道国被并购企业之间建立互信是有益的。而两国国民、企业之间的互信对于提高并购成功率、解决企业并购后的整合问题都很有利。因此，笔者建议中国企业可以借助"R&B"的东风，优先选择到文化差异较小的国家进行并购，先易后难，逐一"攻破"。

四、结语

"走出去"，是 R&B 倡议的一个重要目标。但 R&B 市场的蛋糕虽大，矛盾差异也更为激烈。对于中国公司而言，学习对方的文化、适应对方的规则、深度的整合与合作，是开拓"R&B"市场的重要课题。

参考文献

［1］夏雪："国际象棋：企业国际化的必修课？"，《中国机电工业》，2010 年第 2 期。

［2］吴天："论中国企业国际化扩张的动因——'联想'案例再分析"，《管理案例》，2009 年第 5 期。

［3］魏鑫军："中国企业国际化的伦理问题研究"，《广东技术师范学院学报》，2009 年第 6 期。

［4］袁岳："中国企业的国际化计划"，《企业文化》，2009 年第 3 期。

［5］范博宏、梁小菁："家族继承人与职业经理人的两难选择"，《新财富》，2010 年第 4 期。

［6］Athern, K. R, Daminelli, D. and Fracassi, C. (2010, Working Paper), "Lost in translation? The effect of cultural values on mergers around the world".

［7］Hofstede, G. (1980), Culture's Consequences: International Differences in Work-related Values, Sage, Beverly Hills, CA.

［8］Ng, S. I., Lee, A. L. and Soutar, G. N. (2007)" Are Hofstede's and Schwartz's value frameworks congruent?" International Marketing Review, Vol. 24, No2.

（厦门国家会计学院"一带一路"财经发展研究中心副教授：李诗）

"数字丝绸之路"赋能"一带一路"建设

——基于我国互联网企业的视角

内容摘要： 在商业民主时代，"数字丝绸之路"如何赋能"一带一路"建设已成为我国互联网企业的时代使命和面临的机遇和挑战。本文首先论述了数字丝绸之路的现实和政策背景，其次比较分析了"一带一路"沿线国家的互联网发展现状、产业特点和产业环境，然后通过案例分析法描述了我国互联网企业在"一带一路"沿线国家的市场表现，最后为我国互联网企业共建共享"数字丝绸之路"提出了相应政策启示。

关键词： 数字丝绸之路　一带一路　价值共创　商业民主

一、引言

根据《2017世界互联网报告》数据显示①，我国互联网发展指数和互联网产业发展均位列世界主要互联网国家第二名。"数字丝绸之路"不仅有利于"一带一路"沿线国家在数字世界的互联互通，还有利促进相互间的政策沟通、设施联通、贸易畅通、金融融通和民心相通"五通"建设。然而，我国互联网企业如何助力"数字丝绸之路"建设，面临诸多挑战。一方面，"一带一路"沿线国家互联网普及率呈现"数字鸿沟"，本土互联网产业呈现空心化，语言的多样性、文化的多元化、宗教信仰差异大；另一方面，美国互联网企业在"一带一路"沿线国家的拥有先发优势，我国互联网企业作为后进入者，面临着来自美国和本土互联网的双重竞争。因此，在商业民主化时代，我国互联网企业唯有在"一带一路"沿线国家与本地消费者进行价值共创和共享，最终实现价值共赢。

"数字丝绸之路"既是我国互联网企业的时代使命，也是亟须解决的重要课题。本文首先论述了数字丝绸之路的现实和政策背景，其次比较分析了"一带一路"沿线国家的互联网发展现状、产业特点和产业环境，然后通过案例分析法描述了我国互联网企业在"一带一路"沿线国家的市场表现。最后为我国互联网企业共建共享"数字丝绸之路"提出了相应政策启示。

---

① 第四届乌镇世界互联网大会：《2017世界互联网报告》，2017年12月4日。

二、"数字丝绸之路"的背景

1. 现实背景。从"一带一路"国家吸收外国直接投资项目（FDI，外国直接投资）看，科技信息产业已成为投资的重点领域。依据 FDI Markets 最新监测数据显示[①]，2017年第一季度和第二季度，"一带一路"国家共吸收 2 089 个 FDI 项目，投资总额为 927.8亿美元。其中，软件与 IT 业投资项目数量为 260 个，所占比例最高，达到 12.4%，投资金额为 38.74 亿美元，占总投资金额的 4.2%。

我国企业对"一带一路"国家的投资项目中，制造业、商务服务业和软件与 IT 业受到重点关注。在 2017 年前 3 月中，我国对外投资主要流向制造业、商务服务业以及信息传输、软件和信息技术服务业，分别占同期对外投资总额的 24.7%、22.8% 和 14.3%。与去年同期相比，流向制造业的投资占比上升 11.2%，流向信息传输、软件和信息技术服务业的投资占比上升 10%。

2. 政策背景。从"一带一路"倡议内容看，"数字丝绸之路"和"五通"具有同样重要的意义。我国 2015 年 3 月发布的《推动共建丝绸之路经济带和 21 世纪海上丝绸之路的愿景与行动》明确要求：创新贸易方式，发展跨境电子商务等新的商业业态；加强文化传媒的国际交流合作，积极利用网络平台，运用新媒体工具，塑造和谐友好的文化生态和舆论环境。2017 年 5 月 14 日，国家主席习近平在"一带一路"国际合作高峰论坛中提出"要坚持创新驱动发展，加强在数字经济、人工智能、纳米技术、量子计算机等前沿领域合作，推动大数据、云计算、智慧城市建设，连接成 21 世纪的数字丝绸之路"。2017 年 5月 16 日公布的《"一带一路"国际合作高峰论坛圆桌峰会联合公报》[②] 亦提出要"支持电子商务、数字经济、智慧城市、科技园区等领域的创新行动计划，鼓励在尊重知识产权的同时，加强互联网时代创新创业模式交流"，要"推动电子商务和数字经济等方式扩大贸易"。建设"数字丝绸之路"的倡议已得到沿线国家的肯定和积极响应。

因此，"数字丝绸之路"已成为"一带一路"建设的重要领域，对于沿线国家的"五通"建设具有重要的促进和引领作用，未来势必成为"一带一路"建设的重中之重。

三、"数字丝绸之路"的现状

1. "一带一路"沿线国家互联网发展水平不一、存在"数字鸿沟"。国际电信联盟（ITU）数据统计显示，2015 年全球互联网用户数量达到 31.7 亿，其中发达国家、发展中国家和最不发达国家的网民数量为 10 亿，21 亿和 1 亿，三者互联网普及率比例分别为：83.3%，34.4% 和 11.1%。

2015 年一带一路沿线国家总人口为 45.6 亿，互联网普及率为 52.7%。如表 1 所示，

[①] 商务部：《全球及"一带一路"国家 FDI 项目监测简报》（2017 年第一季度）。
商务部：《全球及"一带一路"国家 FDI 项目监测简报》（2017 年第二季度）。
[②] 外交部网站：http://news.sina.com.cn/o/2017-05-15/doc-ifyfecvz1451696.shtml，2017 年 05 月 15 日。

沿线国家互联网普及率存在较大"数字鸿沟"①。在"一带一路"沿线国家中，中东欧国家、部分中东国家以及东南亚的马来西亚、新加坡等国的互联网普及率、每百人固定互联网用户数指标相对较高；而中亚、南亚、北非和身处战争其乱的部分中东国家此三项指标相对较低，信息化基础设施建设水平较低。其中，印度网民普及率仅为26%，未上网人数超过10亿。因此，这些国家互联网发展空间巨大，对通讯、信息产业的市场需求总量巨大。

从移动电话每百人用户数量上，沿线国家除南亚多数国家外，多数保持在100部以上，平均为122部。手机产品属于用户更换频率较高的电子消费品，因此我国智能手机厂商可以针对沿线国家差异化的市场现状，积极布局。

另外，各国的网络就绪指数（NRI）得分、排位指标和网民普及率指标基本一致，反映了沿线国家的信息化发展水平。

总之，"一带一路"沿线国家多属于"互联网发展中国家"，我国的比较优势明显。

表1　2015年"一带一路"沿线国家人口、人均GDP、互联网普及率情况

区域	国家	人口（万人）	人均GDP（美元）	宽带普及率（%）	网民普及率（%）	手机使用量（每百人）	网络准备指数（2016年NRI）	2015年排位
东亚	中国	137 100	8 069		50		4.2	62
	蒙古	296	3 968	7.12	21.4	105	4.3	61
	区域小计	137 396	6 019		35.7		4.25	
中亚	哈萨克斯坦	1 754	10 510	13.05	72.9	187	4.6	40
	吉尔吉斯斯坦	596	1 103	3.71	30.3	133	3.7	98
	塔吉克斯坦	848	826	0.07	19.0	99	3.3	117
	乌兹别克斯坦	3 130	2 132	3.57	42.8	73		
	土库曼斯坦	537	6 672	0.06	15.0	146		
	区域小计	6 866	4 249	4.09	36.0	128	3.86	
东南亚	越南	9 170	2 111	8.14	52.7	131	3.9	85
	老挝	680	1 818	0.52	18.2	53	3.4	97
	柬埔寨	1 558	1 159	0.53	19.0	133	3.4	110
	泰国	6 796	5 815	9.24	39.3	126	4.2	67
	马来西亚	3 033	9 768	8.95	71.1	144	4.9	32
	新加坡	554	52 889	26.45	82.1	146	6	1
	印度尼西亚	25 756	3 346	1.09	22.0	132	4	79
	文莱	42	30 555	7.99	71.2	108		
	菲律宾	10 070	2 904	3.4	40.7	118	4	76
	缅甸	5 390	1 161	0.35	21.8	77	2.7	139
	东帝汶	125	1 158	0.09	13.4	117		
	区域小计	63 174	10 244	6.068	41.0	117	4.05	

---

① 程昊、孙九林等：《"一带一路"信息化格局及对策》，中国科学院院刊，2016年第6期。

续表

区域	国家	人口（万人）	人均GDP（美元）	宽带普及率（%）	网民普及率（%）	手机使用量（每百人）	网络准备指数（2016年NRI）	2015年排位
南亚	印度	131 105	1 593	1.34	26.0	79	3.8	89
	巴基斯坦	18 892	1 435	0.95	18.0	67	3.4	112
	孟加拉国	16 100	1 212	2.41	14.4	83	3.3	109
	阿富汗	3 253	594	0	8.3	62		
	尼泊尔	2 851	743	1.06	17.6	97	3.2	118
	不丹	77	2 656	3.56	39.8	87	3.8	88
	斯里兰卡	2 097	3 926	3.1	30.0	113	4.2	65
	马尔代夫	41	8 396	6.47	54.5	207		
	区域小计	174 416	2 569	2.36	26.1	99	3.61	
西亚、中东	也门	2 683	1 406	1.55	25.1	68		
	阿拉伯联合酋长国	916	40 439	12.81	91.2	187	5.3	23
	亚美尼亚	302	3 489	9.58	58.3	115		
	阿塞拜疆	965	5 497	19.76	77.0	111	4.3	57
	巴林	138	22 600	18.61	93.5	185	5.1	30
	伊朗	7 911		10.86	44.1	93	3.7	96
	伊拉克	3 642	4 944		17.2	94		
	以色列	838	35 729	27.44	78.9	133	5.4	21
	约旦	759	4 940	4.16	53.4	179	4.2	52
	科威特	389	29 301	1.37	82.1	232	4.2	72
	黎巴嫩	585	8 048	22.76	74.0	87	3.8	99
	阿曼	449	15 551	5.61	74.2	160	4.3	42
	卡塔尔	224	73 653	10.06	92.9	154	5.2	2.7
	沙特阿拉伯	3 154	20 482	12.01	69.6	177	4.8	35
	叙利亚	1 850		3.14	30.0	62		
	格鲁吉亚	368	3 757	14.63	45.2	129	4.3	60
	土耳其	7 867	9 126	12.39	53.7	96	4.4	48
	区域小计	33 040	18 597	11.67	62.4	133	4.5	
中欧、东欧	阿尔巴尼亚	289	3 945	7.6	63.3	106	3.9	92
	白俄罗斯	951	5 755	31.35	62.2	124		
	波黑	381	4 249	16.62	65.1	90	3.6	
	保加利亚	718	6 993	22.41	56.7	129	4.1	73
	克罗地亚	422	11 593	23.18	69.8	104	4.3	54
	捷克	1 055	17 557	27.9	81.3	129	4.7	43

续表

区域	国家	人口（万人）	人均 GDP（美元）	宽带普及率（%）	网民普及率（%）	手机使用量（每百人）	网络准备指数（2016年 NRI）	2015 年排位
中欧、东欧	爱沙尼亚	131	17 085	28.68	88.4	149	5.4	22
	匈牙利	984	12 366	27.43	72.8	119	4.4	53
	拉脱维亚	198	13 655	25.09	79.2	127	4.8	33
	立陶宛	291	14 252	22.79	71.4	140	4.9	31
	马其顿	208	4 853	17.19	70.4	105		
	摩尔多瓦	355	1 848	15.55	49.8	108	4	68
	黑山	62	6 408	18.08	64.6	162	4.3	56
	波兰	3 800	12 559	19.47	68.0	149	4.5	50
	罗马尼亚	1 983	8 973	19.77	55.8	107	4.1	63
	塞尔维亚	710	5 237	16.75	65.3	121	4	77
	斯洛伐克	542	16 089	23.34	85.0	122	4.4	59
	斯洛文尼亚	206	20 729	27.63	73.1	113	4.7	37
	俄罗斯	14 410	9 329	18.77	73.4	160	4.5	41
	乌克兰	4 520	2 115	11.81	49.3	144	4.2	71
	区域小计	32 218	9 779	21.07	68.2	125	4.38	
北非	埃及	9 151	3 615	4.52	35.9	111	3.7	94
	总计	456 260	10 379	11.7	52.7	122	4.232	

资料来源：人口、人均 GDP 及网民普及率数据来源于 Wind 数据库；NRI（Network Readiness Index，网络就绪指数）数据来自于世界经济论坛《全球信息技术报告 2016：数字经济的创新》，该指数用以衡量一个国家互联网发展水平的维度。

2. "一带一路"沿线国家本土互联网产业呈现空心化。表 2 数据显示，"一带一路"沿线国家（中国除外）网民规模十强中，俄罗斯、伊朗、越南和波兰的本国网站流量和外国网站旗鼓相当，其他五国的外国网站数量大于本国网站数量，其中，外国网站中大部分是来自美国的 Google.com、Facebook.com、Youtube.com、Yahoo.com、Wikipedia.Org、Amazon.com，以及这些公司在沿线国家设立的分公司。这一数据说明，多数沿线国家本土互联网产业出现较为严重的空心化[1]，以及美国互联网企业的国际化布局成果显著。

表 2   "一带一路"沿线国家网站流量排名

国家	各国流量 Top10 网站	
	本国网站	外国网站
中国	10	0

---

[1] 方兴东、邬克等："'一带一路'互联网优先战略研究"《现代传播》，2016 年第 3 期。

续表

国家	各国流量 Top10 网站	
	本国网站	外国网站
俄罗斯	6	4
越南	6	4
伊朗	6	4
波兰	5	5
埃及	4	6
土耳其	4	6
印度尼西亚	3	7
印度	2	8
菲律宾	1	9

资料来源：Alexa。

"一带一路"沿线国家互联网普及率的"数字鸿沟"和本土互联网产业的空心化现状显示"数字丝绸之路"的建设具有巨大价值，对于我国互联网企业而言既是机遇也是挑战。

四、中美两国互联网企业的国际化竞争

我国互联网经济活力强劲。我国互联网发展指数和互联网产业发展均位列世界主要国家第二位[①]。截至 2017 年 11 月 24 日，全球市值十强企业中，有 7 家来自于互联网科技企业，其中，我国的腾讯和阿里巴巴市值分别为 5 059 亿美元和 4 836 亿美元，分别位列第五位和第六位（见图 1）。

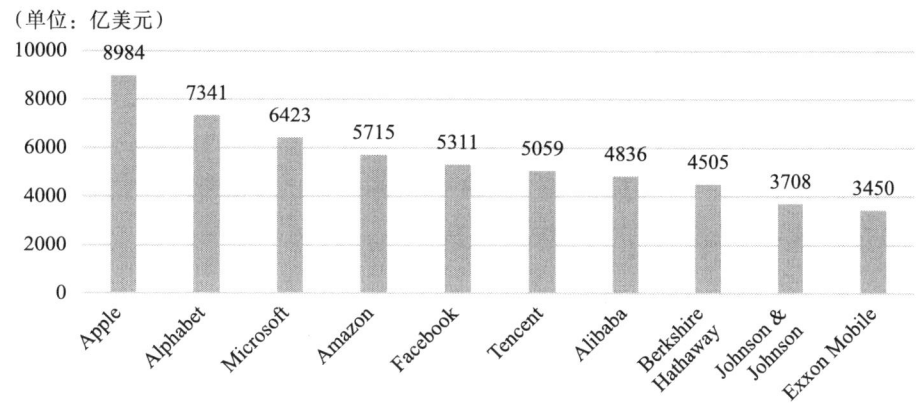

图 1　全球市值十强

资料来源：Wind。

---

① 第四届乌镇世界互联网大会：《2017 世界互联网报告》，2017 年 12 月 4 日。

然而，我国互联网企业在国内和国外的流量呈现"冰火两重天"，在国内拥有网民规模的红利，我国流量前十强的企业均是国内互联网企业。截至 2016 年 12 月，我国网民规模达 7.31 亿[①]，我国互联网普及率达到 53.2%，超过全球平均水平 3.1%，超过亚洲平均水平 7.6%。中国网民规模已经相当于欧洲人口总量。

另外，在国际化程度上，我国互联网企业与美国互联网巨头还有很大的差距，如表 3 所示，在全球互联网网站流量前十强中，除百度和腾讯外，其余八家都来自与美国的网络科技公司。相较于美国百年的经济全球化和数十年高科技全球化所积累的商业经验和知识，我国互联网科技企业在"数字丝绸之路"建设中，面临着本土互联网企业和美国互联网企业的双重竞争。要想在移动互联网、云计算、人工智能、纳米技术等新兴科技领域的全球化过程中，追赶美国互联网企业，我国互联网企业还有相当长的路要走。

表 3　　　　　　　　　　　　全球网站流量 Top10

排名	网站	所属国家
1	google.com	美国
2	youtube.com	美国
3	facebook.com	美国
4	baidu.com	中国
5	yahoo.com	美国
6	amazon.com	美国
7	wikipedia.org	美国
8	qq.com	中国
9	google.co.in	美国
10	twitter.com	美国

资料来源：Alexa。

五、我国互联网企业在"一带一路"沿线国家的市场表现

近年来，我国互联网企业主动积极走出国门，虽然经历挫折和困难，但正渐入佳境。以阿里为代表的电商企业在"一带一路"沿线国家不断搭建跨境电商平台，实现跨境贸易稳步快速增长。以蚂蚁金服和财付通为代表的中国金融科技正加快国际化步伐，引领全球移动支付领域。以小米、OV 为代表的国产智能手机越来越受到沿线国家消费者的青睐。猎豹移动的多款产品也已在"一带一路"上落地生根。

1. 猎豹移动。猎豹移动公司成立于 2010 年 10 月。从成立之初，猎豹移动就定位于国际市场，提供移动端的互联网体验服务。截至 2016 年 12 月，猎豹移动产品在全球范围内安装量达 38.10 亿，全球移动端月活跃用户高达 6.23 亿。2016 年财报显示，猎豹移动全年总营收 6.574 亿美元，其中海外收入 3.956 亿美元，占比超过 60%。

[①] 中国互联网络信息中心 CNNIC：《第 39 次中国互联网络发展状况统计调查》，2017 年 1 月 22 日。

猎豹移动首先通过清理大师（Clean Master）在全球范围内获取了海量用户，然后再推出不同产品服务于不同区域市场。在"一带一路"沿线国家，猎豹移动多款产品表现良好。2016年数据显示①，猎豹旗下的新闻客户端News Republic多次在Google Play印度新闻下载榜排名第一；通信产品WhatsCall在科威特，沙特阿拉伯等中东国家的Google Play通讯应用排行榜单中位列前十；直播APP平台Live.me常年占据印度尼西亚Google Play社交产品畅销榜前五。

2. 阿里巴巴集团。阿里巴巴助力"一带一路"建设主要体现在跨境电子商务、蚂蚁金服、菜鸟网络、阿里云的布局以及促成eWTP（世界电子商务平台）的建设。

第一，在跨境电子商务方面，阿里巴巴的网络效应明显。全球225个国家和地区的消费者加入2017年天猫双十一购物狂欢节。全球速卖通覆盖"一带一路"沿线全部国家，"一带一路"沿线国家用户占比超过45%。

2016年"一带一路"沿线国家ECI跨境电商连接指数显示②：东欧、西亚、东盟国家与中国跨境电商连接最紧密，其中俄罗斯、以色列、泰国、乌克兰、波兰、捷克、摩尔多瓦、土耳其、白俄罗斯、新加坡位居我国与"一带一路"沿线国家ECI跨境电商连接指数Top10国家。在出口方面，俄罗斯、乌克兰、以色列、白俄罗斯、波兰是"中国制造"商品购买力排名前五的"一带一路"沿线国家。而在进口方面，泰国、新加坡、马来西亚、以色列、捷克是中国跨境电商零售进口排名前5位的"一带一路"沿线国家③。

第二，阿里巴巴通过积极"投资和合作"的方式扩张在东南亚的业务布局。阿里巴巴先后对东南亚电商平台Lazada投资20亿美元获得其83%的股权。2017年8月，阿里巴巴领投印度尼西亚电商Tokopedia新一轮11亿美元融资。2015年9月，蚂蚁金服投资6.8亿美元给Paytm成为其第一大股东，Paytm现已成为印度最大的互联网支付公司、世界第三大电子钱包。

第三，阿里巴巴正积极推进eWTP试验区建设。2017年3月22日，阿里巴巴集团与马来西亚宣布建设"数字自由贸易区"，成为海外的第一个eWTP试验区。随着eWTP的积极推进，"一带一路"沿线国家的小微企业将可以积极参与全球贸易。

第四，蚂蚁金服投资的印度的第三方支付平台Paytm，在短短1年内发展成为全球第四大电子钱包，用户规模超过2.15亿。菜鸟在"一带一路"沿线国家物流基础设施逐步搭建，在"一带一路"沿线国家布局了17个海外仓。阿里云在中国香港、新加坡、中东、欧洲等地建设数据中心，在全球设立14个地域节点。UC浏览器在全球拥有6亿季度活跃用户，在印度、印度尼西亚的市场占有率位居第一位。

3. 小米科技。小米科技从"一带一路"走向国际化。2013年4月份，小米公司分别登陆中国台湾地区、香港地区市场；2014年，小米公司已先后进入新加坡、马来西亚、菲律宾和印度等"一带一路"沿线国家。虽然小米在国际化的进程中经历了不少挫折，但截至目前，小米科技已进入60多个国家，包括美国、西班牙、希腊等发达国家，还有俄罗斯、巴西、印度等金砖国家。2016~2017年，小米加快了国家化步伐，小米的全球化未来

---

① 贺骏："中国互联网溢出效应加速猎豹移动多款产品落户一带一路"，《证券日报》，2017年5月15日。
②③ 阿里研究院与DT财经：《网上丝绸之路大数据报告》，2017年4月21日。

已来。

小米科技通过与本土分销商、代理商深度合作建立起强大的线上和线下分销网络。在印度，小米与印度最大的电商网站 flipkart 独家合作销售；在巴基斯坦，小米通过分销商伙伴 Smart Link Technologies 进入巴基斯坦，还有与 Daraz.pk 合作进行线上销售；在迪拜，小米与代理商 TASK FZCO 正式进入中东和北非市场。在越南，小米与越南本土信息技术公司 Digiworld Corporation 达成战略合作进入本国市场，红米 Note 4 在越南全国的主要零售店和 Lazada 网店均有销售。另外，小米已开始在印度尼西亚本土生产手机。

新零售助力小米国际化战略。2017 年 5 月，小米在印度开设了第一个小米之家，第一天就创下了印度线下手机零售业的新纪录。小米计划未来两年在印度开设 100 家小米之家，遍布德里、孟买、海德拉巴、金奈等大都市。2017 年 8 月，小米在迪拜开设首家"小米之家"。2017 年 11 月，小米在俄罗斯首都莫斯科建立了首个小米之家，这也是小米在全球第一个 7×24 小时营业的小米之家。

目前小米已进入 60 多个国家和地区的市场，已在 12 个国家市场占有率位居前五名（如表4）。其中，根据 IDC 于 2017 年 11 月 14 日最新报告显示，小米成为印度市场排名第一的智能手机品牌，市场份额达 23.5%；小米在俄罗斯的市场份额已经上升到第三名。此外，小米手机市场占有率还分别位居白俄罗斯第一名，缅甸第二名，印度尼西亚、新加坡、乌克兰、以色列第三名，立陶宛第四名和哈萨克斯坦、希腊、捷克第五名。小米在"一带一路"沿线国家已逐渐取得市场的认可和欢迎。

表 4　　　　　　　小米在"一带一路"沿线国家市场占有率排名

排名	第一名	第二名	第三名	第四名	第五名
国家	印度、白俄罗斯	缅甸	俄罗斯、印度尼西亚、新加坡、乌克兰、以色列	立陶宛	哈萨克斯坦、希腊、捷克

资料来源：根据 2017 年 9 月 11 日小米 mix2 官方发布会数据和 IDC 于 2017 年 11 月发布的数据整理。

六、我国互联网企业如何助力数字丝绸

我国互联网企业应该积极开拓"一带一路"国家的市场，主动参与"数字丝绸之路"建设，从移动互联网时代的跨境电商、社交、搜索、第三方支付等领域到云计算、物联网及人工智能为代表的新兴技术时代，实现"数字丝绸之路"赋能"一带一路"沿线国家的经济发展。在商业民主时代，本文从以下五方面来思考我国互联网企业参与"一带一路"的建设。

1. 树立以实现与客户价值共创为核心的市场观，避免以市场导向型的营销战略。在数字商业时代，消费者和用户的需求呈现个性化、差异化和碎片化的趋势，他们对需求的解决方案有着自我的价值判断，因此，互联网企业需要发现消费者和用户的价值，积极让他们参与价值的创造，发挥商业民主和调动客户的主动性，共同实现客户价值。

2. 尊重客户的宗教和文化差异，打造"亲、诚、惠、容"的企业文化和沟通，建立

客户信任机制，做好互联网企业服务、产品和文化的本土化。我国互联网企业需要以史为鉴，从雅虎折戟中国，谷歌退出中国内地市场，MSN败北QQ等国际化失败案例中汲取经验，深入了解"一带一路"沿线国家消费者文化和购买决策机制，积极创新服务内容和服务方式，做好企业的本土化。

3. 加强与"一带一路"沿线国家的市场合作伙伴的战略合作，建立双赢的合作机制，有利于我国互联网企业快速了解本土市场机制、文化和客户价值，降低不确定性带来的风险。对比Uber与滴滴的国际化策略，滴滴通过不断的投资来建立与东南亚的Grab、印度的Ola、巴西的99 Taxi、北非的Taxify、美国的Lyft等本土网约车公司合作不断扩大全球化市场，由于本土化合作伙伴对本国的政策、法律与消费者文化特点非常熟悉，从而规避了滴滴可能在本土国遇到的水土不服等风险。而Uber的国际化正面临着本土网约车公司的挑战，Uber在本土国家遇到的政策、法律和文化的冲突时有发生，其国际化业务也正在逐渐缩减。

4. 我国互联网企业应该扬长避短，发挥在各自领域的优势，加强移动互联网时代的技术研发和产品迭代，提升互联网服务的体验；打造以云计算、大数据、物联网、人工智能、移动支付等新兴技术的互联网底层能力；积极参与建设"一带一路"沿线国家新兴科技产业园区，奠定好互联网软性基础设施，带动"一带一路"沿线国家的传统产业向信息化转型升级，逐步实现制造业与智能化、数字化、信息化的全面融合。

5. 利用新技术不断驱动商业模式的创新，促进新的经济模式赋能"一带一路"建设。蚂蚁金服和财付通实现了在第三方支付市场对发达国家的弯道超车；小米在印度不断创新模式，从最初的线上零售，演化至线上和线下融合，再到在印度的小米之家开启新零售模式；移动互联网驱动的共享经济模式带来了高效的供需之间的匹配，以滴滴、摩拜、OFO为代表的中国企业不断进入更多的"一带一路"沿线国家。人工智能正在进入人类生活的各个领域，势必催生新的经济模式。

综上所述，"一带一路"建设为世界互联网经济带来新的发展机遇，但我国互联网企业需要认清"数字丝绸之路"的建设中的各种困难和挑战，善于学习和总结，才能最大化实现"数字丝绸之路"赋能"一带一路"的建设，不断取得"一带一路"沿线国家的客户的价值最大化。

参考文献

[1] 第四届乌镇世界互联网大会：《2017世界互联网报告》，2017年12月4日。http://www.wicwuzhen.cn/web17/achievements/201712/t20171205_5937253.shtml。

[2] 商务部：《全球及"一带一路"国家FDI项目监测简报》（2017年第一季度）。

[3] 商务部：《全球及"一带一路"国家FDI项目监测简报》（2017年第二季度）。

[4] 国家发展改革委、外交部、商务部：《推动共建丝绸之路经济带和21世纪海上丝绸之路的愿景与行动》，2015年3月28日。http://zhs.mofcom.gov.cn/article/xxfb/201503/20150300926644.shtml。

[5] "一带一路"国际合作高峰论坛：《"一带一路"国际合作高峰论坛圆桌峰会联合

公报》,外交部,2017 年 5 月 15 日。http://news.sina.com.cn/o/2017-05-15/doc-ifyfecvz1451696.shtml。

［6］中国互联网络信息中心 CNNIC：《第 39 次中国互联网络发展状况统计调查》,2017 年 1 月 22 日。

［7］方兴东、邬克等：" '一带一路' 互联网优先战略研究",《现代传播》,2016 年第 3 期。

［8］阿里研究院与 DT 财经：《网上丝绸之路大数据报告》,2017 年 4 月 21 日。

［9］程昊、孙九林等：" '一带一路' 信息化格局及对策",《中国科学院院刊》,2016 年第 31 卷第 6 期。

［10］贺骏："中国互联网溢出效应加速猎豹移动多款产品落户 '一带一路' ",《证券日报》,2017 年 5 月 15 日。

［11］World Economic Forum. 2016：The Global Information and Technology Report 2016：Innovating in the Digital Economy. Geneva：World Economic Forum.

(厦门国家会计学院 "一带一路" 财经发展研究中心博士：张小三)